Índice

TERCERA PARTE.
EL SISTEMA FINANCIERO

CUARTA PARTE.
LA EMPRESA

Presentación

El presente libro nació como una iniciativa de un grupo de colegas del profesor Adolfo Rodero Franganillo, deseosos de materializar en él la expresión de un homenaje de entrega y lealtad en el ámbito institucional y de amistad y agradecimiento en el ámbito personal. Del contenido y del sentido de la obra de Adolfo Rodero dan buena cuenta el prólogo del profesor Ildefonso Camacho Laraña, presidente de INSA-ETEA y la semblanza escrita por el profesor Jaime Loring Miró.

El proceso de elaboración del presente volumen siguió el itinerario normal en estos casos. Los coordinadores solicitamos aportaciones a los antiguos y actuales profesores e investigadores de ETEA y a una serie de profesores y colegas de otras instituciones universitarias relacionados con el homenajeado por vínculos profesionales y de amistad, intentando que las mismas mantuvieran cierta vinculación con las áreas en las que ha trabajado e investigado el homenajeado. Las inevitables restricciones de plazos y las ocupaciones ineludibles de muchos potenciales colaboradores causaron una preselección natural, por así decirlo, de los capítulos inicialmente previstos. Podríamos decir que, si es cierto que no están todos los que son (nos consta de algunos colegas que no han podido aportar su contribución como hubieran deseado), sin duda son todos los que están: todos los autores comparten la amistad y el aprecio por la persona de Adolfo Rodero.

El título del libro *Economía y territorio. La Comunidad Autónoma Andaluza* intenta sintetizar en pocas palabras las ideas que –de forma aproximada– constituyen el núcleo temático de las distintas colaboraciones y que, todas ellas, tienen que ver precisamente con las materias de docencia e investigación del profesor Rodero. Creemos, sin falsa modestia, que el resultado ha sido satisfactorio y que los materiales aquí reunidos constituyen una aportación valiosa de estudios y reflexiones ofertada a la comunidad universitaria.

A pesar de la inevitable dispersión temática originada por la pluralidad de autores y de sus respectivas especialidades, los materiales que componen esta obra han podido ser clasificados en cuatro grandes bloques. El primero, titulado "Aspectos generales" incluye tres colaboraciones de temática introductoria y/o general. Siguen a continuación siete contribuciones agrupadas en torno al tema de "Economía regional"; este bloque constituye, lógicamente, la parte más voluminosa del libro. El tercer grupo lo forman tres trabajos agrupados bajo el epígrafe "El Sistema financiero", otra de las especialidades del profesor Rodero. Por último aparecen otros tres capítulos en torno al tema genérico de "La empresa".

Para terminar, deseamos expresar nuestro reconocimiento a las personas que han colaborado con nosotros en la preparación de este libro. En especial a todos y cada uno de los autores de los capítulos, sin cuya fundamental aportación esta obra no hubiera podido ver la luz; agradecemos su comprensión ante nuestras urgencias de plazos y nuestras exigencias de forma. Además, a nuestra compañera Pilar Tirado Valencia, co-directora del servicio de publicaciones de ETEA, por su continuo apoyo y ayuda a lo largo del proceso de preparación del texto. Asimismo a Leonor Pérez Naranjo, becaria de investigación, cuya colaboración ha sido esencial en la preparación material del texto. Lógicamente, de cada uno de los trabajos responden sus autores respectivos. Pero de los errores materiales o formales que se hayan podido introducir los abajo firmantes asumimos la exclusiva responsabilidad.

Córdoba, marzo de 2005
Manuel Delgado Álvarez
Mª Carmen López Martín
José J. Romero Rodríguez
Coordinadores

Prólogo

La historia de ETEA se funde con la historia personal y profesional de Adolfo Rodero. Los primeros cuarenta años de vida de la institución, que celebrábamos en noviembre de 2003, no se entenderían sin la presencia de Adolfo Rodero, como profesor e investigador, como hombre implicado en la dirección y gestión del centro desde distintos puestos de responsabilidad, pero sobre todo –y más sencillamente– como persona. Por eso este libro no es sólo un homenaje de un grupo de colegas y compañeros suyos; quiere ser también un homenaje de la propia institución.

Como homenaje de colegas y compañeros, este libro refleja las áreas científicas que Adolfo ha cultivado preferentemente. En primer lugar la economía regional, desde donde se acercó con interés a la realidad andaluza, pero también a todo el contexto teórico y práctico de la economía regional. Después a la economía financiera, que fue ya objeto de su tesis doctoral (las cajas rurales españolas), pero que luego amplió a variadas cuestiones como son el sistema financiero internacional, el modelo de la Unión Europea o el sistema bancario en general. Por último, la empresa, porque en una institución como la nuestra cualquier profesor no puede desentenderse de la realidad empresarial. Todavía hemos añadido algunas colaboraciones más generales: en ellas se permite ver la evolución de los estudios en nuestra institución (J. J. Romero), proceso en el que Adolfo Rodero tuvo siempre un papel decisivo, o la misma identidad de la institución (J. M. Margenat), con la que él tan profundamente sintonizó.

Los colaboradores no son sólo personas de dentro de la institución, sino también de fuera de ella. La vida profesional de Adolfo Rodero se ha desarrollado preferentemente dentro de ETEA: aquí son muchos los que lo tienen por maestro en el sentido más estricto de la palabra; y para todos ha sido compañero entrañable y persona de autoridad. Por eso la mayoría de los colaboradores de este libro son en la actualidad profesores de ETEA. Pero también Adolfo ha proyectado su actividad profesional fuera de nuestros muros, por ejemplo en la "Revista de Estudios Regionales" o en la "Asociación Andaluza de Ciencia Regional". Por eso también han querido darse cita en estas páginas personalidades como Juan Ramón Cuadrado, Juan Antonio Lacomba, Eduardo Ramos, José Vallés o José Javier Rodríguez Alcaide. A todos ellos, a los de dentro y a los de fuera, quiero agradecerles su participación en esta obra, aunque me consta que todos agradecen a su vez el haber podido hacerse presentes a este homenaje.

También este libro es un homenaje institucional de INSA-ETEA a Adolfo Rodero. Basta leer la semblanza que ha hecho Jaime Loring de su persona, que sigue inmediatamente a este Prólogo, para comprender cuánto le debe la institución. ETEA se encuentra en estos momentos cerrando una etapa de su vida y se prepara para integrarse en un proyecto nuevo, la Universidad Fernando III. No está de más, por ello, recordar lo que ha sido su razón de ser desde los años 60, porque ése es el germen que aporta a la andadura que estamos a punto de iniciar.

Como *una institución apostólica de la Compañía de Jesús*, su razón de ser y el objetivo último de todas sus actividades es "el servicio de la fe y la promoción de la justicia en un mundo de diversidad cultural y religiosa", como dice su Declaración Institucional. Como *institución universitaria*, ETEA actúa en los tres frentes clásicos de toda institución de este tipo: la docencia, la investigación y la extensión universitaria.

Estas coordenadas generales han servido de marco para que ETEA concretase su misión como un compromiso con su entorno geográfico más inmediato, Andalucía, y abrirse desde ahí a realidades más amplias. Su atención a los problemas del mundo globalizado se ha plasmado en una especial atención al tercer mundo. Muestra de esto último es la "Fundación ETEA para el Desarrollo y la Cooperación", que canaliza la actividad de ETEA en relación con diversos países de América Latina y de Asia.

Desde estas páginas que sirven de pórtico a la obra quiero expresar el agradecimiento de la Compañía de Jesús, entidad titular de INSA-ETEA, por la aportación inapreciable que ha recibido de Adolfo durante estas cuatro décadas en todas las dimensiones mencionadas, que han constituido la realidad de nuestra institución en todo ese tiempo. Sólo puedo afirmar que él siempre fue persona de absoluta confianza para la Compañía y para los que ocuparon en ella puestos de responsabilidad en todo ese período.

Y no quiero concluir este Prólogo sin una referencia personal. Porque también yo, como compañero que ha compartido inquietudes intelectuales y éticas y como Presidente de INSA-ETEA, he encontrado siempre en Adolfo Rodero comprensión, ayuda y ejemplo: el ejemplo de una persona honesta y libre, rigurosa y sincera, desinteresada y fiel; en suma, lo mejor que se puede esperar de un compañero y de un verdadero amigo.

¡Quede este volumen en el futuro como testimonio de la gratitud de muchos!

Ildefonso Camacho
Presidente de INSA-ETEA

Semblanza de Adolfo Rodero

Jaime Loring Miró

La historia de 40 años de ETEA no puede comprenderse sin la figura de Adolfo Rodero Franganillo. Al año siguiente de la fundación de ETEA en 1964, ETEA se había creado en 1963, tiene lugar su primera colaboración con ETEA, todavía como investigador externo contratado. Se hizo cargo del primer trabajo de investigación que se realiza en la institución. Fue un estudio sobre “La incidencia de los impuestos indirectos en los costes agrícolas” contratado con la Dirección General de Economía de la Producción Agraria del Ministerio de Agricultura. Este estudio fue el inicio de la trayectoria investigadora que ETEA habría de realizar en los años subsiguientes. Desde este comienzo Adolfo Rodero será un estudioso que con su personalidad y su estilo marcará el trabajo intelectual de ETEA durante 40 años.

Al año siguiente, en 1965, cuando ETEA se traslada de sus primeras instalaciones provisionales en el patio de San Hipólito a su sede definitiva en el área del Parque Cruz Conde, Adolfo entra a formar parte del primer grupo que pone los fundamentos organizativos, docentes e investigadores de la institución. Fueron aquellos unos años absolutamente creativos. Todo había que hacerlo a partir de cero. Planes de estudio, programas de las asignaturas, organización interna, Estatutos de la Institución, presencia de ETEA en los círculos universitarios y de asociaciones científicas. En todo este proceso Adolfo Rodero tuvo una aportación personal que fue determinante. La personalidad de Adolfo Rodero marcó indeleblemente el proceso fundacional de ETEA. Su participación estuvo marcada por el rigor mental, la precisión de sus aportaciones, la independencia intelectual, la lealtad a sus compañeros de trabajo y a la institución, la ausencia de intereses personales.

Desde su incorporación a ETEA Adolfo Rodero ha tomado parte en casi todos los procesos de toma de decisiones. Inicialmente fue Jefe de Estudios (1966-74), luego fue Director de ETEA (1975-80), volvió a ser Jefe de Estudios (1980-82), luego fue Secretario (1985-88). Todos estos cargos los ha ido asumiendo y ejerciendo desde su convicción personal de colaborar a un proyecto colectivo. El estilo con que Adolfo Rodero ha desarrollado sus cargos directivos en ETEA, no considerándolos una oportunidad de ejercer el poder, sino una aportación al desarrollo de la institución y a la calidad de vida y de trabajo de sus compañeros ha sido la característica más significativa. Pero ha sido algo más que una característica personal suya. Ha constituido un modelo de gobierno que, por su ejemplaridad, se ha difundido en el entorno. El comportamiento de Adolfo Rodero en los cargos que ha desempeñado ha marcado un modelo generalizado de gestión en ETEA. Por esto digo que la historia de ETEA no puede comprenderse sin la figura de Adolfo Rodero.

Juntamente con estas actividades directivas, Adolfo Rodero ha desarrollado como profesor universitario un trabajo riguroso, constante, receptivo. Su actividad docente se ha desarrollado en el área de los fundamentos económicos, la teoría económica, el comercio internacional y el mercado financiero, tanto en los ámbitos nacional como internacional. El primer valor para Adolfo como profesor universitario ha sido el alumno. La preocupación por la calidad de la enseñanza impartida es lo que define su trayectoria como profesor. La calidad de la enseñanza que para él se extendía desde el entorno de la planificación de los horarios de clase, la puntualidad, la accesibilidad de los estudiantes a los servicios de biblioteca o de ordenadores, la atención personalizada al alumno en el despacho, la preparación minuciosa de las clases y del material didáctico, la justicia y claridad de las calificaciones. De nuevo he de decir que esta obsesión de Adolfo por la calidad de la enseñanza, ha sido su característica personal, pero ha sido así mismo un modelo de referencia en ETEA. Los profesores más jóvenes que se han ido incorporando posteriormente a ETEA están marcados por el modelo de profesor universitario que conocieron en Adolfo.

La tercera faceta de Adolfo Rodero ha sido la de un investigador estudioso. Un estudioso del entorno social y económico que le ha envuelto durante sus años de profesor universitario. La interacción sociedad-universidad ha orientado desde el principio su trabajo intelectual. ETEA está situada en un área geográfica donde la agricultura tiene un peso determinante. ETEA ha convivido con sucesos económicos y políticos de alcance universal, tales como la crisis económica de mediados de los 70, el ingreso de España en la Comunidad Económica Europea, la creación del Sistema Monetario Europeo y posteriormente de la moneda única europea, el surgimiento de la globalización. El carácter y orientación de los estudios de investigación de Adolfo Rodero han estado enmarcados en este entorno geográfico e histórico. Una tercera orientación de sus estudios ha sido la atención a los agentes sociales y económicos en los que el factor humano es preponderante, como es el caso de la pequeña y mediana empresa y las cooperativas.

Desde su tesis doctoral en 1964 sobre las Cajas Rurales Españolas sus líneas de estudio e investigación han progresado en la misma dirección: Córdoba, Andalucía, los aspectos económicos y financieros de la agricultura, el entorno europeo de Andalucía y de su agricultura. Son estas cuatro dimensiones las que enmarcan su producción intelectual, de la cual relacionamos solamente una muestra:

"Estudio socioeconómico de la provincia de Córdoba" (1968-69),

"Los problemas sociales y económicos de las grandes fincas de la campiña de Córdoba" (1972),

"La balanza comercial de Córdoba en 1970" (1972),

"Estudio del sector ovino" (1973),

"Financiación de la empresa agraria" (1974-75),

"El sistema monetario internacional" (1975),

"Hacia una alternativa de política agraria para Andalucía" (1977),

"La financiación del sector agrario. Propuestas para una política financiera" (1980),

"Estructura económica y actividades productivas del municipio de Córdoba" (1981-82),

"Coyuntura económica de la provincia de Córdoba" (1982 y 1983 y 1984),

"La dialéctica entre autonomía e integración europea: un nuevo marco para la política agraria andaluza" (1983-84),

"Un nuevo marco para la política agraria andaluza" (1987),

"Normas jurídicas de la Comunidad Económica Europea y de España sobre la protección de zonas de montaña" (1987),

"La política regional en España y su financiación en el caso de Andalucía" (1988),

"Situación de la economía andaluza: los planes andaluces de desarrollo económico" (1990),

"Un modelo macroeconómico de equilibrio global" (1991),

"España en la CEE: del Acta Única al Tratado de Maastricht" (1993),

"España en la Unión Europea. Más allá del Euro" (1999),

"Los desequilibrios industriales en España. La perspectiva regional" (1999),

"La financiación empresarial desde el punto de vista regional. Aplicación a la pequeña y mediana empresa" (2001),

"Empresa, economía y sociedad" (2002),

"Algunos problemas de la actividad financiera desde el punto de vista ético" (2003),

"Comentarios soble el Plan Económico Andalucía Siglo XXI" (2003),

"Los cambios del sistema financiero durante las dos últimas décadas (2003),

"Regulación de las Cajas de Ahorro por las Comunidades Autónomas" (2004),

"El endeudamiento de las administraciones territoriales: los valores emitidos por corporaciones locales y Comunidades Autónomas" (2004).

En las tres facetas de su actividad profesional, gestión y dirección de ETEA, profesor universitario e investigador, sobresalen los valores éticos que definen su personalidad: rectitud, justicia, lealtad, humanismo. Sea como responsable en la toma de decisiones, sea como investigador estudioso, sea como profesor, la persona humana ha sido el eje centralizador. Como economista ha percibido siempre que detrás de las números hay personas, que los modelos económicos son algo más que una coherencia matemática de variables, son modelos que conducen a la felicidad o a la desgracia de seres humanos. Como responsable de puestos de dirección ha tenido en cuenta la repercusión de sus decisiones en el bienestar de los implicados. Como profesor ha puesto al alumno en el centro de su atención tanto en el aula como en la orientación personalizada. Ha transmitido desde la cátedra algo más que unos conocimientos económicos, ha transmitido algo más permanente y sustancial, un modelo ético de convivencia.

Primera parte
Aspectos Generales

I
La enseñanza de la economía en la historia de ETEA

José Juan Romero Rodríguez

A Adolfo Rodero, maestro de economistas. Un agrónomo...

El presente trabajo pretende analizar la participación de las materias de economía en los diferentes plantes de estudio habidos a lo largo de la historia de ETEA. Se parte, para ello, de una breve narración acerca de la introducción de las materias de economía general en la carrera de empresariales en España. Se intenta justificar por qué los futuros profesionales de administración de empresas deben estudiar economía. A continuación se enumeran en concreto los distintos planes de estudio que han estado vigentes en la institución, así como las materias económicas que han formado o forman parte de los mismos. Se concluye con una breve reflexión acerca de los retos que plantea a este conjunto de enseñanzas la puesta en marcha del Espacio Europeo de Educación Superior.

Palabras clave: *enseñanza de economía, ETEA, historia.*

1.1. JUSTIFICACIÓN

Una faceta fundamental de la vida académica del profesor Rodero ha sido, entre otras, la de "maestro" de Economía. Adolfo Rodero ha marcado la historia de ETEA en lo que se refiere a la docencia de todas las materias de Economía General, tanto teórica (Microeconomía y Macroeconomía, básicamente) como aplicada (Historia Económica, Economía Española y Mundial, Política Económica, Sistema Financiero, etc.).

Ello se debe a que, a partir de su sólida formación como "economista-economista"[1], procedente de la Facultad de Ciencias Políticas, Económicas y Comerciales de la Universidad Complutense, y dadas las responsabilidades que históricamente le tocó desempeñar durante cuatro décadas en ETEA, ha influido decisivamente en la elaboración de todos los planes de estudio que ha tenido la institución hasta la actualidad; pero además, se da la circunstancia de que prácticamente todos los profesores de las áreas de conocimiento agrupadas dentro de lo que hemos dado en llamar "Economía General" hemos sido de hecho sus discípulos y hemos contado con su magisterio y su inspiración a la hora de enfocar nuestras respectivas materias.

Por ello nos ha parecido de interés incluir en esta obra un análisis sobre "La enseñanza de la Economía en ETEA".[2] El presente capítulo pretende responder, básicamente, a las siguientes cuestiones.

- ¿Cuál ha sido la historia de la introducción de las materias de Economía General en la carrera de Empresariales, en España?
- ¿Por qué los futuros profesionales de administración de empresas deben estudiar economía?
- ¿Cuál ha sido la participación de dichas materias en los diferentes planes de estudio de ETEA? Recorrido histórico y cuadros sinópticos básicos. Este apartado constituye el núcleo central de nuestra aportación.

No se pretende, por tanto, describir el rico Currículum Vitae de Adolfo Rodero en la enseñanza de la Economía, algo que se trata en otro lugar del presente volumen, dedicado a su biografía personal y profesional.[3] Además, sólo se aborda la enseñanza de pre-grado, quedando, por tanto, excluido el paquete de los estudios de doctorado y master.

---

1. Por distinguirlo de los Licenciados en Administración de Empresas que también se agrupan bajo el epígrafe genérico de "economistas" (y se colegian en el Colegio del mismo nombre).

2. Para su elaboración hemos contado con la colaboración desinteresada de los siguientes colegas y personal de Administración y Servicios: Pedro Pablo Pérez Hernández, Miguel Romero Velasco, Gabriel Mª Pérez Alcalá, Teresa Romero Atela, Francisco Cortés Martínez, Mª Victoria Pérez Alcalá. A todos ellos expresamos nuestro agradecimiento. En su lugar se hace alguna referencia más precisa a las fuentes utilizadas. En todo caso, los errores u omisiones que hayan podido deslizarse en el trabajo son todos de la exclusiva responsabilidad del autor, que agradecerá complacido cualquier sugerencia de corrección.

3. Véase *supra* la breve semblanza de Adolfo Rodero elaborada por el profesor Jaime Loring Miró.

1.2. ¿CUÁL HA SIDO LA HISTORIA DE LA INTRODUCCIÓN DE LAS MATERIAS DE ECONOMÍA GENERAL EN LA CARRERA DE EMPRESARIALES, EN EL CONJUNTO DE ESPAÑA?

La introducción de los estudios de Empresariales en España es muy reciente. Con anterioridad se habían instaurado los estudios de economía en general; pero tampoco éstos son tan antiguos. En efecto, fuera de su inclusión en los estudios de derecho por la Ley Moyano de 1857 que integró definitivamente las enseñanzas de Economía en las Facultades de Derecho, habrá que esperar al año 1943 para asistir al nacimiento de una carrera específica de Economía en la Facultad de Ciencias Políticas, Económicas y Comerciales de la Universidad de Madrid, a la que siguieron las de Barcelona y Bilbao en 1953. Y ya que este texto forma parte de un libro homenaje a un maestro, bueno será recordar cómo Enrique Fuentes Quintana, joven alumno de aquella primera hornada de economistas, suele mencionar con especial admiración a tres grandes maestros que marcaron a aquella su generación:

> *A Valentín Andrés Álvarez, un liberal de lujo cuya admirable pedagogía nos introdujo en los principios de la Teoría Económica y nos enseñó a apreciar a los economistas del pasado que construyeron la ciencia que aspirábamos a conocer; a Manuel de Torres Martínez, que nos ofreció, a través de su dirección de la Biblioteca de Ciencias Sociales de la Editorial Aguilar, un panorama extraordinario de los ensayos y manuales vigentes en su tiempo que era preciso leer y que llamó nuestra atención hacia la necesidad de conocer los datos básicos de la Economía española a través del fecundo panorama de la contabilidad nacional que él contribuyó a aplicar en nuestro país; y a José Castañeda, del que aprendimos lo que significaba el rigor de la disciplina exigente que reclamaba el estudio de la Teoría Económica.*[4]

Esa clásica carrera de económicas, con algunas variantes, era la única relacionada con ese perfil profesional; en ella existía una especialidad de Economía de la Empresa, aunque todos los economistas recibían también formación en algunas "materias de empresa": Contabilidad, Derecho Fiscal etc. Se impartía, como decíamos, en las entonces llamadas "Facultades de Ciencias Políticas, Económicas y Comerciales".[5] Más adelante pasaron a denominarse "Facultades de Ciencias Económicas y Comerciales".

---

4. E. Fuentes Quintana (1998), Discurso pronunciado con ocasión del nombramiento como Doctor Honoris Causa de la Universidad de Alicante, 5 de noviembre de 1998. Universidad de Alicante. Memoria académica del curso 1998/99. Cfr. http://www.ua.es/secretaria.gral/es/memoria/1998_99/. Precisamente, Adolfo Rodero fue alumno del propio Fuentes Quintana, así como de dos de los maestros citados, los profesores Valentín Andrés Álvarez y José Castañeda. Como se explica en otro lugar de esta obra, el profesor Luis Ángel Rojo fue su director de tesis doctoral.

5. Creadas por Decreto de 7 de julio de 1944.

En la Facultad de Madrid, pionera en España, no se produce la escisión de sus dos secciones (políticas y económicas) en dos Facultades independientes hasta 1971, por un Decreto de 17 de septiembre. Posteriormente, dentro del mismo año, a través de Órdenes legislativas, se produce la misma división en el resto de Facultades que estaban creadas en toda España; y a partir de este momento, las nuevas Facultades que se crean ya lo hacen bajo la denominación de Facultades de Ciencias Económicas y Empresariales.[6]

Por otra parte, la Ley General de Educación 14/1970, en su disposición transitoria 2º párrafo 10, estableció que los Centros de Escuelas Profesionales de Comercio se integraran en la Universidad como Escuelas Universitarias. El decreto 2459/70, de 22 de agosto, sobre calendario de aplicación de la reforma educativa, establece que en el curso 1971-1972 se iniciarían, con carácter experimental, las enseñanzas del primer curso de las Escuelas Universitarias.[7]

Por tanto, hasta el curso 1971-1972 sólo se impartía en nuestro país la Licenciatura en Ciencias Empresariales en algunos centros universitarios privados, que fueron pioneros en la introducción de dichos estudios. ETEA fue uno de ellos. En particular, fueron centros auspiciados por la Compañía de Jesús: la Comercial de Deusto, la más antigua (Bilbao); ESADE (Barcelona); ICADE (Madrid); ESCE (Alicante, extinguida); EUTG (San Sebastián) y ETEA (Córdoba). Estos centros, que estaban entonces asociados en la FLECE (Federación Libre de Escuelas de Ciencias Empresariales), iniciaron los estudios de pre-grado conducentes a la titulación privada de la Licenciatura en Ciencias Empresariales, con algunas variantes, entre ellas la que asociaba también dicha carrera a la Licenciatura en Derecho (caso de ICADE y Deusto), o como en ETEA, donde se impartía desde 1963 una especialidad agraria.

Fue la famosa Ley General de Educación y de Financiación de la Reforma Educativa de 4 de agosto de 1970 la que condicionó, entre otras cosas, el proceso que comienza en 1971. A partir de esta fecha es cuando empiezan a implantarse los estudios de empresariales propiamente dichos en las universidades públicas españolas.

En 1971, los estudios económicos y empresariales se separan de las ciencias políticas, dando lugar a un título independiente (y creándose las Facultades de Ciencias Económicas y Empresariales). De hecho, fue en virtud del Decreto 2124 de 11 de noviembre de 1971 (BOE nº 285 de 29 de noviembre 1971) por el que se crea la primera Facultad de Ciencias Económicas y Em-

6. Nos cuenta, entre otros, esta historia J. M. Arjona (2000), "San Vicente Ferrer y las Ciencias Económicas: "razones" de un patronazgo", en *Revista de Fomento Social*, nº 217, enero-marzo, pp. 115-128.

7. Cfr. Escuela Universitaria de Estudios Empresariales de la Universidad de Sevilla. Una reseña histórica de la Escuela Universitaria de Estudios Empresariales. http://www.us.es/euee/ordocenemp/historia.htm

presariales (Sección Empresariales) en la Universidad de Sevilla.[8] Todas las hasta entonces existentes Facultades de Ciencias Económicas y Comerciales pasaron a denominarse Facultades de Ciencias Económicas y Empresariales. En 1972 se integran las Escuelas Profesionales de Comercio en la Universidad adoptando la nueva denominación de Escuelas Universitarias de Estudios Empresariales y pasando a constituir el primer ciclo (o Diplomatura) de la Licenciatura de Ciencias Económicas y Empresariales.[9]

Salvo error por nuestra parte, el primer plan de estudios oficial de la carrera de Empresariales fue el de Sevilla. La orden ministerial nº 185 de 17 de diciembre de 1971 (BOE nº 28 de 2 de febrero de 1972) establece el plan de estudios de primer curso; otra orden nº 1.940 de 10 de octubre de 1972 (BOE nº 256 de 25 de octubre de 1972) aprueba, con carácter provisional, el plan de estudios de segundo curso; y la resolución 2.163 de 8 de noviembre de 1973 (BOE 27 de noviembre de 1973) aprueba el plan de estudios del primer ciclo de la Facultad de Ciencias Económicas y Empresariales de Sevilla.[10] La referencia a este plan de estudios es importante para nuestro propósito, pues al crearse en ETEA el Colegio Universitario de Ciencias Empresariales en 1978, se adoptó dicho plan prácticamente al pie de la letra. El plan de estudios completo, incluyendo el segundo ciclo, sólo lo encontramos aprobado "con carácter provisional" por orden ministerial 2.147 de 30 de septiembre de 1974 (BOE nº 251 de 19 de octubre de 1974).[11]

Tras varios planes de estudios de transición, se llega a la reestructuración producida por la Ley de Reforma Universitaria, viéndose sustituida por el Plan de 1994 que se rige ya por el sistema de créditos.

Las Facultades de Empresariales se constituyeron habitualmente como "sección" de las Facultad de CC. Económicas y Empresariales, junto a la de Económicas propiamente dicha. Y, en todas las universidades más antiguas (no, por tanto, en aquellas que se fueron fundando de forma rápida, sobre todo, a partir del "boom" de finales de los años setenta y ochenta), las carreras de empresariales nacen en el seno y al calor de las Facultades de Ciencias Políticas y

8. En Sevilla venía funcionando desde 1963 un "Instituto Universitario de Ciencias dc la Empresa" (IUCE), en el seno de la Facultad de Derecho. Véase orden de 5 de julio de 1963 (BOE nº 208 de 30 de agosto de 1963). El IUCE será el germen de la futura Facultad de Empresariales.

9. La aprobación del Plan de Estudios de la Escuela Universitaria de Estudios Empresariales de Sevilla tuvo lugar por la resolución de 19 de julio de 1975 (BOE nº 219 de 12 de septiembre de 1975).

10. Otro de los primeros planes de estudios de Empresariales implantados en nuestro país es el de la UNED (Licenciatura en CC. Económicas y Empresariales. Sección Ciencias Empresariales. Plan de estudios de 1973 (BOE del 16-11-73).

11. Una orden posterior (nº 1.814 16 de junio de 1976, BOE nº 227-228 de 21 y 22 de septiembre de 1976) regula los trámites para la obtención del grado de Licenciado en Ciencias Empresariales de Sevilla.

Económicas. Esta circunstancia puede explicar, en un principio al menos, la inclusión de todo un bloque de materias de Economía General en el tronco básico de los planes de estudios de las nuevas carreras de empresariales.[12]

En efecto, era inevitable que las Facultades tradicionales de Economía condicionaran fuertemente los contenidos de los primeros planes de estudios de Empresariales, dado que fueron básicamente Catedráticos de Economía y de Derecho los que diseñaron los perfiles académicos de la nueva titulación. A medida que la carrera de Empresariales se fue, por decirlo de alguna manera, "especializando", los planes se fueron independizando y adaptando a la demanda del profesional de la empresa.[13] En efecto, existen motivos fundados para que los estudiantes de administración de empresas adquieran una sólida formación en economía. Tal es el objetivo de las consideraciones del apartado siguiente.

1.3. ¿Por qué los futuros profesionales de administración de empresas deben estudiar economía? [14]

Todo el proceso de enseñanza-aprendizaje debe ir orientado a facilitar la consecución del perfil ideal que deseamos ("...que soñamos") para nuestros alumnos y alumnas y que la sociedad nos demanda. A estos objetivos generales de la titulación deben aplicarse, en su medida, los objetivos de cada área de conocimiento y, dentro de ellas, de cada materia o asignatura. Ahora bien, recientemente[15] hemos definido el perfil ideal del titulado en Administración y Dirección de Empresas de la siguiente forma:

> *El titulado ha de ser una persona: 1) Con capacidad para acceder a cualquier trabajo de responsabilidad. 2) Con una proyección internacional, no sólo por el dominio de idiomas, sino por la posibilidad de realizar intercambios educativos con universidades extranjeras. 3) Con habilidades directivas y capacidad de liderazgo. 4) Con conocimiento de la realidad empresarial tras haber realizado prácticas en empresas. 5) Con sólidos conocimientos científicos y técnicos tanto en Dirección General como en la gestión de las distintas áreas funcionales de la empresa: Marketing, Finanzas, Recursos Humanos, Organización, Producción, Calidad. 6)*

12. Algo parecido puede decirse de algunas materias jurídicas que siempre se consideraron básicas de cara a la formación del futuro administrador de empresas; dichas materias, por cierto, se venían ya impartiendo en las Facultades de Económicas (Derecho Civil, Derecho Mercantil, Derecho Fiscal, Derecho Laboral, Derecho Administrativo...).

13. A pesar de lo ambiguo e indefinido que pueda resultar dicho concepto de demanda.

14. Para este apartado, dedicado a la definición de los objetivos de las materias económicas en el seno de la Licenciatura en Administración de Empresas, nos han sido de particular utilidad las reflexiones del profesor Gabriel Mª Pérez Alcalá.

15. "Informe de la Comisión: la docencia en la Universidad Fernando III". Se trata de documentos preparatorios de la puesta en marcha de la futura Universidad Fernando III en Andalucía, colaboración de la Compañía de Jesús y la Fundación San Pablo CEU de Sevilla, que aportan sus respectivos campus de Córdoba (ETEA) y Bormujos (Sevilla).

Con formación en valores que le hagan sensible a las diferentes realidades sociales, desde la opción por la justicia. 7) Con conocimientos actualizados de informática. 8) Con conocimiento de nivel alto del idioma inglés y, en la medida de lo posible, del nivel medio de, al menos, otro idioma.

Desbordaría con mucho el objetivo de la presente aportación un análisis exhaustivo y detallado de dichas competencias. Viniendo a nuestro asunto, la razón por la cual un profesional de la empresa (dotado de ese perfil ideal) debe conocer los principios fundamentales de la teoría económica y los contenidos básicos de la economía aplicada es bastante clara: se trata de que se capacite para conocer, comprender y analizar el entorno económico en que se desarrollará su actividad empresarial. La empresa no existe en un compartimento estanco, ni sólo está condicionada por sus diversos componentes "funcionales" (marketing, finanzas, recursos humanos etc.), así como por el comportamiento de las demás empresas, sino que es tributaria en grado máximo de la evolución de la coyuntura y de la política económica del entorno circundante, un entorno próximo, nacional, pero también, desde luego, un entorno europeo y mundial. Tal es el objetivo de las materias de economía en la(s) carrera(s) de empresariales: permitir un buen conocimiento del entorno.

Si consideramos que la orientación general de la Licenciatura en Administración de Empresas es –a tenor de su propio nombre– formar personas con suficiente capacitación técnica como para ejercer la administración y la dirección de empresas (y otras instituciones sociales que prestan servicios), y si tenemos, a su vez, en cuenta que lo central de la gestión y la dirección es tomar decisiones que lleven a la acción, podemos encontrar el sentido de estas materias de economía, sin más que preguntarnos qué papel representan en el proceso de reflexión-decisión-acción.

Por otra parte, y sin entrar en demasiadas explicaciones, que no son del caso, se puede consensuar que toda decisión/acción humana tiene un objetivo y que tanto aquélla como éste están condicionados por el cúmulo de conocimientos y creencias que el sujeto decisor/actuante posea. Es indudable que más y más fiables conocimientos suponen, en principio, más y más eficaces decisiones, bien porque los objetivos se expliciten con más precisión, bien porque las acciones se calculen mejor, bien por ambas causas.

Ampliar los conocimientos en ámbitos específicos que ayuden en las decisiones es la labor de los estudios que podemos denominar "análisis de entorno". Dentro de éstos podemos distinguir tres grandes áreas: los estudios de las normas que afectan (limitan) las decisiones en la empresa (las asignaturas de derecho); los que se refieren a la realidad psicosocial de las personas y sus relaciones (psicología, sociología, relaciones industriales); y, finalmente, aquellos que tienen por objeto el análisis del plano económico de la realidad.

Todas las asignaturas de lo que hemos dado en llamar "Economía General" van encaminadas a fin de cuentas a:

... capacitar al alumno/a para la elaboración de la información que le permita conocer y formar opinión, racional y fiable, acerca del entorno para una toma de decisiones eficaz/eficiente en el seno de la empresa/institución en la que se desarrolle.

Analicemos brevemente este objetivo y maticemos las distintas ideas que en él subyacen:

1. Capacitar al alumno/a para la elaboración de la información implica que son, para nosotros, más importantes los *procesos* de elaboración de una información hasta hacerla conocimiento que el mismo conocimiento. Es más importante llegar a saber qué se esconde detrás de un dato económico que la precisión del dato. ¡Es más importante aprender a aprender que saber!
2. Resulta evidente que el conocimiento y el proceso para conocer tiene un contenido, que es lo que determina la diferencia entre las distintas asignaturas. Pero, a fin de cuentas, las materias de economía aplicada tienen como contenido el entorno económico, social y político en el que se desenvuelven nuestras empresas e instituciones. Nuestro objeto de estudio es el mundo social de las variables que consideramos relevantes para las decisiones en nuestras empresas e instituciones.
3. Elaborar la información, conocer, no puede ser un fin en sí mismo porque sería estéril. Saber tiene un sentido y, en nuestro caso, su sentido es la toma de decisiones. Queremos saber porque más y mejor conocimiento nos capacita para tomar más y mejores decisiones. La decisión/acción es nuestro fin último.

Estos objetivos bastante generales implican la consecución de otros más concretos y operativos (y, por lo mismo, más medibles): los podemos denominar cognitivos, procedimentales y actitudinales.

1.3.1. Los objetivos cognitivos

Para conocer cualquier cosa, es condición *sine qua non* el dominar un determinado lenguaje, porque hemos de poder llamar a las cosas por su nombre; entender y aplicar una determinada lógica que nos explique por qué lo que percibimos es como creemos que es; y, finalmente, establecer un criterio que nos diga si lo que percibimos y expresamos podemos considerarlo cierto o no. Necesitamos, pues, un conjunto de conceptos básicos porque necesitamos palabras para llamar a los hechos y de relaciones entre ellos porque "no es posible conocer sin las gafas de la teoría". Se trataría de disponer del marco conceptual y teórico básico de las ciencias sociales, especialmente la economía. De ahí la necesidad de dominar lo esencial de las materias básicas de teoría económica: microeconomía y macroeconomía; pero también de los rudimentos de la sociología.

Pero nuestros objetivos cognitivos no pueden quedarse en meras explicaciones teóricas, con ser éstas importantes, sino que es necesario conocer el entorno real a través de la aplicación de nuestros conocimientos teóricos. Por eso, el segundo objetivo de conocimiento es "capacitar para conocer las políticas económicas concretas adoptadas en los últimos años, tanto en España como en las distintas economías de nuestro entorno". Por ello, en este bloque de materias, se deben poseer los conocimientos básicos de la historia económica española y mundial y del funcionamiento de la estructura española, europea y mundial.

1.3.2. Los objetivos procedimentales

No basta con conocer, por ejemplo, las consecuencias económicas de la guerra civil española, ni los problemas derivados de la crisis "del petróleo" de 1973; es necesario que conozcamos el proceso que nos permite elaborar la información que podemos obtener en conocimiento relevante para la toma de decisiones. Para ello, en este bloque de materias, nos fijamos los siguientes objetivos procedimentales.

- Habituar al manejo de las fuentes de información económica disponibles, tanto prensa diaria especializada como publicaciones periódicas, informes de coyuntura, así como Internet.
- Desarrollar la capacidad de razonamiento lógico y deductivo para, con las "herramientas" de la Teoría, sacar consecuencias y conclusiones de la información disponible, de relacionar hechos y fenómenos económicos entre sí.
- Desarrollar la capacidad crítica en el uso de la información y opiniones de todo tipo sobre la economía y la política económica, en particular en España.
- Mejorar la capacidad de expresión escrita y oral, en particular la aptitud para exponer y debatir las propias ideas en público.[16]
- En último término, se trata de conseguir cuatro habilidades o destrezas básicas que son necesarias para capacitar para la elaboración de la información: captar información; razonarla y ubicarla en un marco conceptual; someterla a los criterios de validación y crítica que se estimen pertinentes; y, finalmente, expresarla de una manera eficaz.

16. Por ello, en las asignaturas de economía aplicada existe en ETEA una tradición de especial presencia de los exámenes orales y de presentación de trabajos.

1.3.3. Los objetivos actitudinales

Es indudable que, desde la captación de la información primaria hasta la expresión final de nuestro razonamiento, vamos cargando de valores, de "para qué", el proceso. De ahí que nos fijemos unos objetivos actitudinales. No pretenden estas materias hacer una reflexión de valores; ello se realiza en otras asignaturas específicas del área de ética, tradicionalmente importantes en ETEA. Carecería de objeto estudiar la economía aplicada desde una perspectiva meramente axiológica. Sin embargo, es nuestro deber (un valor para nosotros) ayudar a elucidar los que están presentes o latentes en cada uno de nuestros conocimientos y en las opiniones que formamos a partir de ellos y que nos llevan a la acción. Y más en unos temas con tanta carga valorativa, como, por ejemplo, los de política económica, relativos a la situación política, económica y social de nuestro país y de su entorno mundial. Por tanto, de lo que se trata es de desentrañar los valores que subyacen en las opiniones y en las alternativas de cada decisión e interiorizar la justicia, la libertad, la solidaridad y los derechos humanos como valores a integrar en nuestras opiniones sobre el mundo y su situación.

1.4. ¿Cuál ha sido la participación de dichas materias en los diferentes planes de estudio de ETEA? Recorrido histórico y cuadros sinópticos básicos[17]

Muchos de nuestros lectores seguramente conocen que ETEA inició su andadura en el curso 1963-64, ubicada en aquel entonces en el patio de la Residencia de San Hipólito, en la avenida de Gran Capitán, de Córdoba.[18] Un par de años después se trasladó a su actual ubicación, entre lo que después sería el Parque Cruz Conde y la zona hospitalaria y universitaria de Córdoba; aquel primer edificio ha sido completado por otros dos inaugurados, respectivamente, en 1985 y 1989. Por eso, el curso 2003-2004 que acabamos de concluir ha sido el año de celebración del 40 aniversario de la institución. Es ésta una buena ocasión para hacer balances, entre otros, de la evolución académica de ETEA.

En el cuadro 1 se reseñan todos los planes de estudio que han estado vigentes en ETEA desde su fundación hasta nuestros días. Si se estudia el cuadro

---

17. Agradecemos a Pedro Pablo Pérez Hernández, secretario de la Facultad, su decisiva colaboración para la elaboración rigurosa del cuadro citado.

18. En diciembre de 1964 el Ministerio de Educación (Orden de 1 de diciembre, BOE nº 301 de 16/XII/1964) reconocía validez universitaria como título privado a los estudios realizados en ETEA, en relación con la Universidad de Madrid.

con atención, se constata que, para los estudios de la Licenciatura –que son los que se han impartido sin solución de continuidad durante las 4 décadas de referencia–, han existido un total de 9 planes de estudios (contando modificaciones y adaptaciones): 5 para la titulación privada y 4 para la homologada. Por tanto, en término medio, cada plan ha estado vigente entre 4 y 5 años.

Como puede observarse, la historia de la institución ha estado marcada por una relativa flexibilidad y permanente adaptación al entorno cambiante. Por un lado, ha sido preciso "adaptar" nuestros planes de estudio a la plantilla exigida por la adscripción de ETEA en cada fase de su historia. Pero, también, dado su carácter de centro universitario privado y su funcionamiento participativo, se puede afirmar, sin falsa modestia, que en ningún momento los cambios o adaptaciones en los planes de estudio han respondido a intereses corporativos o de grupos de poder de unas u otras áreas de conocimiento. En síntesis, la evolución descrita ha significado un continuo intento de homologación a la legislación vigente, así como de adaptación y modernización, en la búsqueda permanente de la excelencia en los esquemas formativos.

Centrando nuestra atención específicamente en las materias de Economía que han formado parte de los diferentes planes de estudio y titulaciones que ETEA ha tenido y tiene desde su fundación, podemos establecer el cuadro 2. Se observa que el plan de estudios se adelantó a la creación de las carreras de empresariales públicas, pues las materias de economía, que habrían de ser básicas en las Facultades públicas, ya se venían impartiendo en ETEA, al igual que en los citados centros de la FLECE.

En relación con el plan de estudio de la Diplomatura en Ciencias Empresariales, que también en ETEA debió tomarse de los preexistentes oficiales, siguiendo una "contaminación" bastante generalizada, en una primera fase, esta carrera de ciclo corto se configuró, erróneamente, como una "licenciatura condensada". De alguna manera, el plan de estudios de ETEA intentó siempre evitar este efecto "perverso", y creemos haberlo conseguido de forma suficiente en el último plan aprobado.

Las reformas más recientes, con la introducción de un notable margen de optatividad en los planes de estudio, han multiplicado el número de asignaturas y han permitido ofertar algunas materias específicas correspondientes a líneas prioritarias de investigación y extensión de ETEA. Tal es el caso de las optativas: Asuntos Europeos, Sistema Financiero, Mercados e Instrumentos Financieros; y de las materias de libre configuración: Desarrollo y Cooperación, Comercio Internacional, etc. En total, las materias de Economía (tanto teórica como aplicada) comprenden un total de 45 créditos troncales y obligatorios y 24 optativos y de libre configuración.

CUADRO 1
HISTORIA DE LOS PLANES DE ESTUDIO DE ETEA (1963-2005)

Fecha de inicio	Fecha de final[19]	Titulación	Centro	Observaciones
1963/64	1987-88	Título Privado de Licenciatura en Ciencias Empresariales (Especialidad Agraria) – 5 años	ETEA, Creación por Orden Ministerial del 1-12-1964. Centro adscrito a la Escuela Técnica Superior de Ingenieros Agrónomos de Córdoba	Titulación privada, se impartió docencia hasta el año académico 1987-88. Tuvo cinco planes de estudios distintos: 1963, 1969, 1973, 1977 y 1980. En todos ellos las ciencias empresariales iban tomando un mayor protagonismo en detrimento de la especialidad agraria.
1978/79	1987/88	Primer ciclo (1º, 2º y 3º) de la Licenciatura en Ciencias Económicas y Empresariales (Sección Empresariales)	Colegio Universitario de Ciencias Empresariales (adscrito a la UCO), creado por el R. D. 2.346/1978 y reconocido por Orden Ministerial del 3-12-1979, BOE nº 48 de 25 de febrero de 1980.	El plan de estudios es el de la Facultad de Ciencias Empresariales de la Universidad de Sevilla.
1981/82	1988/89	Segundo ciclo (4º y 5º) de la Licenciatura en CC. Económicas y Empresariales (Sección Empresariales), por ICADE (Universidad Pontificia Comillas, Madrid).	ETEA (las clases y exámenes se impartían aquí, si bien los alumnos estaban matriculados en ICADE). Al finalizar el 2º ciclo, los alumnos debían realizar un examen final de carrera para la obtención del título oficial de licenciado.	Normas reguladoras de ETEA con la Universidad Pontifica Comillas aprobadas en su Junta de Gobierno el 3 de Junio de 1981. La última promoción que fue a Comillas fue la vigésimo segunda de ETEA en el año 1989.
1983/84	1995/9	Diplomatura en Ciencias Empresariales – 3 años	Escuela Universitaria de Estudios Empresariales. Creación por R. D. 1.059 /1983, BOE nº 103 de 30 de abril de 1983. El reconocimiento fue por la Orden Ministerial del 21 de febrero de 1984, BOE nº 102 de 28 de abril de 1984.	Primer título oficial impartido y obtenido íntegramente en ETEA. Homologación por O. M. de 13 de abril de 1984, BOE nº 115 de 14 de mayo de 1984. Se impartió la última asignatura de este plan en el año 1998-99.
1988/89	1995/96	Licenciatura en Ciencias Económicas y Empresariales (Sección Empresariales) por ETEA – 5 años	Facultad de CC. Económicas y Empresariales (Sección Empresariales) – ETEA (centro adscrito a la Universidad de Córdoba). Su creación fue en 1988 por Decreto 254/1988 de la Junta de Andalucía, BOJA nº 71 de 13-9-1988.	La homologación del Plan de Estudios se realizó por R. D. 1663/1993, BOE nº 257 del 27 de octubre de 1993. Fue la continuación del plan de estudios existente en el CUCE y en el acuerdo con Comillas, con ligeros retoques: se eliminaron la Monografía y las Prácticas en Empresas. Se impartió la última asignatura de este plan en el año 2000-01.
1995/96	1999/2000	Diplomatura en Ciencias Empresariales – 3 años	Escuela Universitaria de Estudios Empresariales. Creación por R. D. 1.059 /1983, BOE nº 103 de 30 de abril de 1983.	Homologación del plan de estudios por Resolución del 10 de marzo de 1995, BOE nº 86 de 11 de abril de 1995. Adaptación del plan de estudios a las Directrices Generales de los planes de estudios por las que las titulaciones se hacen homogéneas en todo el territorio nacional y se pasa al sistema de créditos para valorar la carga docente en lugar del sistema de horas de clase por semana. Carga lectiva global: 206,5 créditos.

				A partir del 99/00 esta titulación se impartió conjuntamente con las otras dos titulaciones desde la Facultad de Ciencias Económicas y Empresariales (Sección Empresariales), según nuevo convenio establecido entre la Compañía de Jesús y la Universidad de Córdoba de 17 de abril de 1998.
1995/96	1999/2000	Licenciatura en Administración y Dirección de Empresas (LADE) por ETEA – 4 años	Facultad de CC. Económicas y Empresariales – ETEA (centro adscrito a la Universidad de Córdoba)	Homologación del plan de estudios por Resolución del 18 de octubre de 1995, BOE nº 280 de 23 de noviembre 1994. Este plan propone la reducción de la licenciatura a 4 años. Adaptación del plan de estudios a las Directrices Generales de los planes de estudios por las que las titulaciones se hacen homogéneas en todo el territorio nacional y se pasa al sistema de créditos para valorar la carga docente en lugar del sistema de horas de clase por semana. Carga lectiva global: 319 créditos.
1996/97	1999/2000	Licenciatura en Investigación y Técnicas de Mercado por ETEA – (Sólo 2º Ciclo) – 2 años.	Facultad de CC. Económicas y Empresariales –ETEA (centro adscrito a la Universidad de Córdoba)	Homologación del plan de estudios por R. D. 2.196 de 28 de diciembre de 1995, BOE nº 15 de 17 de enero de 1996. Carga lectiva global: 150 créditos.
2000/01	2004/2005	Diplomatura en Ciencias Empresariales – 3 años	Facultad de CC. Económicas y Empresariales –ETEA (centro adscrito a la Universidad de Córdoba)	Resolución del 18 de julio de 2000 de la Universidad de Córdoba, por la que el plan de estudios se adapta a los Reales Decretos 614/1997 de 25 de abril y 779/1998 de 30 de abril. BOE nº 193 de 12 de agosto de 2000. Carga lectiva global: 198,5.
2000/01	2004/2005	Licenciatura en Ciencias Económicas y Empresariales (Sección Empresariales) por ETEA – 5 años.	Facultad de CC. Económicas y Empresariales –ETEA (centro adscrito a la Universidad de Córdoba)	Resolución del 18 de julio de 2000 de la Universidad de Córdoba, por la que el plan de estudios se adapta a los Reales Decretos 614/1997 de 25 de abril y 779/1998 de 30 de abril. BOE nº 190 de 9 de agosto de 2000. Vuelve la licenciatura a 5 años. Carga lectiva global: 330 créditos
2000/01	2004/2005	Licenciatura en Investigación y Técnicas de Mercado por ETEA – (Sólo 2º Ciclo) – 2 años.	Facultad de CC. Económicas y Empresariales –ETEA (centro adscrito a la Universidad de Córdoba)	Resolución del 18 de julio de 2000 de la Universidad de Córdoba, por la que el plan de estudios se adapta a los Reales Decretos 614/1997 de 25 de abril y 779/1998 de 30 de abril. BOE nº 189 de 8 de agosto de 2000. Carga lectiva global: 134 créditos.

Fuente: elaboración propia.

19. Se indica como año final aquel en que se llega a su total extinción.

CUADRO 2
LAS MATERIAS DE ECONOMÍA EN LOS DIFERENTES PLANES DE ESTUDIO DE ETEA[20] (1963-2005)[21]

Cursos académicos	Titulación	Asignaturas del área de Economía[22]
1963/64 a 1977/78	Título Privado de Licenciatura en Ciencias Empresariales (Especialidad Agraria) – 5 años	Economía I: Microeconomía (1º) Economía II: Macroeconomía (2º) Economía III: Política Económica (3º) Economía del Mercado (4º) (solamente a partir de 1976-77) Estructura Económica Agraria (5º)
1978/79 a 1987/88	Primer ciclo (1º, 2º y 3º) de la Licenciatura en Ciencias Económicas y Empresariales (Sección Empresariales) Historia Económica (1º)	Teoría Económica (Introducción y Microeconomía) (1º) Teoría Económica II (Macroeconomía) (2º) Estructura y Política Económica (3º)
1981/82 a 1988/89	Segundo ciclo (4º y 5º) de la Licenciatura en CC. Económicas y Empresariales (Sección Empresariales), por ICADE (Universidad Pontificia Comillas, Madrid).	Comercio Exterior (4º) Hacienda Pública (4º) Economía Española (5º) Fuentes de Financiación (5º)
1983/84 a 1995/96	Diplomatura en Ciencias Empresariales – 3 años	Teoría Económica I (Introducción y Microeconomía) (1º) Teoría Económica II (Macroeconomía) (2º) Estructura y Política Económica (3º) Comercio Exterior (4º)
1988/89 a 1995/96	Licenciatura en Ciencias Económicas y Empresariales (Sección Empresariales) por ETEA – 5 años Historia Económica (1º)	Teoría Económica I (Introducción y Microeconomía) (1º) Teoría Económica II (Macroeconomía) (2º) Estructura y Política Económica (3º) Comercio Exterior (4º) Hacienda Pública (Análisis Económico del Impuesto) (4º) Economía Española (5º) Fuentes de Financiación (5º)
1995/96 a 1999/00	Diplomatura en Ciencias Empresariales – 3 años	Economía Política (1º) Economía Española y Mundial (2º) Microeconomía (Optativa) Macroeconomía (Optativa) Mercados e Instrumentos Financieros (Optativa) Comercio Internacional (Libre configuración) Historia Económica de España y Mundial (Libre configuración) Teoría del Consumo (Libre configuración)
1995/96 a 1999/00	Licenciatura en Administración y Dirección de Empresas (LADE) por ETEA – 4 años	Microeconomía (1º) Macroeconomía (2º) Economía Española y Mundial (2º) Política Económica (4º) Historia Económica de España y Mundial (Libre configuración) Mercados e Instrumentos Financieros (Optativa) Sistema Financiero (Optativa) Comercio Internacional (Libre configuración)

1996/97 a 1999/00	Licenciatura en Investigación y Técnicas de Mercado por ETEA – (Sólo 2º Ciclo) – 2 años.	Economía Española (1º) Análisis de coyuntura (1º) Comercio Internacional (2º) Política Económica (2º) Teoría del Consumo (Libre configuración) Historia Económica de España y Mundial (Libre configuración) Macroeconomía (Complementos de formación)
2000/01 a 2004/05	Diplomatura en Ciencias Empresariales – 3 años	Economía Política (1º) Economía Española y Mundial (3º) Asuntos Europeos (Optativa) Historia Económica de España y Mundial (Optativa) Microeconomía (Optativa) Macroeconomía (Optativa) Mercados e Instrumentos Financieros (Optativa) Comercio Internacional (Libre configuración) Economía Aplicada (Libre configuración) Desarrollo y Cooperación (Libre configuración)
2000/01 a 2004/05	Licenciatura en Administración y Dirección de Empresas (LADE) por ETEA – 5 años.	Microeconomía (1º) Macroeconomía (2º) Economía Española y Mundial (3º) Política Económica (5º) Microeconomía (Complementos de formación LADE) Macroeconomía (Complementos de formación LADE)[23] Historia Económica de España y Mundial (Optativa) Mercados e Instrumentos Financieros (Optativa) Sistema Financiero (Optativa) Comercio Internacional (Libre configuración) Desarrollo y Cooperación (Libre configuración)
2000/01 a 2004/05	Licenciatura en Investigación y Técnicas de Mercado por ETEA – (Sólo 2º Ciclo) – 2 años.	Economía Aplicada (2º) Comercio Internacional (2º) Asuntos Europeos (Optativa) Desarrollo y Cooperación (Libre configuración) Macroeconomía (Complementos de formación)

Fuente: elaboración propia.

20. El significado exacto de las siglas era "Escuela Superior de Técnica Empresarial Agrícola". Con el tiempo, ese acrónimo ha pasado a formar parte del logotipo identificativo de la institución independientemente de su significado literal original.

21. En la confección de este cuadro somos también deudores de la colaboración del profesor Miguel Romero Velasco, Jefe de Estudios de ETEA, y de Mª Victoria Pérez Alcalá.

22. Así como las asignaturas hoy llamadas "troncales" y "obligatorias" –de introducción reciente– se han impartido obviamente en todos los cursos correspondientes al respectivo plan de estudios, algunas materias optativas o de libre configuración, propias de los planes más recientes, no se han impartido en todos y cada uno de los cursos de vigencia de dichos planes.

23. Los complementos de formación en Micro y Macro se imparten a los alumnos procedentes de la Diplomatura que cursan el segundo ciclo y que no han cursado las correspondientes optativas en el primer ciclo. De hecho están en el plan de estudios de Diplomatura.

1.5. Conclusión

Terminamos este pequeño análisis que, inevitablemente, ha partido de una mirada sesgada hacia el pasado. Muchos son los retos que se plantean al proceso de docencia-aprendizaje de la Economía en los futuros perfiles de las carreras de Empresariales. La puesta en marcha del proceso llamado de Bolonia, con la instauración progresiva del Espacio Europeo de Educación Superior, implica una serie de metas de una envergadura difícil de exagerar.[24] En efecto, el EEES va a acarrear cambios substanciales, esencialmente agrupados en torno a dos cuestiones:

- Las nuevas configuraciones de las carreras, titulaciones y planes de estudio, el perfil de los nuevos titulados, la duración de las carreras, la composición de los planes y programas, etc., son temas que están en este momento en auténtica ebullición. No es nada seguro que el peso relativo de las materias de Economía aquí analizadas vaya a mantenerse en las futuras titulaciones. O mucho nos equivocamos, o existe una tendencia –a escala europea– a "profesionalizar" más los perfiles de los titulados, poniendo mayor énfasis en las materias aplicadas y prácticas, con la vista siempre puesta en la adaptación a las necesidades del mercado de trabajo. Materias de índole más teórica, con fuertes componentes de enriquecimiento cultural y de fomento de la capacidad crítica, no parecen tener un futuro muy brillante. Ojalá nos equivoquemos.
- La renovación de los sistemas de enseñanza y aprendizaje, la adopción de nuevos sistemas pedagógicos, en particular, el Sistema Europeo de Transferencia de Créditos (ECTS). Poner el acento en el trabajo del alumno, mucho más que en la docencia magistral del profesor, es, sin duda, uno de los grandes cambios que provocarán algún que otro trauma en determinadas escuelas "pedagógicas" de nuestros viejos centros universitarios. Francamente, no creemos que eso vaya a ocurrir en ETEA.

Analizar estos retos es una tarea para la que no nos consideramos competentes y que, en cualquier caso, necesitaría un espacio mayor del aquí disponible. Ahora bien, siendo el presente texto una aportación a un libro homenaje al profesor Adolfo Rodero, no podemos menos que terminar augurando

24. En la fecha de redacción del presente texto no hay mucha más información que los documentos siguientes: la Declaración de Bolonia de 1999, el Real Decreto 1125/2003 por el que se establece el sistema europeo de créditos y el sistema de calificaciones en las titulaciones universitarias de carácter oficial y validez en todo el territorio nacional, y el Real Decreto 1044/2003 por el que se establece el procedimiento para la expedición por las universidades del Suplemento Europeo al Título. Estamos a la espera de la publicación de los decretos de grado y de postgrado de las titulaciones correspondientes a nuestra Facultad.

a la enseñanza de la Economía en ETEA –en su nuevo próximo marco de la Universidad Fernando III– un futuro lleno de auténtica sabiduría, profesionalidad, creatividad, adaptabilidad y generosidad; todas ellas cualidades que caracterizaron durante los últimos 40 años el quehacer de Adolfo Rodero, maestro de economistas.

II
La universidad y la misión de la Compañía de Jesús

José M. Margenat Peralta

El texto presenta de forma sintética la relación entre la universidad y la misión de la Compañía de Jesús, tanto en su origen histórico, como en la actualidad. En la introducción se perfila un ciudadano formado en estos centros de educación superior, como persona competente, consciente, compasiva y comprometida. La misión universitaria de los jesuitas tiene su origen en la rápida evolución y adaptación de la orden, a mediados del siglo XVI. Algo parecido ha ocurrido en el último tercio del siglo XX, aunque en sentido inverso: las universidades jesuitas han debido afrontar y asumir la nueva formulación de la misión –*diakonia fidei* y *promotio iustitiae*– que ha hecho la Compañía de Jesús después del Concilio. En la conclusión se describe la vocación del universitario jesuita.

Palabras clave: *Compañía de Jesús, educación universitaria, misión, promoción de la justicia.*

2.1. "Competentes, conscientes, compasivos, comprometidos"

En la actualidad, unos tres mil jesuitas trabajan en casi doscientas instituciones universitarias y de enseñanza superior. Casi desde sus comienzos, la Compañía de Jesús se vio inmersa en la misión universitaria. Ese *casi* tiene su importancia por cuanto las universidades no entraban en los planes iniciales de Ignacio de Loyola y sus primeros compañeros, maestros en Artes por la de París. Ellos se reconocían a sí mismos como clérigos instruidos y libremente pobres, llamados a una vocación apostólica e itinerante, no a la enseñanza. Las universidades, estables corporaciones de estudiantes y maestros de plurales naciones, no eran su horizonte. El primer grupo estaba formado por hombres de frontera, que eran de *'nationes variae'* (cántabros –uno gamboíno y otro oñacino–, castellanos, saboyanos, además de un picardo, un portugués y un provenzal). El horizonte de inteligibilidad en que aquel grupo de universitarios inscribía su proyecto no era una estabilidad que proporcionara beneficios y prelaturas, sino la frontera. Ésta se vio modificada y alterada por otra frontera, esta vez cultural: el diálogo con los saberes de cada tiempo y de cada lugar. Entre las primeras fundaciones de residencias para jóvenes estudiantes jesuitas de París y Coimbra, todavía excluyendo que la propia Compañía dirigiese establecimientos escolares como tales, y la creación, a petición del Senado de la ciudad de Mesina, del "*primum ac prototypum collegium*" en 1548, se produjo un cambio esencial en la propia *constitución* de la Compañía de Jesús. Este giro se reflejó inmediatamente en su máximo texto normativo y orientativo, las Constituciones.

Éste era el primer ayer. Hoy, una *educación humanista* debe ser concebida como "un constante diálogo interdisciplinar de investigación y reflexión, un continuo poner en común los conocimientos de todos" (Santa Clara 2000).[1] Éste ha de ser un diálogo de personas que están en contacto con el mundo, no desde una imposible mirada neutral o aséptica, sino desde *una mirada desplazada* continuamente en búsqueda de la verdad. Este desplazamiento no es fácil, ni nadie ha pretendido nunca que lo sea. Si fuera fácil no estaríamos invitando a lo mejor de cada uno de nuestros jóvenes a que se comprometa en esta tarea y con

1. UCCo 45. Las citas (entre paréntesis en el texto) remiten al elenco de los escritos de Peter-Hans Kolvenbach sobre la misión de la universidad y la Compañía, que figura al final de este texto; en dicho elenco se hace referencia, asimismo, a las publicaciones de que están tomados, en cada caso, los textos citados, que son las siguientes: AR = *Acta Romana Societatis Iesu.* Roma, Curia del Prepósito General S.I. / Docum-Etea = P.-H. Kolvenbach, *Características de las instituciones de enseñanza superior de los jesuitas*, Publicaciones ETEA (Colección Documentos 8), Córdoba 1991 / Escritos = P.-H. Kolvenbach, *Selección de Escritos del Padre Peter-Hans Kolvenbach (1983-1990)*, Madrid 1991, Provincia de España / InformSI = *Información s.j.* (Revista internacional, dirigida sólo a los jesuitas), Madrid, desde 1968 / RFS = *Revista de Fomento Social. Publicación trimestral de Ciencias Sociales*, Córdoba, desde 1946 / UCCo = P.-H. Kolvenbach *Discursos universitarios*, Universidad Católica de Córdoba, Córdoba (Argentina) 2002.

este don. Al contrario, este desplazamiento de la mirada es urgente y, por ello, necesario, pero no es fácil. Nuestro Séneca lo dijo bella y certeramente: "*Multa non quia difficilia sunt non audemus, sed quia non audemus sunt difficilia*".[2]

La educación humanista que compromete a los profesores con la misión de la *diakonia fidei* y la justicia evangélica conlleva un desplazamiento para buscar y hallar el punto de vista de los pobres, de las mayorías excluidas de nuestro mundo. Los primeros jesuitas que se concentraron en la enseñanza universitaria no renunciaban al horizonte de la mayor gloria de Dios, en un continuo desplazarse allá donde hubiese alguna esperanza de crecer en ella. Ellos configuraban un mundo en el que se desplazaban las fronteras hacia dentro: el diálogo con la cultura era el horizonte donde podía esperarse la gloria de Dios, siempre que fuese acompañada de una pregunta, legítima aunque no inicialmente académica: "cuando investigo y enseño, ¿dónde y con quién está mi corazón?" (Santa Clara 2000).[3] Una universidad jesuita pretende formar ciudadanos del mundo, adultos y críticos. Si lo logra o no, sólo podremos saberlo desplazando la mirada como profesores y miembros de la comunidad universitaria. Por ello afirma Kolvenbach:

> *El auténtico criterio para evaluar las Universidades de la Compañía no es lo que nuestros estudiantes hagan, sino lo que acaben siendo y la responsabilidad cristiana adulta con la cual trabajen en el futuro a favor de sus prójimos y de su mundo* (Santa Clara 2000).[4]

Los acontecimientos que, en un momento dado, vivan los estudiantes, son, si hay quien los despierta a la conciencia de los mismos, su verdadero maestro interior. Los estudiantes universitarios de centros jesuitas aprenden de la realidad hoy para "llegar a ser un día adultos en solidaridad" (Santa Clara 2000).[5] Esta educación integral pretendida por una universidad jesuita, busca a todos los hombres y a todo el hombre. Dicho de otra forma, el objetivo educativo de la Compañía para quienes se confían a sus centros universitarios, es que personas competentes y con capacidad reflexiva, formados en la excelencia académica, crezcan al mismo tiempo en la integridad de su ser personal, de manera que toda la persona esté afectada por la suerte y el ser de todos los hombres y mujeres, porque es capaz de desplazar la mirada como una persona completa, no dimediada ni escindida. Se trata de que un alumno jesuita pueda hacer suyo aquel deseo expresado por la enseñanza social cristiana de que "todos seamos responsables de todos".[6]

---

2. SÉNECA, *Epistulae ad Lucilium*, 104, 26.
3. UCCo 46.
4. UCCo 44.
5. UCCo 44.
6. JUAN PABLO II, *Sollicitudo rei socialis*, n. 38.f, Roma 1987.

La educación integral e integradora pretende que esa "persona completa" tenga "una conciencia instruida de la sociedad y de la cultura, con la que contribuir generosamente a la construcción de este mundo tal cual es" (Santa Clara 2000).[7] La educación de un centro universitario jesuita llegará hasta aquel nivel en que una persona completa es capaz de solidarizarse con el mundo real, capaz de "una solidaridad bien informada" (Santa Clara 2000).[8] Los alumnos de las universidades jesuitas han de ser hombres y mujeres, ciudadanos del mundo, competentes, conscientes, compasivos y comprometidos con la justicia en el servicio a la sociedad.[9]

Este escrito de homenaje académico nace con un motivo más que justificado, el reconocimiento debido a un compañero del claustro de nuestra Facultad, el profesor Adolfo Rodero. Como otros textos amicales, éste se ve pronto superado por la circunstancia, aunque ésta mantenga su sello.[10] La reflexión que se propone en las líneas siguientes versa sobre la inteligibilidad y la empatía de la misión universitaria que la Compañía de Jesús vio crecer, sin esperarlo, en su seno. Nuestro compañero, maestro en humanidad y perito en múltiples saberes, ahora homenajeado, ha sido profesor universitario, durante cuarenta años (1965-2005), en un centro superior de la Compañía de Jesús. Conocer y reconocer lo que la Compañía busca y anhela hacer con su servicio leal y constante, será una forma de conocer y reconocer, en la forma del espejo, la labor de cuarenta años del *universitario jesuita* profesor Rodero.

2.2. La educación universitaria, matriz estructurante de la Compañía de Jesús

La Compañía de Jesús nació en un ambiente universitario.[11]

Ignacio de Loyola fue un hombre del que ha podido decirse que era, al mismo tiempo, medieval y renacentista.[12] En su vida pasó de las mediaciones

7. UCCo 43.

8. UCCo 43.

9. Estas cuatro palabras resumen el *modelo pedagógico ignaciano* tal como fue formulado en 1993 y recogió Peter-Hans Kolvenbach, general de los jesuitas, en el discurso de presentación de aquel modelo. Cfr. P. H. Kolvenbach, "La Pedagogía ignaciana. Discurso a los participantes del grupo de trabajo sobre "La Pedagogía ignaciana. Un planteamiento práctico", en Villa Cavalletti, 29 de abril de 1993, en Gil Coria, E. (ed.), *La pedagogía de los jesuitas, ayer y hoy*, Universidad Pontificia Comillas, Madrid 2002, pp. 368-381. Cfr. Monte Cucco 2001, nº 33, UCCo 62.

10. En el origen de esta reflexión se halla también la lección "La Compañía de Jesús y la Universidad", tenida en Córdoba, el 14 de abril de 2004, con ocasión de los cuarenta años de Insa-Etea (1963-2003) y de los 450 años del colegio jesuita cordobés de Santa Catalina (1553).

11. Las tres partes siguientes de este escrito se abren con sendas frases en epígrafe, tomadas del discurso que el padre P.-H. Kolvenbach dirigió a la comunidad de Insa-Etea (etea 1994, cito siempre según la edición de la Provincia Bética, Sevilla 1994, en este caso, p. 51).

12. En las líneas que siguen, el especialista reconocerá, sin duda, afirmaciones y matizaciones del padre Miquel Batllori, que yo tuve la dicha de oír de él, tantas veces, y luego de poder leer en su amplísima obra historiográfica sobre la Compañía de Jesús, cfr. Batllori, M., (1997) *Obra completa*, vol. VIII, *Cultura i finances a l'Edat Moderna*, Tres i Quatre, València 1997, pp. 3-63.

cortas (peregrinar a Jerusalén, para vivir a la apostólica) a las mediaciones largas (estudiar, para "ayudar" a las personas). En Barcelona, a sus 33 años (febrero de 1524), "comunicó su inclinación de estudiar" con el maestro Jeroni Ardévol, que enseñaba latín en el Estudio General de la ciudad.[13] Su formación universitaria propedéutica fue barcelonesa. En esa ciudad sabemos que no sólo aprendió latines, sino que frecuentó los círculos lulianos y erasmistas, de los que quedaría una perceptible influencia. A la delicada formación de un cortesano castellano, recibida en Arévalo y Valladolid, unía la apertura a las letras humanas en un culto ambiente urbano. A los dos años catalanes siguieron la breve estancia complutense y los siete años de París, donde obtuvo el título de Maestro en Artes. Allí fue agrupando en torno a sí a unos pocos estudiantes, más jóvenes que él, germen de la primera "mínima Compañía de Jesús".

La primera experiencia de "*compañía*" fue la de unos universitarios; fue una experiencia utopista, germinada en una ciudad universitaria, exigente pero poco prometedora. Por eso se atreve a sentenciar Kolvenbach: "La vocación pedagógica y humanística de los primeros jesuitas parece accidental" (Gregoriana 2001).[14] Ni Ignacio, ni tampoco el navarro Francisco Javier, el castellano Diego Laynez o el saboyano Pierre Favre, alimentaban el más mínimo proyecto de dedicarse a la educación humanística. "El entorno universitario parece haber tenido poco impacto en la concepción del apostolado de los primeros compañeros", llega a afirmar Kolvenbach (Frascati 1985)[15]; y añade que Ignacio "se enfrentó frecuentemente a la cultura de su tiempo", y que la primera Compañía fue, en cierto sentido, "antiintelectual".

Esta determinación primera de los jesuitas lleva al historiador a la pregunta del porqué, en tan pocos años, de la opción por los colegios, que entonces incluían sin casi distinción a los centros universitarios, como sigue ocurriendo, aún hoy, en el vocabulario usado en los países anglosajones. Todavía en 1541 Ignacio excluía una dedicación docente para los jesuitas ("no studios ni lectiones en la Compañía"), pero ya en 1548 enviaba a Palermo un equipo de lo más selecto de la naciente Compañía, a cuyo frente ponía al mallorquín Jeroni Nadal, un universitario de París que se había incorporado más tarde al grupo. Los primeros jesuitas ni siquiera estaban bien preparados para la empresa universitaria. Pero, sobre todo, no podían prever el impacto que la aventura universitaria había de tener sobre la naciente Compañía, sobre las personas y sobre la estructura de la misma. Ésta había de vivir la misma evolución que la personal de Ignacio: de las mediaciones cortas ("predicar en pobreza") se iba

13. El *Studium generale* precedió, como institución educativa superior, a la Universidad de Barcelona, creada en 1533.

14. INFORMSI, 111.

15. DOCUM-ETEA 3.

a pasar a las mediaciones largas, en la complejidad y la densidad del mundo urbano, la naciente cultura científica y la economía capitalista mercantilista.

Este cambio implicaba el paso de aquellos "sacerdotes reformados" y reformadores, sobre todo a través de la predicación, a un nuevo modo de reformar las costumbres. Sólo que, en aquel tiempo, cualquier proyecto de reforma exigía un retorno a la pobreza. Para aquellos "amigos en el Señor", "presbíteros de Cristo libremente pobres", maestros en artes, "pobres... pero instruidos", ésta era una tensión no sólo constituyente de su grupo o *compañía*, sino constitutiva de lo que había de ser hasta hoy la historia y el proyecto de la mínima Compañía. Ésta nació como una orden con un máximo de libertad, con una estricta pobreza y la coherente gratuidad de su trabajo, pero, en pocos años, una dedicación prioritaria a la enseñanza trastocó todo su sistema originario de pobreza, y aún todo el sistema institucional. Ignacio vio que, en ese momento, era más importante la dedicación a la enseñanza que a la predicación. La Compañía cambió radicalmente. Kolvenbach llega a comparar este cambio con el giro radical que ha supuesto para la orden el compromiso por la justicia; afirma el general de los jesuitas:

> *De la misma manera que la promoción de la justicia está cambiando la vida de la Compañía hoy día, la opción preferencial de fundar colegios y universidades afectó profundamente la Compañía recién nacida* (Frascati 1985).[16]

Este cambio ocurrió al menos en tres aspectos: la pobreza apostólica y la gratuidad de ministerios, el nuevo modo de gobierno centralizado e institucionalizado y, por último, el desplazado empuje misional. Añade Kolvenbach que la creación de estas universidades no era un fin en sí mismo, sino un medio, aunque sin pretender instrumentalizarlo, pues Ignacio sabía que "una universidad es una universidad", que tiene su finalidad propia, y no "mera oportunidad para la evangelización" (Frascati 1985)[17].

En pocos años, en los que la Compañía de Jesús cambió más que en los casi cuatrocientos años que van de la muerte de Ignacio en 1556 a la elección del venerado padre Arrupe como prepósito general en 1965, una decisión accidental conllevó la transformación de una orden religiosa, creada para la frontera, en una red de instituciones muy estables, concebidas como "mediaciones largas" y estructuras de universalidad. Aunque la historia, vista desde la actualidad o de espaldas, nos lleva a veces a la afirmación de que la Compañía ha sido uno de los más potentes agentes culturales creadores de la educación secundaria y superior en la Europa moderna, y parece que ello debía responder a un plan, la misma historia vista de cara, se nos presenta de otra forma.

16. DOCUM-ETEA, 4.
17. DOCUM-ETEA, 5.

Una decisión accidental de la primera generación fue la que creó la verdadera estructura de la Compañía de Jesús tal como la conocemos. Es bien sabido que la primera concepción de Ignacio fue la de reunir un grupo de hombres dedicados enteramente a discurrir por el mundo (que para ellos se configura como espacio sagrado sin fronteras, como un *ager dominicus* que ha de ser roturado), para predicar a la apostólica y en pobreza, viviendo de las limosnas y no de rentas estables. No entraba en los planes de Ignacio la residencia estable en un lugar, a no ser por razones estratégicas o coyunturales. Sin embargo Laynez escribió en 1560:

> *la Compañía considera dos formas de ayudar a nuestro prójimo: uno en los colegios, por medio de la educación de la juventud en las letras, la enseñanza y la vida cristiana; otro, doquiera, asistiendo a todo tipo de personas.*

De la primera *Fórmula* de 1540 que consideraba toda la tierra como el lugar propio de la misión de la Compañía, discurriendo de una parte a otra,[18] a la redacción del documento estatutario fundamental, las Constituciones, que abre tímidamente la posibilidad de que algunos residan establemente en algunos sitios, pasamos, en pocos años a conocer una Compañía que dedica ingentes energías humanas y materiales a los colegios abiertos en Asia, Europa y América. La evolución siguió lentamente, pero inexorable: pocos años antes de la supresión pontificia de 1773, algo más de dos tercios de los jesuitas de todo el mundo eran educadores. En los 800 colegios de esta poderosa red mundial recibían *educación en letras, enseñanza y vida cristiana* unos 200.000 alumnos. Unos dos siglos y medio más tarde el número de centros de educación se había doblado y el de alumnos se había multiplicado por ocho, para llegar a los actuales 1.660.000. La Compañía seguía siendo una orden esencialmente docente. A este contingente de alumnos de primaria y secundaria, habría de sumarse el medio millón largo de estudiantes de educación superior ya indicados.

Aunque el inicial grupo de París estaba constituido por hombres mayores, bien formados, pronto se unieron muchos jóvenes, que habían de prepararse en humanidades, filosofía, teología. Para ellos se abrieron colegios cercanos a universidades, como ya tenían otras órdenes, y se hizo una excepción en la severa regla de pobreza, permitiendo que las fundaciones de los colegios tuviesen rentas estables. En pocos años se suceden los establecimientos: París (1540), al que siguieron el fundado en Coimbra (1542) por Juan III de

18. El mundo es "nuestra casa", solía decir Jeroni Nadal, que añadía que las mejores de las casas eran las "peregrinaciones" y las "misiones", cfr. O'Malley, J. W. (1995) *Los primeros jesuitas* (original, Cambridge, MA 1993), Mensajero-Sal Terrae, Bilbao-Santander, 92-93, y las referencias allí hechas a *Monumenta Historica* S.I., vol. 90, Epistolae ey Monumenta P. Hieronymi Nadal, t. V, Roma 1962.

Portugal, los de Padua, Lovaina (1542), Colonia, Valencia (1544) y, unos años más tarde, ya en nuestra tierra, Córdoba (1553) y Sevilla (1554).[19]

En pocos años los colegios cambiaron mucho. En 1542 Javier escribe que en Goa los jesuitas han sido encargados de un colegio-seminario, en el que hay seglares y, desde 1545, hay jesuitas enseñando; también ese año, en los estados patrimoniales del duque de Gandía, se abre un colegio sólo para jóvenes que, muy probablemente, no habían de ser jesuitas, entre otras razones, porque, como la mayoría de la población de Gandía en ese momento, los jóvenes eran moriscos; un año más tarde comienzan los alumnos externos, por lo que dice Nadal que el colegio de Gandía fue "el primero en el que los nuestros dieron clases abiertas al público"; en Coimbra, en 1547, y en Padua, dos años más tarde, los jesuitas comienzan a dar clases a jóvenes estudiantes jesuitas. Las dotaciones económicas para los colegios se muestran pronto insuficientes. La "revolución de los precios" (Hamilton) afectó también a las rentas patrimoniales estables de las fundaciones que, en poco tiempo, se revelaban patentemente escasas, debido a la inflación de los precios, causada por la abundancia del oro y la plata americanos, mientras las rentas fijas se devaluaban rápidamente.

El senado de Mesina pidió a la Compañía que fundase un colegio abierto, para lo que, en 1548, Ignacio envió un grupo de diez jesuitas, con los que nació el primer colegio jesuita para externos. En él, conocido como *primum ac prototypum* de los colegios jesuitas, tiene sus orígenes la *Ratio atque institutio studiorum Societatis Iesu* (el modo y orden de enseñanza y formación). El Colegio Romano, abierto en 1550, no es cronológicamente, pues, el primero, aunque pronto será el *prototypum* para toda la orden, tanto por el curriculum y los métodos allí establecidos, como por la filosofía educativa que lo inspiró.

En 1556, a la muerte de Ignacio, se ha impuesto la prioridad apostólica de los colegios y las universidades, tal como lo había formulado el secretario burgalés y judío de Ignacio, Juan de Polanco: "todo jesuita debe poner de su parte a la hora de contribuir a llevar el peso de los colegios". En 1555 Polanco había escrito que Ignacio deseaba que "los colegios se multipliquen más que las casas" y que no le importaba aceptar grandes cambios en el mismo interior de la Compañía para hacer sitio a ese compromiso educativo. En 1556, efectivamente, eran 46 los colegios abiertos (*scholae publicae*) y sólo dos las casas profesas, en las que la "Compañía profesa" vivía el primitivo ideal de la predicación apostólica en pobreza.

La capacidad de síntesis de la tercera generación de jesuitas permitió alumbrar el más importante proyecto educativo de la modernidad europea, la

19. Cfr. Sauvé, J., Codina, G. y Escalera, J. (2001), "Educación" en *Diccionario Histórico de la Compañía de Jesús* (DHSI), Roma-Madrid, Institutum Historicum Societatis Iesu – Universidad Pontificia Comillas, t. 2, 1202-1214.

Ratio studiorum, tras los primeros balbuceos sicilianos. Ésta tuvo varias versiones, formuladas sucesivamente: la más renacentista, de 1586, en los primeros años de Aquaviva, lo que viene a querer decir, más humanista y crítica, para llegar a la de 1599, definitiva y consolidada por muchos siglos de formulación barroca, plenamente adecuada a las posiciones del general jesuita Aquaviva, ésta ya mucho más contrarreformista. La *Ratio*, un curriculum único y básico, con el que se entrelaza un "modo de proceder", había de ser común a todos los colegios y universidades jesuitas, en muchos sitios hasta después de la segunda guerra mundial. Tres raíces, que reflejaban la propia formación de Ignacio y de los primeros jesuitas, alimentaban esta *Ratio studiorum:* escolástica, humanismo flamenco y humanismo italiano. Por un lado, resultado de la experiencia común de todos ellos, ejercía un fuerte influjo el *modus parisiensis*, es decir la forma escolástica de enseñar y aprender usada en Sorbona; por otra parte, los trazos procedentes del modelo humanista introducido en algunos colegios de París, como el de Sainte-Barbe, que frecuentó Ignacio desde 1530, que seguía las orientaciones de los *hermanos de la doctrina común*, la corriente de la *devotio moderna* de los Países Bajos, que Ignacio ya conocía profundamente tras su prolongado contacto con el monasterio de Montserrat, foco de irradiación de la *devotio* en la Corona de Aragón; en la *Ratio* influye, por último, el "modus italicus", propio de la tradición humanista italiana, que ponía el acento en el estudio positivo de los padres de la Iglesia y de la Escritura.

La Compañía de Jesús concibió las Universidades desde su imagen moderna de la realidad. Ante un mundo en cambio, era y es necesario mantener una actitud de itinerancia, cambio adaptado, discernimiento continuo y vida a la apostólica.[20] Pero, como hemos intentado esbozar, no sólo la Compañía concibió la acción apostólica a través de colegios y universidades, sino que también la Universidad hizo a la Compañía de Jesús y creó un conjunto de tensiones fecundas: los jesuitas habían de ser pobres, pero instruidos; en la ciudad, pero

20. Cfr. O'MALLEY, J. W. (1995) *Los primeros jesuitas*, Mensajero-Sal Terrae, Bilbao-Santander, 73-118 y O'MALLEY, J. W. (1996) "Ministerios de la primera Compañía. ¿Disciplina social o discernimiento y acomodación?", en *CIS, Revista de Espiritualidad Ignaciana* 27, 19-35. El historiador de Weston College, Cambridge, MA, afirma que "el ministerio de los primeros jesuitas procedía de una experiencia de Dios completamente personal en su relación con cada criatura, de una acción de Dios "siempre mayor" de lo que se esperaba (y) precisamente porque la experiencia ignaciana se centra en la experiencia directa de Dios, los ministerios ignacianos están explorando constantemente nuevas fronteras". Por ello, frente al modelo tridentino de reforma eclesial y de disciplina social (*Sozialdisciplinierung,* según la expresión de G. Oestreich), es decir, procesos de crecimiento de las instituciones centralizadas y jerárquicas que transformaron el orden social, los jesuitas, presentaban el modelo de acomodación discernida y el voto de movilidad en las fronteras. Esto les llevó a crear muy al principio, pero sin haberlo previsto, un ministerio nuevo y sin precedentes: los colegios, con el que abrieron una nueva era en la Iglesia, especialmente cuando, a finales del siglo XVI y en todo el XVII, fueron imitados por otras órdenes y congregaciones, especialmente algunas femeninas.

tanto en el centro, allá donde se puede influir, como en las periferias urbanas o culturales; discurriendo de una parte a otra, pobres pero con rentas para fundar colegios estables.

2.3. El compromiso por la justicia desde la *diakonia fidei*, orienta la misión universitaria de la Compañía de Jesús

La economía, que tiene su propio método y sus propios principios, si es enseñada y aprendida desde la perspectiva de la promoción de la justicia, se negará a dejarse encerrar en una concepción que trate exclusivamente de cosas y de procesos y caerá en la cuenta de que debe considerar también, y primariamente, las relaciones entre personas.[21]

La Compañía de Jesús adoptó después del Concilio Vaticano II una actitud de fidelidad creativa. No trató de volver ahistóricamente a las fuentes, o a los orígenes. Es más, un simple retorno a los orígenes era problemático (o quizás simple y disparatadamente fundamentalista), pues, ¿a qué Ignacio volver? Entre el Ignacio contracultural y una pizca antiintelectual de los años parisienses y primeros italianos y el Ignacio regidor de una institución mundial que, como hemos visto, asentaba una red incipiente, pero ya nutrida, de colegios y universidades, media un abismo. Podríamos decir que el carisma de la naciente orden fue la muy flexible acomodación a las fronteras de quienes iban a ser enviados o a residir, en función de un criterio formal, universal y a priori: la mayor esperanza de gloria de Dios y el servicio a los prójimos. En la segunda parte de este texto hemos visto cómo la universidad, las instituciones educativas, en su conjunto, cambiaron a la Compañía naciente. Hoy podemos decir que la nueva concepción de la misión de la Compañía recibida de la Iglesia y de la lectura hermenéutica de los signos de Dios en el tiempo, ha cambiado a la Compañía (Frascati 1985).[22] El compromiso por la justicia desde la *diakonia fidei* orienta la misión universitaria de la Compañía, puesto que da sentido y finalidad a la vida y a la misión de los jesuitas. Toda la Compañía está llamada a integrar como clave de sus actividades y tareas, de sus ministerios apostólicos, como *forma omnium*, esta fórmula binaria en su expresión, pero unitaria en su intención, sin confusión, pero distinta en sus partes. El servicio del evangelio sólo se puede cumplir allí y cuándo se convierte en compromiso por la justicia. Comprender y realizar esto está implicando para la Compañía un proceso de transformación radical. En un cuerpo que tiene su centro estructurante en la misión, la nueva percepción y formulación de ésta cambia la identidad del cuerpo. En el final del siglo XX y los comienzos del XXI está ocu-

21. ETEA 1994, op. cit., 58.
22. DOCUM-ETEA, 4.

rriendo algo parecido a lo que ocurrió entre 1534 y 1556. En este momento, la Compañía, en una nueva lectura en fidelidad creativa del evangelio del reino, recibida y realizada *in Ecclesia*, transmite a las universidades su concepción de misión. Las universidades jesuitas, siendo lo que son, y sólo eso, han de poner en su centro aquella *promotio iustitiae* que nace de la *diakonia fidei*.

La Compañía de Jesús, presente en la Universidad actual, se abre a grandes desafíos exteriores: ¿cómo seguir siendo una institución que busca un saber que se esfuerza siempre por llegar a los fundamentos de los conocimientos y a sus últimas razones, y que no deja introducir en la relación de la Universidad con la sociedad la lógica del interés o del mercado, sino la del servicio público y desinteresado?, ¿cómo seguir promoviendo una educación humanista en la sociedad del conocimiento?, ¿cómo acertar y determinarse en las universidades por una estructura que permita que sigan siendo *jesuitas* y que sean cada vez más *universitarias?*

Una universidad jesuita ha de aceptar estos desafíos y promover y buscar una ciencia verdaderamente universal, una nueva síntesis humanista, puesto que las universidades son encrucijadas de crucial importancia social para la humanidad. La Compañía de Jesús considera que las universidades que tiene encomendadas o en las que participa, son un reto complejo y difícil, que hay que abordar con realismo, pero sin que el reto sea rehuido o silenciado. "Qué contento estará Ignacio al ver cómo estáis dispuestos para este reto" (Georgetown 1989a).

Estas universidades están situadas en encrucijadas de transformación. Un buen símbolo lo recogió Kolvenbach en su discurso a la asamblea de centros de educación superior en Estados Unidos:

> *El Valle de Santa Clara, cuyo nombre viene de la iglesia de la misión, situada en el corazón del 'campus', es conocido en todo el mundo cono "Silicon Valley", la cuna del 'microchip'. Ciertamente que cuando el P. Nobili, fundador de esta universidad, contempló las ruinas de la iglesia y del conjunto de edificios de la antigua misión franciscana, nunca hubiera podido soñar con que este valle se convertiría en el centro de la revolución tecnológica de alcance planetario. Esta yuxtaposición de misión y microchip es emblemática de todos los centros educativos de la Compañía. Fundados originalmente para servir a las necesidades educativas y religiosas de las poblaciones pobres inmigrantes,*[23] *han llegado a ser instituciones de enseñanza altamente sofisticadas, completamente rodeadas de un mundo de riqueza, poder y cultura de un alcance global. El cambio de milenio las sorprende en toda su diversidad: son mayores, están mucho mejor equipadas, son más complejas y profesionales que nunca lo fueron; y además están más preocupadas por su identidad católica y jesuita* (Santa Clara 2000).[24]

23. Kolvenbach se dirigía a los centros de educación superior de EEUU (nota del autor).
24. UCCo, 33.

El saber universitario, como dijera Kolvenbach en ETEA, es "*un saber que se esfuerza siempre por llegar a los fundamentos de los conocimientos y a sus últimas razones*" (ETEA 1994).[25] Las universidades jesuitas se han caracterizado frecuentemente, por la elevada calidad de su enseñanza. La permanente insatisfacción con los resultados obtenidos y el continuo afán de superación y de excelencia, siempre en búsqueda de nuevas conquistas y nuevas síntesis, han sido las características de esa calidad. La excelencia, sin embargo, no debe reducirse a esta permanente insatisfacción académica, sino que ha de abrir otro tipo de insatisfacción: la que nace de la permanente inadecuación entre la misión y la actividad académica convencional. En la tradición ignaciana se ha acuñado la expresión *magis* para referirse a esa tensión. La universidad debe mantener siempre vivo en el alma de la institución el servicio a la persona humana, más allá, no más acá, de aquella calidad académica.

La nueva *Fórmula* de la misión de los jesuitas adoptada por la 32ª Congregación General de la orden, celebrada en Roma en 1975, pareció cuestionar la antigua prioridad y dedicación a la educación, muy en concreto a las instituciones universitarias, tanto por la complejidad de éstas, como por su elitismo. En ese momento la Compañía experimentó la fuerza del Espíritu y la fuerza de realidad convergentes en una redefinición de la misión: el servicio de la fe (*diakonia fidei*) y el compromiso por la justicia que brota de esa misma fe (*promotio iustitiae*). Fe y justicia integradas se configuraron como *forma omnium* de los servicios, acciones y tareas de la misión toda de la Compañía. Con ello, en 1975, la Compañía no hacía nada extraordinariamente original, pues toda la Iglesia católica, en el Sínodo de los Obispos de 1971, había afirmado que "la acción en favor de la justicia y la participación en la transformación del mundo" son una dimensión constitutiva de "la misión de la Iglesia", así como en el Sínodo de 1974 se afirmó que la promoción de la justicia formaba parte de la evangelización. De ahí surgió un gran desafío. Por un lado las universidades se dedican a la preparación de personas competentes y conscientes, con una apreciable excelencia académica y capacidad reflexiva; pero, ¿cómo ponerlas al servicio de una transformación del mundo justa, porque necesaria? Podemos seguir preguntándonos: ¿cómo lograr que alumnos universitarios competentes y conscientes, sean también compasivos y comprometidos?, ¿cómo lograr que al salir de la universidad sean mujeres y hombres para los demás, capaces de compadecerse ante un mundo herido en su ser, por la iniquidad y la desigualdad, por la injusticia que oculta la revelación de Dios y la dignidad de las personas?, ¿cómo hacer que los alumnos de las universidades jesuitas sean personas comprometidas en la solidaridad,

25. ETEA 1994, op. cit. 51.

de forma responsable y madura, con la determinación firme y perseverante, instalada en su propio corazón, como afirmó Juan Pablo II en 1987[26]?

Este reto, sin duda, es atractivo, como sugería Kolvenbach: "Guste o no guste, lo que sucede en los Estados Unidos afecta a las vidas de cientos de millones de hombres, mujeres y niños, en todos los continentes", pero, sobre todo, es desafiante y urgente. Este discurso dirigido a los universitarios norteamericanos, puede ser útil a profesores y estudiantes de otros países. Para Kolvenbach es claro que ese desafío no es una amenaza insuperable, sino una oportunidad "para el *magis*, para poner la mirada en un servicio cada vez mayor, más hondo más universal", pues en la mano de los universitarios está formar las mentes y los corazones "que van a dar su impronta al comienzo del tercer milenio" (Georgetown 1989a). ¿Es posible promover una educación para la justicia ante el creciente abismo de desigualdad?, ¿cómo pueden contribuir a ello las universidades jesuitas? En los siguientes retos para el siglo XXI encontramos algunas orientaciones de este compromiso. No son los únicos, pero probablemente sí son algunos de los más urgentes y centrales.

2.3.1. Las nuevas fronteras de la justicia

La orientación de la mundialización y la forma de introducir en ella el vector de la justicia es una de las tareas que las universidades pueden contribuir a desarrollar. Los procesos de mundialización en curso son extremadamente complejos y de largo alcance. Gobernar la mundialización exige una doble capacidad de complejidad y de duración. En la época del trabajo inmaterial, de las deslocalizaciones, de las nuevas formas de exclusión social, de la persistencia, y aún agrandamiento, de la fosa de la desigualdad entre países y regiones del mundo y entre clases sociales, de la creciente conciencia de los nuevos criterios del desarrollo, como vienen destacando los informes de desarrollo humano de los últimos años, las universidades, por su triple dimensión (comunicación, difusión, investigación) y por su carácter transdisciplinar, son las instituciones mejor situadas para afrontar este reto. Podría ocurrir que también un foso de desigualdad estuviese conviviendo en un mismo territorio, como recuerda Kolvenbach a los universitarios reunidos en la Universidad de Santa Clara:

> *Los EEUU de hoy (...) engendran 64 nuevos millonarios cada día. (...) Al mismo tiempo, los EEUU luchan con las nuevas divisiones sociales, agravadas por la 'frontera digital', entre los que tiene acceso al mundo de la tecnología y los que se quedan fuera. Aquí (...) en el Silicon Valley, por ejemplo, florecen algunas de las universidades más destacadas en el mundo de la investigación, junto a escuelas*

26. Juan Pablo II, *Sollicitudo rei socialis*, nº 38.f, Roma 1987, "la solidaridad es la *determinación firme y perseverante* de empeñarse por el *bien común*; es decir, por el bien de todos y cada uno" (cursivas, como en el original).

públicas donde estudiantes afro-americanos e inmigrantes abandonan masivamente sus estudios. A escala nacional, uno de cada seis niños está condenado a la ignorancia y la pobreza. (...) Gracias a la ciencia y a la tecnología, la humanidad es hoy capaz de solucionar problemas tales como la alimentación de los hambrientos, la vivienda de los sin techo o el desarrollo de condiciones más justas de vida, pero se resiste tercamente a hacerlo (Santa Clara 2000).[27]

Las universidades jesuitas deben mirar su entorno inmediato como criterio de verificación de su mirada sobre el mundo global y sobre los procesos de mundialización. Las universidades, instituciones entre las más apreciadas por la juventud, tienen una condición moral de vigías adelantados de una mundialización que para ser universal habrá de ser pensada siempre desde los últimos, desde los de abajo, cercanos o lejanos. La universalidad formal de las universidades es un esencial criterio a priori para su misión al servicio de la justicia. Nada se puede pensar desde lo universal que no abarque e integre en su perspectiva a los últimos. Nada se puede hacer por la promoción de la justicia que no afronte, con esperanza indómita, la complejidad y la duración en los procesos.

Estas universidades que pretende la Compañía de Jesús existirán si hay profesores que crean en ellas y trabajen por ellas. Kolvenbach subraya el papel central de los miembros de la comunidad universitaria en el desarrollo de este proyecto. Para el fomento de esta actitud entre los profesores es importante que éstos vivan en contacto real con los problemas sociales:

Del mismo modo que los estudiantes tienen necesidad del pobre para aprender, los profesores necesitan compartir con el apostolado social para investigar, enseñar y formar (Santa Clara 2000).[28]

Con prudencia señala Kolvenbach que:

tales lazos no convierten a las universidades de la Compañía en sucursales de los ministerios sociales o en instancias del cambio social, como cierta retórica del pasado llevó a algunos a temer (Santa Clara 2000).[29]

No se trata de desnaturalizar la misión de la universidad, sino de poner los medios para que ésta se desarrolle plenamente como misión universitaria. Esta cercanía del profesor universitario con la acción y la realidad social es una suerte de:

garantía verificable de la opción del profesorado y una ayuda real para (...) estar siempre en la brecha (Santa Clara 2000).[30]

27. UCCo 41.
28. UCCo 46.
29. UCCo 46.
30. UCCo 46.

Lo que esta cercanía del profesor al mundo real de la pobreza tiene de garantía para la enseñanza universitaria, es un papel que, en los ámbitos institucionales, cumplen tanto la cooperación internacional inter-universitaria, como la cooperación universitaria al desarrollo, un aspecto muy querido y situado en el centro de nuestra misión universitaria de INSA-ETEA, la institución desde la que escribimos:

> *Si consideramos a fondo la dimensión internacional de la Compañía, es evidente que podríamos hacer mucho más a través no de la competición, sino de la cooperación, más allá de nuestras fronteras* (Monte Cucco 2001).[31]

Las fronteras de la cooperación son amplias en las universidades de la Compañía de Jesús y por los países en desarrollo se extienden las muestras de colaboración fraterna, los gestos concretos de solidaridad, la colaboración paritaria en bien de nuestros hermanos y hermanas de todo el mundo, *tratando de dar un rostro humano al proceso de globalización.*

2.3.2. La ética del mercado

Este reto plantea un segundo problema, hoy especialmente agudo en un mundo competitivo en el que la concurrencia de ofertas lucha por abrirse paso, si ésta sólo es regulada por el mercado. La invasión del mercado es la perversión del mercado. Éste es un excelente instrumento de distribución de recursos, bienes y servicios, siempre que haya condiciones de una igualdad básica entre los demandantes y haya libertad para oferentes y demandantes. Pero el mercado no puede agotar todas las finalidades humanas, ni las personales ni las sociales. El mercado no puede regular otras dimensiones culturales, sociales o comunitarias, so pena de reducir estos ámbitos esenciales de lo humano a meros espacios de intercambio según poder de acceso, y excluir de ellos a los prescindibles. Aceptar el mercado como instrumento regulador de los intercambios no supone absolutizarlo como único regulador de estos, ni renunciar a una perspectiva en que pueda surgir un auténtico socialismo de mercado, en que los intercambios impliquen beneficio, pero no procesos excluyentes de acumulación, privatización y patrimonialización de los beneficios generados en el mercado. Las universidades viven este reto por partida doble. Por un lado están insertas en un mundo de intercambios que se regula, en buena medida, también en su caso, por las reglas del mercado; por otro, las universidades deben trascender continuamente ese espacio regulador para poder criticarlo como instrumento válido, pero no universalmente válido, es decir, para contribuir a la crítica económica del absoluto del mercado o del economicismo capitalista. Las universidades *no pueden sustraer-*

31. Nº 56; UCCo 67.

se a las fuerzas del mercado, en parte por las limitaciones financieras que experimentan, sobre todo las que carecen de ayudas de fondos públicos, y dependen de los aportes financieros de sus estudiantes, cada vez mayores, así como de diversos sistemas de recaudación de fondos para asegurarse las dotaciones necesarias.

Para Kolvenbach *el peligro del elitismo es una realidad*. Este peligro se convierte en un desafío para las universidades si quieren seguir siendo universales y no depender exclusivamente del acceso de quienes tienen rentas suficientes para entrar en el mercado. Como asegura el padre general:

> *El desafío no puede ser mayor. Es necesario mantener a toda costa la última razón de ser de la universidad, como centro de investigación del saber que se propone la búsqueda, no de la "verdad estrecha", sino de la "verdad total".*

Este servicio a la verdad, que es parte integral de la *diakonia fidei*, y no un sustituto o paliativo, es el que permite que la universidad desarrolle *una "exacta visión y comprensión de todas las cosas"*.

2.3.3. La colaboración orgánica con quienes trabajan por la justicia

La misión de una universidad de los jesuitas no es fácil ni simple, la de sus profesores tampoco. Nadie lo ha pretendido nunca. Siempre ha de ser una misión en busca de aquellas fronteras donde haya esperanza de una mayor gloria de Dios y servicio de los hombres. Como en este camino nos podríamos engañar, será bueno dejar constancia de un último desafío: el realismo tan certeramente instalado en el corazón de la mística ignaciana del amor a este mundo, como el único mundo que Dios ama.

Los universitarios jesuitas, especialmente los profesores, deben tener como criterio práctico de discernimiento de sus orientaciones académicas, sociales e intelectuales, el criterio de universalidad antes enunciado.

> *Para asegurar que las necesidades reales de los pobres encuentran su sitio en la investigación, los profesores precisan de una colaboración orgánica con aquellos que, en la Iglesia y en la sociedad, trabajan entre los pobres y en favor de ellos, buscando activamente la justicia. Deberían implicarse con ellos en todos los aspectos: presencia entre los pobres, diseño de la investigación, recogida de datos, profundización en los problemas, planificación y acción, ejecución de la evaluación y reflexión teológica. (...) donde existen universidades nuestras, habría que dar prioridad a las relaciones de trabajo del profesorado con los proyectos del apostolado social* (Santa Clara 2000).[32]

Un horizonte de apertura universal, formalmente integrador, junto con la práctica de implicación fenomenológica del universitario jesuita en la realidad

32. UCCo 46.

social, tanto en su dimensión concreta, como en la estructural internacional e investigadora, son los ejes que resumen este conjunto de retos con que la Compañía de Jesús afronta esta parcela importante de su misión en estos albores del siglo XXI. Es ésta una misión que habrá de hacerse cada vez más en cooperación de los centros de educación superior, pero, sobre todo, es una misión que sigue siendo crucial para el mundo y para la Iglesia.[33]

2.4. Conclusión: la vocación del universitario jesuita

> *La economía, que tiene su propio método y sus propios principios, si es enseñada y aprendida desde la perspectiva de la promoción de la justicia, se negará a dejarse encerrar en una concepción que trate exclusivamente de cosas y de procesos y caerá en la cuenta de que debe considerar también, y primariamente, las relaciones entre personas.*[34]

Para la espiritualidad que informa la acción de la Compañía no hay disyuntiva entre Dios y el mundo. Aunque este mundo se viva como amenaza, como debilidad, como reto, es el único en que Dios se puede encarnar. Por eso la Compañía no tiene miedo a este mundo teofánico, ni a ninguna de sus criaturas. La universidad es una de ellas; por eso también tiene su parte de riesgo. El rector del Colegio Germánico de Roma, el jesuita Cortesono, temía que "tomar tantos colegios (fuese) la ruina de la Compañía" (Monte Cucco 2001)[35]. La Compañía en el siglo XVI supo moverse en la frontera y correr riesgo; hoy, en el siglo XXI, quiere hacerlo de nuevo. La razón es la misma, ya que,

> *lo que llevó a la Compañía a este terreno, y la mantiene en él, fue y sigue siendo puramente el deseo de la "mayor gloria y servicio de Dios nuestro Señor y bien universal, que es el solo fin que en ésta y todas las otras cosas se pretende". Para la Compañía no hay disyuntiva entre Dios o el mundo, por muy minado que éste parezca. El encuentro con Dios se realiza siempre en el mundo, para llevar al mundo a ser plenamente en Dios* (Monte Cucco 2001).[36]

---

33. Cfr. Epistola 2002, "… we recognize more than ever that Jesuit universities and higher education establishments remain crucial institutional settings for both the Church and human society. Since long-range planning *is necessary to maintain and to develop these institutions*, young Jesuits should be identified now so that they can be missioned to them in the future, thus *continuing and strengthening the Society's commitment to higher education, which is grounded on a basic Ignatian intuition.* Only in this way can be long-standing and very specific Jesuit commitment to the apostolate of higher learning be both authentic and currently fresh (cf. CG34 d.17)". Carta del p. Peter-Hans Kolvenbach a todos los superiores mayores. "De educatione superiori / On Higher Education" de 10 de febrero de 2002, tras la asamblea de Monte Cucco, cfr. AR 22 (2003) 838-839 (fasc. 7, 2002). Los subrayados en itálica no están en el original.
34. ETEA 1994, op.cit., p. 58.
35. UCCo 55.
36. UCCo 55.

La ciencia económica, de acuerdo con su propio método y sus propios principios, deberá tener todo el rigor científico de la investigación social, y sus profesores habrán de consagrarse al estudio austero y profundo requerido para la comprensión de los problemas contemporáneos. El trabajo competente, profundo, con frecuencia arduo, solitario y austero, del profesor es criterio para reconocer la vocación del verdadero universitario jesuita[37]. Este trabajo ha de ser riguroso también para lograr su eficacia social y política. No se pueden escindir impulso apostólico, vocación científica y análisis social, como recordaba el padre Kolvenbach en 1995, hablando de la eficacia de la declaración y programa de la conferencia de la ONU en Copenhague, al subrayar la importancia del

> *análisis y la formación social en las actividades universitarias y de educación en general. Las actividades de base deben ser completadas por una formación para la crítica social para precisar qué signifique hoy avanzar en la justicia en un mundo en el que se opera una lenta transformación de la conciencia moral de la humanidad.*[38]

Además, la vocación del profesor universitario le impedirá dejarse encerrar en una concepción que trate exclusivamente de cosas y de procesos y caerá en la cuenta de que debe considerar también a las personas, la existencia pública, la realidad histórica, el presente,

> *que es siempre un* integrum *y sólo se puede tomar en totalidad.*[39]

Una universidad deberá ser un centro abierto a la plena actualidad. Para el filósofo Ortega y Gasset, ésta era una cuestión de vida o muerte para Europa. La institución universitaria debe tratar los grandes temas culturales, profesionales y científicos, y no limitarse a ser:

> *una institución sólo para estudiantes, un recinto* ad usum delphinis, *sino que (...) ha de imponerse como un "poder espiritual" (...) representando la serenidad frente al frenesí, la seria agudeza frente a la frivolidad y la franca estupidez. // Entonces volverá a ser la universidad lo que fue en su hora mejor: un principio promotor de historia europea.* [40]

---

37. Monte Cucco 2001, nn. 19-23, UCCo 58-59.

38. Peter-Hans Kolvenbach, "À tous les supérieurs majeurs: FACSI: rapport annuel (relatio annualis 1995 de Facsi)", 3.7.1996 [ARSI 22 (1997) 46, fasc. 1, 1996]. En dicha carta se subraya que los esfuerzos de formación, sea en las comunidades de base, sea con los futuros cuadros de la sociedad, deben tender a "enraizar en la conciencia de cada uno la convicción de que un desarrollo social o un crecimiento económico que no integre a todas las capas sociales en un esfuerzo común ordenado al beneficio de todos no es aceptable", a lo que, citando la carta de Pablo VI (1971) *Octogesima adveniens* (nº 48), añade: "sólo un sentido de solidaridad con los pobres nos permitirá descubrir hasta qué punto nosotros mismos participamos en las estructuras de injusticia que les oprimen" y nos permitirá "discernir" si contribuyen a esa solidaridad con los excluidos, o la impiden.

39. J. Ortega Gasset, *Misión de la Universidad*, OO CC, vol. 4, Alianza, Madrid 1983 (reimpresión 1994), (1ª. edición 1930), p. 352.

40. J. Ortega Gasset, ibid, p. 353.

El rigor intelectual en la formación para la crítica social y la apertura total a la plena actualidad son las dos notas que caracterizan esta vocación universitaria sobre la que he querido reflexionar, a partir de la relación entre la misión de la universidad y la Compañía de Jesús, tanto en su historia como en sus transformaciones y formulaciones hodiernas. Las universidades jesuitas no deben ser reducidos espacios *ad usum delphinis*. Con personas capaces de rigor y de apertura en sus comunidades universitarias, éstas podrán seguir sirviendo al bien de todos. Nos podemos preguntar si esto es así, pero también podemos, simplemente, mirar a nuestro alrededor para ver quiénes afrontan este desafío entre nosotros. Esto nos obligará a precisar nuestra reflexión.

Ahora es hora de hacer una pequeña rectificación en relación con las primeras consideraciones. Puede que el Ignacio Maestro en Artes por París estuviese más influido por la universidad de lo que dejaba aparecer en los primeros años, más apostólicos *in paupertate*. Una de las tendencias más marcadas de toda la vida del fundador de la Compañía de Jesús fue que su obra quedase sin acabar. Ignacio deseaba que fuese así para evitar que si quedaba cerrada, la misma obra demasiado estructurada, sofocase el movimiento que la había hecho nacer. Por eso Ignacio no quiso cerrar las Constituciones de la Compañía, dejando ese cuidado permanente a la orden que había fundado y que debía vivir su propia vida. Éste es el pensamiento de un estudioso destacado de la escuela francesa de espiritualidad ignaciana, el padre Maurice Giuliani, que concluye el prefacio a la edición de los escritos de Ignacio, con estas palabras:

> *Il y a quelque humour*[41]*, mais aussi beaucoup de vérité, en ces mots que, d'après ses premiers biographes, il répeta plus d'une fois: "Ceux qui doivent venir après les premiers compagnons seront meilleurs et feront davantage. Quant à nous, nous avons fait ce que nous avons pu".*[42]

41. Es curioso que el padre Giuliani use la expresión *humour*, atestiguada en francés desde 1725, pero que pasó al francés desde el inglés, que, a su vez, la había tomado del francés *humeur*. Mientras que *humeur* en 1119 significaba solamente "líquido", a finales de ese siglo ya aparecía en su otra significación actual, como líquido orgánico elaborado en el cuerpo humano, y hubo que esperar a comienzos del siglo XV a su acepción abstracta como conjunto de disposiciones y tendencias dominantes que forman el temperamento y el carácter, atribuidas a una base somática en los humores, y ya a comienzos del siglo XVII como disposición pasajera hacia la alegría y el optimismo, que se manifiesta en el aire, el tono, las maneras. *Humour*, por el contrario, es la forma de espíritu que consiste en presentar la realidad de manera que se destaquen los aspectos graciosos e inesperados. Esta forma de humor, distinción que no podemos hacer en castellano, está emparentada con la ironía crítica y amable. Quizá a Ignacio le conviniese más la expresión *humeur*, pero el humorismo transcendental le ha jugado una mala pasada a Giuliani, dejándolo en humor capaz de relativizarse a sí mismo; cfr. *Le Petit Robert*, Paris 1993 (reimpresión 2001), 1242-1243. Debo el origen de esta observación al padre Batllori.

42. Cfr. M. Giuliani, "Préface", en Ignace de Loyola, *Écrits* (traduits et présentés sous la direction de M. Giuliani, sj), Desclée de Brouwer, Paris, 1996, p. 18.

La historia nos ha mostrado que no había tanto exceso de humor en Ignacio, sino un humorismo trascendental que le permitía confiar tanto en el Espíritu, como en el espíritu. Había pues mucho de verdad. Qué parte haya puesto el Espíritu en esta historia no le toca al historiador discernirla, pero sí puede vislumbrar, en alguna medida, qué ha contribuido el humilde espíritu creador de las personas. Desde esta pequeña y cordobesa institución universitaria de la Compañía de Jesús, INSA-ETEA, el profesor Adolfo Rodero ha sido uno de esos "mejores compañeros" que Ignacio no se equivocó en anunciar. Haciendo cada uno, como Ignacio, lo que ha podido, los hay que son mejores y hacen más. Algo habrá tenido que ver en ello su buen espíritu de "*humour*".

2.5. TEXTOS DE PETER-HANS KOLVENBACH, GENERAL DE LA COMPAÑÍA DE JESÚS, SOBRE LA MISIÓN Y LA UNIVERSIDAD (1983-2004)

A continuación sigue un elenco, suficientemente representativo, aunque no pretenda ser exhaustivo, de intervenciones públicas (conferencias, discursos, cartas, etc.) del padre general, que puede tener alguna utilidad para ampliar o contextualizar el conjunto de su pensamiento. En el caso de los documentos más importantes se incluye un breve sumario de su contenido[43].

1. Frascati 1985 = Peter-Hans KOLVENBACH, *La Universidad jesuítica hoy*. A los rectores y presidentes de universidades y centros de educación superior de la Compañía de Jesús, Frascati, Italia, (05.11.1985) [Docum-ETEA 1-11, Escritos 367-376] *Fe-justicia. Opción preferencial por los pobres. Origen universitario SI. Influencia Universidad en la SI naciente. Promoción justicia influye en SI actual. La transformación de los valores .y el humanismo. Importancia del apostolado educativo. Evaluación del sentido de misión de universidad SI. Colaboración con los seglares. Papel de la comunidad jesuita. Eclesialidad de una universidad SI.*

2. Deusto 1987 = Peter-Hans KOLVENBACH, *En el centenario de la Universidad de Deusto*, Bilbao, (05.06.1987) [Docum-ETEA 12-20, Escritos 377-384].

3. Georgetown 1989a = Peter-Hans KOLVENBACH, *A la Asamblea de la Enseñanza Superior de la Compañía de Jesús en Estados Unidos*, Universidad de Georgetown, Washington, 07.06.1989 [Docum-ETEA 21-37, UCCo 3-18, Escritos 385-399] *Contexto: Universidades SI USA Lugar que ocupa la educación superior entre las prioridades SI. A. El cambio es una realidad. Cómo*

43. Para continuar esta reflexión, cfr. I. CAMACHO, "Realidad social: oportunidades y retos para las instituciones universitarias de la Compañía de Jesús": *Revista de Fomento Social* 57 (2002) 509-531, así como G. RODRÍGUEZ-IZQUIERDO, "La misión de una Universidad de la Compañía de Jesús en el mundo de hoy: retos y líneas de futuro", ponencia en las Jornadas Interuniversitarias "Participar en el Proyecto", de UNIJES, Compañía de Jesús en España, Loyola (Vizcaya), 17-XI-2004.

abordarlo. 1. La educación jesuita usa los valores. 2. Aproximación interdisciplinar. Sabiduría teológica. 3. Iniciativas interapostólicas. 4. Cooperación internacional. Forma parte de la misión de evangelización de la Iglesia 6. Nuestra misión hoy. B. Cometido de la comunidad apostólica jesuita. Conclusión.

4. Georgetown 1989b = Peter-Hans KOLVENBACH, *A la Asamblea de la Enseñanza Superior de la Compañía de Jesús en Estados Unidos*, Universidad de Georgetown, Washington, (08.06.1989) [Escritos 400-409].

5. Bogotá 1990 = Peter-Hans KOLVENBACH, *La Universidad, espacio para la unidad de las ciencias*, Bogotá, (26.02.1990).

6. México 1990 = Peter-Hans KOLVENBACH, *A la Universidad Iberoamericana. Sobre un nuevo modelo de Universidad*, México, (23.08.1990) [Docum-ETEA 38-47] *Un modelo nuevo de Universidad. Relación con nueva evangelización. Educación en valores. Compromiso. Interdisciplinariedad. Reflexión. Trabajo de conjunto.*

7. ITESO 1990 = A la comunidad educativa de ITESO, (29.08.1990) [Escritos 450-455].

8. Comillas 1992 = Peter-Hans KOLVENBACH, *Discurso en el primer centenario de la Universidad Pontificia Comillas*, octubre 1992 [InformSI].

9. ETEA 1994 = Peter-Hans KOLVENBACH, *A la institución universitaria INSA-ETEA de Córdoba*, (22.02.1994) [InformSI, también edición de la Provincia Bética, Sevilla, 1994, pp. 51-60].

10.Decreto 17, 1995 = *La Compañía y la vida universitaria*, Decreto 17 de la 34ª Congregación general, Roma, 1995 (edición española abreviada, "Un proyecto para el siglo XXI", de los Decretos de la 34ª Congregación general, Madrid 1997, pp. 141-145).

11. Sidney 1997 = Peter-Hans KOLVENBACH, 5º Congreso de la Unión Mundial de Exalumnos, Sydney, Australia, (09.07.1997) [UCCo 19-32, InformSI] *Contexto. AA. AA. Un congreso estratégico. Contexto. Valores. El ideal de persona humana. Asesores ignacianos. La respuesta de los antiguos alumnos jesuitas. Áreas específicas de interés o preocupación. Asociación: Compañía de Jesús, antiguos alumnos. Conclusión. Algunos comentarios aplicables.*

12. Chennai 2000= Peter-Hans KOLVENBACH, *Al Colegio Universitario Loyola* de Chennai (Madrás), en su 75º aniversario (02.03.2000), *Fe-justicia, fe-cultura, fe-diálogo interreligioso. Problemas actuales.*

13. Santa Clara 2000 = Peter-Hans KOLVENBACH, Asamblea de la Enseñanza Superior de la Compañía de Jesús en Estados Unidos, Universidad de Santa Clara, California, (06.10.2000) [UCCo 33-51, InformSI nº 82, ene-feb 2001, pp. 2-19, RFS 55 (2000) 594-614] *Contexto: Universidades SI en EEUU. I. El compromiso fe-justicia, novedad 1975. A. El servicio de la fe. B. La promoción de la justicia. C. El ministerio de la educación. II. Una "composición" de nuestro tiempo y lugar. III. Educación superior jesuita en*

América en favor fe-justicia. A. Formación y aprendizaje. B. Investigación y enseñanza. C. Nuestro modo de proceder. IV. Para concluir, una agenda.

14. Zagreb 2000 = Peter-Hans KOLVENBACH, Alocución en la inauguración de una nueva cátedra en las Facultades de Filosofía y Teología de la Compañía de Jesús, (06.11.2000) [InformSI nº 84, mar-abr 2001, pp. 41-45]

15. Gregoriana 2001 = Peter-Hans KOLVENBACH, *La Universidad Pontificia Gregoriana y la visión de San Ignacio, Discurso en los 450 años de la Universidad Gregoriana*, (05.04.2001) [InformSI nº 86, jul-ago 2001, 110-118] *La UPG y la visión de s. Ignacio.*

16. Monte Cucco 2001 = Peter-Hans KOLVENBACH, *La Universidad de la Compañía de Jesús a la luz del Carisma ignaciano*, Reunión Internacional de la Educación Superior de la Compañía de Jesús, Monte Cucco, Roma, (27.05.2001) [UCCo 53-69, InformSI nº 86, jul-ago 2001, 128-141] *Contexto: Reunión de presidentes, rectores de universidades y centros educación superior SI mundial. 1. Un ministerio instruido. A. La opción de la Compañía por la educación. B. Los objetivos de la educación superior. C. El compromiso jesuita con el trabajo intelectual. 2. Universidad y sociedad. A. Universidad y sociedad. B. Universidad y globalización. C. Universidad y mercado. 3. Colaboración seglares-jesuitas. A. Un cambio de acento. B. La práctica de la colaboración. 4. Cooperación internacional. Conclusión.*

17. Bogotá 2001 = Peter-Hans KOLVENBACH, *Inauguración de la nueva sede de la Facultad de Teología*, Universidad Javeriana, Bogotá, Colombia, (29.10.2001) [UCCo 71-82, InformSI nº 89, ene-feb 2002, 2-12] *Contexto: autoridades y claustro Javeriana. La SI y estudios teológicos. Interdisciplinariedad y teología. Fe y ciencia. Formación de sacerdotes y seglares. Teología y problemática actual.*

18. Córdoba 2001 = Peter-Hans KOLVENBACH, *Inauguración de la sede rectoral de la Universidad Católica de Córdoba*, Argentina, (12.11.2001) [UCCo 83-90, InformSI nº 89, ene-feb 2002, 23-31] *La Universidad, comunidad de maestros y estudiantes. 1. Unidad e integración del saber. 2. Apertura pluridisciplinar. Cabeza y cuerpo. 3. Reflexión teológica. 4. Apertura crítica a la ciudad. 5. El desafío de la justicia.*

19. Epistola 2002 = Peter-Hans KOLVENBACH, *(Epistola) de educatione superiore (On Higher Education),* (10.02.2002) [AR 22 (2003) 838-839, fasc. 7, 2002; Inform SI nº 91, may-jun 2002, 74-75].

20. Cracovia 2002 = Peter-Hans KOLVENBACH, *The Intellectual Dimension of Jesuit Ministries. Discourse at the "Ignatianum", University School of Philosophy and Education*, (20.05.2002).

21. Creighton 2004 = Peter-Hans KOLVENBACH, *Colaboración con seglares en la misión. 125º aniversario de colaboración en Omaha, Discurso en la Universidad de Creighton,* (06.10.2004) [InformSI, nº 105, sept-oct 2004, 157-171].

III
Algunas consideraciones económicas sobre el fenómeno religioso

Javier Rodero Cosano

El objetivo de este trabajo es ofrecer una visión general sobre lo que han dicho los economistas respecto al hecho religioso. Con este fin, en dos bloques diferenciados se resumen las teorías y evidencias empíricas que nos proporcionan la micro y macroeconomía. La primera nos afirma que el comportamiento de los individuos al tomar decisiones de tipo religioso se rige por la misma racionalidad que en el resto de sus decisiones. La segunda nos dice que los comportamientos religiosos tienen un efecto económico no despreciable que hay que tener en cuenta a la hora de plantear una teoría del desarrollo económico.

Palabras clave: *economía de la religión, crecimiento económico, instituciones económicas, organización industrial.*

3.1. Ámbito y objetivos

Este trabajo pretende introducir al lector en el estudio de las instituciones religiosas (término que se concretará mas adelante) con las herramientas proporcionadas por la teoría económica.

En este sentido, dividiremos el análisis en dos partes claramente diferenciadas, la primera, de carácter más teórico, se centrará en varios modelos microeconómicos que analizan las instituciones religiosas; la segunda, principalmente empírica, estudia el efecto macroeconómico de las instituciones.

El hecho religioso es uno de los elementos fundamentales de las sociedades humanas. De hecho, los antropólogos consideran la aparición de enterramientos ceremoniales como la toma de conciencia del propio yo por parte de los homínidos primitivos, y por tanto el inicio de la civilización. A pesar de ello, con frecuencia se considera inescrutable por parte de las ciencias empíricas (en este artículo no entraremos en las construcciones teóricas de la filosofía o la teología). Sin embargo, en las siguientes páginas pretendemos mostrar de forma panorámica algunas cuestiones que es posible aprender sobre las religiones a partir del método económico.

Desde nuestra perspectiva, la economía es la ciencia que estudia el comportamiento de los agentes racionales al enfrentarse ante unos incentivos determinados (juego o problema económico). Por tanto, para poder aportar algo, hemos de aceptar que las personas son racionales en su comportamiento (o al menos en el comportamiento religioso), y que las instituciones religiosas generan incentivos que afectan a la sociedad en la que se radican. El lector ha de aceptar estas premisas para poder aceptar a su vez las conclusiones de este capítulo.[1]

3.2. Análisis económico de las instituciones religiosas

Desde hace mucho tiempo se reconoce la importancia que tienen los aspectos institucionales en el crecimiento, en especial los relativos a la estabilidad política y la eficiencia de los mercados. Sin embargo, sólo de forma reciente se ha analizado la evolución de las instituciones en respuesta al entorno económico (o más generalmente, a los incentivos), dado que es difícil dilucidar los efectos de retroalimentación entre los dos elementos. Solamente empleando la teoría de juegos evolutivos es posible solventar el problema de forma satisfactoria, lo que complica enormemente el análisis. Pero no adelantemos acontecimientos, y empecemos por definir institución religiosa.

1. Como nota curiosa diremos que existe una revista llamada *Journal for the Scientific Study of Religions* ligada a una asociación perteneciente a la Alfred University de Nueva York con más de medio siglo de existencia (http://las.alfred.edu/~soc/SSSR/index.html).

3.2.1. Concepto de institución religiosa

En general, los economistas definimos institución como una regla o conjunto de reglas que afectan (de forma voluntaria u obligatoria) al conjunto de elección de algunos agentes.

En un modelo económico abstracto[2], formado por consumidores y empresas, es razonable suponer que las empresas solamente tienen información sobre los procesos productivos y los consumidores sobre sus preferencias. Dado que el estado de la economía estará determinado por un conjunto de decisiones independientes de los individuos, para coordinar estas decisiones con el fin de asignar los recursos es necesario que los individuos se comuniquen. Un mecanismo de asignación de recursos es la especificación de las señales utilizadas, la descripción de los flujos de información entre agentes y la formalización de los procesos de decisión. Para nosotros, una institución es un mecanismo de asignación de recursos (o parte de uno). No todos los diseños institucionales son igualmente útiles; de hecho, a nuestro entender, el principal determinante de la aparición de nuevas instituciones será el intento de mejorar el rendimiento de una institución existente.

Sin embargo, en el lenguaje cotidiano es más habitual ligar el termino institución religiosa a una iglesia o confesión. Para evitar confusiones, en este texto esta acepción se caracterizará con el término denominación (o sus sinónimos, iglesia y confesión).

3.2.2. Las ciencias sociales y el hecho religioso

La visión tradicional[3] de los científicos sociales era que la religión era completamente ajena al cálculo racional. El paradigma predominante en el siglo XIX suponía que las fuertes creencias religiosas eran un comportamiento puramente irracional (Marx o Compte son dos ejemplos de autores representativos de esta corriente doctrinal).

Una derivación lógica de este paradigma es la comúnmente llamada tesis de la secularización, que será estudiada con gran detenimiento por los investigadores sociales a lo largo del siglo XX. La misma implica que la religión en el mundo moderno no es otra cosa que un residuo del pasado primitivo de la humanidad, destinada a desaparecer en una nueva era de ciencia e ilustración (Lenski 1963, p. 3).

De estas investigaciones se derivan varios hechos estilizados: i) la religión irá desapareciendo conforme la ciencia avance, ii) los individuos serán menos

2. Esta sección es un resumen adaptado de un capítulo de la tesis doctoral del autor (Rodero 2001), para más detalles ver la sección 4.3. de la misma.

3. Si se desea un panorama mucho más extenso de la literatura, la referencia básica para economistas es Iannacconne (1998).

religiosos y mas escépticos respecto a los postulados de fe cuanto mayor sea su educación y, iii) la participación en los grupos muy religiosos (sectas o fundamentalistas como está de moda llamarlos hoy en día) es la consecuencia del adoctrinamiento de una mente psicológicamente desviada.

La evidencia empírica ha demostrado repetidamente la falsedad de las tres afirmaciones, a pesar de ser comúnmente aceptadas. Véase por ejemplo el impresionante resumen de evidencia relativa a Estados Unidos resumida en Iannacconne (1998, p. 1468-1472).[4] Uno de los aspectos que se replantea es la irracionalidad del comportamiento religioso, y aquí es donde la economía tiene algo que decir, pero no nos adelantemos a los acontecimientos y empecemos por el comienzo.

3.2.3. Economía de la religión

El análisis económico de las religiones es un campo nuevo y viejo a la vez. Adam Smith, que no olvidemos era profesor de filosofía moral, hace referencia en su *Riqueza de las Naciones* a la importancia de los incentivos del personal religioso para que lleven a cabo sus obligaciones de forma adecuada. También afirma que las iglesias pertenecen al sector "no-mercado", de forma que a través de intercambios económicos en ese "no-mercado" los individuos aumentan el valor de su capital humano (véase Anderson, 1988 para un análisis más detallado de las aportaciones de Smith al respecto). Este planteamiento no fue contestado durante mucho tiempo, por lo que se consideró el fenómeno religioso como ajeno al campo económico.

Sin embargo, entre los economistas se vuelve a considerar el tema hacia el último cuarto del siglo XX. Para ello fue necesario que Becker introdujese su radical metodología de análisis racional de las elecciones sociales. A partir de entonces, algunos economistas afines a la Escuela de Chicago desarrollan los primeros modelos de elección religiosa racional. Es lo que actualmente se denomina economía de la religión.

En este sentido el trabajo de referencia es Azzi y Ehrenberg (1975). En el mismo se construye un modelo relativo a la decisión religiosa de los hogares. Para estos autores los individuos han de determinar como reparten, por un lado, su tiempo entre trabajo y participación religiosa, y, por el otro, la renta obtenida entre el consumo terrenal y bienes religiosos. La función de utilidad tiene a su vez dos componentes: consumo intertemporal y consumo "en el más allá". Este segundo elemento es el mecanismo postulado para explicar la participación religiosa, dejando de lado posibles argumentos sobre, por ejemplo,

4. No obstante véase la tercera sección, en la que se obtienen resultados que contradicen en parte esta evidencia al tenerse en cuenta más países.

el bienestar presente que puede recibir un individuo por participar en una ceremonia religiosa. El consumo en el más allá depende de la función de culto religioso de cada período que, a su vez, depende del tiempo dedicado al culto y del consumo de bienes religiosos.

Bajo el supuesto adicional de que el producto marginal de la actividad religiosa no se reduce con la edad, se pueden derivar algunas implicaciones del modelo: i) la actividad religiosa aumenta con la edad si los ingresos son constantes a lo largo de la vida, si éstos últimos son crecientes, pueden compensar el primer efecto, por ello, ii) para las mujeres, que suelen tener un patrón salarial más estable, el efecto edad será mayor que para los hombres cuyos salarios son crecientes con mayor probabilidad, iii) en la juventud, cuando los salarios crecen en mayor medida es posible que se reduzca la actividad religiosa, y iv) existe un efecto sustitución entre tiempo y gasto religioso, de forma que v) los hogares para los que el valor relativo del tiempo sea menor dedicarán más proporción del tiempo al culto mientras que los hogares con un mayor valor del tiempo proporcionalmente consumirán más bienes religiosos y vi) dentro de un hogar, los miembros con menor salario dedicarán más tiempo a la actividad religiosa.

Las predicciones cualitativas de este modelo, a pesar de la simplicidad con que modela un aspecto tan complejo, parecen ajustarse sorprendentemente bien a la evidencia empírica (Neuman, 1986), aunque no todos los autores están de acuerdo (Sullivan 1985).

Tras este primer modelo, surgieron otros muchos, algunos como derivación natural del mismo, y otros con una metodología diferente. Someramente podemos hacer tres apartados.

a) Elección del consumidor religioso

Una extensión natural del modelo anterior es la inclusión del capital humano religioso (Iannacconne 1984,1990), de manera que la capacidad de un individuo para obtener bienestar de la religión depende, además de los dos elementos anteriores, del conocimiento religioso, referido a doctrinas y rituales de su confesión. Este conocimiento lógicamente es función de las actividades religiosas realizadas en el pasado. Este mecanismo de retroalimentación implica que las actividades religiosas son cada vez más deseables. Dado que la educación religiosa está ligada a las instituciones que escogen los padres, las denominaciones escogidas por los hijos suelen coincidir con las de los padres, y si eligen otras, con gran probabilidad serán similares a la de sus padres y se convertirán siendo jóvenes. Este tipo de trabajo permite explicar la aparición de instituciones religiosas tales como los ritos de iniciación confesionales.

b) Las denominaciones como organizaciones

Como afirma Durkheim (1965, p. 62), en toda la historia no se encuentra un ejemplo de religión sin iglesia. Los modelos de consumo religioso anteriores no permiten explicar este hecho, por lo que surgen nuevos modelos que estudian la génesis y comportamiento de las denominaciones. Una primera aproximación sería considerar a las iglesias como empresas neoclásicas que "venden" sus servicios religiosos a los fieles, aproximación derivada de los razonamientos de Adam Smith. Refinamientos posteriores postulan que las instituciones actúan como monopolistas (o competidores monopolísticos) multiproducto, que ofrecen distintos "sabores" de una misma creencia de forma que se adapten a distintas necesidades. En esta misma línea Ekelund et al. (1996) hacen un exhaustivo estudio de la Iglesia Católica Medieval bajo el supuesto de que ésta actuaba como un monopolista con oficinas descentralizadas, obteniendo justificaciones para normas (instituciones según la definición de la primera sección) como las leyes contra la usura, las indulgencias o las cruzadas.

Stark y Bainbrigde (1985) señalan el importante papel que juega la iniciativa individual para la aparición de nuevas denominaciones. Montgomery (1996) presenta un modelo dinámico en el que los nuevos cultos se originan como sectas con poca influencia para convertirse con el tiempo en iglesias mayoritarias.

Otros trabajos estudian las denominaciones como clubes. Algunos modelos (Iannacconne, 1992; Wallis 1990; Montgomery, 1996) consideran que la utilidad que se deriva de la religión no depende solamente de los consumos propios sino también de los ajenos, incluso de quiénes sean los demás participantes. Es decir existe una externalidad positiva asociada a la participación religiosa. Por tanto, los individuos tienen incentivos a actuar como polizones, es decir participar en escasa medida, aunque aprovechando las ventajas de pertenecer a la colectividad.[5] Un mecanismo empíricamente observado que emplean las congregaciones para mitigar el problema es la exigencia de sacrificios innecesarios que hacen que los individuos menos interesados no participen. De esta forma se justifica que un individuo racional esté dispuesto a participar en una secta que exige grandes sacrificios mientras que otros individuos (especialmente aquellos para los que el coste de oportunidad sea alto) prefieran otras denominaciones menos exigentes. Este tipo de trabajos permi-

5. Volviendo al rendimiento puramente mundano del consumo religioso, algunos individuos pueden participar en un acto religioso exclusivamente por las personas a las que pueden conocer en el mismo. Una cosa que llamó bastante la atención al autor en un viaje a Estados Unidos fue que las iglesias tenían una amplia explanada, de forma que tras la celebración era costumbre interaccionar con los demás participantes. Obviamente esta evidencia anecdótica puede ser trasladada a nuestro entorno.

ten explicar la dualidad de grupos sectarios con comportamiento muy estricto y grandes exigencias formados por pocos fieles sobre todo de clase baja frente a cultos mayoritarios poco exigentes.

c) Competencia entre las denominaciones

A partir de los modelos anteriores es fácil obtener implicaciones sobre la estructura de mercado en una sociedad con libertad de culto: cultos minoritarios por una parte y religiones mayoritarias por otra, siendo la tradición muy importante para determinar el poder de mercado de cada competidor. Los competidores de tipo sectario suelen ser de pequeño tamaño debido a que los costes de monitorización crecen con el tamaño por lo que, si tienen éxito, tienen que evolucionar hacia un modelo mayoritario o tienden a dividirse (o, frecuentemente, ambas cosas).

Y, en una nueva revuelta del camino, volviendo a Smith, éste señala que los empleados (sacerdotes o maestros) de las iglesias parecen mostrar mayor eficiencia cuando tienen que competir con otros que en los casos en que están protegidos por un monopolio estatal. La evidencia empírica parece confirmar este aserto. Con información de 12 países de mayoría protestante, se puede encontrar una relación inversa entre el grado de asistencia a la iglesia y el índice de concentración religiosa (Iannacconne 1998, p. 1486). Este resultado es en general respaldado por la evidencia empírica (aunque el caso de países en los que la Iglesia Católica es mayoritaria resulta mas complejo, siendo la evidencia contradictoria, y dependiendo en gran medida de interpretaciones históricas).

3.3. Contrastando la tesis de Weber: ¿influyen las creencias religiosas en el desarrollo económico?

3.3.1. Principales resultados obtenidos en la literatura económica

Si, a priori, sería razonable suponer que no existe relación entre el comportamiento religioso y el crecimiento económico (en términos técnicos son variables incorreladas), fue Weber el primero en intentar demostrar el efecto "cultural" que tiene la religión sobre la prosperidad de las sociedades. En su famoso opúsculo *La ética protestante y el espíritu del capitalismo* argumenta que la Reforma supuso un cambio fundamental para la aparición del capitalismo moderno, al justificar y promover comportamientos éticos que implican una mayor tasa de ahorro, tales como la frugalidad o la importancia de la asunción de riesgos personales. Esto implicaba que los países que adoptaron este credo, especialmente en su vertiente calvinista, fueron capaces de industrializarse antes.

Independientemente del saludable debate científico que se produjo tras la difusión de la tesis de Weber, la evidencia empírica no parece ser compatible con la misma. Samuelsson (1993) analiza en detalle el período, encontrando que no existe correlación entre el grado de penetración de la Reforma y desarrollo económico. Incluso afirma que la formación de las instituciones capitalistas precedió temporalmente a la aparición del Protestantismo.

Esto no implica necesariamente que no exista relación entre religión y desarrollo. Por ejemplo, para algunos autores la causa del gran atraso científico y económico que todavía arrastran los países islámicos está causada por la cosmología estática asociada a dicho credo.

Para poder realizar un análisis sistemático se requiere información empírica homogeneizada internacionalmente, que hasta fechas recientes no estaba disponible. Con la misma, Robert Barro intenta estudiar empíricamente la tesis que nos ocupa en un panel de países en dos trabajos complementarios que se detallan a continuación.

Barro y McCleary (2002) investigan las posibles relaciones entre religiosidad y desarrollo desde las dos direcciones causales posible. Encuentran que si bien la religiosidad parece reducirse con el desarrollo económico (en contradicción con los resultados de Iannacconne), este efecto no es uniforme; hay una relación positiva con el nivel educativo y negativa con el nivel de urbanización. En el sentido contrario, se obtiene que el crecimiento se relaciona positivamente con la aceptación de determinadas creencias religiosas y negativamente con la asistencia a la iglesia. También obtienen que el nivel de religiosidad está relacionado negativamente con el grado de regulación del mercado religioso por parte del Estado, y que un mayor pluralismo religioso está relacionado positivamente con una mayor asistencia a la iglesia.

En Barro y McCleary (2003) se pretende estudiar aisladamente la dirección causal de la religiosidad hacia el crecimiento mediante el uso de variables instrumentales. El crecimiento económico aumenta con el grado de aceptación de determinadas creencias, en especial, en el cielo y en el infierno, pero se reduce con la asistencia a la iglesia. Por lo que, según los autores, estos resultados están de acuerdo con las hipótesis que suponen que las creencias religiosas afectan a características individuales que mejoran el resultado económico. Es decir, las creencias son el principal *output* de la industria religiosa, siendo la asistencia a los oficios su *input*, con lo que para un nivel determinado del primero, una mayor cantidad del segundo indica una ineficiencia en esta industria.

En el resto de esta sección se hará una estimación empírica propia adoptando un enfoque complementario. Pretendemos estudiar la posible relación entre algunos indicadores de actividad religiosa y la estabilidad política. En definitiva, se contrastará si existe una relación entre algunos comportamientos religiosos y la estabilidad política. Dado que la relación positiva entre esta última y el crecimiento económico ha sido ampliamente respaldada por la literatura económica[6], tanto teórica como empírica, podríamos dilucidar si existe una relación entre religiosidad y crecimiento.

3.3.2. Datos y método de la estimación

Como ya se mencionó, recientemente han aparecido las primeras fuentes estadísticas homogéneas relativas a las actitudes religiosas, notablemente el *World Value Survey*. El mismo consiste en un amplio cuestionario con preguntas relativas a datos socioeconómicos y valores del entrevistado. El mismo se ha llevado a cabo en tres oleadas (principios de los años 80, principios de los años 90 y finales de esa década) realizada en aproximadamente 80 países que colaboran en su elaboración. Al consistir la misma en microdatos, en algunos países con muestras pequeñas, los valores agregados por países son estimados con cierto error, que debemos asumir como inevitable hoy por hoy. En este trabajo se han utilizados los valores agregados de la oleada de 1996.

Otras fuentes alternativas de información que no han sido empleadas son el *International Social Survey Programme* en el que se han realizado dos encuestas relativas a religión (en 1991 y 1998) y el *Gallup Millenium Survey* (aunque esta última ha sido utilizada de forma indirecta para la obtención de los datos relativos a estabilidad política).

Los datos económicos agregados han sido tomados principalmente del Banco Mundial (las fuentes secundarias son muy variadas, véase la página web de dicho organismo para mas detalles) y de Alesina, Devleeschawer, Easterly, Kurlat y Wacziarg (2003) los relativos a polarización social.

A partir de dichas fuentes hemos definido las siguientes variables:

- CREE: porcentaje de la población que dice cree en Dios.
- ASISTENCIA: variable artificial creada a partir de las respuestas ofrecidas a la pregunta relativa a la asistencia a la iglesia, siendo 1 nunca o casi nunca (de media) y 7 más de una vez a la semana.
- CONFORT: proporción de la población que dice encontrar consuelo en la religión.

6. Véase por ejemplo Kaufmann, y Mastruzzi (2003). Este trabajo forma parte de un amplio proyecto de investigación del que se han extraído para nuestro estudio los datos relativos a estabilidad política.

- C_PIB: crecimiento medio del producto interior bruto en el intervalo 1975-2002.
- HDI: índice de desarrollo humano para el año 2002.
- ESTPOL: índice de estabilidad política para 2002. Está comprendido entre –2.5 (desastroso) y 2.5 (muy alto).
- FRAC_ÉTNICA, FRAC_IDIOMA, FRAC_REL, medidas de fraccionalización (polarización) en las composición étnica, lingüística y religiosa de cada país.
- VARSOVIA. Variable dicotómica que toma valor 1 para los países que estuvieron sometidos a regímenes comunistas hasta 1990.
- RELIG. Variable sintética que resume las tres variables de tipo religioso. Para obtener las ponderaciones de cada variable se ha realizado un análisis de componentes principales entre las tres variables normalizadas obteniéndose un único factor (que captura el 70% de la varianza total), por lo que las ponderaciones empleadas son las obtenidas al generar dicho factor. Esta variable pretende representar (de forma limitada) el nivel de religiosidad general del país en una escala de 0 (menor religiosidad) a 1 (mayor).

Dada la limitación de la información disponible, no es posible construir un panel de datos, por lo que nuestro estudio será exclusivamente de corte transversal, con una muestra útil de 54 países de los cuales, sólo hay 45 con toda la información disponible. Para el análisis se empleará el método de regresión lineal simple.

3.3.3. Principales resultados

El cuadro 1 muestra algunos estadísticos descriptivos de las variables empleadas. Llama especialmente la atención la amplia varianza que encontramos en la tasa de crecimiento económico. Esto es debido a que en la muestra se incluyen varios países del antiguo Pacto de Varsovia, cuyos ajustes económicos han supuesto importantes crisis económicas. Por tanto, para evitar distorsiones se incluyen dos variables, el nivel de desarrollo humano en 2002 (IDH) y una variable instrumental que señala a estos países (VARSOVIA). De la información de la misma podemos observar que un 28% de los países de nuestra muestra están en esta situación[7].

7. Lo cual no es casual, ya que la muestra incluye sobre todo países europeos y del Norte de América, habiendo únicamente tres países africanos. Esto es consecuencia de la metodología descentralizada de ejecución de la encuesta que requiere un organismo local con capacidad para llevarla a cabo.

CUADRO 1

ESTADÍSTICOS DESCRIPTIVOS DE LAS VARIABLES UTILIZADAS EN LA ESTIMACIÓN

	N	Mínimo	Máximo	Media	Desviación E.
CREE	54	0,52	1,00	0,83	0,15
ASISTENCIA	54	2,04	6,02	3,74	0,99
CONFORT	54	0,24	0,99	0,69	0,21
C_PIB	45	-6,60	6,10	1,01	2,32
IDH	52	0,47	0,96	0,83	0,12
ESTPOL	54	-1,90	1,63	0,41	0,92
FRAC_ÉTNICA	53	0,00	0,85	0,31	0,22
FRAC_IDIOMA	54	0,00	0,87	0,28	0,25
FTRAC_REL	54	0,00	0,86	0,44	0,22
RELIG	54	0,07	0,95	0,56	0,24
VARSOVIA	54	0,00	1,00	0,28	0,45
Número de observaciones completas	45				

Fuente: elaboración propia.

La tabla de correlaciones[8] muestra, como resulta razonable, que existe una fuerte relación entre las variables de tipo religioso, siendo el valor más bajo el que existe entre ASISTENCIA Y CONFORT, 0,478. Respecto a las demás correlaciones, destacaremos que existe una correlación negativa (aproximadamente de –0,5) entre las variables religiosas y dos variables clave: IDH y ESTPOL.

El siguiente paso sería estimar la relación entre ESTPOL (estabilidad política) y las distintas variables independientes. El cuadro 2 muestra las regresiones efectuadas sucesivamente para ir descartando las variables menos significativas. El modelo quinto (que sólo incluye las variables estadísticamente relevantes) muestra que sólo son significativas las variables FRAC_ETNICA (efecto negativo, la polarización étnica reduce la estabilidad política), VARSOVIA (negativo como resulta lógico) y un única variable religiosa, proporción de la población que cree en Dios que, como tiene signo negativo, implica una relación negativa entre la misma y la estabilidad política.

8. Esta información, que no se ha incluido, junto con los datos originales, puede solicitarse al autor.

CUADRO 2
ESTIMACIÓN DE LA VARIABLE ESTPOL

	1			2			3			4			5		
Variables	Coef.	t	Sig.	Coef.	t	Sig.	Coef.	t	Sig.	Coef.	t	Sig.	Coef.	t	Sig.
CONSTANTE	3,08	4,21	0,00	3,08	4,26	0,00	3,26	5,13	0,00	3,24	5,11	0,00	3,31	5,24	0,00
FRAC_ETNICA	-1,03	-1,44	0,16	-1,02	-1,75	0,09	-0,91	-1,67	0,10	-1,08	-2,12	0,04	-1,13	-2,22	0,03
FRAC_ID	0,01	0,02	0,99												
FRAC_REL	0,28	0,50	0,62	0,29	0,56	0,58									
VARSOVIA	-0,49	-1,86	0,07	-0,48	-1,88	0,07	-0,49	-1,91	0,06	-0,56	-2,31	0,03	-0,54	-2,24	0,03
CREE	-1,63	-1,33	0,19	-1,63	-1,36	0,18	-1,74	-1,48	0,15	-2,04	-1,81	0,08	-2,89	-3,71	0,00
ASISTENCIA	-0,15	-0,86	0,39	-0,15	-0,90	0,38	-0,16	-0,94	0,35	-0,18	-1,05	0,30			
CONFORT	-0,61	-0,86	0,39	-0,61	-0,89	0,38	-0,59	-0,87	0,39						
R2 ajustado	0,65			0,66			0,67			0,67			0,67		
F	12,88			15,06			17,92			21,43			26,89		

Fuente: elaboración propia.

Esta relación puede resultar contra intuitiva, por cuanto en la literatura se suele obtener que las instituciones religiosas tienen un efecto estabilizador sobre la sociedad en la que se asientan. En nuestro caso queremos añadir dos precisiones: i) las variables incluidas no se refieren a instituciones sino a creencias individuales por lo que la contradicción no es tan obvia y ii) como el estudio es exclusivamente de corte transversal, no es posible obtener el efecto diferencial de las creencias sobre la estabilidad. Un ejemplo puede ayudar a aclarar esto: los países de América Latina son muy inestables por motivos históricos, para poder discernir el verdadero efecto de las creencias religiosas sobre la estabilidad, tendríamos que ver, con dos cortes transversales, la variación en la estabilidad al variar la religiosidad.

Del párrafo anterior inferimos que, aunque encontramos un efecto negativo muy significativo de las creencias en Dios en la estabilidad política, para poder confirmar (o rechazar) dicho resultado se requeriría un análisis complementario con un panel temporal, lo que a su vez nos permitiría establecer de forma clara la causalidad.

Finalmente, estudiamos el efecto que tiene la inestabilidad política sobre el desarrollo económico, que ha de ser positivo para que el resultado sea razonable. Para ello consideramos dos variables dependientes C_PIB y HDI, dada la gran variabilidad de la primera. El cuadro 3 resume los resultados:

CUADRO 3
ESTIMACIÓN DEL CRECIMIENTO

	Var. Dep. C_PIB						Var. Dep: HDI								
	1			2			1			2			3		
Variables	Coef.	t	Sig.	Coef.	t	Sig.	Coef.	t	Sig.	Coef.	t	Sig.	Coef.	t	Sig.
CONSTANTE	3,99	2,09	0,04	1,27	4,53	0,00	0,91	10,87	0,00	0,86	11,89	0,00	0,79	66,58	0,00
ESTPOL	0,64	2,03	0,05	0,92	3,73	0,00	0,08	5,71	0,00	0,09	6,49	0,00	0,09	8,04	0,00
VARSOVIA	-4,16	-6,24	0,00	-3,74	-6,17	0,00	-0,03	-1,16	0,25						
CREE	-3,00	-1,44	0,16				-0,13	-1,42	0,16	-0,08	-1,01	0,32			
R2 ajustado	0,57			0,56			0,56			0,56			0,56		
F	20,13			28,43			22,53			32,89			64,72		

Fuente: elaboración propia.

Como puede observarse, se obtiene que la variable CREE no es significativa en ninguna de las dos regresiones finales, por lo que (con las cautelas señaladas anteriormente) se puede afirmar que no hay relación directa entre creencias religiosas y bienestar económico. Por lo demás, como era previsible, la estabilidad política es muy relevante en ambos casos, y tiene una influencia positiva en el crecimiento. La variable artificial VARSOVIA resulta relevante cuando nos centramos en C_PIB por el efecto del ajuste económico señalado en la sección de datos. El grado de ajuste del modelo es bastante bueno, a pesar de no haberse introducido otras variables explicativas habituales en los modelos de crecimiento.[9]

3.4. A MODO DE CONCLUSIÓN

Tras esta disertación plagada de positivismo científico, consideramos adecuado dar un baño de agua fría especialmente al lector que se haya sentido completamente convencido por los argumentos presentados en estas páginas: la economía no es ni probablemente será el instrumento más adecuado para tener un conocimiento completo del hecho religioso. Su papel al respecto está circunscrito a demostrar que al tomar decisiones en este ámbito no dejamos de ser racionales (que no es poco).

En el terreno empírico, al estudiar una muestra de una cincuentena de países, deducimos que las creencias religiosas son un elemento de desestabilización política, lo que indirectamente afecta de forma negativa al bienestar económico. No obstante, las limitaciones de la muestra nos llevan a dar esta conclusión como provisional hasta la publicación de más información estadística que permita una estimación más precisa.

9. Un análisis detallado de la relación entre estabilidad política y crecimiento requeriría un artículo completo. Remitimos al lector interesado a la sección 4.1.5. de la tesis del autor (J. Rodero, 2001) en la que se aborda este aspecto.

3.5. Bibliografía

ALESINA, R.; DEVLEESCHAWER, A.; EASTERLY, W.; KURLAT, S. y WACZIARG, R. (2003), "Fractionalization", *Journal of Economic Growth*, Vol 8, pp. 155-194.

ANDERSON, G. M. (1988), "Mr. Smith and the Preachers: The Economics of Religion in the Wealth of Nations", *The Journal of Political Economy*, Vol. 96, pp. 1066-1088.

AZZI, C. y EHRENBERG, R. (1975), "Household Allocation of Time and Church Attendance", *The Journal of Political Economy*, Vol. 83, pp. 27-56.

BARRO, R. J. y MCCLEARY, R. M. (2002), "Religion and Political Economy in an International Panel", *NBER Working Paper N 8931*.

BARRO, R. J. y MCCLEAR, R. M. (2003), "Religion and Economic Growth", *Harvard Unversity Working Paper.*

DURKHEIM, E. (1915, 1965), *The elementary form of the Religious Life,* Nueva York, Free Press.

EKELUND, R. B. JR., ET AL. (1996), *The Sacred Trust: The medieval church as an Economic Firm,* Oxford, Oxford University Press.

IANNACCONNE, L. R. (1984), *Consumption Capital and Habit Formation with an Application to Religious Participation,* Tesis Doctoral, Universidad de Chicago.

IANNACONNE, L. R. (1990), "Religious Practice: A Human Capital Approach", *Journal for the Scientific Study of Religion*, vol. 29, pp. 297-314.

IANNACCONNE, L. R. (1992), "Sacrifice and Stigma: Reducing Free-Riding in Cults, Communes and Other Collectives", *Journal of Political Economy*, Vol. 100, pp. 271-297.

IANNACCONNE, L. R. (1998), "Introduction to the Economics of Religion", *Journal of Economic Literature*, Vol. 36, pp. 1465-1495.

KAUFMANN, D.; KRAAY, A. y MASTRUZZI, M. (2003). "Governance Matters III: Governance Indicators for 1996-2002", *World Bank Policy Research Department Working Paper.*

LENSKI, G.E. (1963), *The Religious Factor*, Nueva York, Doubleday.

MONTGOMERY, J. D. (1996), "Dynamics of the Religious Economy: Exit, Voice and Denominational Secularization", *Rationality and Society*, vol. 8, pp. 81-110.

NEUMAN, S. (1986), "Religious Observance within a Human Capital Framework: Theory and Application", *Applied Economics*, vol. 18, pp. 1193-1202.

RODERO COSANO, J. (2001), *La Distribución Personal de la Renta en un Contexto de Equilibrio General,* Tesis Doctoral, Universidad de Jaén.

STARK, R. y BAINBRIDGE, W. S. (1985), *The future of Religion,* Berkeley, University of California Press.

SAMUELSSON, K. (1993), *Religion and Economic Action: The Protestant Ethic, the Rise of Capitalism and the Abuses of Scholarship,* Toronto, University of Toronto Press.

SULLIVAN, D. H. (1985), "Simultaneous Determination of Church Contributions and Church Attendance", *Economic Inquiry*, vol. 23, pp. 309-320.

WALLIS, J. L. (1990), "Modelling Churches as Collective Action Groups", *International Journal of Social Economics*, vol. 17, pp. 59-72.

Segunda parte
Economía regional

IV
Determinantes de la política económica andaluza: una propuesta de futuro*

José Vallés Ferrer

Octavio Fernández Amador

El presente trabajo plantea las vías y directrices que puede y debe tomar el modelo de política económica de Andalucía, a la luz de lo que consideramos como los factores determinantes de dicho modelo: los relacionados con la política regional comunitaria, con la política presupuestaria y fiscal española y con la propia evolución y situación de la economía andaluza.

Palabras clave: *política económica regional, Andalucía.*

* Este trabajo fue presentado en la Escuela de Organización Industrial (sede de La Cartuja – Sevilla) en el curso académico 2003-2004.

4.1. Introducción

Asumiendo la posición de retraso económico y social de la economía andaluza en el contexto de la Unión Europea (UE), el objetivo central de la política económica de la Comunidad Autónoma de Andalucía puede resumirse en la necesidad de convergencia real y social con España y Europa.[1] Este objetivo de convergencia en el largo plazo viene concretándose, desde la incorporación de España al proceso de integración europea, e incluso antes, en el recorte de diferencias medidas a través de diversas variables económicas y sociales, fundamentalmente en producción y empleo.

En los últimos años el mejor comportamiento de la economía andaluza viene proporcionando un resultado más satisfactorio que el de su entorno, resultando de ello un mayor ritmo en la convergencia. Sin embargo, las circunstancias que recientemente ocupan la literatura económica y política en Europa y España, así como la propia evolución y situación actual de la economía andaluza, inducen a pensar que pueda ser conveniente la variación de la política económica que se hace en esta Comunidad, tanto desde la perspectiva del modelo de crecimiento, como de la acción política-económica coyuntural.

El presente trabajo analiza lo que consideramos como los factores que inciden en la política económica andaluza para, a partir de ellos, determinar el camino que creemos debe ésta seguir. Tales factores pueden agruparse en tres grupos, asociándolos a la política regional comunitaria, a la política presupuestaria y fiscal española y a la economía andaluza. En este sentido hemos de aclarar que este texto aborda la convergencia de Andalucía desde el punto de vista de la política económica, rama de la ciencia económica donde ganan importancia los juicios de valor y los aspectos normativos de la ciencia. Nos acercamos al tratamiento de la política económica que ha de venir para la convergencia andaluza desde la certeza de que debe hacerse con una base de análisis político y económico, y desde el reconocimiento de que la elaboración de la política económica andaluza es partícipe de las directrices tomadas en los ámbitos nacional y comunitario.

En el siguiente apartado comentaremos los principales factores políticos, económicos y sociales que desde nuestro punto de vista determinan el rumbo que debe seguir la política económica andaluza. En concreto, estos factores se agruparán en torno a la política presupuestaria y fiscal española, la política regional comunitaria, y la propia evolución y situación actual de Andalucía. A partir de estos determinantes indicamos diferentes alternativas para el futuro de la Comunidad Autónoma.

---

1. Mientras en el año 2000 el gasto social español equivalía al 20,1% del Producto Interior Bruto (PIB), en el conjunto europeo llegaba al 27,3%. Es decir, España queda siete puntos por debajo de a UE. Hacer convergencia social es reducir esta brecha.

4.2. Determinantes de la política económica de Andalucía

Cuando se escribe sobre política económica, dadas las características de esta rama de la Economía, conviene resaltar los objetivos que las acciones del gobierno persiguen, así como algunas circunstancias que afectan a la elaboración de las medidas que se toman. Incidiendo en el enfoque teleológico de este campo del conocimiento económico recurriremos, en primer lugar, al Tratado de la Unión Europea para dilucidar cuál es el objetivo de la economía andaluza como parte del espacio de integración que es la Unión. En concreto, el Tratado, en su *artículo 2*, expone lo siguiente:

> *La Unión tendrá los siguientes objetivos:*
> *– promover el progreso económico y social y un alto nivel de empleo y conseguir un desarrollo equilibrado y sostenible, principalmente mediante la creación de un espacio sin fronteras interiores, el fortalecimiento de la cohesión económica y social y el establecimiento de una unión económica y monetaria que implicará, en su momento, una moneda única, conforme a las disposiciones del presente Tratado; ...*

Con esto, el objetivo de desarrollo de una economía, en el entorno de países desarrollados, suele traducirse en la obtención de crecimiento sostenido y sostenible, con estabilidad de precios, con creación de empleo y cohesión territorial.[2] Sin embargo, para Andalucía el objetivo podría sintetizarse en la búsqueda de las tres convergencias, ya que para esta Comunidad no basta con crecer, sino que es imprescindible crecer más que el resto. De esta forma, Andalucía debe reducir sus diferencias en cuanto a inflación y mantener la estabilidad presupuestaria, como base para la convergencia en términos reales y sociales.[3]

---

2. Podemos definir el desarrollo como aquella situación de crecimiento sostenido y duradero, más cambios cualitativos y/o cuantitativos. Visto desde la perspectiva de los aspectos cualitativos del desarrollo, quedaría definido como la suma del objetivo de crecimiento más el objetivo de calidad de vida. Pero para que quede concretada tal suma de objetivos, y siguiendo a Cuadrado Roura (2000), debemos precisar algo más sobre el contenido de ambos sumandos.

El crecimiento, como objetivo de política económica, puede verse tanto a corto como a largo plazo. De la primera forma, entendemos por crecimiento (sostenido) el mantenimiento de una senda o tasa de crecimiento sostenido de la economía, con las menores fluctuaciones posibles con respecto del potencial de la economía y compatible con el pleno empleo y la estabilidad. A largo plazo se suele observar, sin embargo, como la expansión del nivel de actividad potencial de la economía (PIB potencial).

En cuanto a la calidad de vida, resulta bastante difícil concretar su contenido, debido a que puede ser bastante amplio, aunque sí podemos afirmar que se interesa por las condiciones de vida de los ciudadanos, a la vez que supone esos cambios cuantitativos y/o cualitativos que han de darse en la sociedad para la consecución de un mejor nivel de bienestar. Este concepto enlaza con el *Welfare State* y con el intento de valorar social y económicamente diversos aspectos del bienestar para integrarlos en el esquema de la política económica. De su contenido podemos dar algunos componentes, como son: calidad de los bienes y servicios que se consumen; educación; salud; empleo, calidad en el trabajo y cohesión social; ocio; accesibilidad; y medio ambiente físico.

3. Tras el acceso a la Unión Monetaria y en virtud del Pacto de Estabilidad y Crecimiento aprobado en el Consejo Europeo de Amsterdam de junio de 1997, la necesidad de convergencia nominal se trans-

Con respecto a la toma de decisiones en el ámbito regional debemos recordar que el instrumental de política económica de la Comunidad Autónoma de Andalucía se encuentra constreñido por la actuación propia de los ámbitos nacional y comunitario, de modo que muchas de las decisiones de relevancia para la economía andaluza no se toman por el gobierno regional, debiéndose adecuar el ejercicio de la política económica andaluza a esas decisiones. A partir de esta *dependencia* de los niveles superiores de gobierno, hemos considerado los dos primeros grupos de factores que inciden en la búsqueda de la convergencia de la economía andaluza, los que provienen de las decisiones de política fiscal y presupuestaria tomadas en el ámbito nacional español de forma coordinada con el resto de Estados miembros de la Unión Europea; y los que provienen de la política regional europea y las repercusiones que en ella puede tener la ampliación de la Unión. Un tercer grupo de determinantes nos viene dado por la propia evolución y situación actual de Andalucía, del modelo de crecimiento, de los retos sociales y políticos que en la política andaluza se están dando.

4.2.1. La política presupuestaria y fiscal española

En lo que toca a la política presupuestaria y fiscal que España ha llevado a cabo desde la década de los noventa hasta hoy, al menos dos son los referentes que toda consideración en torno al modelo de política económica andaluz ha de tener en cuenta, a saber, la política de consolidación presupuestaria española en el entorno europeo y el sistema fiscal español y su grado de descentralización.

El Pacto de Estabilidad y Crecimiento (PEC) recogió el testigo de los criterios de convergencia nominal que incidían en las finanzas públicas. Con este acuerdo

> *[...], los Estados miembros de la Unión se comprometen a perseguir el objetivo a medio plazo de situaciones presupuestarias próximas al equilibrio o en superávit, de forma que, cuando los estabilizadores automáticos actúen, el déficit se mantenga siempre por debajo del 3 por cien.*[4]

La disciplina presupuestaria se reiterará en el Consejo Europeo de Santa María de Feira de junio de 2000, en las recomendaciones relativas a las "orientaciones generales de Política Económica", donde se insta a los Esta-

---

formó en la necesidad de mantener la estabilidad presupuestaria. Sin embargo, esto no hace que el objetivo de reducción de diferenciales de inflación no constituya un objetivo de la economía española (y andaluza); al contrario, se considera que es un objetivo nacional (y regional).

4. Exposición de motivos contenida en la Ley 18/2001, de 12 de diciembre, General de Estabilidad Presupuestaria (BOE de 13 de diciembre de 2001, nº. 298).

dos miembros al saneamiento de las cuentas públicas más allá del nivel mínimo para cumplir el citado PEC.[5]

Pero en los últimos años, el acuerdo que implica el PEC está siendo incumplido y seriamente cuestionado. Si bien en los años anteriores a la Unión Económica y Monetaria (UEM) se produjo un considerable saneamiento de las finanzas públicas, todo ello en un entorno relativamente desfavorable, en los años que vienen desde 1998, tras el acceso a la tercera fase de la UEM la mayoría de los países ha experimentado un deterioro de sus cuentas públicas, situándose en los límites del PEC o más allá de ellos cuando la desaceleración económica se hizo presente a partir del año 2001.

Profundizando en la composición del ajuste presupuestario, en los años anteriores a la UEM (1992-1997) este saneamiento parece que proviene del aumento de los impuestos, que en la mayoría de los casos se ha visto mermado por un incremento en el gasto (ver gráfico 1). Para algunos Estados miembros, entre los que cabe señalar a España, este incremento de los ingresos se ha reforzado con un descenso de los gastos públicos.

En los últimos años noventa, la tendencia de la mayoría de los Estados de la zona euro ha sido la de elevar los gastos. A la vez se han promovido rebajas fiscales en diferentes impuestos bajo la convicción de que existe una carga tributaria excesiva sobre los factores de producción que va en detrimento de la actividad económica y de que dicho incremento de la actividad compensaría (mediante el incremento de las bases imponibles) el recorte impositivo. Al no cumplirse tales expectativas, dichas medidas fiscales han afectado negativamente, según el propio BCE (2004), al proceso de consolidación presupuestaria de muchos de los Estados de la zona euro (ver gráfico 2).

5. En este punto creemos conveniente aclarar cuál es el fundamento económico que se encuentra detrás de la disciplina presupuestaria y lo hacemos siguiendo al BCE (2004). En primer lugar, se suele situar al saneamiento de las finanzas públicas y su sostenibilidad como requisito previo para la estabilidad macroeconómica.

En segundo término, junto con una política monetaria en pro de la estabilidad de precios, permite crear expectativas de inflación baja y de condiciones favorecedoras de la inversión a largo plazo.

Tercero, para hacer frente a los retos que se plantean a largo plazo, como el derivado del envejecimiento de la población.

En cuarto lugar, los Estados de una unión monetaria sólo pueden, perdido el control sobre la política monetaria y de tipo de cambio, hacer frente a las perturbaciones económicas desde una política fiscal saneada, con recorrido para amortiguar tales perturbaciones.

Como quinto fundamento encontramos que los Estados pertenecientes a una unión monetaria pueden ser más propensos a incurrir en déficit, pues a corto plazo puede proporcionar beneficios políticos, no existiendo mecanismos (tipo de interés, riesgo de tipo de cambio o mercados financieros) suficientemente eficaces para romper con dicha propensión, que prima al corto plazo sobre el largo.

GRÁFICO 1
AJUSTE PRESUPUESTARIO 1992-1997

(en puntos porcentales del PIB)
— línea de orientación de política fiscal neutra
eje-x: variación en los ingresos ajustados de ciclo
eje-y: variación en el gasto primario ajustado de ciclo

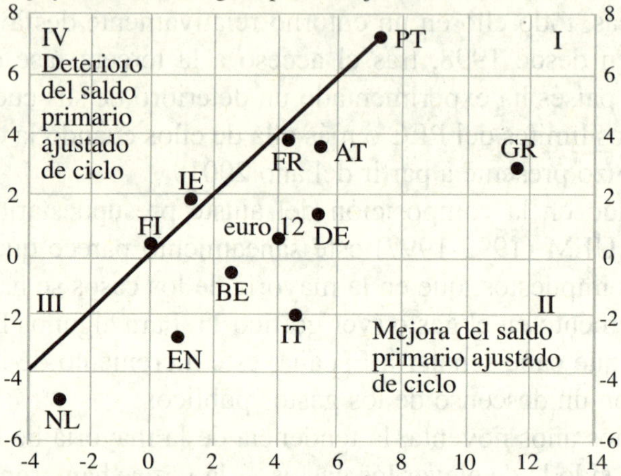

Nota: las cifras no incluyen Luxemburgo. Cálculo de cifras ajustadas de ciclo utilizando la metodología de la Comisión.
Fuente: BCE (2004); p. 55; Comisión Europea, otoño del 2003 (base de datos AMECO).

GRÁFICO 2
AJUSTE PRESUPUESTARIO 1998-2003

(en puntos porcentales del PIB)
— línea de orientación de política fiscal neutra
eje-x: variación en los ingresos ajustados de ciclo
eje-y: variación en el gasto primario ajustado de ciclo

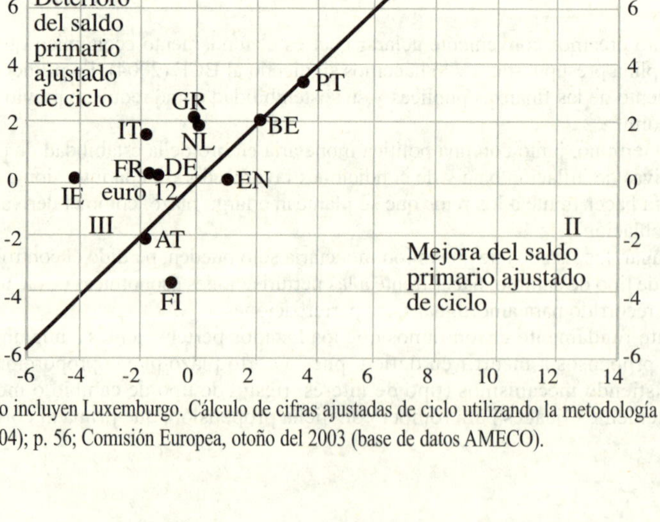

Nota: las cifras no incluyen Luxemburgo. Cálculo de cifras ajustadas de ciclo utilizando la metodología de la Comisión.
Fuente: BCE (2004); p. 56; Comisión Europea, otoño del 2003 (base de datos AMECO).

Por su parte, España ha continuado, en los años posteriores al PEC (1998-2003), su proceso de consolidación presupuestaria. En concreto, la posición española con respecto al déficit ha sido la de su negación, mediante Ley, otorgando al equilibrio y, más allá, al superávit presupuestario, un papel protagonista en la conformación de la política económica elaborada en todos los ámbitos.[6] España ha hecho prevalecer la estabilidad presupuestaria sobre los cambios en los niveles de ingresos y gastos, y ello ayuda a la economía española a cumplir con lo acordado en el PEC. Sin embargo, esto lo hace desde una postura de menor dimensión del sector público español con respecto a la UE, lo que añade mayor singularidad a la posición española dentro de la Unión (ver cuadro 1). España con una presión fiscal del 35,6% en el año 2001, se halla 5,5 puntos porcentuales por debajo de la media comunitaria que alcanza el 41,1%, porcentaje ligeramente inferior al de la media de la EUR-12, que se sitúa en el 41,5%.

CUADRO 1
PRESIÓN FISCAL COMPARADA

Total Ingresos Fiscales (incluidas Cotizaciones Sociales) en %PIB								
ESTADOS MIEMBROS	**1995**	**1996**	**1997**	**1998**	**1999**	**2000**	**2001p**	**MEDIA 1995-2001**
Bélgica	45,1	45,4	45,8	46,4	46,0	46,0	46,0	45,8
Dinamarca	49,3	49,9	49,8	50,1	51,5	49,5	49,8	50,0
Alemania	41,3	42,1	42,1	42,1	42,9	42,9	41,2	42,1
Grecia	32,6	33,0	34,3	36,3	37,2	38,5	36,8	35,5
España	33,4	33,8	34,2	34,5	35,2	35,7	35,6	34,6
Francia	44,0	45,0	45,2	45,1	45,7	45,3	45,4	45,1
Irlanda	33,4	33,5	32,8	32,1	31,9	32,3	31,2	32,5
Italia	41,2	42,8	44,7	43,2	43,3	42,7	42,6	42,9
Luxemburgo	42,4	42,4	41,6	40,2	40,8	41,3	41,8	41,5
Países Bajos	40,6	40,8	40,7	40,3	41,7	41,5	40,0	40,8
Austria	42,4	43,9	44,7	44,4	44,4	43,5	45,6	44,1
Portugal	33,6	34,4	34,7	34,9	36,0	36,4	35,9	35,1
Finlandia	46,2	47,4	46,8	46,6	47,0	48,0	46,0	46,9
Suecia	49,1	51,9	52,0	53,6	53,0	52,5	54,1	52,3
Reino Unido	35,4	35,1	35,6	36,8	36,9	37,6	37,5	36,4
EU-15	40,8	41,5	41,6	41,6	41,8	41,7	41,1	41,4
EU-12	41,1	42,0	42,4	42,0	42,5	42,3	41,5	42,0

Nota: las medias para UE-15 y UE-12 son ponderadas con los PIB nominales. Los datos de 2001 son provisionales.
Fuente: Comisión Europea (2003), p.174.

6. Ley 18/2001, de 12 de diciembre, General de Estabilidad Presupuestaria (BOE 13 de diciembre de 2001, nº. 298) y Ley Orgánica 5/2001, de 13 de dicembre, Complementaria a la Ley General de Estabilidad Presupuestaria (BOE de 14 de diciembre de 2001, nº. 299).

Por otra parte, el grado de descentralización de España es considerable en cuanto al nivel autonómico, habiéndose producido un intenso flujo de recursos que tiene como destino el nivel regional español (ver cuadro 2). De esta forma, en 2001, el tamaño del nivel autonómico español se acerca bastante a la media tanto para la UE a quince, como para la zona euro.[7] En cuanto a los ingresos del gobierno local, la participación de éstos en el total de recursos nos indica que España se encuentra por encima de los niveles tanto de la Europa de los quince, como de la zona euro. Sin embargo, los datos han de tomarse con cautela, pues los relativos al tamaño de tales haciendas dentro del total de recursos han de observarse con el tamaño del total de ingresos fiscales en relación al PIB. De aquí se deduce que el tamaño en relación al PIB del nivel local, por ejemplo, es menor que el que se da en la UE-15 y en la UE-12.

CUADRO 2
DESCENTRALIZACIÓN DE LOS INGRESOS FISCALES EN ESPAÑA, UE-15 Y UE-12
(EN %TOTAL INGRESOS)

NIVELES DE GOBIERNO	1995	1996	1997	1998	1999	2000	2001[p]	MEDIA 1995-2001
España Gob. Central	48,8	48,8	46,7	46,4	46,8	47,0	46,4	47,3
España Gob. Autonómico	4,7	4,6	7,1	7,6	7,7	7,7	7,6	6,7
España Gob. Local	8,7	8,5	8,8	9,2	9,2	9,0	8,8	8,9
España Seg. Soc.	35,6	35,8	35,3	34,9	34,4	34,6	35,4	35,1
UE-15 Gob. Central	49,9	49,7	51,8	52,5	53,4	54,2	54,3	52,3
UE-15 Gob. Autonómico	9,6	9,5	8,9	8,9	8,9	8,7	8,3	9,0
UE-15 Gob. Local	7,7	8,0	7,8	8,8	8,7	8,9	9,0	8,4
UE-15 Seg. Soc.	30,6	30,9	29,7	28,0	27,4	26,6	26,9	28,6
UE-12 Gob. Central	39,3	39,1	39,9	39,8	40,7	40,8	41,0	40,1
UE-12 Gob. Autonómico	10,6	10,5	10,2	10,4	10,5	10,4	9,8	10,3
UE-12 Gob. Local	6,9	7,1	7,1	8,6	8,4	8,7	8,9	7,9
UE-12 Seg. Soc.	35,5	36,1	35,9	34,3	33,6	33,2	33,5	34,6

Nota: las medias para UE-15 y UE-12 son ponderadas con los PIB nominales. Los datos de 2001 son provisionales.
Fuente: Comisión Europea (2003).

7. Únicamente ostentan recursos los niveles regionales de Bélgica, Alemania, Austria y España (Comisión Europea, 2003).

4.2.2. La política regional comunitaria

Hasta aquí hemos realizado un rápido repaso de las cuestiones más importantes que afectan a la política económica andaluza y que proceden de un ámbito nacional coordinado con el resto de Estados de la UE y con las propias instituciones comunitarias. En este punto, nos detenemos en una política de ámbito comunitario que en los últimos años ha ganado importancia en el seno de la Unión y que para Andalucía ha constituido un pilar financiero básico. En concreto, para el objeto de nuestro trabajo, nos interesa destacar dos cuestiones: la primera, la estrategia de crecimiento que supone, la segunda, que aunque para Andalucía implica menos cambios que para otras Comunidades Autónomas, la ampliación afectará a las partidas presupuestarias que lleguen desde Europa para cohesión regional.

La estrategia comunitaria para la convergencia real y social, con una base de convergencia nominal, se conduce a través de los factores subyacentes a la competitividad de un territorio. La divergencia en términos reales entre los territorios se asocia a las diferencias de competitividad que ofrecen. El término competitividad ha de entenderse como la capacidad de un territorio de lograr niveles elevados, crecientes y duraderos de desarrollo, tanto en términos de crecimiento como de niveles de vida y de una alta tasa de ocupación. Diversos factores se consideran determinantes de la competitividad del territorio, en concreto el producto por persona empleada (la productividad del trabajo), las dotaciones de infraestructuras y de capital físico, la penetración de las nuevas tecnologías de la información y la comunicación, las dotaciones en capital humano o la actividad en investigación, desarrollo e innovación.

La convergencia real suele medirse en la práctica a través del progreso en el producto interior bruto (PIB, medido en términos de paridad de poder adquisitivo), y la evolución en esta variable puede descomponerse en la evolución de la tasa de ocupación y de la productividad del factor trabajo. El enfoque a largo plazo que toman las instituciones comunitarias rechaza que sobre ambos componentes del crecimiento tenga que existir controversia, de forma que, en la medida en que el crecimiento de la productividad eleve la competitividad, existe complementariedad y es posible elevar el crecimiento mediante el incremento conjunto de sus componentes.[8]

En cuanto al capital físico y a las infraestructuras, se acepta generalmente que determinan positivamente la prosperidad del territorio. Respecto a las últimas, se destaca a su vez su capacidad para determinar la localización de la actividad económica y el tipo de actividad que se va a desarrollar. Además, es conveniente destacar que gran parte de las inversiones en infraestructuras suponen un coste que el sector privado no puede asumir aún. Fundamentalmente han de

8. Resulta de vital importancia para regiones como Andalucía, que un incremento de la productividad del trabajo no se transforme en un descenso del empleo, por cuanto que el retraso viene propiciado por menores niveles de productividad, pero también por más bajas tasas de ocupación.

destacarse las infraestructuras de transporte, las inversiones en energía, planificación del medio ambiente y el agua.

La inversión en intangibles (educación y formación; investigación, desarrollo e innovación (I+D+i); y tecnologías de la comunicación y de la información), se considera el factor más importante hoy para el desarrollo del territorio. Unos sistemas de educación y formación adecuados, la existencia de trabajadores y empresarios más cualificados y una mayor implantación de las tecnologías de la información y la comunicación, suelen relacionarse con mejores remuneraciones y mayores posibilidades de encontrar empleo y con una población socialmente más cohesionada. El esfuerzo en I+D+i se considera pieza clave para competir y adaptarse a los cambios con éxito y así obtener unos buenos resultados económicos. Además, este esfuerzo se relaciona positivamente con la existencia de unos recursos humanos de calidad.

Recursos humanos, I+D+i, infraestructuras y desarrollo tecnológico se colocan, desde el planteamiento imperante en la política regional comunitaria como los ejes de la competitividad del territorio y de la convergencia real. La convergencia social, medida en términos de empleo y pobreza fundamentalmente, es un objetivo que se persigue en un plazo mayor y que depende de los estadios anteriores de convergencia (nominal y real).

Como hemos indicado, la estrategia de convergencia real y social comunitaria requiere de un importante esfuerzo inversor, que por su cuantía y las fórmulas de financiación acordadas, pero también por las características de la inversión, debe venir principalmente del gasto público.

La política de cohesión económica y social adquirió relevancia con el incremento de las disparidades nacionales y regionales tras la incorporación de España y Portugal a la Comunidad Europea. Ello se reflejó en la importancia financiera que adquirieron las partidas del presupuesto comunitario dedicadas a la política regional, que se han incrementado con el transcurso de los años.[9] Por otro lado, y aunque es considerable el progreso que han realizado los Estados de la cohesión y las regiones rezagadas, no existe consenso en la literatura sobre el tema en cuanto a los efectos de la política llevada a cabo por la UE. Si bien existe unanimidad al considerar la mejora en la renta disponible del territorio receptor de la transferencia de renta que suponen las ayudas estructurales, no existe tal acuerdo a la hora de estimar el efecto a medio y largo plazo sobre los factores de crecimiento endógeno, el cual ha de llevar a un mayor crecimiento en términos de PIB (Castells y Espasa, 2003). En cualquier caso, de lo que no cabe duda es de que, con la ampliación, la política regional se ve abocada a variar en muchos aspectos y de que, en mayor o menor grado, Andalucía se verá afectada por esos cambios. El hito de la ampliación aumentará la población del área de integración

9. En las Perspectivas Financieras 2000-2006, los fondos estructurales: Fondo Europeo de Desarrollo Reginal (FEDER), Fondo Social Europeo (FSE), Fondo Europeo de Orientación y Garantía Agrícola sección Orientación (FEOGA-Orientación) e Instrumento Financiero de Orientación de la Pesca (IFOP); y el Fondo de Cohesión ostentan el 33% de los gastos comunitarios.

en un 20% y la producción en aproximadamente un 4,6%. De ello se deduce un ostensible descenso de la media de la UE, pero más allá de este valor, lo que de verdad se hace muy significativo es el considerable incremento de las divergencias no sólo en términos reales y sociales, sino también en términos nominales.

En la literatura económica podemos encontrar algunas ideas que conviene aclarar con respecto a las repercusiones que el hecho de la ampliación y la reforma de la política de cohesión comunitaria tendrán en las transferencias que vienen a España y a Andalucía. En primer lugar, se descarta que el límite actual del presupuesto comunitario crezca y se toma como improbable que el tamaño del presupuesto crezca hasta dicho límite.[10] En segundo lugar, siguiendo el escenario de mantenimiento de los actuales criterios de elegibilidad que nos presenta González-Páramo (2003), encontramos un efecto de pérdida del Fondo de Cohesión por parte de España, derivado del impacto estadístico de la ampliación. Junto a este efecto, otro de pérdida de la consideración de objetivo 1 por parte de prácticamente todas la Comunidades Autónomas, unas por el efecto estadístico de la ampliación y otras por una verdadera convergencia con los parámetros europeos que hace que pierdan esta consideración de región divergente. Es significativo que Andalucía no perdería la condición de objetivo 1 tras la ampliación, de lo que se implica que, directamente, sólo se vería afectada por la pérdida del Fondo de Cohesión.[11]

A los efectos en las transferencias que hemos expuesto, debemos añadir los derivados del papel que las economías de la ampliación, con grandes semejanzas a la economía andaluza, van a tener en la competencia por los mercados del área de integración europea.

Ante esta cuestión de la reforma de la política regional o, más allá, de la política económica comunitaria y, por tanto, de su política presupuestaria, hemos de indicar que la Comisión Europea tiene una visión del tema bastante alentadora en cuanto que no sería tan perjudicial como la expuesta hasta aquí. Esta opinión la ha mostrado a través de una Comunicación [COM (2004) 101 final] y del Tercer Informe de Cohesión (Comunidad Europea 2004a y 2004b). En estos documentos, la Comisión muestra una clara pretensión de cambios graduales de la política comunitaria, encaminados a hacer frente a los retos de desarrollo anunciados en la Agenda de Lisboa en una nueva UE ampliada y a reforzar el papel de la Unión en el plano internacional. En concreto, la Comisión señala tres ejes principales para las nuevas Perspectivas Financieras 2007-2013:

- Desarrollo sostenible. Que abarca la estrategia de Lisboa y Gotemburgo para incrementar la competitividad y la cohesión, así como la protección de los recursos naturales y la sostenibilidad del crecimiento.

10. El límite de los recursos propios se sitúa en el 1,27% del producto nacional bruto (PNB) comunitario, mientras que el gasto efectivo en el período 2000-2006 se encuentra en el 1,1% del PNB de la UE.

11. Hemos de advertir que este es un escenario pesimista, aunque como nos dice el propio autor, no improbable.

- Ciudadanía europea. Construcción de un espacio de libertad, justicia, seguridad y acceso a los bienes públicos.
- Papel de la UE en el plano mundial.

El nuevo enfoque de desarrollo de la Comisión se centra aún más en el papel de la competitividad del territorio como factor de crecimiento[12] y, a través de la política de cohesión regional comunitaria, se persigue paliar las mayores necesidades de ayuda para la competitividad que tienen la regiones divergentes y, de este modo, conseguir un desarrollo armonioso, equilibrado y sostenible que cumpla los objetivos de Lisboa y Gotemburgo y propicie la anticipación a los efectos futuros de la ampliación. La propuesta de la Comisión en este sentido es la de simplificar la estructura de la política de cohesión, articulándola a través de tres prioridades:

- Convergencia de los Estados miembros y las regiones menos desarrollados, entre los que se incluirían las regiones que no han completado su proceso de convergencia, pero que debido al efecto estadístico de la ampliación, no figuran entre los actuales criterios. En esta prioridad, los esfuerzos se centrarían en modernizar y aumentar el capital físico y humano, para contribuir a la competitividad a largo plazo y la sostenibilidad ambiental. Su financiación correría a cargo del Fondo de Cohesión, el FEDER y el FSE.
- Apoyo a la competitividad regional y al empleo en los Estados miembros y las regiones que no cumplen los criterios de los programas de convergencia, sin tener en cuenta el efecto estadístico de la ampliación. En concreto, se trata de anticipar y contribuir al cambio que se necesita para afrontar un nuevo entorno más globalizado, con fuerte presencia de la inmigración y marcado por el objetivo de convertir Europa en una sociedad basada en el conocimiento. En esta prioridad se resaltan dos niveles: uno nacional, centrado en el empleo y la inclusión social, y otro regional, centrado en la promoción de la competitividad y el atractivo económico de zonas industriales, urbanas y rurales. La financiación provendría del FEDER y el FSE.
- Cooperación territorial europea a través de programas transfronterizos y transnacionales, financiada por el FEDER.

La propia Comisión Europea es consciente de que los retos de la política económica comunitaria que se requiere exigirían un incremento de las capacidades de financiación de la UE, sin embargo, cifra un límite máximo de recursos propios del 1,24% de la renta nacional bruta y observa la conveniencia de

12. En concreto, para la búsqueda de la competitividad se pone más énfasis en los factores que inciden en el capital humano y la investigación y el desarrollo tecnológico, o en la mejora de la competitividad empresarial en un mercado integrado a través de redes transeuropeas.

establecer un nuevo equilibrio presupuestario mediante transferencias entre prioridades de gasto. En este nuevo orden presupuestario, el objetivo de la competitividad como factor de crecimiento y empleo y la política de cohesión ostentarían un porcentaje elevado del presupuesto.

CUADRO 3
VISIÓN GENERAL DEL NUEVO MARCO FINANCIERO 2007-2013
(MILLONES DE EUROS CON PRECIOS DE 2004)

CRÉDITOS DE COMPROMISO	**2006 (a)**	**2007**	**2008**	**2009**	**2010**	**2011**	**2012**	**2013**	
1. Crecimiento sostenible	**47.582**	**59.675**	**62.795**	**65.800**	**68.235**	**70.660**	**73.715**	**76.785**	
1.a. La competitividad como factor de crecimiento y empleo	8.791	12.105	14.390	16.680	18.965	21.250	23.540	25.825	
1.b. Cohesión en favor del crecimiento y el empleo (b)	38.791	47.570	48.405	49.120	49.270	49.410	50.175	50.960	
2. Gestión sostenible y protección de los recursos naturales	**56.015**	**57.180**	**57.900**	**58.115**	**57.980**	**57.850**	**57.825**	**57.805**	
Entre ellos: Agricultura – Gastos de mercado y pagos directos	43.735	43.500	43.673	43.354	43.034	42.714	42.506	42.293	
3. Ciudadanía, libertad, seguridad y justicia	**1.381**	**1.630**	**2.015**	**2.330**	**2.645**	**2.970**	**3.295**	**3.620**	
4. La UE como socio global (c)	**11.232**	**11.400**	**12.175**	**12.945**	**13.720**	**14.495**	**15.115**	**15.740**	
5. Administración (d)	**3.436**	**3.675**	**3.815**	**3.950**	**4.090**	**4.225**	**4.365**	**4.500**	
Compensaciones	1.041								
Total créditos de compromiso	**120.688**	**133.560**	**138.700**	**143.140**	**146.670**	**150.200**	**154.315**	**158.450**	
Total créditos de pago (b) (c)	**114.740**	**124.600**	**136.500**	**127.700**	**126.000**	**132.400**	**138.400**	**143.100**	**Media**
Créditos de pago en porcentaje de la RNB	1,09%	1,15%	1,23%	1,12%	1,08%	1,11%	1,14%	1,15%	1,14%
Margen disponible	0,15%	0,09%	0,01%	0,12%	0,16%	0,13%	0,10%	0,09%	0,10%
Límite máximo para los recursos propios en porcentaje de la RNB	1,24%	1,24%	1,24%	1,24%	1,24%	1,24%	1,24%	1,24%	1,24%

(a) El gasto correspondiente a 2006 con arreglo a la perspectiva financiera actual se ha desglosado según la nueva nomenclatura de referencia propuesta y para facilitar la comparación.
(b) Incluye el gasto para el Fondo de Solidaridad (1.000 millones de euros en 2004 a precios actuales) a partir de 2006. Sin embargo, los pagos correspondientes se calculan sólo a partir de 2007.
(c) Se asume que la integración del FED en el presupuesto comunitario tendrá efecto en 2008. Los compromisos correspondientes a 2006 y 2007 se incluyen sólo a efectos de comparación. Los pagos de compromisos anteriores a 2008 no se toman en consideración en las cifras de pago.
(d) Incluye el gasto administrativo para instituciones que no sean la Comisión, las pensiones y las escuelas europeas. El gasto administrativo de la Comisión se integra en las primeras cuatro rúbricas del gasto.
Fuente: Comisión Europea (2004a; p. 34).

4.2.3. *Evolución reciente y situación actual de la economía andaluza*

Otro factor que hemos de considerar a la hora de definir unas líneas directrices para la política económica que viene es la trayectoria reciente y el estado actual de convergencia con la UE de Andalucía. Esta trayectoria la observamos a través de diversos indicadores (ver Cuadro 4) y de ellos puede extraerse que Andalucía y España han experimentado una convergencia nominal, real y en términos de empleo con respecto a la Unión Europea. En concreto, debemos destacar el crecimiento real acumulado de Andalucía, superior al de España y al de la UE; así como un crecimiento de la población y del empleo superiores también a los registrados en España y la Unión.

Con respecto a la evolución del PIB por habitante (ver Cuadro 5), se debe destacar que, dentro de un paralelismo de la evolución de esta variable en las tres áreas contempladas, presentan mayor fortaleza el crecimiento andaluz y español que el de la Unión Europea.

Cuadro 4

Indicadores de convergencia. Andalucía y España respecto a la Unión Europea (1985-2002)

	ANDALUCÍA	UNIÓN EUROPEA	ESPAÑA
% Crecimiento de la población (1)	8,7%	6,4%	5,2%
% Crecimiento del PIB real (2)	82,6%	47,5%	69,8%
% Crecimiento del PIB nominal pps per capita (3)	178,9	134,9%	167,9%
% Crecimiento de los ocupados (4)	64,6%	14,8%	47,7%
% Crecimiento del nivel general de precios (6)	122,5%	69,4%	132,7%
Aumento del PIB pps per capita UE=100 p. p. (3)	10,5	-	10,3
Aumento de la tasa de empleo UE=100 p. p. (4)	23,1	-	21,9
Aumento de la paridad de poder de compra UE=100 p.p. (5)	20,9	-	24,5
%Velocidad anual de convergencia respecto a la UE (7)	1,1%	-	0,8%

Notas:

(1) Población: los datos de España y Andalucía se han obtenido de la Contabilidad Regional de España INE, serie enlazada con los datos base 1986 (1980-1994) y la base 1995 (1995-2002). Datos de la UE: Eurostat, serie enlazada incluyendo la ampliación de Alemania de 1991, obtenidos de "European Economy".

(2) PIB: los datos de Andalucía se han obtenido de la Contabilidad Regional de España del INE, base 1986 hasta 1995 y enlazada con la base del IEA base 1995. Los datos de España se han obtenido de la serie homgénea del INE base 1995. Los datos de la UE se han obtenido del banco de datos Regio de Eurostat, serie enlazada con los datos base SEC 79 (1980-1994) y la serie SEC 95 (1995-2000), incluyendo la ampliación de Alemania de 1991.

(3) PIB per capita en paridad de poder de compra (pps) es el resultado de dividir el PIB pps por la población.

(4) Empleo: las series de ocupados de Andalucía y España se han obtenido de la nueva Encuesta de Población Activa (EPA), publicada en mayo de 2002. La serie de la UE es de Eurostat y ofrece los datos de la encuesta europea de fuerza de trabajo de 1995 a 2000. Los datos anteriores a 1995 y el correspondiente a 2002 se han calculado con los crecimientos del empleo publicados por la Comisión Europea en "European Economy". La tasa de empleo mide el porcentaje de población ocupada respecto a la población total.

(5) PPS: los datos en paridad de poder de compra (pps), miden la traducción de la moneda nacional a euros en paridad de poder de compra. Se han obtenido de la serie publicada por Eurostat para los países miembros. Los años 2001 y 2002 son estimaciones en base a la evolución del deflactor del PIB. Las diferencias existentes entre España y Andalucía obedecen a la corrección que se realiza para convertir en pps el PIB nominal mediante los diferenciales existentes en el nivel general de precios.

(6) Precios: el crecimiento del nivel general de precios se mide a través del deflactor del PIB.

(7) Velocidad anual de convergencia es equivalente al diferencial de crecimiento anual medio acumulativo del PIB per capita respecto a la UE en el período considerado.

Fuente: Junta de Andalucía – Secretaría General de Economía (2003); p. 248.

CUADRO 5
PIB PER CAPITA EN EUROS PPS. ANDALUCÍA, ESPAÑA Y LA UNIÓN EUROPEA (1985-2002)

Años (4)	Andalucía (1)	UE (2)	España (3)	Andalucía respecto a la UE=100	España respecto a la UE=100	Andalucía respecto a España=100
1985	5.734	10.243	7.503	56,0%	73,2%	76,4%
1986	6.110	10.846	7.981	56,3%	73,6%	76,6%
1987	6.616	11.397	8.591	58,0%	75,4%	77,0%
1988	7.413	12.497	9.616	59,3%	76,9%	77,1%
1989	7.978	13.583	10.566	58,7%	77,8%	75,5%
1990	8.774	14.610	11.426	60,1%	78,2%	76,8%
1991	9.597	15.753	12.544	60,9%	79,6%	76,5%
1992	9.666	16.329	12.718	59,2%	77,9%	76,0%
1993	9.660	16.288	12.875	59,3%	79,0%	75,0%
1994	9.877	17.038	13.233	58,0%	77,7%	74,6%
1995	10.306	17.655	13.803	58,4%	78,2%	74,7%
1996	10.998	18.493	14.658	59,5%	79,3%	75,0%
1997	11.824	19.424	15.529	60,9%	79,9%	76,1%
1998	12.356	20.291	16.084	60,9%	79,3%	76,8%
1999	13.562	21.291	17.492	63,7%	82,2%	77,5%
2000	14.507	22.602	18.601	64,2%	82,3%	78,0%
2001	15.272	23.367	19.382	65,4%	82,9%	78,8%
2002	15.992	24.058	20.097	66,5%	83,5%	79,6%

Notas:

Unidad: euros corrientes en paridad de poder de compra (pps) y porcentajes.

(1) Serie del INE base 1986 hasta 1995 y enlazada con la serie del IEA base 1995 desde ese mismo año transformada en euros pps y dividida por la población de la Contabilidad Regional de España.

(2) Serie de Eurostat en millones de euros pps. Hasta 1990 corresponde con los datos de los 15 países miembros sin la ampliación de Alemania, y enlazada desde 1991 incluyendo la ampliación.

(3) Serie del INE homogénea base 1995 transformada en euros pps y dividida por la población de la Contabilidad Nacional.

(4) Datos provisionales de 2001 y 2002.

Fuente: Junta de Andalucía – Secretaría General de Economía (2003), p. 249, a partir de Eurostat, INE e IEA.

Cabe distinguir dos etapas de avance en la convergencia, tanto para España como para Andalucía (ver Cuadro 6). Durante la primera, el crecimiento del PIB a precios de mercado ha sido algo mayor en Andalucía que en España y la UE. De la misma forma, aunque con más diferencias, el empleo en Andalucía ha crecido más que en España y en la Unión Europea, donde también se ha experimentado un aumento del empleo. En esta fase, el crecimiento del PIB se traslada al empleo de una forma más pronunciada en Andalucía (77%), que en España (59%) o la UE (42%).

Tras los años 1992 y 1993, de crisis, comienza un nuevo ciclo de convergencia que para Andalucía es ininterrumpido y llega hasta el año 2002. En esta etapa, el crecimiento del PIB está siendo algo menos pronunciado, siendo también mayor en Andalucía que en España o en la Unión. También arroja Andalucía mejores datos en cuanto a creación de empleo. Ha de destacarse que en esta última fase de convergencia, el incremento del empleo está siendo más que proporcional al crecimiento de la economía, lo que no ocurre en España ni en la UE. Así, la elasticidad entre el PIB y el empleo se sitúa en un 103%, dato poco mayor que la que se experimenta en España (98%) y a gran distancia de la que refleja la UE (47%).

Como se refleja en los datos que ofrecemos, el crecimiento de las tres áreas que comparamos se ha basado de manera significativa en el aumento del empleo. Este hecho se da con mayor énfasis en la segunda etapa de crecimiento que hemos considerado. En este sentido, España y Andalucía especialmente, han incrementado considerablemente esa participación del empleo en el crecimiento, que ya era mayor que la correspondiente a la UE en la primera etapa. Es decir, el crecimiento de las tres zonas contempladas parece caracterizarse por su capacidad generadora de empleo y su menor apoyo en el aumento de la productividad, hecho que se agudiza en la segunda etapa contemplada. Además, estas características del crecimiento se pronuncian más en España y especialmente, en Andalucía.[13]

CUADRO 6

CRECIMIENTO DEL PIB Y DEL EMPLEO. ANDALUCÍA, ESPAÑA Y UNIÓN EUROPEA

	1985-1991			1994-2002		
	%Cto. PIB	%Cto. Empleo	Elasticidad Empleo/PIB	%Cto. PIB	%Cto. Empleo	Elasticidad Empleo/PIB
Andalucía	4,6	3,5	0,77	3,9	4,1	1,03
España	3,9	2,3	0,59	3,2	3,2	0,98
Unión Europea	2,9	1,2	0,42	2,3	1,1	0,47

Notas:

Tasas de crecimiento anual acumulativo del PIB y el empleo.

Elasticidad empleo/PIB en puntos porcentuales.

Fuente: Junta de Andalucía – Secretaría General de Economía (2003), p. 58. A partir de Eurostat, INE e IEA.

13. En esta línea apunta lo escrito por Myro (2001) para Europa y España.

En este punto, resulta interesante mencionar algunas de las conclusiones a las que llegan, en un análisis para el período que va desde 1980 hasta 2000, Aurioles Martín, Fernández Cuevas y Manzanera Díaz (2004). Según estos autores, la causa que más pesa en las diferencias entre España, incluida Andalucía, y Europa en valor añadido Bruto por habitante, es la desigualdad existente en la tasa de empleo. En cambio, las diferencias entre Andalucía y España parecen sostenerse más en diferencias de productividad. Estas diferencias en productividad se basan en la debilidad del sector industrial andaluz, en su poca participación en el total de actividades de la economía andaluza, y en la menor productividad de los servicios, y no son causa de un excesivo peso del sector primario.[14]

Finalmente, debemos recordar que, a pesar de una trayectoria positiva desde el punto de vista de la convergencia real y nominal, lo cierto es que Andalucía continúa siendo objetivo 1, o lo que es lo mismo, continúa presentando una situación de retraso estructural y un nivel de desarrollo menor que el de la media de la UE ampliada. Junto a esto, no podemos pasar por alto que desde 1994 el ritmo de crecimiento de la economía andaluza se ha ralentizado y que, a pesar de que, en un contexto internacional de desaceleración, Andalucía presenta en el año 2002 un 3% de crecimiento del PIB en términos reales, las bases de este crecimiento no dejan de ser preocupantes.

El principal objetivo de la política económica de Andalucía en las dos últimas décadas ha sido la generación de empleo. Era una cuestión de suma urgencia desde el punto de vista político. Pero ello ha ayudado a la escasa participación del incremento de productividad en el crecimiento andaluz, propiciada por una especialización demasiado tradicional, con ausencia de sectores de última generación y dependencia del turismo y la construcción, y por unos niveles de inversión bajos. Consecuencia del atraso en la productividad, de la presencia de una inflación diferencial y de una especialización en sectores tradicionales; el sector exterior andaluz es deficitario y reducido.

Junto a esto, aparecen una serie de retos que la política económica andaluza debe afrontar. En primer lugar, el pacto local, que reclama un incremento

14. Esta afirmación la hacen coincidiendo con Rus, G. de; Rastrollo, M. G. (2001): *Capitalización y crecimiento en la economía andaluza (1955-1998)*. Fundación BBV. La base de esta conclusión se halla en que con los datos que, para el período 1995-1999, presentan Aurioles Martín, Fernández Cuevas y Manzanera Díaz (2004), se observa que la productividad del sector industrial (medida como valor añadido bruto por unidad de trabajo empleado) es mayor que en el sector primario y en el conjunto de actividades de la economía, tanto para Andalucía como para España. Junto a esto, se puede apreciar que desde 1997 la productividad del sector servicios es más elevada que la del sector industrial, para España, y que esto es válido para Andalucía a partir de 1998. Sin embargo, se debe destacar que es en el sector primario, y no en el industrial o en los servicios, donde existen diferenciales positivos para Andalucía con respecto a España. Es decir, que el sector primario contribuye positivamente para la Comunidad Autónoma a la hora de determinar el diferencial de productividad de la economía andaluza respecto de la española.

del peso del sector público local, en competencias y en recursos financieros. En segundo lugar, la necesidad de llevar a cabo la Agenda de Lisboa, que implicará, entre otras cosas, un incremento en el esfuerzo en conocimiento (I+D+i). Por último, la consideración de los cambios demográficos, territoriales y de cobertura de servicios públicos que la inmigración ha de traer.

4.3. Alternativas de política económica en Andalucía: hacia una nueva dirección de la política económica andaluza

Hasta aquí hemos destacado cuáles son, a nuestro juicio, las cuestiones clave que han de tomarse en cuenta de cara a establecer recomendaciones de política económica para Andalucía. Con esta pretensión hemos abordado los principales temas de política presupuestaria y fiscal de España en coordinación con el resto de Estados miembros de la UE. Tras ello hemos hecho referencia al modelo de crecimiento que la política regional comunitaria propugna y a los cambios que pueden derivarse de la ampliación a 25 socios. Finalmente nos detuvimos en la trayectoria de convergencia que la economía andaluza ha tenido en relación a España y Europa, así como en el modelo de crecimiento andaluz, basado en la generación de empleo, y en los principales retos económicos, políticos y sociales que se le presentan.

Ahora es llegado el momento de preguntarnos por la opción que creemos más plausible para afrontar la situación descrita hasta aquí. Como es fácil observar, la palabra opción implica una elección entre alternativas, pero ¿qué alternativas se presentan ante la panorámica expuesta? En nuestra opinión, tres son las opciones de política económica que se pueden presentar en una economía divergente como la andaluza, a saber:

- Un *modelo basado en el empleo*, olvidando la productividad, que descansaría en la opinión de que el objetivo de la creación de empleo es todavía hoy el principal objetivo de la economía andaluza.
- Un *modelo basado en la ganancia de productividad*, que descansaría en la consideración de que el problema del desempleo en Andalucía ha de entenderse más como un problema social que como un problema económico o productivo y en la opinión de que con el actual modelo intensivo en trabajo no se producirá la convergencia en un horizonte aceptable.
- Un *modelo intermedio*, que considera importante incrementar el papel de la productividad en el crecimiento económico, sin apartarse del objetivo de creación de empleo.

Como se desprende de las tres opciones descritas, en primer término del problema se está colocando la dialéctica entre la productividad y el empleo. El sustento de este criterio para diferenciar las diversas estrategias nos la dan, por un lado la realidad del modelo de crecimiento andaluz en los últimos años, y por otro lado, las críticas y reflexiones existentes en la literatura disponible.

Desde luego, los datos ofrecidos parecen indicar que, realmente, el modelo de crecimiento llevado a cabo en Andalucía ha ido encaminado a la generación de empleo. Sin embargo, en diversos documentos se hace mención a que el ritmo de crecimiento experimentado viene siendo poco intenso, lo que llevaría a una convergencia muy lejana en el tiempo.

Junto a estas críticas, creemos conveniente citar algunas reflexiones que realizan Aurioles Martín, Fernández Cuevas y Manzanera Díaz (2004). Como ya hemos mencionado de otra forma, según estos autores, el camino de convergencia andaluza con respecto a España ha de basarse en la reducción de los diferenciales de productividad, mientras que el camino de la convergencia de España, y de Andalucía, con Europa requiere un importante esfuerzo en generación de empleo. En este sentido, afirmarán que el paro constituye un reflejo de disfuncionalidades en el mercado de trabajo, pero que no es la causa de las divergencias en el crecimiento andaluz con respecto al español y que un uso más intensivo del factor trabajo no compensará la menor productividad de la economía andaluza. Con ello estos autores sitúan el problema del desempleo fuera de las motivaciones económicas o productivas y lo consideran más como un grave problema de justicia social para Andalucía. Al contrario, con respecto a la productividad afirman que constituye el único camino para acercar los niveles de bienestar de los andaluces a los del conjunto de España.

Estas afirmaciones nos acercan a la importancia que la productividad ha de tener en el modelo de política económica de Andalucía, pero no debemos olvidar que en ellas se está haciendo referencia a los diferenciales de Andalucía con España. Cuando contemplamos las divergencias entre Andalucía y la media de la Unión Europea, el desempleo aparece como un grave problema que es causa de las diferencias. Además, debemos considerar que únicamente cuando el empleo es elevado, el PIB per capita se convierte en una medida adecuada para medir el desarrollo de una economía. Esto, junto con el reconocimiento que los autores citados hacen de la gravedad del problema social del desempleo, nos induce a pensar que es conveniente para Andalucía un modelo ecléctico que contemple la ganancia de productividad y la generación de empleo. Nuestro interrogante se traslada ahora a otra cuestión: ¿a través de qué líneas directrices ha de llevarse a cabo este modelo?

El camino hacia la convergencia real y social (en producción, competitividad y empleo) tiene que realizarse para Andalucía desde la práctica del concepto de estabilidad presupuestaria que en el Gobierno de España se convenga. En este sentido, el cumplimiento de la legislación vigente es inexcusable, con lo que cualquier variación al alza en los gastos, debería ser acompañada por un incremento en los ingresos públicos. Sin embargo, el contexto más cercano a la realidad que vivimos nos aproxima a un horizonte en el que, con un límite de ingresos públicos cuasi rígido, se hace imprescindible un paquete de medidas que:

- Primero, afronte el nivel adecuado para la prestación de servicios o la realización de inversiones (mediante el pacto local), de forma que sea factible la mejora en la gestión de las actividades ejecutadas.
- Segundo, produzca transferencias entre partidas presupuestarias de gasto, reorientándolo hacia la mejora de los factores que subyacen a la competitividad del territorio (en especial los ligados al capital humano y a la I+D+i, por su acción potencial sobre la generación de empleo) y potenciando los sectores de la energía, el medio ambiente, la nueva economía y la I+D+i (susceptibles de mejorar la balanza exterior de la economía andaluza).
- Tercero, mejore el sistema de ingresos públicos. En concreto, proponemos rechazar las teorías de localización fiscal poco o nada contrastadas, para impuestos que tienen poca repercusión en la actividad económica; así como, dar mayor peso al principio del beneficio, a través de tasas y precios, dentro de la financiación (tanto más factible en la medida en que se lleve a cabo el llamado pacto local).

Principalmente, destacamos la conveniencia de incidir en la mejora del capital humano, pues lo hace susceptible de mejoras en la productividad a la vez que facilita su inserción en el mercado de trabajo (mejora de la capacidad de generar empleo). Además esto hace que el atractivo del territorio para la instalación de actividades radique en su población, lo que hace más difícil la competencia de otros territorios e induce a la instalación de actividades con alto valor añadido bruto por empleado. Desde un punto sectorial, proponemos incidir en una serie de sectores clave por su posición estratégica dentro del tejido empresarial y su capacidad para mejorar la relación de déficit exterior. En concreto, estos sectores son el energético, el del medio ambiente y el de las telecomunicaciones y la I+D+i. En este último sector, creemos puede ocupar un papel relevante la demanda por parte del sector público andaluz de las tecnologías necesarias para mejorar la prestación de servicios. Creemos también que estas acciones reclaman un incremento del gasto público que debe acompañarse, en aras de la estabilidad presupuestaria, de un aumento de los ingresos públicos.[15] El objetivo de convergencia real y social de la economía andaluza y el cumplimiento de los objetivos de Lisboa y Gotemburgo, a nuestro juicio, justifican el esfuerzo.

---

15. Aunque otros autores no contemplan nuestra opinión sobre tal necesidad de gasto público (y de ingresos, por tanto). Así, Lagares Calvo (2004) plantea que "*[...] si se confía en la eficiencia de la economía de mercado, es evidente que una mayor dimensión del Sector público puede conducir a una economía menos eficiente en su conjunto y, consecuentemente, con menos oportunidades de crecimiento y con menores niveles de bienestar*".

4.4. Bibliografía

AURIOLES MARTÍN, J.; FERNÁNDEZ CUEVAS; M. C. y MANZANERA DÍAZ, E. (2004), "Eficiencia y cambio estructural en la economía andaluza", pp. 17-55; en VV. AA.: *Economía y sociedad andaluza. Análisis avanzado de las causas del desarrollo relativo*. Sevilla. CENTRA, Junta de Andalucía.

BANCO CENTRAL EUROPEO (BCE) (2004), "La UEM y la dirección de las políticas fiscales", pp. 47-57; en *Boletín Mensual del BCE*, Enero de 2004. Traducción al español por el Banco de España. Madrid. Disponible en: http://www.ecb.int.

CASTELLS, A. y ESPASA, M. (2003), "La ampliación y las políticas de cohesión", pp. 81-109; en HAY, J. (Comp.), *Desafíos. La Unión Europea ante su ampliación*. Fundación para las Relaciones Internacionales y el Diálogo Exterior (FRIDE). Madrid. Siddarth Mehta Ediciones. Disponible en: http: //www.fride.org.

COMISIÓN EUROPEA (2003), *Structures of the Taxation Systems in the European Union. Data 1995-2001*. Luxembourg. Office for Official Publications of the European Communities.

COMISIÓN EUROPEA (2004a), COM (2004) 101 final, *Comunicación de la Comisión al Consejo y al Parlamento Europeo: "Construir nuestro futuro común. Retos políticos y medios presupuestarios de la Unión ampliada (2007-2013)"* (10/02/2004). Bruselas. Disponible en: http: //www.europa.eu.int.

COMISIÓN EUROPEA (2004b), *Third Report on Economic and Social Cohesion. A new partnership for cohesion. Convergence, competitiveness, cooperation.* Febrero. Bruselas. Disponible en: http: //www.europa.eu.int.

CUADRADO ROURA, J. R. (Dir.) (2000), *Política Económica. Objetivos e Instrumentos*. Madrid. Mc Graw Hill. 2ª edición.

GONZÁLEZ-PÁRAMO, J. M. (2003), "La ampliación, el Presupuesto de la UE y las políticas fiscales nacionales: consecuencias y retos para España", pp. 111-130; en HAY, J. (Comp.), *Desafíos. La Unión Europea ante su ampliación*. Fundación para las Relaciones Internacionales y el Diálogo Exterior (FRIDE). Madrid. Siddarth Mehta Ediciones. Disponible en: http: //www.fride.org.

Y ofrece un análisis de datos para el ejercicio 2000, y para países de la OCDE, sobre PIB per capita en paridad de poder compra, PIB global en paridad de poder de compra y gasto público (en porcentaje de PIB); en el que llega a la conclusión de que "*[...] los países que mantienen un nivel más reducido de gasto público respecto al PIB son, al mismo tiempo, los de mayor nivel de PIB por habitante y los que han conseguido tasas más elevadas de crecimiento de su producción entre 1965 y 2000*".

Esto parece contradecir el planteamiento de que ciertos tipos de gasto que pueden propiciar un avance en la competitividad de un territorio, y por tanto en su nivel de desarrollo, no pueden ser llevados a cabo por el sector privado adecuadamente, debido a que el mercado no actúa eficientemente.

INTERVENCIÓN GENERAL DE LA ADMINISTRACIÓN DEL ESTADO (IGAE) (2003), *Actuación Económica y Financiera de las Administraciones Públicas*. Madrid. Ministerio de Hacienda.

JUNTA DE ANDALUCÍA (2003), *Informe Económico de Andalucía 2002*. Secretaría General de Economía, Sevilla. Consejería de Economía y Hacienda.

KRUEGER, A. (2004), *Regional Gross Domestic Product in the European Union 2001*. Luxembourg. Statistics in Focus – General Statistics. Eurostat.

KRUEGER, A. (2004), *Regional Gross Domestic Product in the Candidate Countries 2001*. Luxembourg. Statistics in Focus – General Statistics. Eurostat.

LAGARES CALVO, M. J. (2004), *El futuro de los impuestos: elementos para una hipótesis de trabajo*. Discurso de ingreso en la Academia de Ciencias Sociales y del Medio Ambiente de Andalucía. Sevilla.

Ley 18/2001, de 12 de diciembre, General de Estabilidad Presupuestaria. BOE de 13 de diciembre de 2001, nº 298.

Ley Orgánica 5/2001, de 13 de diciembre, Complementaria a la Ley General de Estabilidad Presupuestaria. BOE de 14 de diciembre de 2001, nº 299.

MYRO, R. (2001), "Crecimiento económico y cambio estructural", pp. 49-78; en GARCÍA DELGADO, J. L. (Dir.), *Lecciones de economía española*. Madrid. Cívitas. 5ª Edición.

Tratado de la Unión Europea (firmado en Maastricht el 7 de febrero de 1992), versión consolidada; en COMUNIDADES EUROPEAS (1999), *Unión Europea. Recopilación de los Tratados*. Luxemburgo. Oficina de Publicaciones Oficiales de las Comunidades Europeas (OPOCE). Disponible en: http: //europa.eu.int/eur-lex.

VV. AA. (2003), *Financiación de las Haciendas Territoriales*. Sevilla. Instituto Andaluz de Administración Pública, Consejería de Justicia y Administración Pública, Junta de Andalucía.

V
Las comunidades autónomas (CCAA) del 151 a través de sus presupuestos

Carmen Barroso Campos
Pedro Pablo Pérez Hernández
Araceli de los Rios Berjillos

La experiencia acumulada por el Estado de las autonomías es suficientemente amplia para propiciar una reflexión sobre cuál ha sido el desarrollo de las comunidades autónomas (CCAA) desde su creación hasta el momento actual. En este capítulo se estudian los ingresos y gastos corrientes y de capital de las CCAA. Tras una breve referencia al período transitorio, se analizan los datos de las liquidaciones de presupuestos de las CCAA en el período 1987-2003. La evolución del gasto corriente muestra el proceso de descentralización llevado a cabo por la Administración central hacia las CCAA, así como el propio desarrollo, realizado por los gobiernos autonómicos, de las competencias transferidas. Por su parte los gastos de capital permiten analizar los niveles de inversión de las regiones españolas en dicho período. La principal conclusión que se extrae del trabajo es que aunque siguen existiendo diferencias en el gasto corriente y, por tanto, en el nivel de prestación de los servicios transferidos, las CCAA se han ido aproximando; sin embargo, este proceso de convergencia del gasto corriente no se ha producido en el gasto de capital, en el que las diferencias son considerables.

Palabras clave: *comunidades autónomas, ingresos y gastos corrientes y de capital, prestación de servicios, inversión.*

5.1. Introducción

El tiempo transcurrido desde la aprobación de los distintos Estatutos de Autonomía es suficientemente amplio para propiciar una reflexión sobre cuál ha sido el desarrollo de las regiones españolas. El análisis realizado abarca el período 1987-2003 y se basa en las liquidaciones de presupuestos de las CCAA que accedieron a la autonomía por la vía del artículo 151 de la Constitución, excepto los datos de los años 2002 y 2003 que corresponden a presupuestos (P). Los datos se expresan en euros constantes per cápita para facilitar su comparación.[1]

El trabajo se estructura en las siguientes partes. En primer lugar se hace una referencia al período transitorio y al proceso de traspaso de competencias, que comprende desde la aparición de las primeras CCAA hasta 1987. En segundo lugar se compara la evolución socioeconómica de las CCAA del 151, según una serie de indicadores demográficos, de trabajo, producción y suministro de servicios públicos. Estos datos nos muestran algunas de las características diferenciales de cada región y que justifican la distinta importancia que determinadas partidas presupuestarias tienen en las CCAA, por ejemplo, el Fondo de Compensación Interterritorial (FCI). En el cuarto apartado se analiza la evolución de los ingresos y gastos corrientes, que constituyen el principal indicador de la prestación y desarrollo de las competencias asumidas por las comunidades. En el apartado quinto se estudia la evolución de los ingresos y gastos de capital, en especial, comparando la distinta importancia de las transferencias de capital en cada región. El trabajo finaliza con unas conclusiones sobre el período analizado.

5.2. El periodo transitorio y el traspaso de competencias

Desde el punto de vista político y económico, la descentralización del Estado español se produjo a un ritmo muy acelerado. La descentralización política se llevó a cabo en un período de cinco años, las regiones accedieron a la autonomía entre 1979 y 1983. Los datos del cuadro 1, muestran que la descentralización económica del gasto también fue rápida en el período que nos ocupa.

Tanto la Administración autonómica como la local incrementaron en este período sus competencias, pero, dado que la Administración local partía de ciertos niveles de gasto, el proceso es más llamativo en el caso de los gobiernos autonómicos. En el mismo período, desde 1980 a 1986, el gasto de la Administración local incrementó su participación sobre el total en dos puntos porcentuales, mientras que el de la Administración autonómica alcanzó un 12,83%. En cuanto a las tasas de variación, cabe destacar, por ejemplo, que entre 1985 y 1984 el gasto autonómico aumentó un 26%, entre 1986 y 1985 un 19%, estos datos también corroboran el ritmo acelerado de este proceso descentralizador.

1. Para ello la información existente en pesetas corrientes se han convertido en pesetas constantes, tomando como base el año 1995, y posteriormente en euros.

CUADRO 1

GASTO TOTAL SIN CONSOLIDAR DEL SECTOR PÚBLICO

Año	Central	Autonómico	Local	Total
1980	89,42	-	10,58	100
1981	86,96	2,84	10,20	100
1982	84,15	5,60	10,25	100
1983	79,89	8,00	12,11	100
1984	76,09	11,91	12,00	100
1985	74,96	12,76	12,28	100
1986	75,09	12,83	12,08	100

Fuente: N. Fernández Gómez (1993), p. 115.

Durante este período se produce el mayor número de traspaso de competencias; además de las denominadas competencias comunes, las CCAA del 151, asumieron las competencias en educación y sanidad.[2]

Desde el inicio del proceso de descentralización del gasto se reconocieron diferencias en el nivel con que la Administración central prestaba los servicios públicos en cada territorio, por lo que algunas CCAA asumieron competencias con una situación deficitaria. En el caso andaluz esta situación quedó recogida en el Estatuto de Autonomía, en la Disposición Adicional Segunda y ha dado lugar a la denominada *deuda histórica*.[3] La *deuda histórica* supone el reconocimiento de que algunos servicios transferidos a la comunidad andaluza estaban infradotados.

En materia de financiación este período se caracteriza por la inexistencia de un modelo definitivo de financiación. Ello se debe a que en estos años las necesidades de financiación de las comunidades autónomas son diferentes, por los siguientes factores: a) las distintas regiones no accedieron a la autonomía

2. Las competencias del Instituto Nacional de Servicios Sociales (INSS), actualmente Instituto de Migraciones y Servicios Sociales (IMSERSO), y del INSALUD se traspasaron a las comunidades del 151: Cataluña ambas en 1981, Andalucía ambas en 1984, Valencia en 1985 y 1987 respectivamente, Galicia en 1985 y 1990, Canarias en 1985 y 1994. Respecto a las competencias en materia de educación no universitaria y de Universidades los traspasos se produjeron respectivamente en: Cataluña 1980 y 1985, Andalucía 1982 y 1986, Galicia 1982 y 1987, Valencia 1983 y 1985 y Canarias 1983 y 1986.

3. En concreto el contenido de la Disposición Adicional Segunda del Estatuto establece que: "1. Dadas las circunstancias socioeconómicas de Andalucía, que le impiden la prestación de un nivel mínimo en alguno o algunos de los servicios efectivamente transferidos, los Presupuestos Generales del Estado consignarán, con especificación de su destino y como fuentes excepcionales de financiación, unas asignaciones complementarias para garantizar la consecución de dicho nivel mínimo". En 1995 la Administración central y el gobierno de la comunidad andaluza acordaron una "deuda histórica" de 51.000 millones de pesetas que no llegó a abonarse; tan sólo en los PGE para 1996 se recogió una partida de 20.000 millones de ptas. (algo más de 120 millones de euros) que la Junta de Andalucía percibió en 1997. En el año 2004 se acordó abonar 2.500 millones de euros que según las partes (Junta de Andalucía y Gobierno central), suponen el reconocimiento de la totalidad de la deuda histórica.

en el mismo momento de tiempo, b) hubo dos vías de acceso a la autonomía en función de las competencias asumidas, c) el ritmo al que se traspasaron los distintos servicios a las CCAA no fue igual, ni siquiera dentro del mismo grupo de competencias.

La financiación de las CCAA se determinaba según el denominado *coste efectivo* de los servicios transferidos, que básicamente consistía en que a las CCAA se les transfería un volumen de recursos equivalente al coste de los servicios cuya competencia asumían.

Hay que destacar que el deseo, compartido por las comunidades autónomas y la Administración central, de acelerar el proceso de descentralización del sector público español, llevó a que las CCAA admitiesen una subvaloración de las transferencias que tenían que recibir.

5.3. Características socioeconómicas de las CCAA del 151: evolución

El número de indicadores que se podrían emplear para describir las características socioeconómicas de una región es tan amplio, que tan sólo se ha seleccionado una muestra de ellos. El período de estudio también es dilatado, por lo que, en general, se describe la evolución media y total de dichos indicadores entre 1987 y 2003, sin hacer referencias a las variaciones anuales.

Andalucía es la comunidad del 151 de mayor extensión territorial, 87.597 km^2, que representan un 17,31% de la superficie total nacional, es por ello que su densidad de población es menor que el resto de CCAA del 151. La población andaluza supone, por término medio del período 1987-2003, el 17,87% de la población nacional, mientras que en Cataluña este mismo dato asciende al 15,4%, en Valencia el 9,95%, Galicia, el 6,84% y Canarias el 4%. Las dos comunidades de mayor densidad de población son Canarias y Cataluña. Canarias destaca por el notable crecimiento de su población entre 1987 y 2003, un 31%, mientras que en Andalucía la población aumentó un 12% en ese mismo período, en Cataluña un 11,32%, en Valencia un 18% y Galicia ha perdido población (la tasa de variación del período 1987-2003 ha sido de –1,08%). Salvo Galicia, todas las CCAA del 151 han tenido un crecimiento anual de la población superior al nacional, destacando Canarias y Valencia.

La participación del Producto Interior Bruto (PIB) regional andaluz sobre el total nacional no ha variado sustancialmente en el período analizado; en 1987 era del 13,4% y en 2003 el 13,6%. En Cataluña tampoco se ha producido un cambio de dicha participación (18,2% en 1987 y 18,3% en 2003); en Valencia y Galicia se ha reducido levemente (en Valencia del 9,98% se ha pasado a un peso relativo del 9,7%, mientras que en Galicia de un peso del 5,67% se ha pasado al 5,3%). Canarias es la comunidad que destaca por el aumento de peso relativo del PIB regional, de un 3,63% en 1987 ha pasado a un 4,2% en 2003.

El crecimiento real del PIB regional andaluz, a precios de 1995, entre 1987 y 2003, ha sido del 82,8%. Destaca el crecimiento de Canarias, un 106%; las CCAA del 151 cuyo crecimiento ha sido menor son Valencia (75,5%) y Galicia (68,7%). Entre 1987 y 2003 el PIB regional de Cataluña ha crecido un 80,5%.

CUADRO 2

PRINCIPALES INDICADORES SOCIOECONÓMICOS

	Galicia	Andalucía	Cataluña	Canarias	Valencia	España
SUPERFICIE (Km²)	29.574	87.597	32.114	7.447	23.255	505.988
DEMOGRAFÍA						
– Densidad de población (Hab./Km2). Censo 2001 91,2	84,0	197,5	227,5	179,0	80,7	
– Variación de la población (%). Período 1991-2001	-1,3	6,0	4,7	13,4	7,9	5,1
– Migraciones interiores: saldo migratorio interior. Período 1994-2003	-29.334	-19.199	-14.854	61.855	102.970	0
MERCADO DE TRABAJO (3º Trim. 2004)						
– Tasa de actividad(%)	54,17	53,75	60,06	57,97	58,05	55,98
– Tasa de empleo (%)	47,27	44,46	54,69	51,40	51,86	50,08
– Tasa de paro (%)	12,74	17,29	8,94	11,34	10,66	10,54
PRODUCCIÓN						
– Participación del PIBpm regional en el total nacional (%). Año 2003	5,3	13,6	18,3	4,2	9,7	100,0
– PIBpm/hab. (Media de España = 100). Año 2003	79,3	75,3	118,6	93,4	95,1	100,0
– Renta disponible bruta/hab. (Media de España=100). Año 2001	86,0	80,8	113,3	92,5	97,6	100,0
– PIB por habitante en PPA (Media UE25=100). Año 2003	76,0	72,0	113,0	89,0	91,0	95,0
TRANSPORTES (Año 2002)						
* Total carreteras (Km/100 Km²)	58,4	27,9	37,4	58,3	36,5	32,4
* Total carreteras (Km/1.000 hab.)	6,4	3,3	1,9	2,5	2,0	4,0
* Ferrocarriles Km/100 Km²	3,5	2,5	4,8	0,0	4,4	2,8
* Ferrocarriles Km/1.000 hab.	0,4	0,3	0,2	0,0	0,3	0,4
EQUIPAMIENTOS SANITARIOS (Año 2002)						
– Camas por 1.000 hab.	4,0	3,1	4,8	4,8	3,0	3,8
– Médicos por 1.000 hab.	3,8	3,7	4,6	3,7	4,2	4,3
INVESTIGACIÓN Y DESARROLLO (Año 2002)						
– Gastos internos en I+D (% del PIB)	0,80	0,62	1,27	0,62	0,81	1,03

Fuente: www.map.es (noviembre-diciembre 2004).

El cuadro 2 recoge otra información relativa al nivel de algunos servicios públicos en Andalucía en comparación con el resto de CCAA del 151. Atendiendo a los indicadores de la dotación de transportes por km^2, se observa que Andalucía ostenta la peor dotación de las CCAA del 151; si se analizan estos mismos indicadores expresado por miles de habitantes la posición de Andalucía es incluso mejor que en Cataluña, esto es lógico dada la menor densidad de población andaluza.

En cuanto a las prestaciones sanitarias Andalucía y Valencia son las comunidades con menor número de camas por cada mil habitantes; por otra parte, Andalucía, Canarias y Galicia son las comunidades con menor número de médicos por cada mil habitantes.

A modo de resumen podemos afirmar que el crecimiento andaluz entre 1987 y 2003 no ha permitido que la comunidad autónoma avance puestos en términos relativos, en comparación con el resto de CCAA del mismo nivel de competencias, tal y como muestran los datos del cuadro 3 (la base 100 corresponde a la comunidad de mayor PIB per cápita). En cuanto a la prestación de algunos servicios públicos fundamentales, la dotación es inferior a la del resto de regiones. Las CCAA han avanzado su desarrollo, pero prácticamente han mantenido sus posiciones relativas, destacando el incremento de Canarias y el menor crecimiento de Galicia y Valencia.

CUADRO 3

PIB PER CÁPITA. COMPARACIÓN 1987-2003

	1987	2003	Ranking 1987	Ranking 2003
Andalucía	65,15	65,59	5º	5º
Canarias	82,76	80,35	3º	2º
Cataluña	100,00	100,00	1º	1º
Galicia	67,33	70,84	4º	4º
Valencia	86,96	79,81	2º	3º

Fuente: elaboración propia a partir de datos del INE.

5.4. INGRESOS Y GASTOS CORRIENTES

En el período 1987-2003 los ingresos corrientes, en euros constantes per cápita, de las CCAA analizadas (gráfico 1) se incrementaron en torno al 110%, salvo Galicia que registró un aumento del 244,3% y Valencia del 173%. Cabe destacar que la tendencia creciente es común a todas ellas, pero con un comportamiento más irregular en el caso de Valencia y Canarias.

Valencia, con unos ingresos, en el año 1987, iguales a los de Galicia e inferiores a los del resto de las CCAA analizadas, llega en el año 1993 a alcanzar unos niveles semejantes a Cataluña, Andalucía y Galicia, para posteriormente descender en 1994, 1995 y 1996, y recuperarse lentamente en los años siguientes; aunque no acorta las diferencias con el resto de las CCAA y se mantiene con el nivel de ingresos per cápita más bajo de todas, como indicamos más arriba, ocupa el segundo puesto en el ranking por incremento de ingresos.

GRÁFICO 1
INGRESOS CORRIENTES PER CÁPITA. DERECHOS RECONOCIDOS
(€ CONSTANTES 1995)

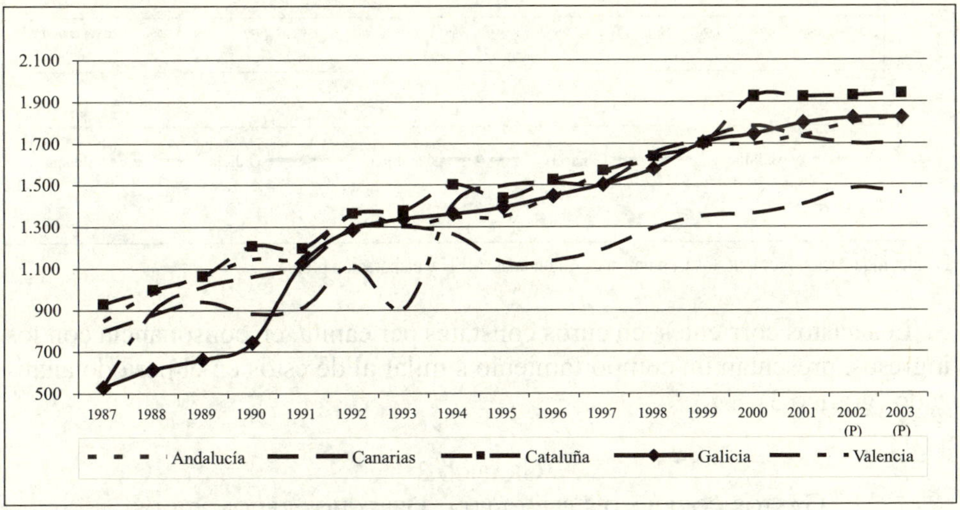

Fuente: Liquidación presupuestos Comunidades Autónomas. MEH y elaboración propia.

El segundo caso, la Comunidad Autónoma de Canarias, presenta una caída significativa en sus ingresos en 1993, y en 1994 obtiene un incremento importante de los mismos superando en 1995 a Cataluña; tras unos años de un ritmo de crecimiento creciente a partir del año 2001 vuelve a ver disminuidos sus ingresos situándose en el cuarto puesto por este concepto.

Es interesante el análisis relativo de los ingresos corrientes, en euros constantes per cápita, de las CCAA analizadas (gráfico 2); dado que Cataluña es la que, prácticamente, más ingresos obtiene, se ha tomado como punto de referencia. En el año 1987 las Comunidades Autónomas más próximas a ella fueron Andalucía y Canarias y las más alejadas Galicia y Valencia. Al final del período analizado son Canarias y Valencia con 12,2 y 24,6 puntos de diferencia respectivamente, las más distantes de Cataluña.

En referencia a la Comunidad Autónoma de Andalucía hay que señalar que en 8 de los 17 años analizados ocupó por recepción de ingresos per cápita el segundo puesto.

GRÁFICO 2

INGRESOS RELATIVOS CORRIENTES PER CÁPITA

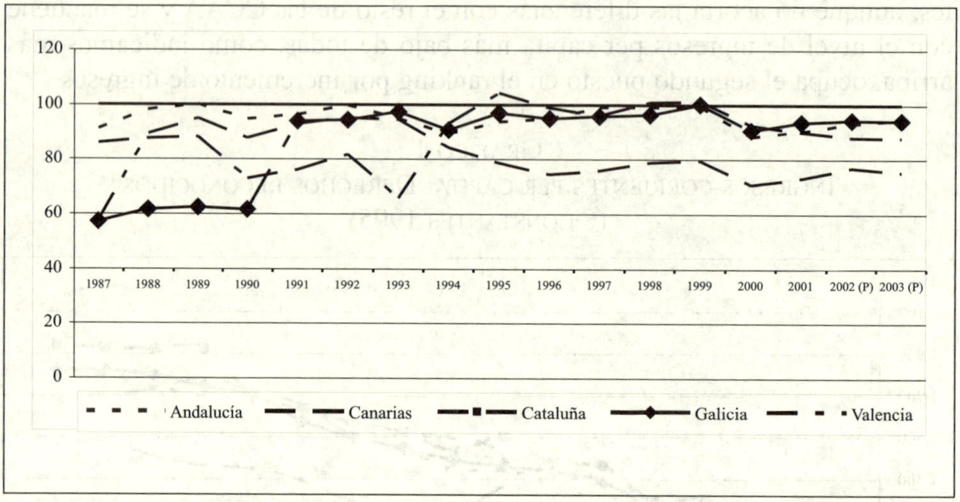

Fuente: Liquidación presupuestos Comunidades Autónomas. MEH y elaboración propia.

Los gastos corrientes, en euros constates per cápita, en consonancia con los ingresos, presentan un comportamiento similar al de éstos en el período analizado (gráfico 3).

GRÁFICO 3

GASTOS CORRIENTES PER CÁPITA. DERECHOS RECONOCIDOS (€ CONSTANTES 1995)

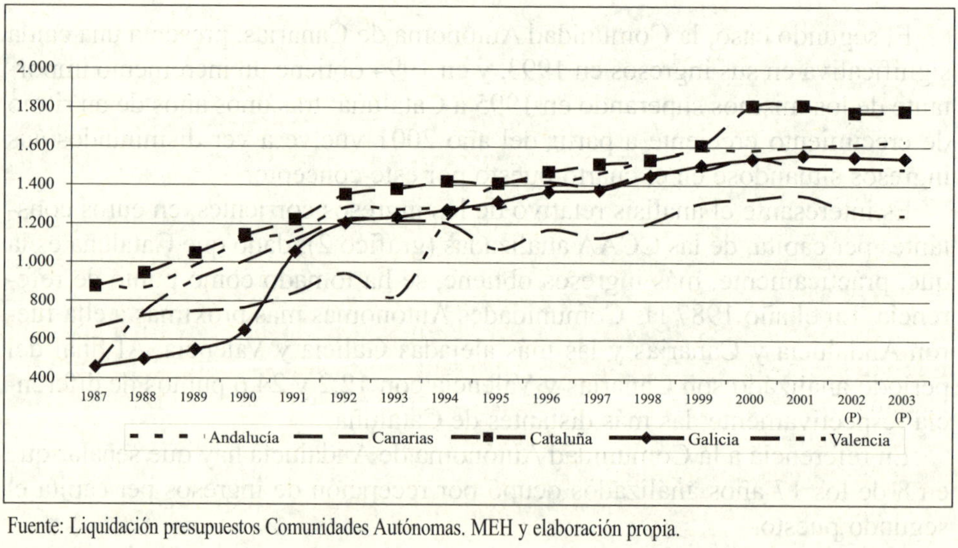

Fuente: Liquidación presupuestos Comunidades Autónomas. MEH y elaboración propia.

El incremento más bajo ha sido el de Andalucía, un 82,6% y el más alto el de Galicia, un 236,7%; este último se debe, en parte, a la reducción de la población durante el período analizado.

Los gastos corrientes han seguido una tendencia de crecimiento prácticamente continuado en todas las CCAA salvo en los casos de Valencia y Canarias, al igual que ocurrió con los ingresos, pero en el caso de los gastos cabe destacar que la caída de éstos en Valencia no llega a recuperarse, siendo el nivel de los mismos en el año 2003 prácticamente igual al de 1993, año en que presentan un decremento desde 1987, y se situan en el último lugar, en cuanto a gasto per cápita presupuestado, en el año 2003.

El caso de Canarias es diferente pues tras caer en 1993 acusa una rápida recuperación en 1994 y a partir de este año mantiene una tendencia creciente, aunque en los últimos tres años ocupa el cuarto puesto.

GRÁFICO 4

GASTOS RELATIVOS CORRIENTES PER CÁPITA

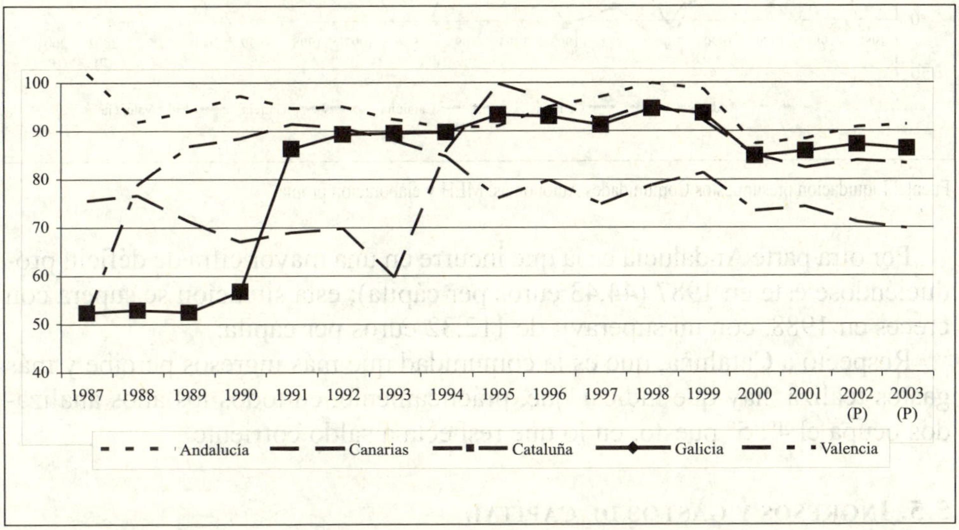

Fuente: Liquidación presupuestos Comunidades Autónomas. MEH y elaboración propia.

También en el capítulo de gastos se ha hecho un análisis relativo comparando el gasto per cápita de las CCAA analizadas con la comunidad autónoma catalana (base 100) (gráfico 4). En este apartado Cataluña es la que tiene un mayor nivel de gasto salvo en el año 1987 en que solo la supera Andalucía. Sigue siendo la comunidad valenciana la más alejada, desde el año 1995, en gasto ejecutado y presupuestado del resto de CCAA.

En relación con el saldo corriente del presupuesto, de las cinco CCAA analizadas Galicia y Canarias presentan superávit todos los años, a continuación se sitúa Valencia que en sólo dos años, 1991 y 1992, cerró su presupuesto corriente con déficit (gráfico5).

GRÁFICO 5
SALDO DEL PRESUPUESTO CORRIENTE PER CÁPITA (€ CONSTANTES 1995)

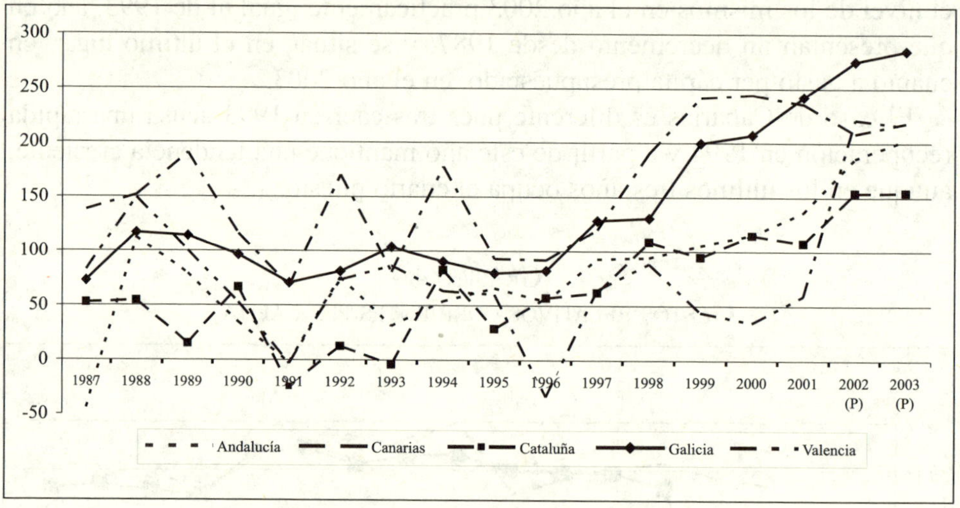

Fuente: Liquidación presupuestos Comunidades Autónomas. MEH y elaboración propia.

Por otra parte Andalucía es la que incurre en una mayor cifra de déficit, produciéndose éste en 1987 (44,43 euros per cápita); esta situación se supera con creces en 1988, con un superávit de 112,32 euros per cápita.

Respecto a Cataluña, que es la comunidad que más ingresos percibe y más gastos realiza, hay que indicar que, prácticamente, en todos los años analizados ocupa el 4º, 5º puesto, en lo que respecta a saldo corriente.

5.5. INGRESOS Y GASTOS DE CAPITAL

La evolución de los ingresos y los gastos de capital se muestran en el gráfico 6 para las cinco comunidades autónomas analizadas en el período 1987-2003. Se inicia el período con diferencias, entre las comunidades contempladas, inferiores a 50 euros per cápita (Valencia con 34 euros presenta el menor ingreso y Andalucía con 83 euros per cápita la de mayor ingreso). Sin embargo, los datos provisionales en el año 2003 amplían claramente estas diferencias (Galicia cuenta con 219 euros, mientras que Cataluña finaliza el período con tan sólo 27 euros por habitante). Es precisamente Galicia la comunidad autónoma que presenta una tendencia creciente a lo largo de todo el período con un aumento del 222,21%, posiblemente por la pérdida de población señalada. Andalucía, que se sitúa con un nivel de ingresos de 156 euros por habitante experimenta una tendencia creciente a partir de 1996 y alcanza un aumento durante todo el período del 87,37%.

GRÁFICO 6
INGRESOS DE CAPITAL PER CÁPITA. DERECHOS RECONOCIDOS
(€ CONSTANTES 1995)

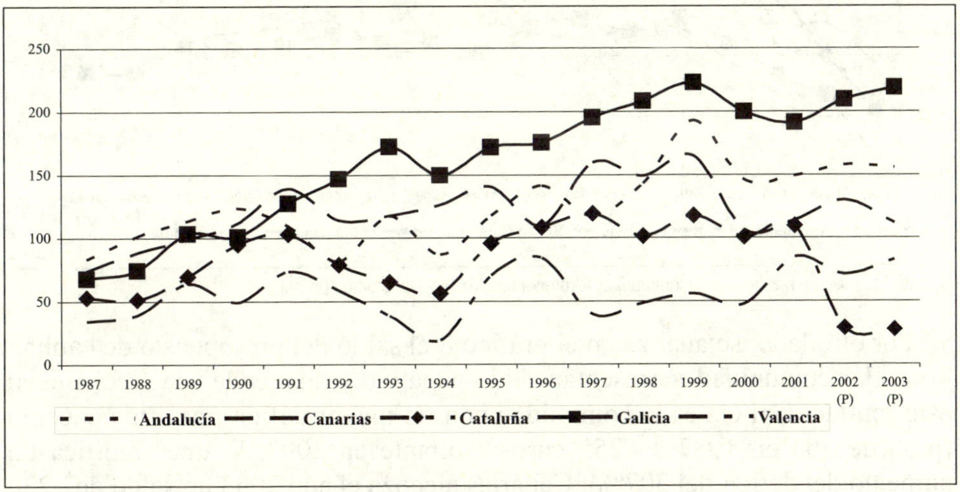

Fuente: Liquidación presupuestos Comunidades Autónomas. MEH y elaboración propia.

Cataluña finaliza el período con un descenso del 48% respecto a 1987. Sin embargo, se ha situado a lo largo del período en cuarto lugar, pero en los dos últimos años el descenso ha sido notable. Por último, la comunidad autónoma valenciana, tan sólo en los tres últimos años experimenta un ligero aumento respecto a los años anteriores, finalizando el período con un aumento del 143% (83 euros de 2003 frente a 34 de 1987).

En el gráfico 7 se muestran los gastos de capital en los que se aprecia un comportamiento similar al de los ingresos, con ligeras variaciones. Así, Galicia, que mantiene la primera posición experimenta un aumento del 263% (131 euros en 1987 frente a 477 euros/habitante en el 2003). Canarias se sitúa durante buena parte del período en segundo lugar pero en los dos últimos años cede su puesto a Andalucía que alcanza unos gastos superiores a 350 euros/habitante en 2003 (un aumento del 180,5% para el período), mientras que Canarias se sitúa en 331 euros/habitante en ese año, tan sólo un aumento del 75% entre 1987 y 2003). Valencia y Cataluña se sitúan en ese último año en cuarto y quinto lugar con gastos de 255 y 181 euros/habitante respectivamente.

GRÁFICO 7
GASTOS DE CAPITAL PER CÁPITA. DERECHOS RECONOCIDOS
(€ CONSTANTES 1995)

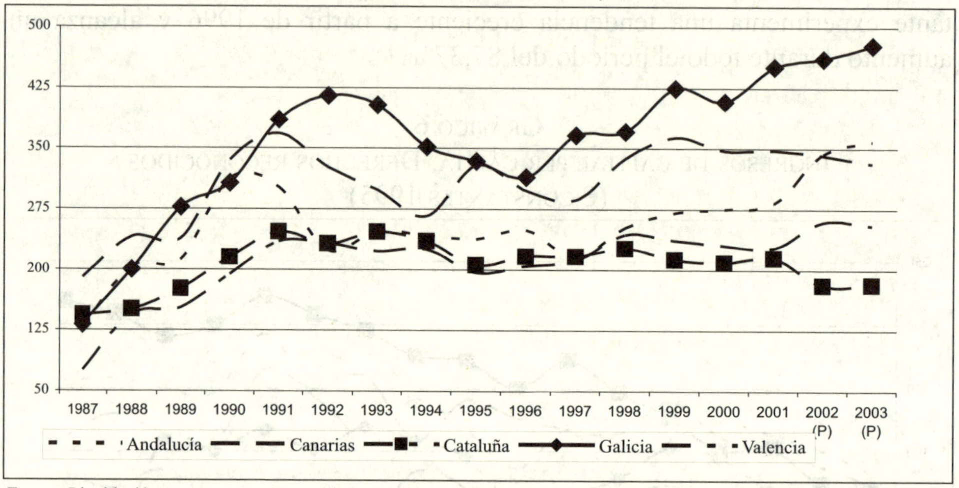

Fuente: Liquidación presupuestos Comunidades Autónomas. MEH y elaboración propia.

Por otro lado, se analiza en el gráfico 8 el saldo del presupuesto de capital. Todas las comunidades presentan saldo negativo y una tendencia creciente en este sentido. Galicia es la comunidad con un mayor déficit por este concepto (pasa de –63 en 1987 a –255 euros/habitante en 2003, lo que significa un aumento del déficit del 307%); Canarias alcanza el año 2003 un saldo de –220

GRÁFICO 8
SALDO DEL PRESUPUESTO DE CAPITAL (€ CONSTANTES 1995)

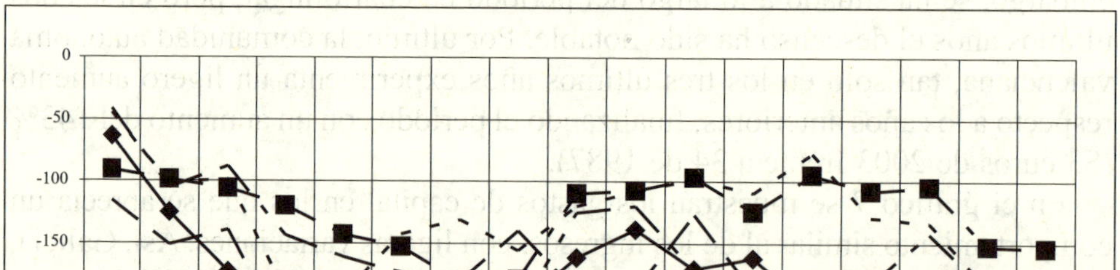

Fuente: Liquidación presupuestos Comunidades Autónomas. MEH y elaboración propia.

euros/habitante lo que representa un aumento de su déficit del 90% respecto a 1987. Andalucía, aunque representa un saldo de –203 euros/habitante, es la comunidad donde crece más el déficit a lo largo del período aumentando éste en un 356,5% de 1987 a 2003 (es decir un aumento medio anual del déficit próximo al 21%). Finalmente, como cabría esperar, Cataluña presenta el menor déficit de las cinco comunidades en el saldo de capital, con – 154 euros/habitante en el año 2003 y un aumento del 69% en el período.

Por último, se ha incluido en nuestro análisis la distribución del Fondo de Compensación Interterritorial (FCI) desde 1987 a 2003 (gráfico 9). La importancia de este recurso varía entre CCAA; por término medio en el período 1987-2003, los recursos del FCI han representado un 18,7% de los gastos de capital en Andalucía, un 15,6% en Galicia, un 10,4% en Canarias y un 7,45% en Valencia, mientras que Cataluña dejó de percibir de este fondo a partir de 1990.

En el gráfico 9 se observa el progresivo descenso en la obtención de recursos del FCI en todas las comunidades autónomas a lo largo del período. En efecto, Valencia tan sólo obtiene 10 euros/habitante desde 1993 y mantiene esa cifra hasta 2003; Canarias experimenta un fuerte descenso durante el período (pasa de 44 a 17 euros/habitante, una reducción del 69%) y Andalucía y Galicia, que son las comunidades que mayores cuantías perciben con valores que alcanzan los 38 y 43 euros/habitante, respectivamente, en 2003, registran descensos del 22% y el 4% respecto a 1987.

GRÁFICO 9

FONDO DE COMPENSACIÓN INTERTERRITORIAL PER CÁPITA (€ CONSTANTES 1995)

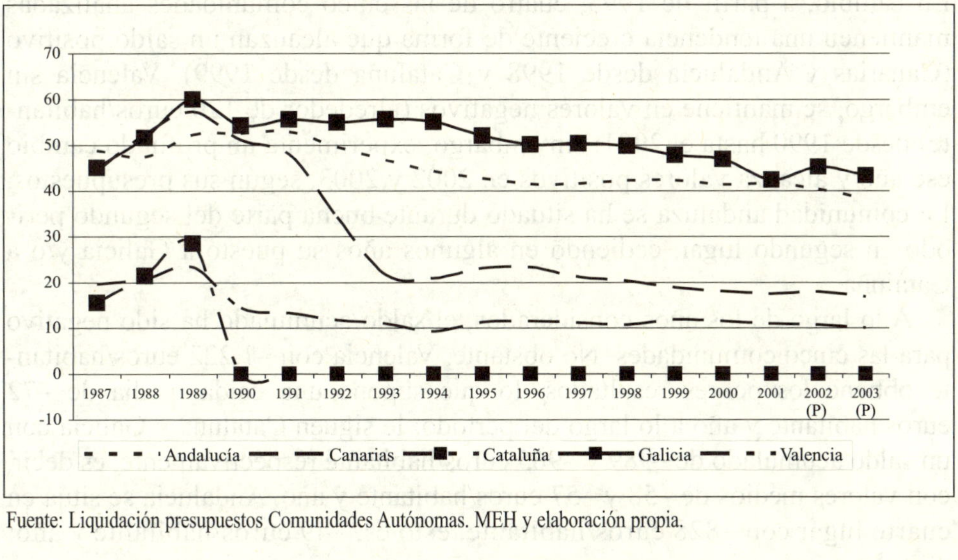

Fuente: Liquidación presupuestos Comunidades Autónomas. MEH y elaboración propia.

En el gráfico 10, se presenta la evolución del saldo del presupuesto global; en el mismo se identifican dos períodos diferentes.

GRÁFICO 10

SALDO DEL PRESUPUESTO GLOBAL PER CÁPITA (€ CONSTANTES 1995)

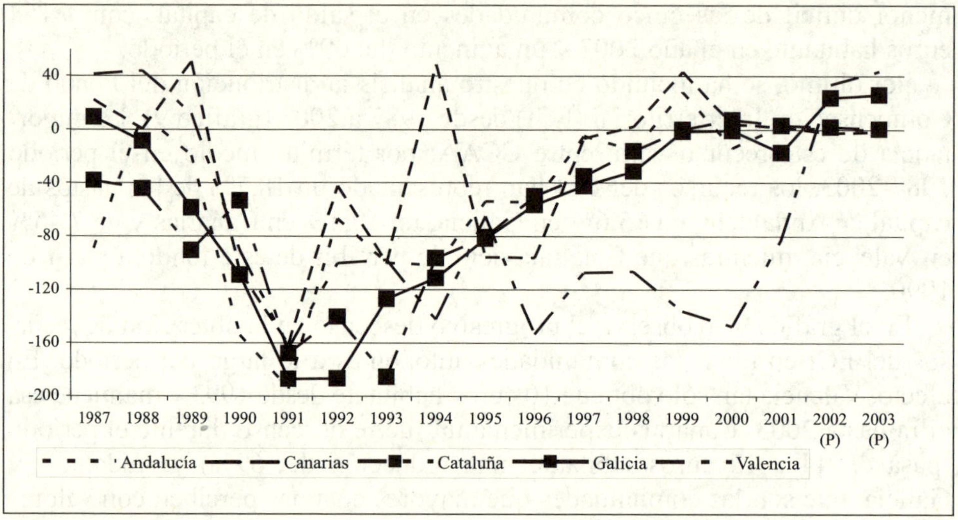

Fuente: Liquidación presupuestos Comunidades Autónomas. MEH y elaboración propia.

En el primer período (1987 a 1995 aproximadamente) las comunidades autónomas presentan un saldo variable con subidas y bajadas que sitúa a las comunidades autónomas con valores negativos durante casi todos los años. En cambio, a partir de 1995, cuatro de las cinco comunidades analizadas mantienen una tendencia creciente de forma que alcanzan un saldo positivo (Canarias y Andalucía desde 1998 y Cataluña desde 1999). Valencia sin embargo, se mantiene en valores negativos (alrededor de 120 euros/habitante) desde 1990 hasta el 2001; sin embargo, experimenta un profundo cambio ese año y alcanza valores positivos en 2002 y 2003, según sus presupuestos. La comunidad andaluza se ha situado durante buena parte del segundo período en segundo lugar, cediendo en algunos años su puesto a Galicia y/o a Cataluña.

A lo largo de los años considerados, el saldo acumulado ha sido negativo para las cinco comunidades. No obstante, Valencia con –1.222 euros/habitante obtiene los peores resultados, lo que supone una caída media de –72 euros/habitante y año a lo largo del período; le siguen Cataluña y Galicia con un saldo acumulado de –989 y –965 euros/habitante respectivamente, es decir, con valores medios de –58 y –57 euros/habitante y año. Andalucía se sitúa en cuarto lugar con –828 euros/habitante, esto es, –49 euros/habitante y año;

finalmente, Canarias es la que presenta el mejor resultado con una valor acumulado de –442 euros/habitante y –26 euros/habitante. Estas cifras ponen de manifiesto el endeudamiento de las comunidades autónomas del 151 y que como se expuso en el punto 3 han experimentado un comportamiento de sus principales magnitudes económicas desigual, si bien mantienen la posición relativa de la que partían en un principio respecto al grupo.

El comportamiento descrito responde a que a partir de 1992 se empiezan a tomar medidas para controlar los niveles de déficit y endeudamiento de las CCAA. Lo preocupante del déficit autonómico no eran los valores absolutos sino las tasas de variación que alcanzaron su máximo en los años 1990 y 1991, tal y como muestra el gráfico 10. Los Escenarios de Consolidación Presupuestarios, que se pusieron en marcha a partir de 1993 frenaron esta tendencia creciente del déficit y del endeudamiento autonómico, como se aprecia en el segundo período identificado. Posteriormente, la entrada en vigor de la Ley de Estabilidad Presupuestaria (2001), supuso que las cinco comunidades, al igual que el resto de comunidades españolas, pusieran en práctica durante los últimos años el acuerdo para alcanzar el equilibrio del presupuesto, como lo demuestra que tres de ellas tengan saldo nulo (Andalucía y Cataluña) o cercano a cero (Canarias) y dos de ellas superávit (Galicia y Valencia).

5.6. Consideraciones finales

Las regiones que accedieron a la autonomía a través del artículo 151 de la Constitución partían de posiciones claramente diferenciadas y han evolucionado en sus presupuestos de forma distinta.

La evolución creciente de los ingresos y gastos corrientes reflejan, por una parte, el proceso de descentralización del Estado llevado a cabo en este período y, por otra, el desarrollo de las competencias transferidas por parte de las CCAA. Sobre este último aspecto cabe hacer varias apreciaciones: tal y como se ha comentado, tanto de los datos correspondientes a las liquidaciones de presupuestos, como de los indicadores socioeconómicos, se deduce la existencia de diferencias en la prestación de los servicios públicos transferidos entre las CCAA analizadas. Por otra parte, la evolución del ahorro corriente, muestra que, salvo en algunas ocasiones, de carácter puntual, el sistema de financiación autonómico ha dotado a las CCAA de los recursos suficientes para la prestación de dichas competencias.

No cabe realizar la misma valoración de la evolución de los ingresos y gastos de capital. El déficit de capital ha ido aumentando progresivamente, debido a que el crecimiento de los ingresos de capital ha sido inferior al de los gastos. Se ha querido poner de manifiesto la pérdida de peso de un recurso importante como es el FCI. El FCI debería recuperar su protagonismo inicial, que ha ido cediendo a los fondos europeos, en parte por la política de contención de gasto de la Administración central, ya que éstos van a reducir sensiblemente su aportación a la financiación de los gastos de capital de las CCAA.

CUADRO 4
INGRESOS Y GASTOS CORRIENTES Y DE CAPITAL. COMPARACIÓN 1987-2003
(BASE 100= COMUNIDAD AUTÓNOMA CON MAYOR VALOR)

	1987				2003			
	Actividad corriente		Inversión		Actividad corriente		Inversión	
	Ingresos	Gastos	Ingresos	Gastos	Ingresos	Gastos	Ingresos	Gastos
Andalucía	91	100	100	67	94	91	71	75
Canarias	86	74	89	100	88	83	51	69
Cataluña	100	98	64	76	100	100	13	38
Galicia	57	51	82	69	94	86	100	100
Valencia	58	51	41	40	75	70	38	53

Fuente: elaboración propia.

Finalmente, presentamos en el cuadro 4 la comparación entre los ingresos y gastos de los años 1987 y 2003. Para la elaboración de este cuadro, se ha tomado como base 100 la comunidad autónoma a la que le corresponde el mayor de los ingresos o gastos. Los datos del cuadro 4 corroboran las conclusiones anteriores. Entre 1987 y 2003 se han reducido las diferencias en términos per cápita entre las CCAA del 151 tanto en los ingresos como en los gastos corrientes; en cambio no se ha producido esta convergencia entre ingresos y gastos de capital, de hecho, ha aumentado la diferencia entre las comunidades que más y menos ingresos perciben y gastos de capital realizan.[4]

4. Obsérvese que Cataluña es la comunidad a la que le corresponden los mayores ingresos y gastos corrientes per cápita en 2003, pero a la que le corresponden los menores valores de ingresos y gastos de capital. Es por eso que una de las recientes reclamaciones de la comunidad catalana es que el peso de la inversión estatal en Cataluña sea proporcional al PIB regional; no obstante, los menores ingresos y gastos de capital en Cataluña, en comparación con otras regiones, son el resultado lógico de la política de desarrollo regional que, con la finalidad de reducir las desigualdades interterritoriales, concentra la inversión en la regiones de menor desarrollo socioeconómico.

5.7. Bibliografía

ALCAIDE, J.; CUADRADO, J. R. y FUENTES, E. (1990), "El desarrollo económico español y la España desigual de las Autonomías", *Papeles de Economía Española*, núm. 45, pp. 2-62.

BANCO DE ESPAÑA (2000), *Cuentas Financieras de la Economía Española (1995-1999)*.

CASTELLS, A. y LÓPEZ, G. (1987), "La Hacienda de las Comunidades Autónomas en la perspectiva del proceso autonómico", *Papeles de Economía Española*, núm. 30/31, pp. 603-663.

DIRECCIÓN GENERAL DE COORDINACIÓN CON LAS HACIENDAS TERRITORIALES, MEH, *Liquidación de Presupuestos: CCAA*, varios años.

FERNÁNDEZ, N. (1993), *La financiación de las comunidades autónomas: una propuesta de corresponsabilidad fiscal*, Madrid, Instituto de Estudios Económicos, pp. 385.

GARCÍA, J. (1984), "La Hacienda de la Comunidad Autónoma Andaluza", *Rev. Estudios Regionales*, núm. 14, pp. 103-147.

INSTITUTO NACIONAL DE ESTADÍSTICA (www.ine.es). [Consulta: noviembre-diciembre 2004].

MARTÍN, M. (1994), "La Hacienda Autonómica de Andalucía en tiempos de recesión", *Papeles de Economía Española*, núm. 59, pp. 246-258.

MINISTERIO DE ADMINISTRACIONES PÚBLICAS (www.map.es). [Consulta: noviembre-diciembre 2004].

MONASTERIO, C. (1996), "El proceso de descentralización del sector público. Del Estado centralista a la España de la autonomía", *XXII Reunión de Estudios Regionales*, ponencias, Pamplona, pp. 185-203.

VARIOS AUTORES (1996), "Las autonomías en el Estado español: un balance", *Rev. Estudios Regionales*, núm. 44, monográfico, 410 págs.

VI
Análisis del ciclo del empleo en las regiones españolas: la influencia del sector terciario*

Juan R. Cuadrado Roura
Raquel Llorente Heras

Este trabajo pretende estudiar cuáles son las características básicas de los ciclos en el empleo total dentro de las regiones españolas, prestando especial atención al papel real que juega el empleo terciario en este entorno. El reciente crecimiento del empleo en las actividades de servicios, así como el creciente peso que el sector terciario tiene en la economía, en general, incita a plantearnos el desarrollo de esta investigación. La influencia del empleo terciario en el empleo total plantea numerosas cuestiones que merecen ser estudiadas. Aquí se estudia, en particular, el caso de las fluctuaciones cíclicas. Tradicionalmente se ha concluido que los servicios juegan un papel amortiguador dentro del empleo total. La evolución o crecimiento del empleo terciario suele ser más estable suavizando el devenir del empleo total. Este trabajo pretende poner a prueba esta evidencia para el caso de las regiones españolas, demostrando que la realidad económica encierra un conjunto muy dispar de situaciones acordes o no con las proposiciones teóricas existentes sobre los ciclos del empleo terciario.

Palabras clave: *empleo, ciclos, regiones y comunidades autónomas españolas.*

* En la elaboración de este trabajo colaboró muy eficazmente Diego Dueñas Fernández, economista, becario del Instituto de Análisis Económico y Social – Servilab. Universidad de Alcalá.

6.1. Introducción

Una de las principales características del desarrollo de las economías avanzadas de los últimos años ha sido la terciarización de la economía. En España, el número de ocupados en el sector terciario se ha duplicado desde la segunda mitad de los años setenta, pasando –según la Encuesta de Población Activa (EPA)– de 5,271 millones de ocupados en el segundo trimestre del año 1977 a 10,593 millones de ocupados para el mismo período en el 2003. Este intenso crecimiento ha provocado un aumento del peso del empleo terciario dentro de la estructura total de empleo. En la actualidad, el 64 por ciento del empleo total de España proviene del sector servicios. Estos simples datos ponen de manifiesto la importancia creciente de este sector y la necesidad de realizar estudios sobre el mismo. Este artículo pretende conocer cuál es la influencia que tienen los servicios en la evolución cíclica del empleo total para las regiones españolas, poniendo a prueba algunas de las teorías relativas a los ciclos del empleo terciario.

La influencia de los servicios en el empleo total ha sido estudiada con anterioridad por numerosos autores, entre los cuales cabe destacar por sus interesantes trabajos a Burns (1960) y Zarnowitz (1992). Ambos autores centraron sus análisis en la demostración de que los servicios constituyen un factor estabilizador de la evolución del empleo. Entre los estudiosos que así lo certifican, podemos destacar: Cuadrado y del Río (1993), Elfring (1988), Lee (1996), Filardo (1997), Petersen y Strongin (1996), con las siguientes conclusiones:

- La preferencia por el consumo de los servicios es un elemento estable. A medida que las sociedades se desarrollan, el consumo de los servicios aumenta y este aumento no sólo se produce de manera proporcional, sino que aumenta a medida que aumenta el poder adquisitivo de la sociedad, produciéndose lo que se denomina *efecto renta* (Ley de Engel). En Mañas *et al* (2002) los autores demuestran en un estudio reciente elaborado por el IEE el cumplimiento de esta proposición para el caso de España. El consumo de los servicios se afronta desde una pauta de consumo de carácter creciente y estable en el tiempo, una vez que se ha alcanzado cierto poder adquisitivo.
- Los servicios, frente a otros sectores de actividad, se desarrollan de acuerdo a una forma de producción más estable en el tiempo que no está tan sujeta a los vaivenes económicos. La producción de servicios se basa, en la mayoría de los casos, en el desarrollo de actividades que requieren de un importante nivel de capital humano o, al menos, de la presencia de capital humano especializado. Este factor de producción requiere un mayor tiempo de adaptación al devenir económico y, *a priori*, no se encuentra tan influenciado como el capital físico por los *shocks* tecnológicos.
- Un importante componente del empleo terciario es el empleo público, que por lo general mantiene una evolución muy estable en el tiempo,

suavizando el crecimiento del empleo terciario y con ello el crecimiento del empleo total. En aquellas economías o regiones donde exista una mayor presencia del sector público, cabe esperar que se produzcan ciclos del empleo menos acusados. Por otra parte, de acuerdo con la teoría keynesiana, el sector público debe actuar como estabilizador de la economía, de forma que cabe utilizar el nivel de empleo público para alcanzar dicho objetivo; es decir, en las recesiones económicas, el empleo público (como parte del gasto público) debería aumentar, mientras que en tiempo de bonanza económica debería reducirse, actuando así como amortiguador del devenir del empleo total.

- Por último, a pesar del desarrollo de las tecnologías de la información y como consecuencia de la naturaleza intangible de bastantes servicios y de su relación más directa con la demanda nacional y local, la importación de servicios resulta mucho más difícil de llevar a cabo que en el caso de las manufacturas. En consecuencia, el sector terciario se encuentra menos abierto a la competencia internacional, y las crisis exteriores lo afectan –en principio y al menos un buen número de ramas– en mucha menor medida que a otras actividades productivas.

En Cuadrado *et al* (1999) puede encontrase un análisis más exhaustivo de estos razonamientos, junto con otros de carácter más complejo. En dicho trabajo puede examinarse cuál ha sido la evolución cíclica de los servicios en relación con sus componentes, es decir, con las ramas de actividad terciarias. Nuestro trabajo pretende dar un paso más, analizando la evolución cíclica del empleo terciario para las regiones españolas. El ámbito geográfico es un elemento muy a tener en cuenta a la hora de analizar los ciclos económicos. Las nuevas líneas de investigación marcan que la integración de los mercados de trabajo provoca la similitud o aproximación de los ciclos económicos (Rissman, 1999). En el caso de las regiones españolas, la integración es máxima. Todas las comunidades autónomas españolas comparten un sistema institucional que regula el mercado de trabajo de forma similar, la lengua es común y existe libertad de circulación en todo el territorio. Sin embargo, tal como veremos a lo largo de este trabajo, la integración de los mercados no asegura por sí sola la aproximación de los ciclos del empleo, persistiendo una elevada heterogeneidad en todo el territorio español.

El período que someteremos a estudio comprende desde el tercer trimestre de 1976 hasta el segundo trimestre del 2003. Algunos análisis también han sido subdivididos por períodos de acuerdo con el devenir del empleo total, diferenciando como etapas de crecimiento los períodos de julio del 1985 a julio de 1991 y de abril de 1994 a abril del 2003, y como etapas recesivas los períodos de julio de 1976 a abril de 1985 y de octubre de 1991 a enero de1994.

Las series trimestrales analizadas provienen de la EPA elaborada por el Instituto Nacional de Estadística (INE).

Para obtener los ciclos del empleo (de la industria, de los servicios y total) para cada una de las regiones españolas, hemos utilizado un filtro Hodrick-Prescott a través de la aplicación TRAMO-SEATS[1]. En el anexo puede consultarse la evolución de las series obtenidas. En primer lugar, observamos que se produce una elevada heterogeneidad, ya que cada una de las regiones españolas presenta resultados dispares, siendo necesario desarrollar en el siguiente apartado un análisis con mayor grado de detalle.

La estructura de este artículo es la siguiente: en la primera parte se analiza cuál es la realidad que envuelve a los ciclos del empleo total y terciario para cada una de las regiones españolas. En ella también se pondrá a prueba si existe un ciclo común para toda España. En la segunda parte nos planteamos estudiar la relación directa que une el ciclo del empleo terciario y el ciclo del empleo total a partir del desarrollo de una serie de modelos autorregresivos o VAR. Este análisis nos permitirá comprobar si el empleo terciario actúa como estabilizador del empleo total de la economía.

6.2. Análisis del ciclo del empleo en el sector servicios y del empleo total para cada región: ¿existe un ciclo común?

Como se ha expuesto en el apartado anterior, las regiones españolas gozan de una casi total homogeneidad en cuanto a la regulación de sus mercados de trabajo. Por tanto, las decisiones llevadas a cabo por el gobierno central deben afectar a todas ellas por igual. De igual forma, la proximidad geográfica, el uso de un idioma común, etc., son factores que incentivan la movilidad geográfica a la hora de buscar empleo, lo cual tiende a incrementar, a su vez, la convergencia en términos salariales.

En este apartado nos proponemos estudiar los ciclos del empleo de las regiones españolas y comprobar si dichos ciclos siguen pautas comunes o, al menos, si tienden a comportarse de la misma forma.

Para comenzar el análisis de los ciclos, hemos estudiado, en primer lugar, cuál es la amplitud de los mismos. Para ello se ha calculado la volatilidad del ciclo, es decir, cuál es su grado de fluctuación. La volatilidad por comunidades autónomas, que se ha estimado como una desviación típica sobre la serie cíclica, queda reflejada en la tabla anexa.

1. TRAMO (Time Series Regression with ARIMA Noise, Missing Observations and Outliers) y SEATS (Signal Extraction in ARIMA Time Series). TRAMO es un programa para la estimación y predicción de modelos con errores ARIMA no estacionarios y valores perdidos. SEATS es un programa para la estimación de componentes no observados en series temporales, mediante el método AMB (ARIMA-model-based). R. Kaiser y A. Maravall (2000).

CUADRO 1
VOLATILIDAD DEL CICLO DEL EMPLEO TOTAL Y TERCIARIO PARA LAS REGIONES ESPAÑOLAS

	Volatilidades			
	JUL-76:ABR-85	JUL-85:JUL-91	OCT-91:ENE-94	ABR-94:ABR:03
ANDALUCÍA (SERVICIOS)	10,97	18,24	16,66	15,48
ANDALUCÍA (TOTAL)	13,34	38,69	21,82	23,14
ARAGÓN (SERVICIOS)	3,26	4,14	4,29	4,47
ARAGÓN (TOTAL)	4,87	7,93	6,94	5,10
ASTURIAS (SERVICIOS)	4,88	3,06	1,53	4,26
ASTURIAS (TOTAL)	3,31	5,56	4,61	4,03
BALEARES (SERVICIOS)	2,76	6,88	5,10	4,19
BALEARES (TOTAL)	3,46	8,31	4,89	5,44
CANARIAS (SERVICIOS)	4,83	6,35	10,86	6,78
CANARIAS (TOTAL)	7,45	13,56	14,64	6,21
CANTABRIA (SERVICIOS)	1,92	1,65	1,47	3,30
CANTABRIA (TOTAL)	2,99	3,48	3,78	3,95
CASTILLA LA MANCHA (SERVICIOS)	5,25	3,12	5,78	3,32
CASTILLA LA MANCHA (TOTAL)	6,87	6,22	8,94	7,87
CASTILLA LEÓN (SERVICIOS)	3,80	7,21	3,45	7,92
CASTILLA LEÓN (TOTAL)	7,46	17,53	8,06	11,25
CATALUÑA (SERVICIOS)	17,96	20,60	33,10	25,78
CATALUÑA (TOTAL)	23,80	47,36	67,34	38,61
EXTREMADURA (SERVICIOS)	4,77	5,91	4,14	3,35
EXTREMADURA (TOTAL)	3,63	5,48	5,02	6,28
GALICIA (SERVICIOS)	6,80	7,30	4,33	5,42
GALICIA (TOTAL)	10,76	15,51	7,94	11,49
MADRID (SERVICIOS)	25,59	23,61	36,96	25,56
MADRID (TOTAL)	20,78	36,61	45,33	30,59
MURCIA (SERVICIOS)	4,16	5,06	1,51	5,37
MURCIA (TOTAL)	5,54	9,93	4,50	6,81
NAVARRA (SERVICIOS)	1,82	2,11	2,25	2,91
NAVARRA (TOTAL)	1,83	2,48	4,69	3,48
PAÍS VASCO (SERVICIOS)	6,23	6,80	5,20	6,73
PAÍS VASCO (TOTAL)	3,98	10,66	7,76	6,14
RIOJA (SERVICIOS)	1,42	1,05	0,94	1,55
RIOJA (TOTAL)	0,92	2,13	2,26	1,40
VALENCIA (SERVICIOS)	8,07	9,60	17,16	15,15
VALENCIA (TOTAL)	17,73	29,78	33,79	19,45
ESPAÑA (SERVICIOS)	71,96	109,72	129,79	82,34
ESPAÑA (TOTAL)	84,39	232,04	256,86	168,18
VOLATILIDAD MEDIA (SERVICIOS)	10,36	13,47	15,81	12,44
VOLATILIDAD MEDIA (TOTAL)	12,40	27,40	28,29	19,97

Fuente: EPA trimestral (de tercer trimestre de 1976 a segundo trimestre de 2003).

Por lo general, las regiones con una mayor actividad económica son aquellas que presentan mayores volatilidades (Madrid, Cataluña, Valencia y Andalucía). A pesar del efecto estabilizador del sector público y su elevada presencia dentro de la Comunidad de Madrid, por ejemplo, la volatilidad en esta región es bastante elevada. Este hallazgo parece contradecir los postulados de la teoría keynesiana; sin embargo, dicho resultado se justifica porque, a pesar de la mayor presencia en Madrid de empleo público frente a otras regiones, la composición interna del empleo terciario madrileño es muy heterogénea (Arroyo y Del Río, 1998).

La dispersión de los ciclos, es decir, su volatilidad, se supone que aumenta en tiempos de crisis, cuando los *shocks* resultan más inesperados y afectan de forma asimétrica a unas regiones frente a otras. No obstante, este hecho no parece cumplirse en el caso de las regiones españolas, donde se producen elevadas volatilidades tanto en períodos de crisis como de expansión. Para la mayoría de las comunidades autónomas, los dos períodos que presentan mayor volatilidad son los períodos centrales del análisis (julio de 1985-julio de 1991 y octubre de 1991-enero de 1994), correspondiendo el primero de ellos a un período de expansión y el segundo a un período de crisis. Este hecho puede estar justificado por la existencia de una pauta común de las regiones españolas a la hora de ajustar sus mercados de trabajo a los movimientos expansivos o recesivos de la economía, si bien no podemos afirmar que esto sea indicativo de la existencia de un ciclo común en términos de empleo.

Otro factor importante que se puede extraer del estudio de las volatilidades es que, para todas las regiones, el ciclo del empleo total tiene una volatilidad superior a la que presenta el ciclo del empleo de los servicios, durante todo el período, indicativo de una influencia amortiguadora en el ciclo del empleo total por parte del ciclo del empleo en el sector servicios. Al ser el empleo terciario menos volátil, a medida que aumente su peso en el empleo total, puede esperarse que los ciclos sean más suaves. No obstante, también existen algunos trabajos que indican que entre el empleo terciario y el empleo industrial se está produciendo un progresivo acercamiento en lo que se refiere a sus pautas de comportamiento; por una parte, el empleo industrial se está asimilando al empleo terciario en la medida en que las industrias están externalizando algunos procesos de producción; y, por otra parte, los servicios de mercado han experimentado lo que algunos autores han identificado como una progresiva "industrialización", debido a los incrementos en cuanto a los requerimientos de capital y a los cambios tecnológicos introducidos para producirlos, aumentando en los últimos años la volatilidad en algunas ramas terciarias (Cuadrado y Ortiz, 2001).

El siguiente paso se ha encaminado a analizar cuáles son los rasgos comunes existentes entre los ciclos del empleo, para lo cual se han estimado los co-movimientos existentes entre los mismos. Los co-movimientos se han calculado a través de las correlaciones existentes entre los ciclos, determinando que, si existe una correlación positiva y fuerte, los ciclos de las variables analizadas son procíclicos; mientras que, si la correlación es negativa, los ciclos serán contracíclicos. Asimismo, para determinar la intensidad del ciclo, se considera que correlaciones entre 0 y 0.2 son acíclicas, entre 0.2 y 0.5 se considera que existe un co-movimiento débil, entre 0.5 y 0.7 se considera que el co-movimiento es normal y correlaciones superiores a 0.7 se consideran indicativas de co-movimientos fuertes.

Bajo estas premisas se han analizado, por una parte, los co-movimientos existentes entre el ciclo del empleo total para cada región y el ciclo del empleo total nacional, y, por otra, los co-movimientos entre el ciclo del empleo terciario para cada una de las regiones españolas y el ciclo del empleo terciario a nivel nacional. Los resultados alcanzados han sido recogidos en los cuadros número 1 y 2 del anexo, a partir de las cuales cabe destacar los siguientes puntos:

- Tanto el ciclo del empleo terciario como el ciclo de la economía en su conjunto para cada región se comportan de forma pro-cíclica para el conjunto del período. Tal como es lógico y previsible, el empleo de cada una de las comunidades autónomas españolas muestra los mismos ciclos que el empleo de España, tanto para el total como para el sector servicios. Únicamente en algunos sub-períodos para Galicia, Canarias y Baleares, el comportamiento es anticíclico. Para el período completo, en lo que respecta al ciclo del empleo de la economía en su conjunto, 13 de las 17 regiones presentan una fuerte correlación con el ciclo del empleo total, estando las otras 4 normalmente correlacionadas. En el caso de los servicios, cuatro regiones (Andalucía, Cataluña, Galicia y Valencia) son las que presentan una fuerte correlación con el ciclo del empleo en el terciario de la economía nacional, presentando las demás una correlación normal o débil.
- En lo que se refiere a la sincronía temporal de los ciclos, cada una de las regiones españolas presenta diferentes coherencias temporales en relación con los co-movimientos. En el caso del empleo total, 15 de las 17 regiones están sincronizadas con el ciclo del empleo de la economía nacional, entendiendo como tal la coincidencia, el adelanto a un período o el retraso a un período en la máxima correlación. Para el sector servicios, son 13 de las 17 regiones las que presentan esta sincronía. Tanto en el caso del empleo total como del empleo terciario, Murcia y Cantabria son las regiones que presentan una menor sincronía temporal en relación con la evolución de España en su conjunto. Este hecho puede reflejar la existencia de problemas estructurales en sus mercados de trabajo que impiden el rápido ajuste de la mano de obra.

- Tanto en el análisis del período total como en el análisis de cada sub-período, el ciclo del empleo total para cada región tiene mayor similitud con el ciclo del empleo total de la economía española que el ciclo del sector servicios comparado con el ciclo de dicho sector para el conjunto de la economía nacional. Puede afirmarse, pues, que el empleo terciario encierra una gran disparidad de situaciones.
- De los 4 sub-períodos analizados, en los centrales (julio de 1985-julio de 1991 y octubre de 1991-enero de 1994) es en los que se produce una mayor sincronía cíclica. Este hecho puede estar relacionado con la masiva creación y destrucción de empleo que se produjo a nivel nacional en dichos períodos, respectivamente.

Para completar el análisis descriptivo de los ciclos, se ha calculado cuál es la dispersión de los mismos a lo largo del tiempo, o lo que se podría denominar σ-convergencia. Si los ciclos del empleo total y del empleo terciario están aproximándose entre sí, la dispersión existente entre ellos debería reducirse y deberíamos encontrar una evolución decreciente a lo largo del tiempo. Sin embargo, tal como se observa en el gráfico 1, esto no se produce. La dispersión del empleo total y del empleo terciario, medida como la desviación típica sobre el ciclo, no se ha reducido a lo largo del período analizado. Por consiguiente, no puede afirmarse que exista un acercamiento entre los ciclos del empleo total y terciario. Es más, parece que las diferencias regionales son persistentes a lo largo del tiempo.

Por otra parte, la evolución de la dispersión existente en el ciclo del empleo terciario presenta fluctuaciones de ámbito temporal más corto y de intensidad más moderada. Los ciclos del empleo en los servicios fluctúan, por tanto, en una banda más estrecha que los ciclos del empleo total.

Por último, una vez que se han contrastado las relaciones entre el empleo de cada región con el empleo nacional, hemos intentado comprobar si existen efectos frontera a nivel regional en la evolución de los ciclos del empleo total y terciario, es decir, si las regiones vecinas debido a su cercanía presentan ciclos más similares. En los cuadros 3 y 4 del anexo se recogen las correlaciones más fuertes (mayores a 0.7) existentes en las regiones españolas entre el empleo total y terciario, demostrando que no se produce dicho efecto frontera de una forma general para el sector servicios. Únicamente son destacables, en algunos sub-períodos, los casos de Castilla la Mancha y Madrid, Cataluña y Valencia, y Navarra y País Vasco. En el caso del empleo total, sí que resulta posible resaltar algunos efectos frontera en los ciclos superiores al 0.7 para el total del período analizado. De esta forma podemos destacar las similitudes que presenta Aragón con Cataluña, Castilla León, Castilla la Mancha y Valencia; la correlación entre Cataluña y Valencia; la de Castilla León y

Madrid; la de Murcia y Valencia; y las de La Rioja tanto con País Vasco como con Navarra. Estas escasas correlaciones en los ciclos del empleo de las comunidades autónomas españolas pone de manifiesto que las diferencias o similitudes en términos cíclicos entre unas regiones y otras no se basan principalmente en su cercanía geográfica, sino en otras cuestiones a tener en cuenta, tales como la distribución sectorial del empleo al inicio del período,[2] la movilidad laboral u otras cuestiones institucionales.

A raíz de los análisis anteriores es posible afirmar, de forma concluyente, que no existe un ciclo común para el empleo total en España, y tampoco para el empleo terciario, si bien hay que destacar que existen pautas similares entre los ciclos del empleo de las regiones españolas, tanto en su carácter pro-cíclico con respecto al ciclo del empleo nacional, como en su correlación temporal. Además, los fuertes procesos de expansión y recesión del empleo son asumidos de forma similar por las regiones españolas, si bien este efecto se puede reducir al corto plazo.

GRÁFICO 1

DISPERSIÓN EN LOS CICLOS DEL EMPLEO MEDIDA A TRAVÉS DE LA DESVIACIÓN TÍPICA (SIGMA-CONVERGENCIA)

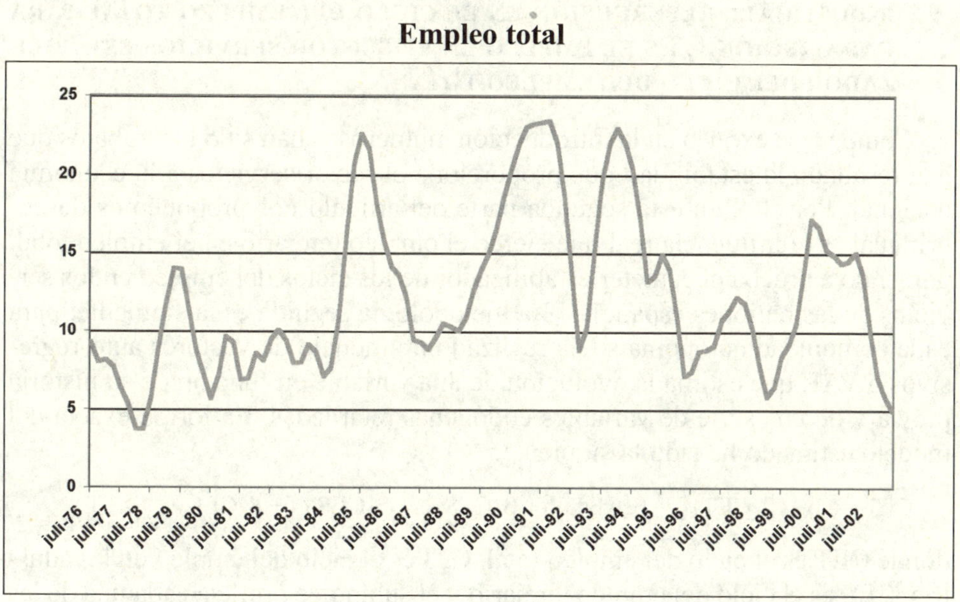

2. R. Marimon y F. Zilibotti (1996) determinan que la estructura del empleo al principio del período analizado es un factor fundamental que determina el crecimiento del empleo en el futuro y con ello el desarrollo de las regiones o países.

Empleo terciario

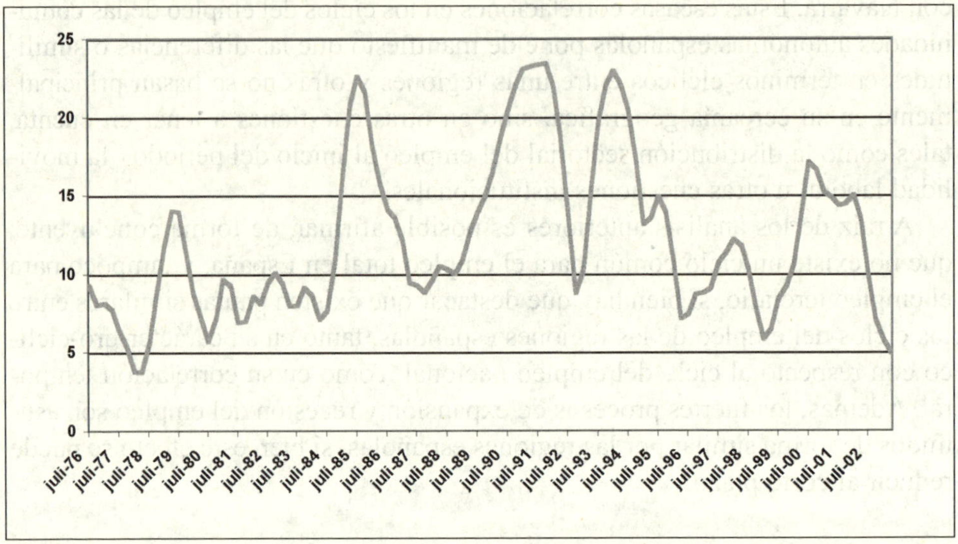

Fuente: EPA trimestral (de tercer trimestre de 1976 a segundo trimestre de 2003).

6.3. El ciclo del empleo en el sector servicios y en el sector industrial: repercusión en el ciclo del empleo total para cada región. ¿Es el empleo en el sector servicios estabilizador del ciclo del empleo total?

Como ya se expuso en la introducción, numerosos han sido los trabajos que han resaltado la estabilidad que proporciona el sector servicios a la economía nacional. Por ello, en esta segunda parte del artículo nos proponemos descubrir cuál es la influencia real que ejerce el empleo terciario en el empleo total, poniendo a prueba el carácter estabilizador de los ciclos del empleo en los servicios de las regiones españolas. La metodología seguida es la siguiente: para cada comunidad autónoma se ha realizado un modelo de vectores auto-regresivos o VAR que estima la evolución de una variable en función de su historia previa y de una serie de variables endógenas retardadas. La forma exacta del modelo estimado ha sido la siguiente:

$$CET_{t,i} = \beta_1 + \beta_1 CET_{t-1,i} + \beta_2 CET_{t-2,i} + \beta_3 CES_{t-1,i} + \beta_4 CES_{t-2,i} + \beta_5 CEI_{t-1,i} + \beta_6 CEI_{t-2,i}$$

donde CET es el ciclo del empleo total, CEI es el ciclo del empleo en la industria, CES es el ciclo del empleo terciario y el subíndice *i* refleja cada una de las regiones españolas. Los modelos VAR desarrollados bajo la fórmula anterior permiten conocer cuál es la respuesta del ciclo del empleo total ante cambios en el empleo de la industria y de los servicios para cada una de las comunidades autónomas, a través de las funciones impulso. En el gráfico 2 se han recogido cuáles son las variaciones del ciclo del empleo total provocadas por un aumento de un 1% en el ciclo del empleo en la industria y en los servicios. A pesar de que los resultados muestran un amplio conjunto de situaciones, los principales rasgos a destacar son los siguientes:

- En 12 de las 17 comunidades autónomas, el efecto que provoca el impulso en el ciclo del empleo industrial sobre el ciclo del empleo total es mayor que el que provoca dicho impulso generado en el ciclo del empleo terciario. De modo que el crecimiento del empleo terciario generará fluctuaciones más estables dentro de la economía. Por consiguiente, si bien la teoría se cumple, aunque no de forma estricta, sería necesario en futuras investigaciones intentar explicar qué ocurre en las comunidades autónomas de Aragón, Castilla la Mancha, Madrid, Navarra y Valencia, en las cuales no se producen estos resultados. Igualmente, los casos de Baleares, Cantabria y Galicia merecerían un estudio más profundo, ya que las conclusiones que pueden obtenerse sobre estas regiones están supeditadas al intervalo temporal analizado.
- En 6 de esas 12 comunidades autónomas (Andalucía, Canarias, Extremadura, Galicia, Murcia y La Rioja), en un plazo mayor o menor, el *shock* provocado en el ciclo del empleo en el sector servicios reduce la volatilidad del ciclo del empleo total. Por otra parte, de las 5 regiones en las que el ciclo del empleo terciario repercute en el ciclo del empleo total con mayor volatilidad o menor estabilidad que el ciclo del empleo industrial, en 4 de ellas (todas excepto Aragón), el ciclo del empleo en el sector servicios actúa de forma estabilizadora sobre el ciclo del empleo total.
- Para el conjunto de la economía española, un impulso en el ciclo del empleo industrial provoca un aumento de la volatilidad en el empleo total, mientras que el mismo impulso en el ciclo del empleo terciario reduce dicha volatilidad. Este resultado es sumamente importante, demostrando de forma empírica que la teoría se cumple a nivel general para el agregado nacional, pero no es tan estricto cuando se desagrega para el caso de las comunidades autónomas.

GRÁFICO 2

RESPUESTA DEL CICLO DEL EMPLEO ANTE UNA VARIACIÓN DEL 1% EN EL CICLO DEL EMPLEO INDUSTRIAL Y DEL EMPLEO TERCIARIO PARA CADA UNA DE LAS REGIONES ESPAÑOLAS

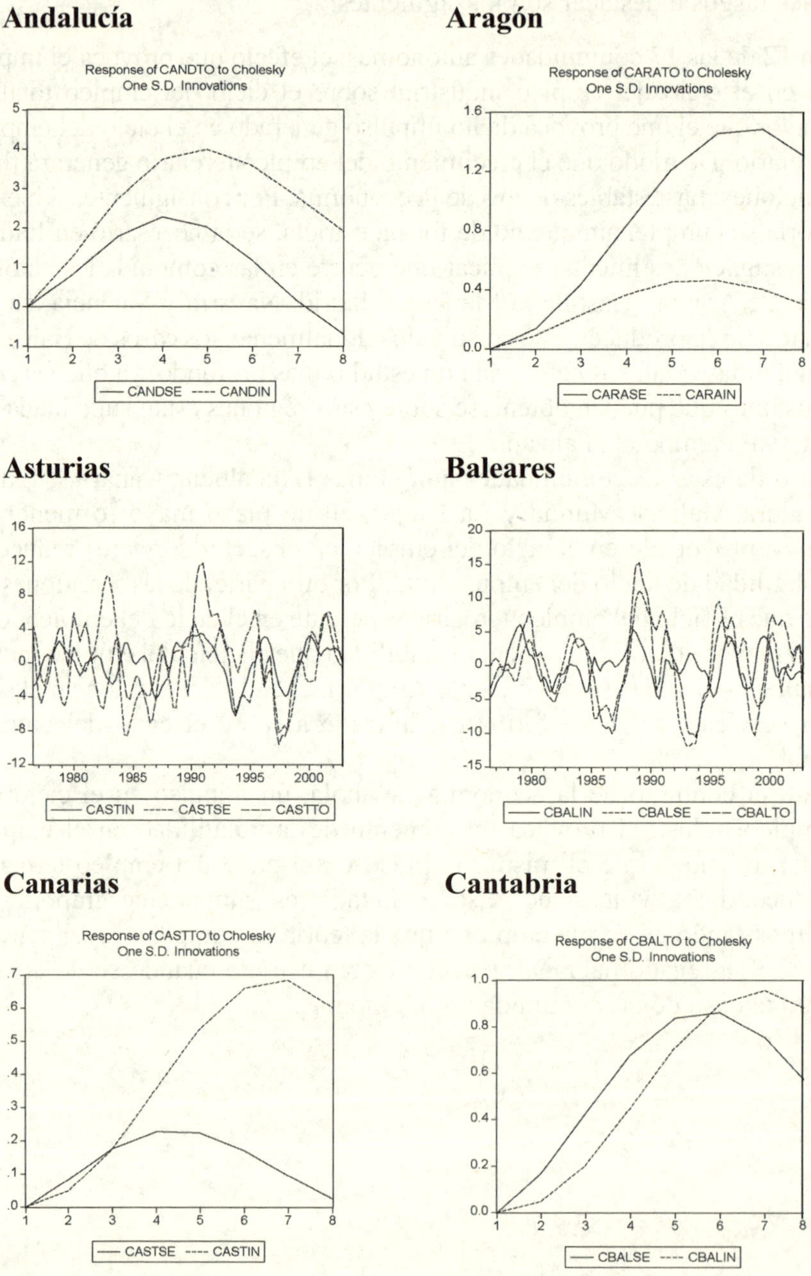

Castilla-León

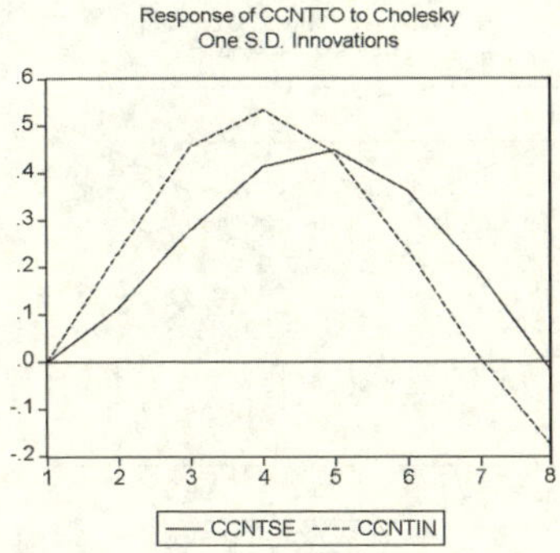

Castilla-La Mancha

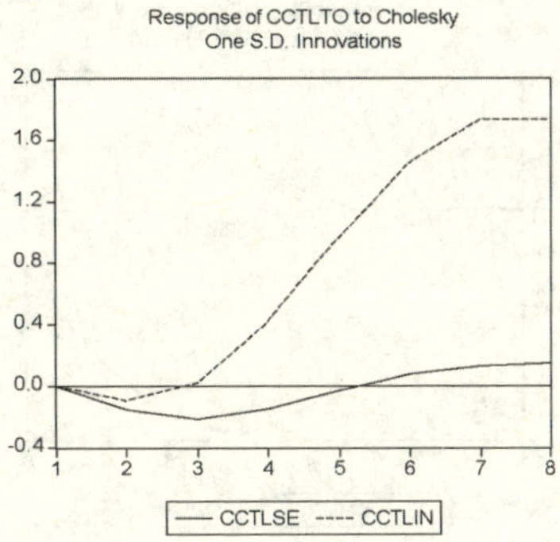

Cataluña

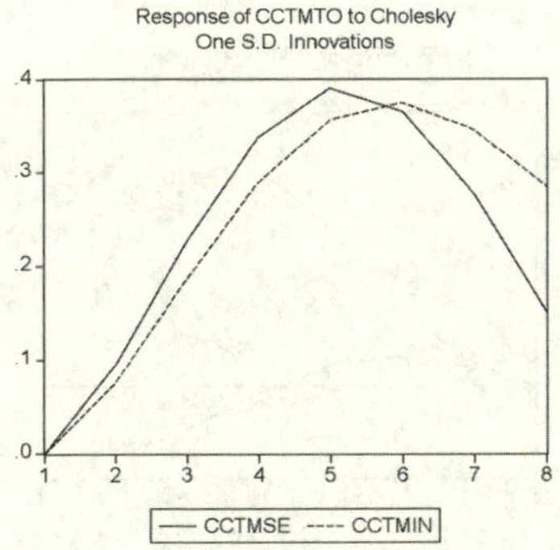

Valencia

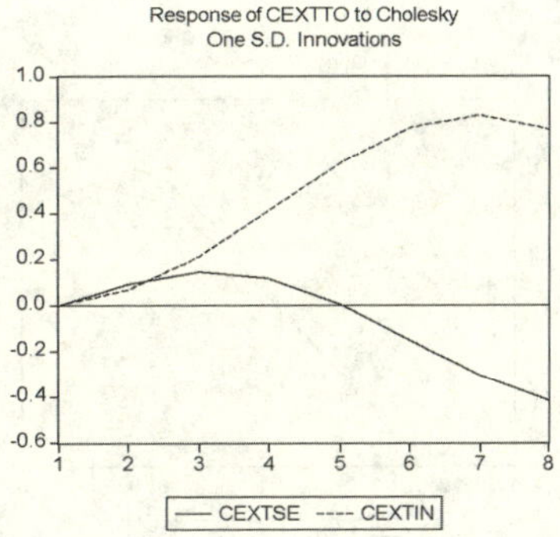

Extremadura

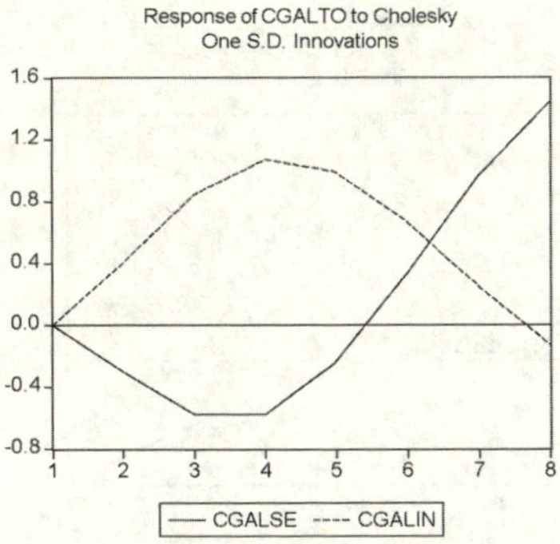

Galicia

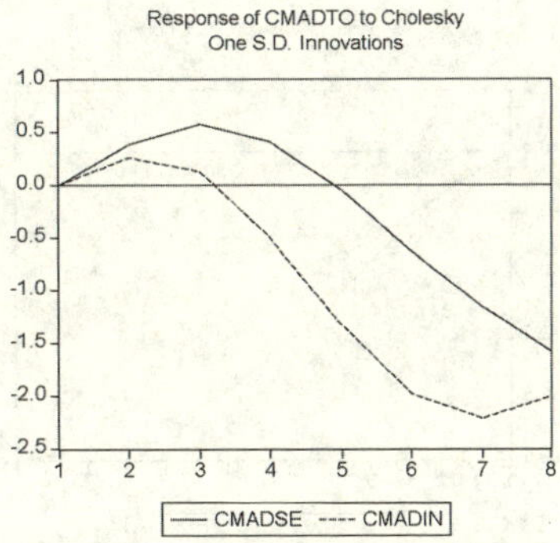

Madrid

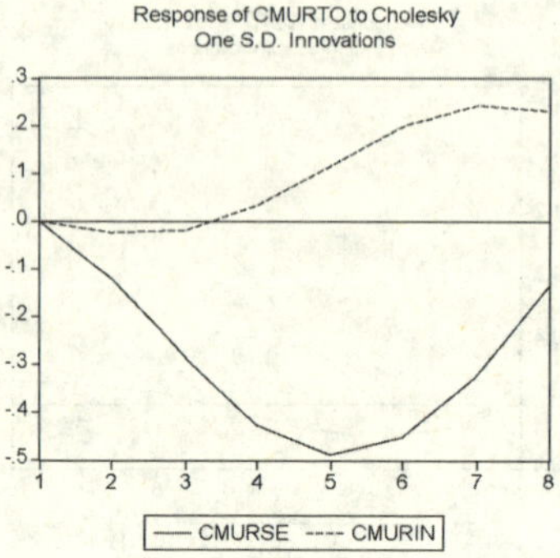

Murcia

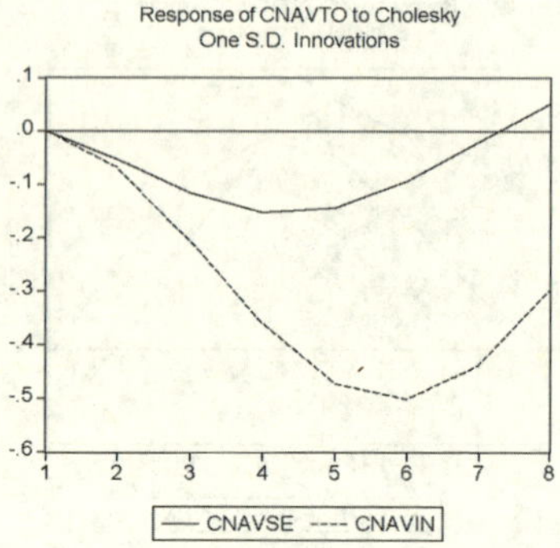

Navarra

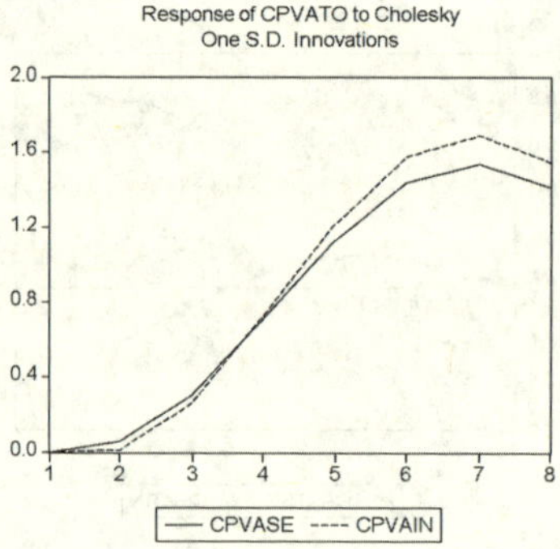

País Vasco

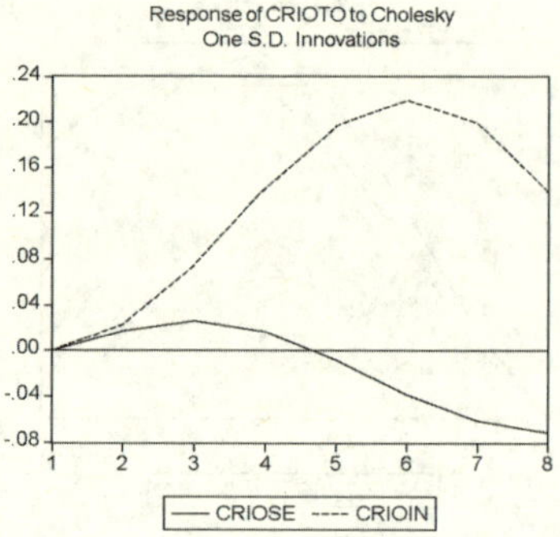

La Rioja

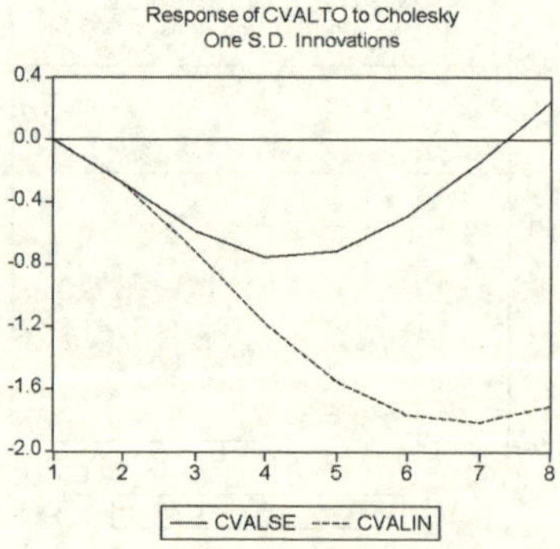

España

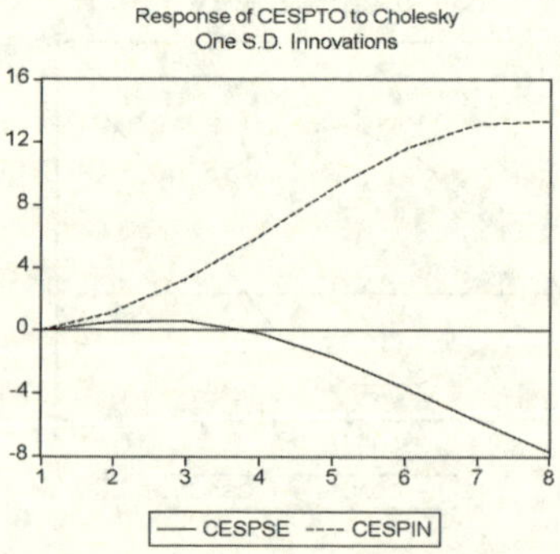

Fuente: EPA trimestral (de tercer trimestre de 1976 a segundo trimestre de 2003).

6.4. Conclusiones

En este trabajo hemos intentado analizar, desde el punto de vista del análisis cíclico, la influencia que tiene el empleo en el sector servicios sobre el nivel de empleo total de la economía regional y nacional. Nuestra proposición inicial se fundamentaba en contrastar dos hipótesis básicas: por un lado, la existencia de similitudes cíclicas en los datos de empleo regional; y, por otro, el carácter amortiguador que pudiera tener el empleo en el sector servicios sobre el empleo total de la economía.

Desde la primera de las perspectivas se ha contrastado la posible sincronización de los ciclos de empleo regionales, tanto para el sector servicios como para el conjunto de la economía, con tres instrumentos frecuentemente utilizados en la literatura económica.

En primer lugar, el estudio de las volatilidades de los ciclos nos hace pensar que no existe un ciclo común para los datos de empleo de las regiones españolas, si bien hemos comprobado que sí que se pueden atisbar pautas cíclicas comunes, ya que las volatilidades de dichas regiones aumentan o disminuyen de forma similar en los períodos estudiados.

En segundo lugar, se han estudiado los co-movimientos que se producen entre los ciclos regionales de empleo y el ciclo del empleo nacional, comprobando igualmente que la gran mayoría de ciclos se comportan de forma procíclica al empleo nacional, si bien existe un desfase temporal común que pone de manifiesto una sincronía imperfecta entre las series analizadas. Paralelamente a este estudio, los co-movimientos que se producen entre las propias regiones españolas nos indican que el empleo total presenta una sincronización mayor que el empleo en el sector servicios.

Por último, y en tercer lugar, el estudio de la σ-convergencia pone de manifiesto que la dispersión, tanto para el empleo total como para el sector servicios, no se ha reducido de forma considerable, de modo que no se puede afirmar que las series se están aproximando entre sí.

Por lo que se refiere a la segunda de las hipótesis, la que se centra en el carácter amortiguador del ciclo del empleo en el sector servicios, se ha realizado un análisis de vectores auto-regresivos (VAR) en el que se compara la incidencia del sector servicios y del sector industrial sobre el empleo total. Pero antes de sintetizar el análisis realizado, queremos incidir en dos hechos básicos que nos pueden aportar los instrumentos anteriormente utilizados para el fin que aquí nos proponemos. En el caso de la volatilidad de los ciclos del empleo hemos comprobado que existe menor volatilidad en el ciclo del empleo terciario que en el ciclo del empleo total, lo cual puede ser indicativo del carácter amortiguador del empleo en el sector servicios. Por otra parte, en el caso de la s-convergencia, una banda de fluctuación menor en el empleo terciario que en el empleo total indica nuevamente ese carácter estabilizador al que anteriormente nos hemos referido.

Por último, el análisis VAR refleja importantes conclusiones: en primer lugar, el ciclo del empleo en el sector servicios posee una influencia más estable sobre el ciclo del empleo total que el ciclo del empleo industrial, para la gran mayoría de las regiones españolas. En segundo lugar, y de forma independiente, el ciclo del empleo terciario tiene un carácter amortiguador sobre el ciclo del empleo total. En este sentido, es muy significativo que, en 10 de las 17 regiones analizadas, el impulso efectuado sobre la serie de empleo terciario tenga una respuesta estabilizadora sobre el empleo total, en un mayor o menor período dentro del intervalo temporal estudiado en el análisis VAR. Y, en tercer lugar, hemos comprobado que el ciclo del empleo terciario suaviza de una forma considerable el ciclo del empleo total para el conjunto de la economía española a partir del 4 trimestre, prolongándose hasta 18 períodos en adelante, lo cual nos lleva a concluir que el aumento de la proporción del sector servicios dentro de la economía española incide de forma estabilizadora en las fluctuaciones que se pueden producir en el ciclo del empleo nacional.

6.5. Referencias bibliográficas

ARROYO FERNÁNDEZ, M. J. y DEL RÍO GÓMEZ, C. (1998), "El sector servicios en Madrid. Una visión de conjunto". En Serie de estudios regionales. *Situación*. BBV.

BAUMOL, W. (1989), "Productivity policy in the service sector". En INMANN, R. (eds), *Managing the service economy*, Cambridge University Press.

BURNS (1960), "Progress towards economic stability". En *American Economic Review*, 50 (March), pp. 1-19.

CUADRADO ROURA J. R. y DEL RÍO GÓMEZ, C. (1993), *Los servicios en España*. Madrid. Editorial Pirámide.

CUADRADO *et al*. (1999), *El sector servicios y el empleo en España: evolución y perspectivas de futuro*. Fundación BBV.

CUADRADO, J. R. y ORTIZ, A. (2001), "Business Cycle and Service Industries: General Trends and the Spanish Case". En *The Service Industries Journal,* vol. 21, num. 1, pp. 103-122.

ELFRING, T. (1988), *Service sector employment in Advanced Economies*. Gower, Aldershot.

FILARDO, A. (1997), "Cyclical implications of the declining manufacturing employment share". En *Federal Reserve of Kansas City. Economic Review*. 2Q, pp. 63-87.

KAISER, R. y MARAVALL, A. (2000), "An Application of TRAMO-SEATS: changes in seasonality and current trend-cycle assessment". En Banco de España. Servicio de estudios. *Documento de Trabajo* n.º 0011.

LEE, J. (1996), "Do services temper business cycle?: implications of the rising service sector". En University of California Irvine. Department of Economics. *Paper* 95-96-3, Julio.

MAÑAS, E.; GABALDÓN, P. y CUADRADO, J. R. (2002), *El consumo de servicios en los hogares españoles*. Madrid. Instituto de Estudios Económicos.

MARIMON R. y ZILIBOTTI, F. (1996), "`Actual´ versus `virtual´ employment in Europe. Is Spain different?". En *European Economic Review*. Nº 42.

PETERSEN, B. y STRONGIN, S. (1996), "Why are some industries more cyclical than others". *Journal of Business & Economic Statistics*. April. Vol. 14. nº2. pp. 189-98.

RISSMAN, E. (1999), "Regional employment growth and the business cycle". En *Economic perspectives. Federal Reserve Bank of Chicago,* Fourth Quarter. pp. 21-39.

ZARNOWITZ, V. (1992), *Business cycle: Theory, history, indicators and forecasting*. A National Research Bureau Monograph, Illinois: University of Chicago Press.

6.6. Anexo

GRÁFICO 3
CICLOS DEL EMPLEO TOTAL, DE LA INDUSTRIA Y DE LOS SERVICIOS PARA LAS REGIONES ESPAÑOLAS

Andalucía

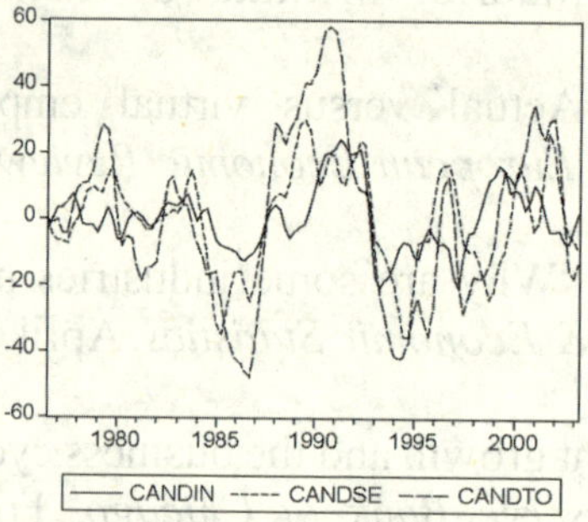

Aragón

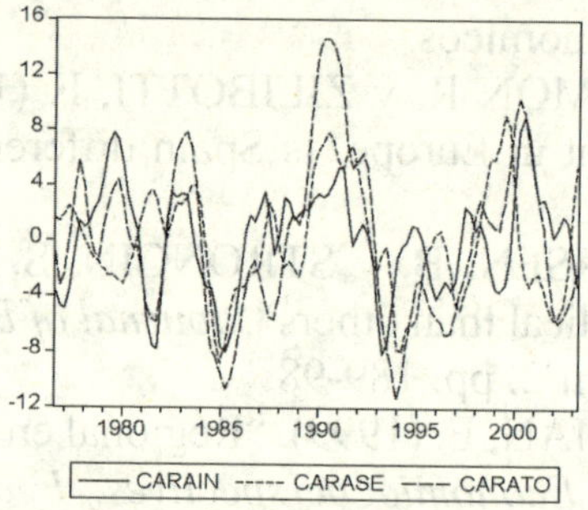

Asturias

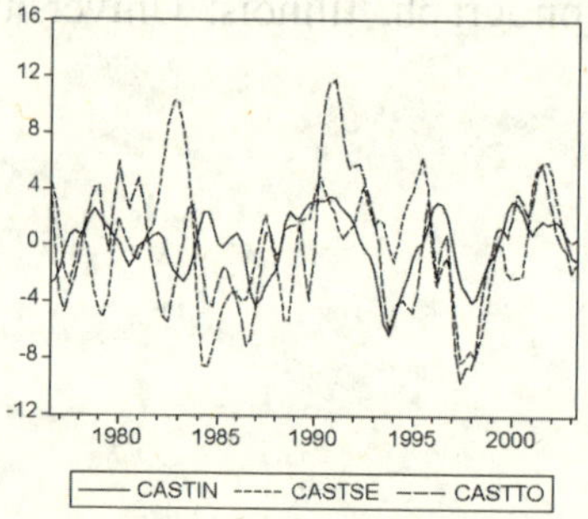

Baleares

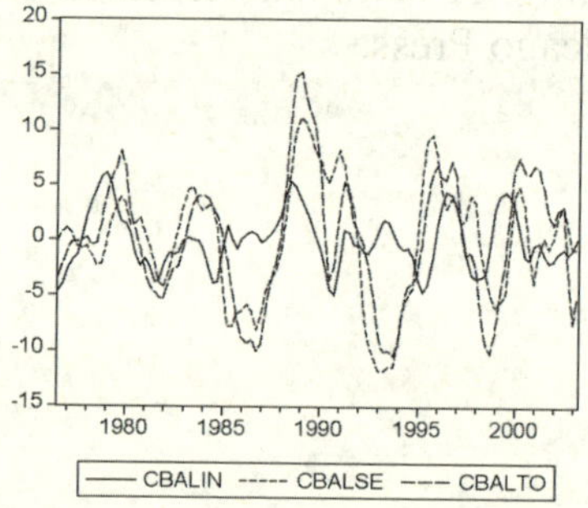

Canarias

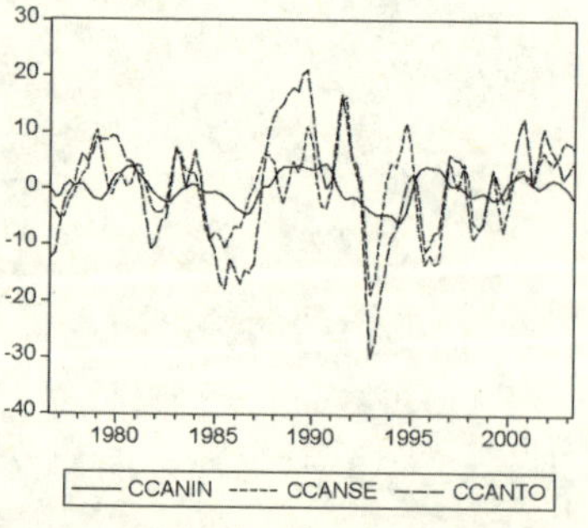

Cantabria

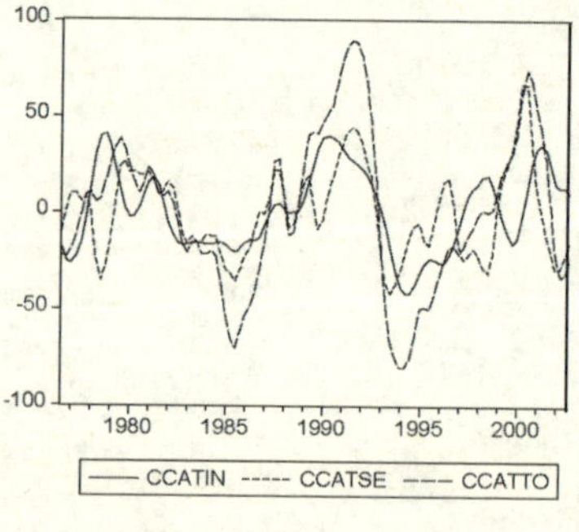

Castilla-León

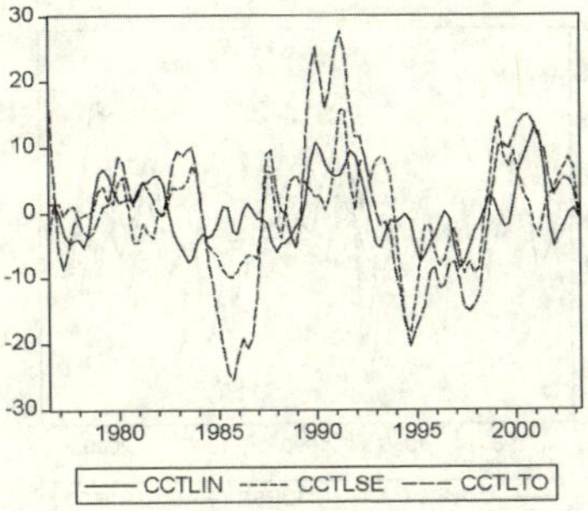

Castilla-La Mancha

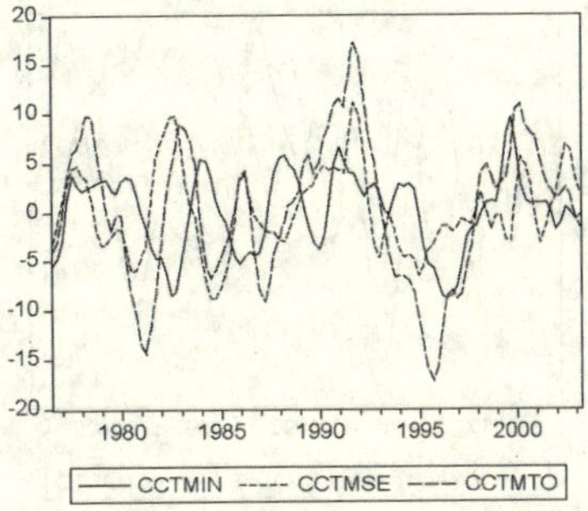

Cataluña

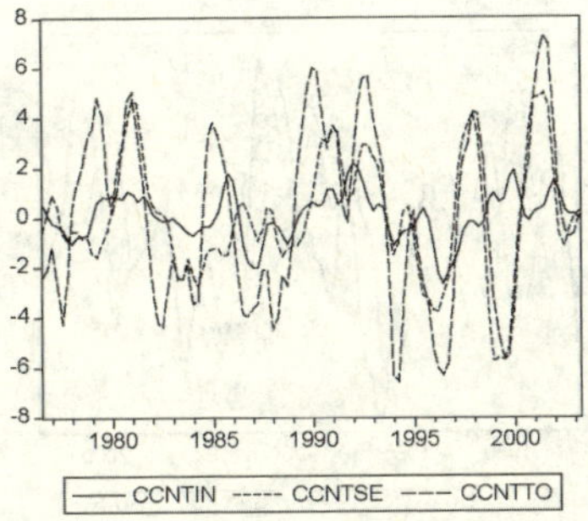

Valencia

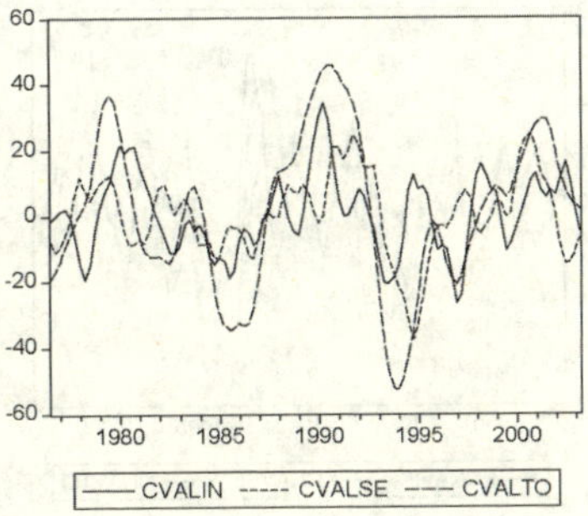

Extremadura

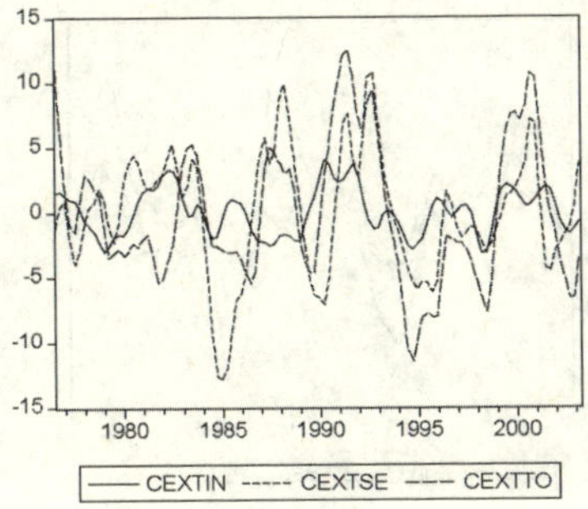

Galicia

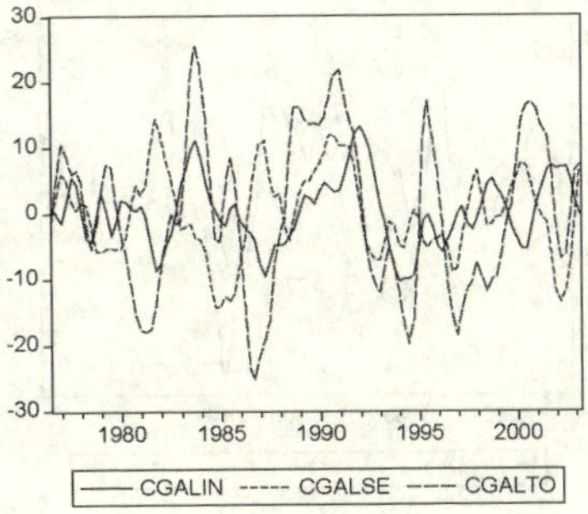

Madrid

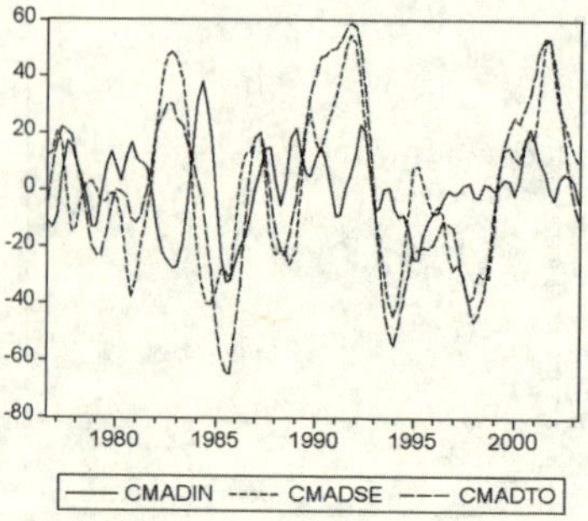

Murcia

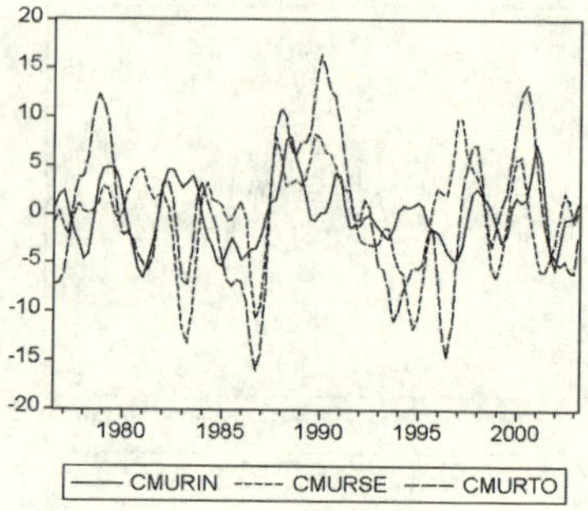

Navarra

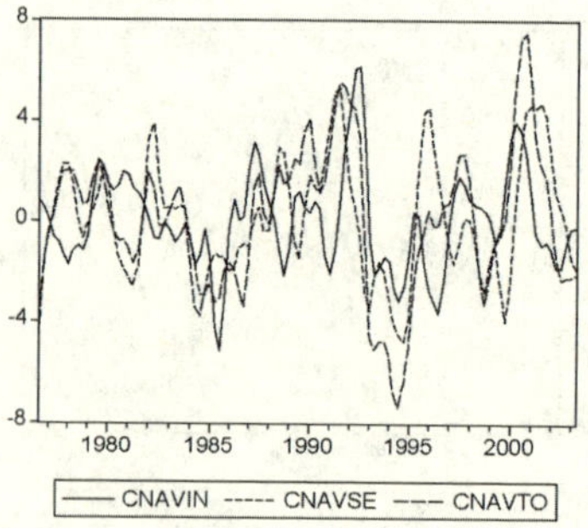

País Vasco

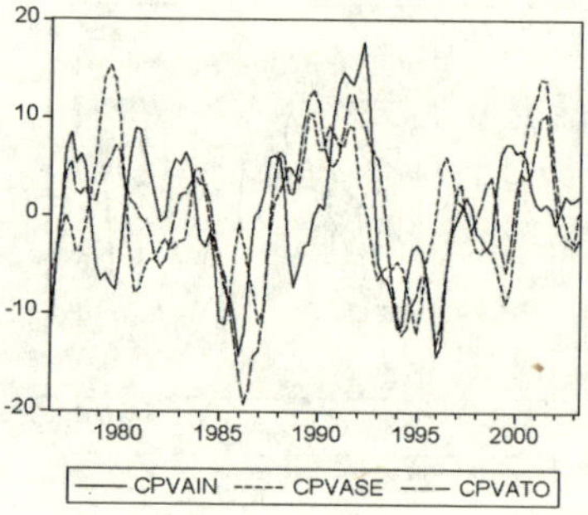

La Rioja

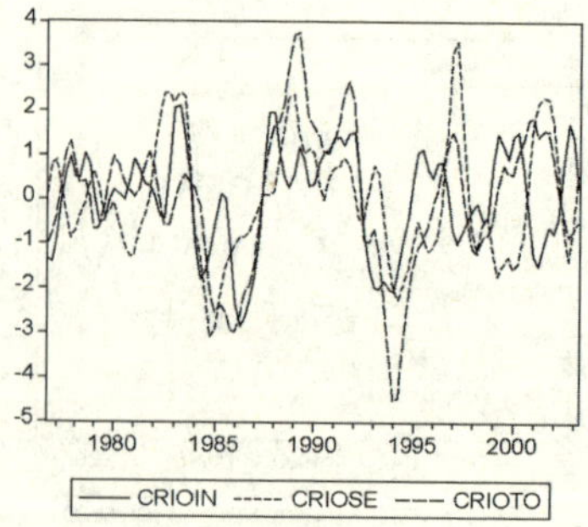

España

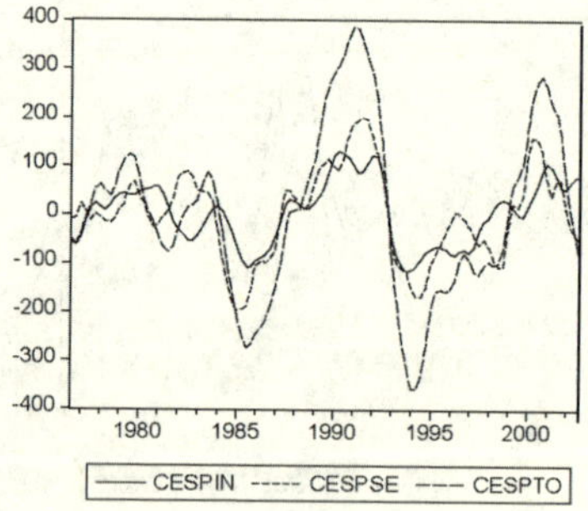

Fuente: EPA trimestral (de tercer trimestre de 1976 a segundo trimestre de 2003).

CUADRO 1
CO-MOVIMIENTOS ENTRE EL CICLO DEL EMPLEO TOTAL PARA ESPAÑA Y PARA CADA UNA DE SUS REGIONES

	PERIODO TOTAL	JUL-76:ABR-85	JUL-85:JUL-91	OCT-91:ENE-94	ABR-94:ABR:03
ANDALUCÍA (TOTAL)	**FUERTEMENTE PROCÍCLICO. COINCIDENTE**	**FUERTEMENTE PROCÍCLICO. COINCIDENTE**	**FUERTEMENTE PROCÍCLICO. RETRASADO (1)**	**FUERTEMENTE PROCÍCLICO. ADELANTADO (1)**	**FUERTEMENTE PROCÍCLICO. ADELANTADO (1)**
ARAGÓN (TOTAL)	**FUERTEMENTE PROCÍCLICO. RETRASADO (1)**	**FUERTEMENTE PROCÍCLICO. COINCIDENTE**	**FUERTEMENTE PROCÍCLICO. RETRASADO (1)**	**FUERTEMENTE PROCÍCLICO. ADELANTADO (1)**	**FUERTEMENTE PROCÍCLICO. RETRASADO (2)**
ASTURIAS (TOTAL)	**FUERTEMENTE PROCÍCLICO. ADELANTADO (1)**	PROCÍCLICO. ADELANTADO (5)	**FUERTEMENTE PROCÍCLICO. ADELANTADO (3)**	**FUERTEMENTE PROCÍCLICO. ADELANTADO (1)**	PROCÍCLICO. COINCIDENTE
BALEARES (TOTAL)	PROCÍCLICO. COINCIDENTE	**FUERTEMENTE PROCÍCLICO. ADELANTADO (3)**	PROCÍCLICO. RETRASADO (1) **RETRASADO (1)**	**FUERTEMENTE PROCÍCLICO.**	DÉBILMENTE PROCÍCLICO. COINCIDENTE.
CANARIAS (TOTAL)	PROCÍCLICO. RETRASADO (1)	**FUERTEMENTE PROCÍCLICO. ADELANTADO (1)**	**FUERTEMENTE PROCÍCLICO. RETRASADO (4)**	FUERTEMENTE ANTICÍCLICO. ADELANTADO (5)	PROCÍCLICO. ADELANTADO (5)
CANTABRIA (TOTAL)	PROCÍCLICO. ADELANTADO (4)	PROCÍCLICO. ADELANTADO (5)	**FUERTEMENTE PROCÍCLICO . ADELANTADO (4)**	**FUERTEMENTE PROCÍCLICO. ADELANTADO (2)**	PROCÍCLICO. ADELANTADO (4)
CASTILLA LA MANCHA (TOTAL)	**FUERTEMENTE PROCÍCLICO. COINCIDENTE**	PROCÍCLICO. RETRASADO (2)	**FUERTEMENTE PROCÍCLICO. ADELANTADO (4)**	**FUERTEMENTE PROCÍCLICO. COINCIDENTE**	**FUERTEMENTE PROCÍCLICO. RETRASADO (2)**
CASTILLA LEÓN (TOTAL)	**FUERTEMENTE PROCÍCLICO. ADELANTADO (1)**	**FUERTEMENTE PROCÍCLICO. ADELANTADO (1)**	**FUERTEMENTE PROCÍCLICO. COINCIDENTE**	**FUERTEMENTE PROCÍCLICO. RETRASADO (3)**	**FUERTEMENTE PROCÍCLICO. COINCIDENTE**
CATALUÑA (TOTAL)	**FUERTEMENTE PROCÍCLICO. COINCIDENTE**	**FUERTEMENTE PROCÍCLICO. ADELANTADO (1)**	**FUERTEMENTE PROCÍCLICO. RETRASADO (1)**	**FUERTEMENTE PROCÍCLICO. COINCIDENTE**	**FUERTEMENTE PROCÍCLICO. RETRASADO (1)**
EXTREMADURA (TOTAL)	**FUERTEMENTE PROCÍCLICO. ADELANTADO (1)**	DÉBILMENTE PROCÍCLICO. COINCIDENTE	PROCÍCLICO. ADELANTADO (2)	**FUERTEMENTE PROCÍCLICO. ADELANTADO (3)**	**FUERTEMENTE PROCÍCLICO. COINCIDENTE**
GALICIA (TOTAL)	PROCÍCLICO. COINCIDENTE	DÉBILMENTE ANTICÍCLICO. RETRASADO (5)	**FUERTEMENTE PROCÍCLICO. ADELANTADO (2)**	**FUERTEMENTE PROCÍCLICO. RETRASADO (4)**	PROCÍCLICO. COINCIDENTE
MADRID (TOTAL)	**FUERTEMENTE PROCÍCLICO. COINCIDENTE**	PROCÍCLICO. ADELANTADO (1)	**FUERTEMENTE PROCÍCLICO. RETRASADO (2)**	**FUERTEMENTE PROCÍCLICO. COINCIDENTE**	**FUERTEMENTE PROCÍCLICO. ADELANTADO (1)**
MURCIA (TOTAL)	**FUERTEMENTE PROCÍCLICO. RETRASADO (2)**	DÉBILMENTE PROCÍCLICO. COINCIDENTE	**FUERTEMENTE PROCÍCLICO. RETRASADO (1)**	**FUERTEMENTE PROCÍCLICO COINCIDENTE**	**FUERTEMENTE PROCÍCLICO. RETRASADO (3)**
NAVARRA (TOTAL)	**FUERTEMENTE PROCÍCLICO. COINCIDENTE**	**FUERTEMENTE PROCÍCLICO. RETRASADO (1)**	**FUERTEMENTE PROCÍCLICO. RETRASADO (5)**	**FUERTEMENTE PROCÍCLICO. COINCIDENTE**	**FUERTEMENTE PROCÍCLICO. COINCIDENTE**
PAÍS VASCO (TOTAL)	**FUERTEMENTE PROCÍCLICO. ADELANTADO (1)**	**FUERTEMENTE PROCÍCLICO. ADELANTADO (2)**	**FUERTEMENTE PROCÍCLICO . COINCIDENTE**	**FUERTEMENTE PROCÍCLICO. ADELANTADO (2)**	**FUERTEMENTE PROCÍCLICO. ADELANTADO (1)**
RIOJA (TOTAL)	**FUERTEMENTE PROCÍCLICO. RETRASADO (1)**	PROCÍCLICO. ADELANTADO (2)	**FUERTEMENTE PROCÍCLICO. RETRASADO (4)**	**FUERTEMENTE PROCÍCLICO. RETRASADO (1)**	**FUERTEMENTE PROCÍCLICO. ADELANTADO (1)**
VALENCIA (TOTAL)	**FUERTEMENTE PROCÍCLICO. COINCIDENTE**	**FUERTEMENTE PROCÍCLICO. ADELANTADO (1)**	**FUERTEMENTE PROCÍCLICO. RETRASADO (1)**	**FUERTEMENTE PROCÍCLICO. COINCIDENTE**	**FUERTEMENTE PROCÍCLICO. ADELANTADO (1)**

Fuente: EPA trimestral (de tercer trimestre de 1976 a segundo trimestre de 2003).

Cuadro 2

Co-movimientos entre el ciclo del empleo terciario para España y para cada una de sus regiones

	PERIODO TOTAL	JUL-76:ABR-85	JUL-85:JUL-91	OCT-91:ENE-94	ABR-94:ABR:03
ANDALUCÍA (SERVICIOS)	**FUERTEMENTE PROCÍCLICO. ADELANTADO (1)**	**FUERTEMENTE PROCÍCLICO. ADELANTADO (1)**	**FUERTEMENTE PROCÍCLICO. RETRASADO (1)**	**FUERTEMENTE PROCÍCLICO. ADELANTADO (1)**	**FUERTEMENTE PROCÍCLICO. ADELANTADO (1)**
ARAGÓN (SERVICIOS)	PROCÍCLICO. RETRASADO (2)	**FUERTEMENTE PROCÍCLICO. ADELANTADO (1)**	**FUERTEMENTE PROCÍCLICO. RETRASADO (2)**	**FUERTEMENTE PROCÍCLICO. RETRASADO (1)**	**FUERTEMENTE PROCÍCLICO. RETRASADO (3)**
ASTURIAS (SERVICIOS)	DÉBILMENTE PROCÍCLICO. COINCIDENTE	**FUERTEMENTE PROCÍCLICO. COINCIDENTE**	**FUERTEMENTE PROCÍCLICO. RETRASADO (5)**	**FUERTEMENTE PROCÍCLICO. ADELANTADO (2)**	DÉBILMENTE PROCÍCLICO. ADELANTADO (5)
BALEARES (SERVICIOS)	DÉBILMENTE PROCÍCLICO. RETRASADO (1)	**FUERTEMENTE PROCÍCLICO. ADELANTADO (3)**	**FUERTEMENTE PROCÍCLICO. RETRASADO (1)**	**FUERTEMENTE PROCÍCLICO. RETRASADO (3)**	DÉBILMENTE ANTICÍCLICO. ADELANTADO (5)
CANARIAS (SERVICIOS)	DÉBILMENTE PROCÍCLICO. COINCIDENTE	PROCÍCLICO. ADELANTADO (2)	**FUERTEMENTE PROCÍCLICO. RETRASADO (5)**	FUERTEMENTE ANTICÍCLICO. ADELANTADO (4)	**FUERTEMENTE PROCÍCLICO. ADELANTADO (5)**
CANTABRIA (SERVICIOS)	PROCÍCLICO. ADELANTADO (4)	PROCÍCLICO. RETRASADO (5)	PROCÍCLICO. RETRASADO (5)	**FUERTEMENTE PROCÍCLICO. ADELANTADO (3)**	**FUERTEMENTE PROCÍCLICO. ADELANTADO (4)**
CASTILLA LA MANCHA (SERVICIOS)	PROCÍCLICO. COINCIDENTE	**FUERTEMENTE PROCÍCLICO. COINCIDENTE**	**FUERTEMENTE PROCÍCLICO. RETRASADO (5)**	**FUERTEMENTE PROCÍCLICO. RETRASADO (1)**	DÉBILMENTE PROCÍCLICO. ADELANTADO (4)
CASTILLA LEÓN (SERVICIOS)	PROCÍCLICO. ADELANTADO (1)	**FUERTEMENTE PROCÍCLICO. ADELANTADO (2)**	**FUERTEMENTE PROCÍCLICO. COINCIDENTE**	**FUERTEMENTE PROCÍCLICO. ADELANTADO (5)**	PROCÍCLICO. RETRASADO (1)
CATALUÑA (SERVICIOS)	**FUERTEMENTE PROCÍCLICO. RETRASADO (1)**	PROCÍCLICO. ADELANTADO (1)	**FUERTEMENTE PROCÍCLICO. RETRASADO (1)**	**FUERTEMENTE PROCÍCLICO. COINCIDENTE**	**FUERTEMENTE PROCÍCLICO. RETRASADO (1)**
EXTREMADURA (SERVICIOS)	PROCÍCLICO. ADELANTADO (1)	**FUERTEMENTE PROCÍCLICO. ADELANTADO (1)**	DÉBILMENTE PROCÍCLICO. RETRASADO (4)	**FUERTEMENTE PROCÍCLICO. ADELANTADO (3)**	PROCÍCLICO. ADELANTADO (1)
GALICIA (SERVICIOS)	**FUERTEMENTE PROCÍCLICO. RETRASADO (2)**	PROCÍCLICO. RETRASADO (1)	FUERTEMENTE PROCÍCLICO. RETRASADO (3)	**FUERTEMENTE PROCÍCLICO. RETRASADO (3)**	PROCÍCLICO. RETRASADO (5)
MADRID (SERVICIOS)	PROCÍCLICO. COINCIDENTE	**FUERTEMENTE COINDIDENTE**	PROCÍCLICO. RETRASADO (4)	**FUERTEMENTE PROCÍCLICO. COINCIDENTE**	PROCÍCLICO. COINCIDENT
MURCIA (SERVICIOS)	DÉBILMENTE PROCÍCLICO. RETRASADO (5)	PROCÍCLICO. RETRASADO (5)	PROCÍCLICO. COINCIDENTE	**FUERTEMENTE PROCÍCLICO. RETRASADO (4)**	DÉBILMENTE PROCÍCLICO. ADELANTADO (1)
NAVARRA (SERVICIOS)	PROCÍCLICO. COINCIDENTE	PROCÍCLICO. COINCIDENTE	**FUERTEMENTE PROCÍCLICO. RETRASADO (3)**	**FUERTEMENTE PROCÍCLICO. RETRASADO (2)**	PROCÍCLICO. ADELANTADO (1)
PAÍS VASCO (SERVICIOS)	PROCÍCLICO. ADELANTADO (1)	DÉBILMENTE PROCÍCLICO. ADELANTADO (1)	**FUERTEMENTE PROCÍCLICO. ADELANTADO (1)**	**FUERTEMENTE PROCÍCLICO. RETRASADO (1)**	**FUERTEMENTE PROCÍCLICO. ADELANTADO (2)**
RIOJA (SERVICIOS)	PROCÍCLICO. ADELANTADO (1)	**FUERTEMENTE PROCÍCLICO. COINCIDENTE**	**FUERTEMENTE PROCÍCLICO.**	**FUERTEMENTE PROCÍCLICO. RETRASADO (4)**	PROCÍCLICO. ADELANTADO (4) **ADELANTADO (4)**
VALENCIA (SERVICIOS)	FUERTEMENTE PROCÍCLICO. COINCIDENTE	FUERTEMENTE PROCÍCLICO. RETRASADO (1)	FUERTEMENTE PROCÍCLICO. ADELANTADO (4)	FUERTEMENTE PROCÍCLICO. ADELANTADO (2)	FUERTEMENTE PROCÍCLICO. ADELANTADO (1)

Fuente: EPA trimestral (de tercer trimestre de 1976 a segundo trimestre de 2003).

CUADRO 3
CORRELACIONES MÁS ELEVADAS (SUPERIORES A 0.7) ENTRE EL CICLO DEL EMPLEO TERCIARIO POR COMUNIDADES AUTÓNOMAS

1976:3-1985:2		**1985:3-1991:3**		**1991:4-1994:1**		**1994:2-2003:2**		**PERIODO TOTAL**	
AND-CTL	0,77	AND-BAL	0,94	AND-ARA	0,83	AST-MAD	0,73	AND-PVA	0,72
AND-CAN	0,72	AND-CTL	0,74	AND-AST	0,75	NAV-PVA	0,80	AST-MAD	0,70
AND-EXT	0,76	AND-MUR	0,76	AND-CAT	0,92	PVA-VAL	0,72		
ARA-EXT	0,73	AND-PVA	0,90	AND-CTM	0,70				
ARA-GAL	0,75	AND-RIO	0,84	AND-MAD	0,94				
AST-CTM	0,75	AND-VAL	0,71	AND-NAV	0,72				
AST-MAD	0,85	ARA-AST	0,86	AND-PVA	0,75				
AST-RIO	0,82	ARA-CAN	0,79	AND-VAL	0,91				
CTM-MAD	0,83	ARA-GAL	0,75	ARA-BAL	0,78				
CTM-NAV	0,74	ARA-MAD	0,72	ARA-CAT	0,82				
CTM-RIO	0,76	AST-GAL	0,74	ARA-CTM	0,89				
EXT-RIO	0,71	BAL-CTL	0,72	ARA-MAD	0,92				
MAD-RIO	0,95	BAL-PVA	0,88	ARA-MUR	0,73				
NAV-VAL	0,79	BAL-RIO	0,90	ARA-NAV	0,90				
		BAL-VAL	0,73	ARA-PVA	0,85				
		CAN-CTL	0,78	ARA-VAL	0,84				
		CAT-CTL	0,87	AST-CNT	0,90				
		CAT-GAL	0,78	AST-EXT	0,85				
		CAT-NAV	0,71	BAL-CAN	0,80				
		CAT-VAL	0,71	BAL-CAT	0,84				
		CNT-MAD	0,72	BAL-CTM	0,94				
		CTL-NAV	0,79	BAL-GAL	0,83				
		CTL-VAL	0,76	BAL-MAD	0,81				
		CTM-MAD	0,70	BAL-NAV	0,92				
		GAL-MAD	0,80	BAL-PVA	0,97				
		MUR-PVA	0,81	CAN-CTM	0,74				
		NAV-VAL	0,78	CAN-GAL	0,72				
		PVA-VAL	0,74	CAN-NAV	0,77				
				CAN-PVA	0,81				
				CAT-CTM	0,82				
				CAT-MAD	0,96				
				CAT-NAV	0,83				
				CAT-PVA	0,90				
				CAT-VAL	0,91				
				CNT-EXT	0,91				
				CTM-GAL	0,83				
				CTM-MAD	0,84				
				CTM-NAV	0,98				
				CTM-PVA	0,95				
				GAL-NAV	0,84				
				GAL-PVA	0,79				
				MAD-NAV	0,83				
				MAD-PVA	0,87				
				MAD-VAL	0,96				
				MUR-RIO	0,79				
				NAV-PVA	0,97				
				PVA-VAL	0,74				

Fuente: EPA trimestral (de tercer trimestre de 1976 a segundo trimestre de 2003).

CUADRO 4
CORRELACIONES MÁS ELEVADAS (SUPERIORES A 0.7) ENTRE EL CICLO DEL EMPLEO TOTAL POR COMUNIDADES AUTÓNOMAS

1976:3-1985:2		1985:3-1991:3		1991:4-1994:1		1994:2-2003:2		PERIODO TOTAL	
AND-ARA	0,70	AND-ARA	0,81	AND-ARA	0,98	AND-CAT	0,74	AND-ARA	0,72
BAL-PVA	0,77	AND-AST	0,78	AND-AST	0,97	AND-CTL	0,80	AND-CAT	0,77
BAL-VAL	0,75	AND-BAL	0,71	AND-BAL	0,92	AND-EXT	0,82	AND-CTL	0,77
CAN-PVA	0,85	AND-CAN	0,81	AND-CAT	0,98	AND-MAD	0,89	AND-PVA	0,77
CAN-VAL	0,87	AND-CAT	0,87	AND-CTL	0,95	AND-RIO	0,83	AND-RIO	0,78
CAT-VAL	0,74	AND-CTL	0,88	AND-CTM	0,96	AND-VAL	0,78	AND-VAL	0,86
PVA-VAL	0,78	AND-GAL	0,81	AND-EXT	0,96	ARA-CAT	0,90	ARA-CAT	0,78
		AND-MUR	0,93	AND-MAD	0,99	ARA-CTM	0,76	ARA-CTL	0,72
		AND-NAV	0,83	AND-MUR	0,95	ARA-EXT	0,76	ARA-CTM	0,72
		AND-PVA	0,94	AND-NAV	0,91	ARA-MUR	0,87	ARA-VAL	0,76
		AND-RIO	0,86	AND-PVA	0,97	AST-CTL	0,75	AST-CTL	0,71
		AND-VAL	0,98	AND-RIO	0,90	AST-MAD	0,82	BAL-CAN	0,70
		ARA-CAT	0,81	AND-VAL	0,97	CAT-CTL	0,80	CAN-RIO	0,73
		ARA-CNT	0,71	ARA-AST	0,97	CAT-CTM	0,79	CAN-VAL	0,74
		ARA-CTL	0,82	ARA-BAL	0,93	CAT-EXT	0,90	CAT-CTL	0,78
		ARA-CTM	0,76	ARA-CAT	0,98	CAT-MUR	0,74	CAT-MAD	0,73
		ARA-MAD	0,84	ARA-CTL	0,95	CAT-NAV	0,82	CAT-NAV	0,82
		ARA-VAL	0,87	ARA-CTM	0,95	CAT-PVA	0,72	CAT-PVA	0,73
		AST-CAT	0,79	ARA-EXT	0,91	CAT-RIO	0,72	CAT-RIO	0,75
		AST-CTL	0,74	ARA-MAD	0,99	CAT-VAL	0,79	CAT-VAL	0,85
		AST-EXT	0,82	ARA-MUR	0,98	CNT-PVA	0,73	CTL-MAD	0,79
		AST-GAL	0,72	ARA-NAV	0,94	CTL-CTM	0,80	CTL-VAL	0,74
		AST-VAL	0,77	ARA-PVA	0,94	CTL-EXT	0,83	MUR-VAL	0,70
		BAL-CAN	0,90	ARA-RIO	0,87	CTL-MAD	0,84	NAV-RIO	0,76
		BAL-NAV	0,70	ARA-VAL	0,97	CTL-VAL	0,82	NAV-VAL	0,74
		BAL-PVA	0,79	AST-BAL	0,88	CTM-EXT	0,71	PVA-RIO	0,73
		BAL-RIO	0,90	AST-CAT	0,96	EXT-MAD	0,73	PVA-VAL	0,76
		CAN-MUR	0,82	AST-CTL	0,90	EXT-NAV	0,77	RIO-VAL	0,77
		CAN-NAV	0,81	AST-CTM	0,94	EXT-RIO	0,74		
		CAN-PVA	0,91	AST-EXT	0,93	MAD-RIO	0,72		
		CAN-RIO	0,95	AST-MAD	0,97	MAD-VAL	0,80		
		CAN-VAL	0,79	AST-MUR	0,97	NAV-RIO	0,82		
		CAT-CTL	0,95	AST-NAV	0,87	PVA-VAL	0,72		
		CAT-MAD	0,91	AST-PVA	0,98	RIO-VAL	0,70		
		CAT-MUR	0,72	AST-RIO	0,90				
		CAT-NAV	0,88	AST-VAL	0,95				
		CAT-PVA	0,83	BAL-CAN	0,87				
		CAT-RIO	0,74	BAL-CAT	0,98				
		CAT-VAL	0,93	BAL-CTL	0,94				
		CNT-GAL	0,75	BAL-CTM	0,97				
		CTL-MAD	0,86	BAL-EXT	0,78				
		CTL-MUR	0,80	BAL-GAL	0,75				
		CTL-NAV	0,89	BAL-MAD	0,96				
		CTL-PVA	0,85	BAL-MUR	0,89				
		CTL-VAL	0,93	BAL-NAV	0,99				
		CTM-GAL	0,77	BAL-PVA	0,83				
		GAL-MUR	0,74	BAL-RIO	0,85				
		GAL-PVA	0,75	BAL-VAL	0,98				
		GAL-VAL	0,76	CAN-CAT	0,75				
		MAD-NAV	0,71	CAN-CTL	0,75				
		MAD-VAL	0,79	CAN-CTM	0,75				

MUR-NAV	0,75	CAN-GAL	0,75
MUR-PVA	0,91	CAN-MAD	0,70
MUR-RIO	0,80	CAN-NAV	0,88
MUR-VAL	0,89	CAN-VAL	0,76
NAV-PVA	0,86	CAT-CTL	0,97
NAV-RIO	0,80	CAT-CTM	0,99
NAV-VAL	0,88	CAT-EXT	0,88
PVA-RIO	0,90	CAT-MAD	1,00
PVA-VAL	0,93	CAT-MUR	0,95
RIO-VAL	0,84	CAT-NAV	0,97
		CAT-PVA	0,93
		CAT-RIO	0,91
		CAT-VAL	1,00
		CNT-EXT	0,71
		CNT-PVA	0,70
		CTL-CTM	0,97
		CTL-EXT	0,85
		CTL-GAL	0,79
		CTL-MAD	0,96
		CTL-MUR	0,90
		CTL-NAV	0,95
		CTL-PVA	0,92
		CTL-RIO	0,93
		CTL-VAL	0,97
		CTM-EXT	0,86
		CTM-GAL	0,77
		CTM-MAD	0,99
		CTM-MUR	0,91
		CTM-NAV	0,95
		CTM-PVA	0,92
		CTM-RIO	0,95
		CTM-VAL	1,00
		EXT-MAD	0,90
		EXT-MUR	0,88
		EXT-NAV	0,76
		EXT-PVA	0,95
		EXT-RIO	0,84
		EXT-VAL	0,87
		GAL-NAV	0,73
		GAL-RIO	0,80
		GAL-VAL	0,73
		MAD-MUR	0,96
		MAD-NAV	0,95
		MAD-PVA	0,95
		MAD-RIO	0,92
		MAD-VAL	0,99
		MUR-NAV	0,90
		MUR-PVA	0,93
		MUR-RIO	0,83
		MUR-VAL	0,93
		NAV-PVA	0,82
		NAV-RIO	0,83
		NAV-VAL	0,96
		PVA-RIO	0,94
		PVA-VAL	0,92
		RIO-VAL	0,93

Fuente: EPA trimestral (de tercer trimestre de 1976 a segundo trimestre de 2003).

VII
Paro e inmigración en el mercado de trabajo andaluz

*Gabriel M. Pérez Alcalá**

La inmigración de trabajadores es uno de los fenómenos más llamativos dentro del mercado laboral andaluz de los últimos años. De hecho, una economía tradicionalmente emisora de emigrantes, se ha convertido en una receptora de inmigración. En este contexto se produce, entonces, la paradoja de que en una economía regional, Andalucía, con una alta tasa de paro existe un fenómeno de inmigración, encontrando los inmigrantes, en un porcentaje significativo, un puesto de trabajo. Intentar explicar esta aparente paradoja es el objeto de nuestro trabajo. Para ello consideraremos la decisión de emigrar, tanto desde el exterior como en el interior, como una decisión de inversión. Esta consideración permite esbozar unas conclusiones que expliquen, entre otros, fenómenos como la sustitución de trabajadores andaluces por inmigrantes en el campo andaluz.

Palabras clave: *mercado laboral, inmigración, diferencias salariales, paro, sustitución de trabajadores, salarios agrarios, protección del desempleo, Andalucía.*

---

* Este artículo pretende ser una pequeña aportación al homenaje del amigo y del maestro. Adolfo Rodero me enseñó la base de la Macroeconomía que sé y, lo que es aún más importante, me apasionó por la investigación teórica, empezando por el mercado de trabajo.

7.1. El cambio en el mercado de trabajo en España y en Andalucía

El mercado de trabajo español ha evolucionado, en los últimos diez años, de tal forma que ha sido un caso único entre los mercados de trabajo de las economías europeas. Así, ha creado más de 3 millones de puestos de trabajo[1], ha aumentado su tasa de actividad y ha reducido su tasa de paro de un 20% hasta el 10%,[2] al tiempo que ha absorbido un creciente y significativo volumen de inmigrantes, hasta llegar éstos a ser casi un 10% de la fuerza laboral española.[3] España ha pasado de tener un mercado de trabajo permanentemente desequilibrado[4] y rígido, a tener un mercado de trabajo que ha disminuido el paro y se ha flexibilizado lentamente, y, paralelamente, ha pasado de ser una economía emisora de emigración a ser un país receptor de inmigrantes.

De todas las economías regionales en las que podemos dividir la economía española, la andaluza refleja, corregidas y aumentadas, las luces y las sombras del modelo de crecimiento español de los últimos años. Y, de la misma forma, de todos los mercados de trabajo regionales en los que podemos dividir el mercado de trabajo español, pocos hay que hayan acusado con más profundidad la evolución del conjunto que el mercado andaluz. Y es que en Andalucía se han dado las mismas características evolutivas que en el mercado de trabajo español: se han creado unos 680.000 puestos de trabajo en los últimos años, se ha aumentado la tasa de actividad en 5 puntos, se ha reducido el paro de un 34,9% hasta el 15,99%[5] y se han integrado en la población activa andaluza unos 200.000 inmigrantes. Una de las tierras tradicionales de emigración se está convirtiendo, en estos primeros años del siglo, en una tierra de inmigración.

En este contexto se produce, entonces, la paradoja de que en una economía regional, Andalucía, con una de las más altas tasas de paro de la economía europea existe un fenómeno de inmigración, encontrando los inmigrantes, en un porcentaje significativo, un puesto de trabajo. Paradoja que se acentúa en las zonas rurales y en la agricultura. Intentar explicar esta aparente paradoja es el objeto de nuestro trabajo.

---

1. La media de ocupados en el período 1993-96 fue de 12,5 millones de ocupados, en los últimos años la media ha sido de 16 millones. Una parte de este crecimiento se puede achacar al cambio de metodología de la Encuesta de Población Activa (EPA) en 2001. La creación neta de puestos de trabajo, desestacionalizada, es de alrededor de 3 millones. Esta cifra supone casi el 40% del total de puestos de trabajo creados en las economías de la Unión Europea 15 y la mitad de los creados en la zona euro.

2. Datos de la EPA del 4º Trimestre 2004.

3. Estimaciones propias a partir del Padrón Municipal.

4. Recordemos que el paro es un desequilibrio del mercado de trabajo, según la concepción teórica clásica.

7.2. La inmigración en Andalucía

7.2.1. Los trabajadores inmigrantes en Andalucía

¿Cuántos inmigrantes hay en Andalucía y, de ellos, cuántos son trabajadores en activo? Sin entrar en los matices de lo que es un inmigrante a efectos estadísticos, podemos considerar, siguiendo las definiciones de las Naciones Unidas,[6] que un emigrante (para el país del que sale o emisor) o inmigrante (para el país que lo recibe o receptor) es aquella persona que cambia de país a través de una frontera internacional y declara su salida por las siguientes causas:

1. Trabajo (trabajadores extranjeros), incluyendo el trabajo en una organización internacional (trabajadores extranjeros como funcionarios públicos internacionales)
2. Estudios (estudiantes extranjeros) y capacitación (pasantes extranjeros).
3. Establecimiento permanente (admitidos para establecerse) y reagrupamiento familiar (admitidos por motivos familiares)
4. Asilo político (refugiados).

Pero para tener una idea aproximada del censo total de inmigrantes en un país habría que sumar dos colectivos de personas que son, en realidad, inmigrantes en una situación irregular: en primer lugar, aquellas personas que atraviesan irregularmente la frontera por cualquiera de las causas que las contabilizarían como inmigrantes;[7] y, en segundo lugar, aquellas personas que atravesando la frontera como no inmigrantes, por ejemplo, turistas, a partir de su llegada se convierten en inmigrantes por cualquier motivo, al no salir del país receptor a la finalización del visado.[8] Por estas dos situaciones, irregulares ambas, los censos de la inmigración, en la mayoría de los países receptores, son muy inexactos.

Teniendo en cuenta lo anterior, es evidente que el grupo de inmigrantes en el que hay una mayor inexactitud en los censos es, precisamente, la de los trabajadores inmigrantes, pues la mayoría de las personas en situación irregular, por cualquiera de las dos causas de irregularidad, se pueden considerar, al menos en potencia. Los trabajadores extranjeros, pues, y desde la perspectiva del país receptor, pueden encontrarse en tres situaciones jurídicas diferentes, según las leyes de extranjería y de trabajo:

5. Datos de la EPA de 4º Trimestre de 1994 y 2004.

6. Naciones Unidas (1999).

7. Un ejemplo, desgraciadamente cotidiano, de este tipo de inmigración irregular es la de las personas que llegan en pateras a las costas españolas.

8. Un ejemplo de la importancia de esta irregularidad se pone de manifiesto si tenemos en cuenta que el 85% de la salidas de personas de Ecuador en el año 2000 se produjeron con visados de turista con destino a Estados Unidos y España.

1. Trabajador inmigrante regularizado o en situación regular, si tiene residencia legal, permiso de trabajo regularizado y realiza una actividad legalizada con alta en la Seguridad Social.
2. Trabajador inmigrante en situación irregular, si tiene derecho a la residencia o estancia legal, pero no tiene permiso de trabajo o, teniéndolo, realiza una actividad irregular o sin alta en la Seguridad Social.
3. Trabajador inmigrante en situación doblemente irregular,[9] es aquel que permanece en el país en situación irregular tanto desde el punto de vista de las leyes de permanencia, como desde las del mercado de trabajo.

En España, no es posible una cuarta alternativa, de trabajadores inmigrantes en situación regular a efectos del mercado de trabajo, pero irregular desde la perspectiva de las leyes de extranjería, porque esta segunda es condición *sine qua non* para la primera. En nuestro trabajo, desde la perspectiva laboral, consideraremos "en situación regular" a los primeros, y diremos que se encuentran "en situación irregular" todos los demás.

Como se puede observar en el gráfico 1, el número de inmigrantes en Andalucía ha crecido significativamente en los últimos años. De los casi 90.000 de 1997, se pasó rápidamente a los más de 100.000 en 1999, para duplicarse esta cifra tres años después.

En Andalucía vivían, en el año 2003, algo más de 272. 000 inmigrantes,[10] lo que, dadas las tasas de crecimiento de los últimos años[11] (gráfico 2), podrían suponer en 2004 más de 320.000 inmigrantes para una población total de 7.687.518 personas. Es decir, los inmigrantes empadronados son algo más del 4% de la población total de la región. Sumando los que se encuentran en situación irregular, el censo total sobrepasará, en la actualidad, y casi con seguridad, los 350.000,[12] o sea, algo más del 4,5% de la población total.

9. Son los que coloquialmente se les llama "ilegales" o "sin papeles". Sin embargo, rechazamos estos adjetivos porque los criminaliza.

10. Según el Padrón Municipal del Instituto Nacional de Estadística.

11. De los legales y registrados.

12. Con la regularización que se inicia en el mes de febrero de 2005 aflorarán parte de estos inmigrantes irregulares y algunos de los en situación ilegal.

GRÁFICO 1
INMIGRANTES TOTALES EN ANDALUCÍA (PADRÓN MUNICIPAL)

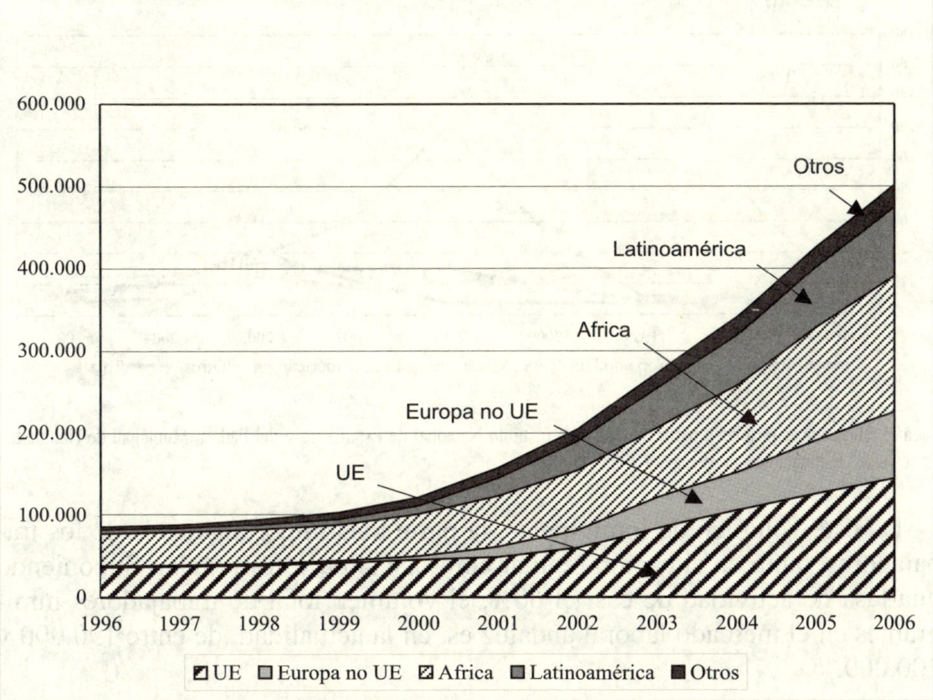

Fuente: estimaciones propias a partir de datos del Instituto Nacional de Estadística y del Padrón Municipal de Habitantes. Varios años. Estimaciones propias para 2005 y 2006.

La evolución de la inmigración en Andalucía ha sido espectacular en los últimos tres años. En 2001 el número de inmigrantes creció algo más del 29%, manteniéndose este alto ritmo de crecimiento en los años siguientes. Suponiendo, con los modelos estándar,[13] que este crecimiento se modera lentamente en los años siguientes hasta prácticamente desaparecer, pues se mantiene por el efecto de reagrupamiento y se modera por saturación de la sociedad receptora, podemos considerar que el crecimiento de la inmigración en los próximos años se mantendrá en el entorno del 20%, con lo que, antes de finalizar la década, el número de inmigrantes previstos bien puede alcanzar entre 650.000 y 700.000 personas, o sea, casi el 10% de la población total andaluza.

13. Borjas (1997).

GRÁFICO 2
CRECIMIENTO DE LA INMIGRACIÓN EN ANDALUCÍA (% SOBRE EL AÑO ANTERIOR)

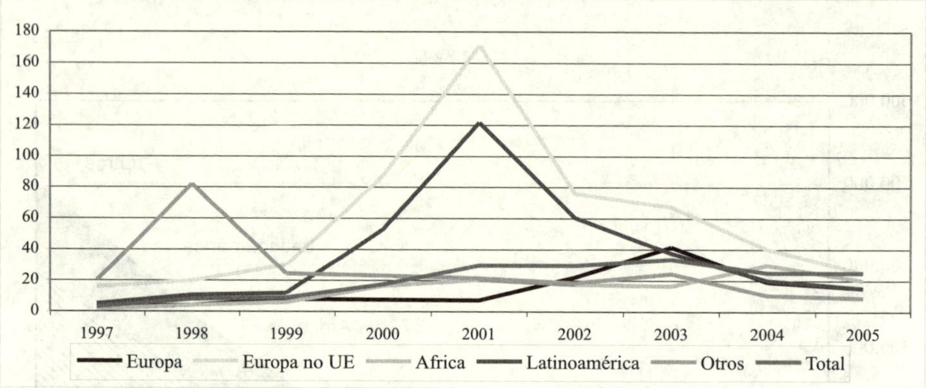

Fuente: estimaciones propias a partir de datos del Instituto Nacional de Estadística y del Padrón Municipal de Habitantes. Varios años. Estimaciones propias para 2005 y 2006.

De este volumen de inmigrantes, la parte más importante es la de los trabajadores, tanto en situación regular como en situación irregular. Suponiendo una tasa de actividad de casi el 60%, el volumen total de trabajadores inmigrantes en el mercado laboral andaluz es, en la actualidad, de entre 190.000 y 200.000. [14]

14. Hemos hecho las estimaciones a partir del cruce de datos del Padrón Municipal de Habitantes, las afiliaciones a la Seguridad Social y el Registro Central de Extranjeros. Hemos considerado que los ciudadanos con pasaporte del Espacio Económico Europeo, residentes legales y con automática autorización para trabajar, no tienen ningún incentivo para ser trabajadores en situación irregular (al menos en las actividades legales), al igual que los latinoamericanos con doble nacionalidad, por lo que su tasa de actividad será la razón de sus altas en la Seguridad Social entre el número de residentes, es decir, cercana al 45%. Sin embargo, no es creíble que la tasa de actividad oficial de los procedentes de Marruecos o Ecuador sea inferior a la europea, porque la edad media de los inmigrantes europeos es de 40 años, lo que supone que se afincan muchas personas inactivas de edad alta, mientras que la de los inmigrantes de las otras procedencias es de 35 años. Esta disparidad en la tasa de actividad sólo sería creíble si la edad media de los inmigrantes no europeos fuera muy baja, porque la presencia de niños entre ellos disminuiría la actividad. Al estar la mayoría de los inmigrantes no europeos entre los 25 y los 40 años, no es plausible pensar que la mitad de ellos son inactivos, máxime cuando la mayoría de los africanos entran en España solos y no se les facilita el reagrupamiento familiar. Por eso, hemos considerado que la tasa de actividad real de los inmigrantes es mayor que la declarada por los inmigrantes del Espacio Económico Europeo. Luego la media resulta en una tasa de actividad superior al 50%. Por otra parte, si tenemos en cuenta que la tasa de actividad, sobre la población entre 16 y 65 años, en Andalucía es del 54% y que la mayoría de los inmigrantes está entre esas edades (y no van a la universidad), la tasa de actividad de los inmigrantes debe ser, en cálculos muy prudentes, cercana al 60%. Lo que arroja una cifra de un 20% de inmigrantes como población activa que están en situación irregular. Dado que no conocemos su tasa de paro, pero debe ser inferior a la media, al no tener protección, el volumen total de empleos sumergidos, no declarados, ocupados por los inmigrantes, debe rondar, con cálculos prudentes, los 50.000 en Andalucía.

Sin entrar en un análisis profundo de las características personales de los trabajadores inmigrantes (sexo, edad, situación familiar, etc.) en Andalucía, podemos considerar que la inmigración presenta, desde un punto de vista del mercado laboral, una clara dualidad, determinada por el origen nacional de los inmigrantes:

1. Hay un alto porcentaje (17% aproximadamente, algo más de 30.000) de trabajadores inmigrantes de los países de la Unión Europea. Entre éstos son especialmente significativos los de nacionalidad británica (11.007 en 2003), italiana (4.139) y alemana (3.836), afincados en las ciudades de la costa mediterránea, especialmente en las provincias de Málaga y Almería (el 70%). Una parte importante de ellos trabaja por cuenta propia y está dado de alta en la Seguridad Social en el Régimen General o en el de Trabajadores Autónomos. Su nivel de cualificación es media o alta. Sus sectores básicos de actividad son la industria y, esencialmente, los servicios (turísticos, inmobiliarios, sanitarios, educativos, etc.). Su situación, en virtud de los Tratados de la Unión Europea, es mayoritariamente regular, tanto desde el punto de la residencia como del trabajo.
2. Los trabajadores inmigrantes de otros tres orígenes principales (Europa del Este, África y Latinoamérica), el 60% de la inmigración total, casi el 80% de los trabajadores inmigrantes (162.000 personas), de los cuales casi la mitad se encuentran en situación laboral irregular, presentan, por el contrario, unas características legales y laborales muy diferentes, aunque su ubicación geográfica en Andalucía también tiende mayoritariamente a las provincias de la costa mediterránea (el 63%). Así, los de origen africano, otro tercio del total de la inmigración, de los que más de un 75% son marroquíes, se concentran, esencialmente en dos sectores, la agricultura, en un 60%, y la construcción, en un 25%. Junto a ellos, los latinoamericanos, casi un 18% del total de la inmigración, se reparten sectorialmente más, estando ocupados en un 22% en la agricultura, un 40% en la construcción y en un 15%, especialmente las mujeres, en el servicio doméstico.[15] Finalmente, los inmigrantes del Este de Europa, 14% del total, se ocupan en un 50% en la agricultura y en un 30% en la construcción. Es decir, los inmigrantes no UE, sea cual sea su origen, están mayoritariamente ocupados en la agricultura y la construcción, en trabajos de baja cualificación, normalmente por cuenta ajena o en economía sumergida (situación irregular).

15. Según las estadísticas del Régimen Especial de Empleados del Hogar, el ¡40%! de las altas en este régimen en 2004 fueron de trabajadores procedentes de Latinoamérica, mayoritariamente mujeres ecuatorianas.

El volumen total, pues, de trabajadores inmigrantes en el mercado andaluz lo podemos observar en el cuadro 1.

CUADRO 1
TRABAJADORES INMIGRANTES EN ANDALUCÍA

	1996	1997	1998	1999	2000	2001	2002	2003	2004
En situación regular	34.930	34.906	37.094	38.564	49.973	69.775	88.650	99.965	111.069
En situación irregular	16.488	18.035	19.988	23.563	22.940	24.753	33.910	63.527	76.266
Totales	51.418	52.941	57.083	62.127	72.913	94.528	122.560	163.492	187.335

Fuente: estimaciones propias a partir del Padrón Municipal y del Ministerio de Trabajo y Asuntos Sociales.

El resultado inmediato de esta situación, determinada por las características de los trabajadores inmigrantes, es que éstos refuerzan la dualidad del mercado laboral andaluz, pues amplían sectores muy concretos de la oferta laboral y no al conjunto de la población activa andaluza.

7.2.2. *¿POR QUÉ VIENEN LOS INMIGRANTES?*

Puede resultar obvio que las causas de la inmigración de los ciudadanos de la Unión Europea son diferentes de las causas de la inmigración de los restantes destinos. La mayoría de los modelos de inmigración de trabajadores[16] analizan la decisión de emigrar como una decisión de inversión tomada en el seno de la familia. La inversión inicial incluye los costes de transporte (legal o ilegal), el coste de información, el coste de adaptación (cultural, lingüística, etc.) y los costes de mantenimiento de una primera etapa hasta que se encuentra el trabajo. Para minimizar estos costes, en no pocos países, funcionan "empresas", más o menos legales o toleradas, que "facilitan" esta inversión inicial e incluso la "financian". La expectativa del flujo de rendimientos, de renta, viene determinado por la expectativa de los diferenciales de salarios. Es decir, los trabajadores inmigrantes se comportan como si tuvieran una información relativamente cierta de los diferenciales de empleo[17] y de los diferenciales de salarios.[18]

16. Véase el modelo clásico en Borjas (1994).

17. Recordemos que la tasa de empleo es 1 menos la tasa de paro.

18. La formulación matemática de una expectativa sobre una renta es la esperanza matemática de alcanzarla. Puesto que, en media, la probabilidad de conseguir un empleo para cualquier trabajador es la tasa de paro esperada, podemos considerar que la expectativa de salario es la probabilidad de estar empleado por el salario medio. Suponiendo que los trabajadores extranjeros forman expectativas sobre las tasas de paro de una forma adaptativa, es decir, teniendo en cuenta el paro pasado, podemos simplificar el modelo considerando que en el momento de emigrar influyen los diferenciales de paro de ese momento. Analizar todas las implicaciones de este modelo y sus matizaciones escapa al objeto de este trabajo.

El flujo de inmigración de oferta laboral será, así, tanto mayor cuanto menores sean los costes iniciales y mayores sean los diferenciales de empleo y salarios. Este modelo explica, por ejemplo, porqué el flujo de trabajadores inmigrantes es mayor entre países contiguos, con amplias fronteras, y, en la inmigración transcontinental, los trabajadores inmigrantes recalan, con mayor intensidad, en aquellas economías que fueron antiguas metrópolis.

Este modelo genérico no opera con la inmigración de trabajadores procedente de los países de la Unión Europea. En gran medida, porque los costes iniciales son muy pequeños y las expectativas de diferencias de rentas no son significativas. Sin embargo, sí se ajusta razonablemente bien, como esquema explicativo básico, al que habría que sumar consideraciones políticas y sociales, en el caso de la inmigración de trabajadores de los restantes orígenes.

Así, tomando como países relevantes y paradigmáticos de la inmigración de trabajadores de baja cualificación a Marruecos, Ecuador y Rumanía, tenemos que las diferencias salariales entre los países y para la misma actividad explica una parte importante de la inmigración. En el cuadro 2 se reflejan los diferenciales de salarios reales en tres países clave (Marruecos, Ecuador y Rumanía) y Andalucía y para dos sectores claves, agricultura y construcción.

CUADRO 2

DIFERENCIALES DE SALARIOS REALES MEDIOS MENSUALES (EUROS)[19]

		1998	1999	2000	2001	2002	2003
Marruecos	Agricultura	420,3	428,0	470,3	480,0	485,6	502,2
	Construcción	1.475,1	1.481,4	1.524,5	1.555,5	1.600,7	1.592,1
Ecuador	Agricultura	481,3	492,0	502,3	495,0	504,6	533,2
	Construcción	1.527,1	1.522,4	1.538,5	1.540,5	1.584,7	1.590,1
Rumanía	Agricultura	531,8	548,5	578,0	564,6	554,1	561,2
	Construcción	534,3	549,5	582,9	565,6	556,3	563,2

Fuentes: para España: INE; para Marruecos: La Direction de la Statistique; para Ecuador: Instituto Nacional de Estadística y Censos; para Rumanía: Institutul National de Statistica. Contraste de la Organización Internacional del Trabajo, Estadísticas laborales.

Para observar la proporción de las diferencias salariales, en el cuadro 3 calculamos las veces que el salario medio agrario mensual andaluz es con respecto a los salarios de los inmigrantes en su propio país en el mismo sector, la agricultura.

19. Los hemos ajustado al tipo de cambio medio del año de las monedas nacionales con respecto al euro. Puesto que el tipo de cambio está influido por los diferenciales de inflación, no hemos deflactado ningún valor. Fuente de los tipos de cambio: Fondo Monetario Internacional.

CUADRO 3
SALARIOS MEDIOS AGRARIOS (PROPORCIÓN DE LOS SALARIOS AGRARIOS ANDALUCES SOBRE LOS DEL PAÍS DE ORIGEN)

	1998	1999	2000	2001	2002	2003
Andalucía/ Marruecos	3,8	3,6	3,8	3,8	3,6	3,5
Andalucía/ Ecuador	6,5	6,0	4,7	4,2	4,0	4,1
Andalucía/ Rumanía	15,6	14,2	10,6	7,5	5,7	4,9

Fuentes: véase el cuadro 2.

Por otro lado, la mayor o menor tasa de paro relativa representa un factor de más difícil cuantificación por las diferencias metodológicas entre los países.[20] Sin embargo, su incidencia en la decisión de emigrar es, con los datos disponibles, menor que la de los salarios, porque las diferencias entre Andalucía y los países considerados como paradigmáticos no son tan significativas.

Es evidente, finalmente, que dado un número inicial de inmigrantes de una determinada nacionalidad instalada en una determinada ciudad, los costes de información, adaptación y primer mantenimiento se minimizan por la solidaridad entre personas de la misma nacionalidad y región, máxime si entre ellas existen vínculos familiares o de vecindad en su origen.[21]

Por todo lo anterior se pueden extraer dos conclusiones básicas sobre la inmigración de trabajadores en Andalucía:

1. La inmigración de trabajadores de origen europeo puede estar motivada por razones económicas, pero que no son determinantes en el volumen de inmigrantes. Por lo que las causas que explican este flujo migratorio serán, necesariamente, otras como, por ejemplo, la actividad, el clima, etc. Esto determina, a su vez, que no haya inmigración de baja cualificación y que no tengan una alta tasa bruta de actividad.
2. La inmigración de trabajadores de los restantes orígenes parece estar claramente correlacionada con las diferencias salariales reales y las con-

20. Ecuador, por ejemplo, calcula el paro oficial y el informal. Al mismo tiempo, calcula el subempleo. Las tasas oficiales de paro son muy reducidas. Sin embargo, sumando el subempleo, la tasa real de paro es del orden del 30%. No tienen tampoco en cuenta la temporalidad y la seguridad en el empleo. Marruecos da unas cifras no coincidentes, ni siquiera aproximadas, en ninguna fuente. Rumanía estima su tasa de paro en sólo un 23% para 2003, pero no usa una definición estándar de población activa. La mayoría de la bibliografía usa datos de la Organización Internacional del Trabajo sin actualizar.

21. El fenómeno está claramente documentado para la emigración española de los sesenta, tanto interior como exterior. Por eso, a partir de unos primeros años en los que sólo los muy arriesgados iniciaban la aventura, el crecimiento del flujo se hacía especialmente intenso en una segunda fase, para remitir, por agotamiento en una tercera. Este modelo, también, explica porqué en determinadas localidades se concentran personas de una misma localidad de origen.

diciones laborales, siendo más determinante estas diferencias salariales que las diferencias en los niveles de empleo. Esta razón determina que los trabajadores inmigrantes sean "cazadores" de empleo, por lo que pueden aceptar salarios significativamente inferiores a los corrientes en la economía receptora, por existir una amplísima diferencia con su país de origen. Los inmigrantes de estos orígenes tienen, por tanto, un fuerte incentivo para aceptar cualquier empleo, incluso a salarios menores que los medios o que el Salario Mínimo Interprofesional. Esto determina una alta movilidad geográfica y funcional, así como una alta flexibilidad en cuanto a las condiciones laborales.

7.3. Efectos de la inmigración en el mercado de trabajo Andaluz

El mercado laboral andaluz queda, desde el punto de vista sectorial, reflejado en el cuadro 4.

Cuadro 4

Mercado laboral andaluz (miles de personas)

		1998	1999	2000	2001	2002	2003	2004
Ocupados		2.066,10	2.200,30	2.329,00	2.453,20	2.524,10	2.615,00	2.750,00
Parados		848,10	801,00	689,20	585,20	632,60	592,20	523,50
Activos		2.914,20	3.001,30	3.018,20	3.038,40	3.156,70	3.207,20	3.273,50
Ocupados	**Agricultura**	250,00	256,70	269,10	273,50	256,00	274,00	244,60
	Industria	282,50	281,30	291,30	288,40	291,60	297,60	306,50
	Construcción	229,60	269,90	299,70	313,80	341,70	369,40	402,80
	Servicios	1.304,00	1.392,40	1.468,90	1.577,50	1.624,80	1.674,00	1.796,50
	Total	2.066,10	2.200,30	2.329,00	2.453,20	2.514,10	2.615,00	2.750,40
Parados	**Agricultura**	158,20	162,30	138,30	111,80	121,90	108,20	106,60
	Industria	42,50	41,80	38,50	34,90	35,80	36,40	27,60
	Construcción	71,90	69,70	62,40	65,00	70,10	66,80	56,50
	Servicios	229,50	237,10	235,30	199,10	234,20	223,80	210,20
	1er. Empleo	346,00	290,20	215,00	174,50	170,60	157,10	122,60
	Total	848,10	801,10	689,50	585,30	632,60	592,30	523,50

Fuente: INE, EPA, datos del IV trimestre de cada año.

A este mercado es necesario sumar los trabajadores inmigrantes, tanto en situación regular como irregular, que se reparten sectorialmente como refleja el cuadro 5.

CUADRO 5

TRABAJADORES INMIGRANTES EN ANDALUCÍA

		1998	1999	2000	2001	2002	2003	2004
En situación regular		37.094	38.564	49.973	69.775	88.650	99.965	111.069
En situación irregular		19.988	23.563	22.940	24.753	33.910	63.527	76.266
Total		57.083	62.127	72.913	94.528	122.560	163.492	187.335
En situación regular	**Agricultura**	10.620	10.853	14.633	21.302	28.958	30.288	33.198
	Industria	2.473	2.528	3.276	4.505	5.241	6.691	8.201
	Construcción	7.890	8.563	11.756	18.478	24.562	28.879	32.867
	Servicios	16.110	16.620	20.308	25.490	29.889	34.107	36.803
En situación irregular	**Agricultura**	5.723	6.631	6.717	7.557	11.077	19.248	22.795
	Industria	1.333	1.544	1.504	1.598	2.005	4.252	5.631
	Construcción	4.252	5.232	5.396	6.555	9.395	18.352	22.568
	Servicios	8.681	10.155	9.322	9.042	11.433	21.675	25.271
Totales	**Agricultura**	16.343	17.484	21.350	28.859	40.035	49.536	55.993
	Industria	3.806	4.072	4.780	6.103	7.246	10.943	13.832
	Construcción	12.142	13.795	17.152	25.033	33.957	47.231	55.435
	Servicios	24.791	26.775	29.630	34.532	41.322	55.782	62.074
	Totales	57.082	62.126	72.913	94.527	122.561	163.492	187.335

Fuente: estimaciones propias sobre datos del Ministerio de Trabajo y Asuntos Sociales.[22]

Un análisis integrado de ambos cuadros refleja algunos hechos interesantes de la evolución de la economía andaluza en los últimos años. Dos son, en nuestra opinión, especialmente significativos.

En primer lugar, el hecho de que el sector más dinámico de la economía andaluza sea la construcción explica, por ejemplo, el que es el sector en el que más ha crecido el empleo, en términos relativos, tanto andaluz como extranjero. De hecho, y a pesar de esos 56.500 parados declarados, el boom inmobiliario ha posibilitado el empleo de más de 55.000 extranjeros, lo que sugiere la idea de que esta inmigración ha sido esencial en este crecimiento.[23] De ahí, tam-

22. Las estimaciones las hemos hecho a partir de algunos de los supuestos que hemos explicado en notas anteriores. De cualquier forma, la próxima regularización, entre febrero y mayo de 2005, servirá para comprobar lo acertado o erróneo de nuestros cálculos.

23. Dicho de otra forma, si los parados andaluces que se declaran del sector hubieran ocupado los puestos de trabajo de los inmigrantes que lo hacen en él, la tasa de paro de la construcción hubiera sido de sólo el 1,89 %. Como es sabido, en un mercado tan grande como el andaluz y con tanta disparidad geográfica, es prácticamente imposible que haya una tasa de paro friccional tan pequeña, por lo que de no haber ocupado inmigrantes, la construcción, motor del crecimiento de los últimos años en Andalucía, hubiera tenido un importante estrangulamiento. Los inmigrantes son, pues, un elemento esencial en el crecimiento de los últimos años.

bién, que la distribución geográfica de la inmigración coincida con aquellas zonas en las que el crecimiento de la edificación es más intenso. Y, en segundo lugar, en la agricultura andaluza se sigue produciendo un importante fenómeno de caída de la actividad, pero tiene aún una persistente tasa de paro, al tiempo que los puestos de trabajo pasan a ser ocupados por los inmigrantes. Dicho de otra forma, el total de activos agrarios andaluces ha caído en el período considerado en casi 50.000 personas, se han mantenido los puestos de trabajo y se han integrado en el sector más de 55.000 trabajadores extranjeros. Hay, pues, un fenómeno de sustitución de mano de obra agraria autóctona por inmigrante. Y, posiblemente, un desplazamiento de esta mano de obra no cualificada hacia otros sectores productivos, como la construcción y el sector servicios.

De cualquier forma, se observa, así, la aparente paradoja del mercado de trabajo andaluz, especialmente intensa en las zonas rurales: ¿cómo es posible que habiendo 106.000 parados agrarios andaluces (25% del total del paro), haya más de 56.000 inmigrantes trabajando en los campos de Andalucía?

Para responder a esta pregunta basta con tener en cuenta dos hechos de la economía andaluza: en primer lugar, el crecimiento agrario andaluz de los últimos años se ha localizado en las provincias de la costa, especialmente en Almería; y, en segundo lugar, una parte importante de los parados agrarios andaluces tienen un cierto nivel de protección social que les desincentiva la movilidad geográfica.

En Andalucía, hubo, en el año 2003, 178.300 personas que percibieron el subsidio agrario, es decir, la práctica totalidad de los parados agrarios andaluces percibieron una compensación por su situación de desempleo. Esta compensación ascendió, en media mensual, a 212 €, lo que supone una cifra similar a la del salario medio en la agricultura en cualquiera de los países de origen de los inmigrantes.

Por otra parte, para el trabajador andaluz la movilidad geográfica es también una forma de emigración, aunque sea dentro de Andalucía, pues supone un desplazamiento desde su lugar de residencia hasta la localización del trabajo. Dados los costes de desplazamiento y de vivienda y la escasa diferencia de renta entre el salario agrario entre zonas y las rentas derivadas del sistema de protección, el trabajador andaluz no tiene ningún incentivo en la movilidad geográfica, máxime si se tiene en cuenta su edad media, así como la posibilidad de que sea, al mismo tiempo, un pequeño propietario agrario en su localidad. Así pues, el trabajador agrícola andaluz prefiere trabajar las peonadas que sean mínimas legales, cobrar el subsidio agrario y no incurrir en costes de desplazamiento, antes que emigrar para trabajar. Frente a esta situación, el trabajador extranjero, especialmente el que se encuentra en situación irregular, está dispuesto a aceptar cualquier salario, aunque sea menor que el medio, porque su primer objetivo es no tener paro, dado que no tiene ningún tipo de renta en el caso en el que esté desempleado, no tiene opciones de vuelta y, en muchos casos, tienen la expectativa de regularizar su situación a través del trabajo. El trabajador agrario andaluz es, pues, un "buscador de protección", mientras que el inmigrante es un "buscador de empleo". Lo que genera una dualidad que se acentúa porque el primero tiene derecho de voto y el segundo no.

7.4. A MODO DE CONCLUSIONES

De lo argumentado en las páginas anteriores podemos extraer un conjunto de interesantes conclusiones, que habría que contrastar:

1. En Andalucía hay, a finales de 2004, alrededor de 320.000 personas inmigrantes, tanto en situación legal como ilegal. De ellos, alrededor de 190.000 son trabajadores que ocupan, en su mayoría, puestos de trabajo en dos sectores esenciales de la economía andaluza: la agricultura y la construcción.
2. La decisión de emigrar, así como la movilidad geográfica (emigración interior), puede modelizarse como una decisión de inversión en la que el coste de desplazamiento, información, establecimiento y búsqueda de empleo se ha de compensar por las expectativas de diferencias de renta. Las diferencias de salarios explican una parte importante del flujo de inmigrantes de países pobres hacia Andalucía. De igual forma, la escasa diferencia de rentas, debida a los costes de desplazamiento y vivienda, así como la protección social, hace que los trabajadores andaluces no tengan flexibilidad geográfica. En esta situación, los inmigrantes tienen una clara ventaja competitiva frente a los autóctonos a igualdad de condiciones laborales en el puesto de trabajo. El análisis anterior explica el fenómeno de paro con inmigración en el mercado de trabajo andaluz, así como la moderación salarial observada en los últimos años y la sustitución de mano de obra agraria andaluza por mano de obra inmigrante con la consiguiente persistencia del paro agrario.
3. Los trabajadores inmigrantes en Andalucía, por sus características personales y legales, acentúan la dualidad estructural de la segmentación del mercado de trabajo andaluz. Por otro lado, esta clara dualidad de origen, legalidad, cualificación y actividad tiene implicaciones sociales y políticas: los inmigrantes comunitarios son mejor aceptados que los de los restantes orígenes.
4. La moderación salarial en los trabajadores no cualificados amplía el rango y las diferencias salariales en la economía receptora: la distribución primaria de la renta será, necesariamente, más desigualitaria. El efecto es, en Andalucía, aún poco observable, pero se hará más llamati-

vo a medida que pase el tiempo. La contrapartida es que la moderación de los costes laborales en trabajos de baja cualificación ha tenido indudables efectos positivos en algunas variables macroeconómicas.

7.5. Bibliografía

ALONSO, J. A. (2004), "La emigración: una realidad emergente en las relaciones económicas internacionales", *Economistas*, 100, pp. 77-82.

ANGUIANO TÉLLEZ, M. E. (2002), "Emigración reciente de latinoamericanos a España: trayectorias laborales y movilidad ocupacional", *Papeles de Población*, 33, pp. 101-115.

BLANCO, C. (2000), *Las migraciones contemporáneas*, Madrid, Alianza.

BLAU, F. y KAHN, L. (1996), "International Differences in Male Wage Inequality: Institutions Versus Market Forces", *Journal of Political Economy*, 104 (4), pp. 791-837.

BORJAS, G. (1994), "The Economics of Immigration", *Journal of Economic Literature*, 32, pp. 1662-1717.

BUTCHER, K. F. y DINARDO, J. (1998), "The Immigrant and Native-Born Wage Discrimination: Evidence from the United States", NBER Working paper, 6630.

CONSEJO DE REDACCIÓN (2001), editorial "Migraciones y globalización: los derechos humanos como marco de referencia", nº 224, pp. 535-554.

Direction de la Statisque (www.statistique.gov.ma)

Instituto Nacional de Estadística (www.ine.es)

Instituto Nacional de Estadística y Censos (www.inec.gov.ec)

Institutul National de Statistica (www.insse.ro)

Naciones Unidas (1999), Recomendaciones sobre Estadísticas de las Migraciones Internacionales. Revisión 1. Informes Estadísticos. Serie M, 58. (unstats.un.org/unsd/demographic/migration/index.htm).

Organización Internacional del Trabajo (www.ilo.org)

Papeles de Economía Española (2003), monográfico "Inmigración en España", nº 98.

WOOD, A. (1994), *North-South Trade, Employment and Inequality: Changing Fortunes in a Skill-driven World*, Oxford: Clarendon House.

VIII
La economía social andaluza en el siglo XX

Alfonso Carlos Morales Gutiérrez

La economía social se contrapone a la economía privada capitalista y a la economía pública por la diferencia de origen y mecanismos de gestión, la sustitución del interés particular por el social, de los principios mercantiles de representación de la voluntad societaria por democracia y autogestión, y la aparición de finalidades más allá de las puramente económicas. Andalucía es la primera comunidad autónoma de España tanto en población ocupada como en número de entidades de esta naturaleza. En este trabajo se realiza una descripción sincrónica de dos sujetos incuestionables de este fenómeno socioeconómico (el asociacionismo agrario –fundamentalmente cooperativo– y las empresas de trabajo asociado –cooperativas y sociedades laborales–). El grado de protagonismo en una época determinada de uno o de otro sujeto sirve de línea argumental: un marco legal restrictivo (como es la época franquista), que potencia el control estatal a través de un movimiento cooperativo jerarquizado, genera, en sus inicios, un cooperativismo más o menos paternalista, dependiente y vehículo privilegiado para el control y articulación de políticas económicas a nivel sectorial. Por el contrario cuando se han desarrollado condiciones opuestas –marco legal abierto, fomento de un movimiento cooperativo autónomo e ideológicamente diverso...etc.– ha sido el cauce para la eclosión de iniciativas cooperativas bajo las fórmulas del trabajo asociado en los sectores secundario y terciario como respuesta al problema económico más destacado de las últimas décadas: el paro.

Palabras clave: *economía social, cooperativas de trabajo asociado, asociacionismo agrario, cooperativas agrarias, sociedades laborales, movimiento cooperativo, pequeña y mediana empresa.*

8.1. La economía social como tercer protagonista de la actividad económica: diversas concepciones

En el mundo económico pueden diferenciarse tres actores con diferente protagonismo: una economía privada de carácter capitalista –desarrollada sobre todo a través de las formas jurídicas tales como las sociedades anónimas–, un sector público –que interviene sobre todo como garante de los intereses generales de una sociedad–, y un *tercer sector* cuya denominación más usual sería el de economía social. Por tanto una definición[1] excluyente sería la siguiente: se contrapone a la economía privada capitalista y a la economía pública por la diferencia de origen y mecanismos de gestión, la sustitución del interés particular por el social, de los principios mercantiles de representación de la voluntad societaria por democracia y autogestión, y la aparición de finalidades más allá de las puramente económicas.

El profesor Barea (1991) señala que *la economía social es aquella que comprende empresas que actúan en el mercado con la finalidad de producir bienes y servicios, asegurar o financiar, pero cuya distribución del beneficio y toma de decisiones no están ligadas directamente con el capital aportado por cada socio; el peso y la toma de decisiones es igual para todos los socios y no en función del capital aportado por cada uno de ellos*. Esta definición encierra un concepto que podemos denominar como restrictivo y que sintoniza especialmente con el fenómeno cooperativo en todas sus manifestaciones. Seguidamente este autor puntualiza: *la economía social también incluye aquellos agentes económicos cuya función principal sea producir servicios no destinados a la venta para determinados grupos de personas y cuya financiación se efectúa a través de contribuciones voluntarias efectuadas por los hogares consumidores*. Si añadimos esta delimitación a la formulada previamente, bajo la realidad de la economía social, también tendría que incluirse el mundo asociativo bajo sus múltiples facetas (agrupaciones, asociaciones, fundaciones, clubs, etc.). Desde este ángulo extenso el denominador común del alcance de la economía social sería la de un criterio de organización social fundamentado en la ayuda mutua independientemente de que se vendan, o no, los bienes y servicios a terceros.[2]

1. El Comité del CMAF (Comité Consultivo de las Cooperativas, Mutualidades, Asociaciones y Fundaciones), creado en 1998 como órgano consultivo competente en materia de economía social, se ha pronunciado sobre la necesidad de que la Unión Europea estableciera una definición manejable, que sea aceptada y comprendida por el público y los Estados Miembros. Se haría en contraposición con la empresa privada clásica o el sector público, como la actividad cuyo objeto es trabajar para sus miembros y usuarios y para la sociedad para satisfacer necesidades precisas de interés público, con ciertas condiciones organizativas como son el control democrático y la gestión independiente. Su único objetivo, por tanto, no es obtener beneficios, pero deben esforzarse en ser económicamente eficaces para poder utilizar sus excedentes económicos para fomentar sus objetivos.

2. No todos los investigadores, ni los agentes afectados comparten un mismo concepto del alcance de la realidad denominada como economía social o tercer sector. Esta diversidad de concepciones se encuentra compartida con otros muchos términos que ponen en juego intereses sociales, políticos y eco-

8.2. La importancia de la economía social en Andalucía

Andalucía era a 31/12/03 la primera comunidad autónoma de España tanto en población ocupada como en número de entidades –sólo superada por Cataluña a nivel cooperativo– tanto en cooperativas (5.255 empresas con 69.625 trabajadores) como en sociedades laborales (3.398 entidades y 18.692 trabajadores). Esto supone el 2,66% y el 0,71% de ocupados en cooperativas y sociedades laborales sobre el total de ocupados –según la EPA– para el 2003.

Esta escasa significación a nivel de empleo ha de ser completada con otros datos.[3] Por ejemplo, en el cooperativismo agrícola, las cooperativas oleícolas andaluzas son un 42,3% de las entidades existentes. Además, de dicha comunidad –y con un destacado protagonismo de las almazaras cooperativas andaluzas– procede el 80% del aceite de oliva español. En otros sectores de la economía –secundario y terciario– sobre todo su nivel de empleo se ha duplicado en los últimos quince años como se desprende del caso de las empresas de trabajo asociado[4] (cuadro 1). A nivel sectorial más de la mitad de las empresas de

nómicos: son los límites –jurídicos e ideológicos principalmente– los que ponen en tela de juicio la validez o invalidez del concepto. Así el profesor Ballestero (1990) entiende que la economía social *es aquel sector en donde no hay una división especializada de funciones entre el empresario y el trabajador, o de otra forma el conjunto de empresas en donde no existen los asalariados*. De alguna forma en esta concepción se pone de manifiesto la unidad de objetivos y la finalidad social que debería presidir una entidad de economía social, al contrario de lo que suele suceder en una empresa bajo el poder del capital aportado en donde la diversidad de agentes que se asocian contractualmente persiguen objetivos contrapuestos –capitalistas, directivos, asalariados– y no sociales: el interés individual prima sobre el colectivo. Bajo una estricta interpretación esta definición incluiría las sociedades laborales y el trabajo autónomo pero excluiría el fenómeno del movimiento asociativo organizado.

3. El INFES (Instituto Nacional de Fomento de la Economía Social) ha venido elaborando, desde septiembre de 1993 y con carácter trimestral, información sobre las cooperativas y sociedades laborales en situación de alta en los ficheros de Códigos de Cuenta de Cotización y de Autónomos de la Seguridad Social. Las cifras que aquí se presentan, síntesis de las periódicamente obtenidas, corresponden en la mayor parte al período de tiempo que va desde la señalada fecha hasta marzo de 1996, y hacen referencia básicamente, al comportamiento de estas sociedades de economía social y sus trabajadores en su ordenamiento geográfico y sectorial. A nivel comparativo y para otros aspectos se ha utilizado nuestra colaboración al estudio –Monzón, J.L., Barea, J. (1991), *Libro Blanco de la Economía Social en España*, Ministerio de Trabajo y Seguridad Social, Madrid.

4. Sin embargo hay que decir que su tasa de supervivencia no es brillante –y a tenor de los datos censales– dos de cada tres entidades constituidas desaparecen en los primeros cinco años de actividad A nivel nacional disponemos de datos para las sociedades laborales. La tasa de mortalidad de las sociedades laborales se acerca al 60%. En efecto si comparamos los datos del Libro Blanco (1991) en los que se afirmaba que existían 3.472 entidades activas en el segundo semestre de 1990 de las creadas con anterioridad al 31-12-88 con un volumen de empleo de 54.343 trabajadores y comparamos con los datos disponibles al 31-12-95 en el que el número de sociedades laborales que se han dado de alta en la Seguridad Social asciende a 1.450 con un número de trabajadores que se cifra en 18.411 obtenemos unas conclusiones algo desalentadoras. En cinco años han desaparecido tres de cada cinco sociedades laborales lo que ha supuesto una reducción de puestos de trabajo de dos tercios sobre el empleo existente hace un lustro. Si se realiza un análisis a corto plazo (1995-1996) se observa como son las sociedades con mas de dos años de antigüedad donde se produce un mayor número de defunciones aunque el porcentaje de disminución es bastante similar: una tasa de mortalidad anual para aquellas sociedades con al menos dos años de antigüedad del 6%. El impacto sobre la reducción de puestos de trabajo es superior para aquellas sociedades laborales dadas de alta entre 1989-1991.

trabajo asociado se dedican a desarrollar actividades industriales, y de ellas más de la mitad se sitúan en sectores de demanda media y fuerte (cuadro 2).

CUADRO 1
EVOLUCIÓN DEL TRABAJO ASOCIADO EN ANDALUCÍA

	1985			1990 (30-6)			1996 (30-6)			1999 (Estimación)		
	Entid.	Emplea.	Tasa Mortal.	Entid.	Emplea.	Tasa Mortal.	Entid.	Emplea.	Tasa Mortal.	Entid.	Emplea.	Tasa Mortal.
CTA*	1.541	22.694	—	2.525	32.315	33,2%	1.768	19.155	62,5%	3.230	37.641	—
SAL**	—	—	—	578	5.505	27,5%	403	3.608	63,1%	1.152	8.418	—
Total	1.541	22.694		3.103	37.820		2.171	22.763		4.382	46.059	

* Cooperativas Trabajo Asociado.
** Sociedades Anónimas Laborales.
Fuente: elaboración propia a partir de Estadísticas del Instituto Nacional de Fomento de la Economía Social; Junta de Andalucía (1987) *Catálogo de Bienes y Servicios (cooperativas no agrarias)*; ESECA (1990) *Censo de Sociedades Cooperativas*; ESECA (1995), *Informe de la Economía Social en Andalucía*; Junta de Andalucía (1997), *Censo de sociedades cooperativas andaluzas y sociedades laborales de Andalucía.*

CUADRO 2
ESPECIALIZACIÓN PRODUCTIVA INDUSTRIAL EN FUNCIÓN DEL NIVEL DE DEMANDA

	1985 (CTA)		1990 (CTA)		1996 (CTA)		1996 (CTA + SAL)	
	Abs.	Rel.	Abs.	Rel.	Abs.	Rel.	Abs.	Rel.
FUERTE	9	1,4%	69	6,0%	24	2,3%	28	2,5%
MEDIA	116	18,7%	356	30,7%	502	49,0%	557	48,0%
DÉBIL	500	80,0%	737	63,4%	499	48,7%	574	49,5%
TOTAL	625	100%	1.162	100%	1.025	100%	1.159	100%

Fuente: elaboración propia a partir de Estadísticas del Instituto Nacional de Fomento de la Economía Social; Junta de Andalucía (1987) *Catálogo de Bienes y Servicios (cooperativas no agrarias)*; ESECA (1990) *Censo de Sociedades Cooperativas*; ESECA (1995), *Informe de la Economía Social en Andalucía*; Junta de Andalucía (1997), *Censo de sociedades cooperativas andaluzas y sociedades laborales de Andalucía.*

En cuanto a su cobertura territorial y nivel de presencia en los municipios andaluces, ha pasado del 40% en 1985 al 70% en 1996 (cuadro 3). Los datos disponibles sobre la posición relativa de las entidades cooperativas en el entorno rural nos las ofrece el DIRFO (Directorio de Formación y Recursos Humanos). Las empresas cooperativas representan el 2,4% de los agentes empresariales de los municipios rurales en Andalucía muy por encima de lo que ocurre a nivel nacional (cuadro 4). Si nos fijamos en la importancia que las cooperativas en el entorno rural tienen sobre las entidades que desarrollan su actividad en un entorno urbano las cifras son concluyentes: una de cada tres empresas cooperativas andaluzas se encuentran en el contexto rural (una cifra muy similar a lo que ocurre en el ámbito nacional). Si se considera la evolución del fenómeno entre 1995 y 1998 se detecta un incremento de la presencia de entidades cooperativas en el entorno rural andaluz que asciende al 4% superior a lo que sucede en el resto del territorio nacional en donde el número de entidades cooperativas permanece prácticamente inalterable en dicho período.

CUADRO 3
COBERTURA TERRITORIAL DEL TRABAJO ASOCIADO EN ANDALUCÍA EN FUNCIÓN DE LA TASA DE POBLACIÓN OCUPADA SOBRE EL TOTAL

	1985 (CTA)		1990 (CTA)		1996 (CTA)		1996 (CTA + SAL)	
	Abs.	Rel.	Abs.	Rel.	Abs.	Rel.	Abs.	Rel.
>2,8	143	18,6%	144	18,6%	108	14,0%	239	31,1%
1,1-2,8	85	11,0%	144	18,6%	114	14,8%	180	23,4%
<1,1	89	11,6%	144	18,6%	152	19,7%	109	14,2%
No tienen	451	58,8%	339	44,0%	397	51,5%	240	31,1%

Fuente: elaboración propia a partir de Estadísticas del Instituto Nacional de Fomento de la Economía Social; Junta de Andalucía (1987) *Catálogo de Bienes y Servicios (cooperativas no agrarias)*; ESECA (1990) *Censo de Sociedades Cooperativas*; ESECA (1995), *Informe de la Economía Social en Andalucía*; Junta de Andalucía (1997), *Censo de sociedades cooperativas andaluzas y sociedades laborales de Andalucía.*

CUADRO 4
LOCALIZACIÓN DE LA ACTIVIDAD EMPRESARIAL EN MUNICIPIOS RURALES SEGÚN SU FORMA JURÍDICA (AÑO 1998)

	Andalucía		Nacional	
	Estructura (%)	E. rurales/E. Totales(%)	Estructura (%)	E. rurales/E. Totales(%)
S. Anónima	1.66	10.13	3.26	13.14
S. Limitada	17.28	16.01	19.45	18.70
S. Colectiva	0.00	4.44	0.01	13.13
S. Bienes	2.44	21.69	3.39	25.42
S. Cooperativas	**2.26**	**34.72**	**1.54**	**35.97**
Asoc. y otros	1.79	12.20	2.66	18.49
Org. Aut. y otros	0.08	8.37	0.14	14.02
P. Físicas	74.49	20.32	69.54	22.70
S. Comanditarias	0.00	0.00	0.01	14.41

Fuente: elaboración propia a partir de DIRFO (1998).

8.3. Los condicionamientos institucionales para un modelo de desarrollo de la economía social en el territorio

En este trabajo nos vamos a circunscribir a dos sujetos incuestionables de este fenómeno socioeconómico: el asociacionismo agrario –fundamentalmente cooperativo– y las empresas de trabajo asociado –cooperativas y sociedades laborales–. Así la descripción sincrónica de estos agentes característicos de la economía andaluza en función del grado de protagonismo en una época determinada podría servir de línea argumental: un marco legal restrictivo que potencia el control estatal a través de un movimiento cooperativo jerarquizado, genera, en sus inicios, un cooperativismo que puede resultar más o menos paternalista, dependiente (de sus líderes o de las ayudas oficiales) e incluso, puramente formal (generado artificialmente sin una base social sólida) y vehículo privilegiado para el control y articulación de políticas económicas a nivel sectorial. Estas condiciones han permitido el florecimiento de muchas cooperativas agrarias en la década de los cincuenta y sesenta, mientras la constitución de otro tipo de cooperativas resultó anecdótica.[5] Por el contrario cuando se han desarrollado condiciones opuestas –marco legal abierto, fomento de un movimiento cooperativo autónomo e ideológicamente diverso...etc.– ha sido el cauce para la eclosión de iniciativas cooperativas bajo las fórmulas del trabajo asociado[6] en los sectores secundario y terciario como respuesta al problema económico más destacado de las últimas décadas: el paro (figura 1).

Además, a pesar de la unidad de estudio a nivel metodológico que significa la economía social, la realidad histórica parece demostrar que las distintas opciones para la cooperación en la actividad económica bajo un mismo territorio se han desarrollado a lo largo del tiempo de manera independiente: lo que ha ocurrido en el cooperativismo agrario no ha influido en el trabajo asociado y viceversa. Tan es así, que raro es el período histórico común favora-

5. Como indica Haubert (1984) al referirse al cooperativismo en la etapa franquista: *Las otras clases de cooperativas no desempeñaban un papel tan crucial en la estrategia del Estado y de las clases dominantes, por lo que no debe extrañar el débil crecimiento de las cooperativas de trabajo asociado, cooperativas de servicios a los pequeños empresarios no agrarios y cooperativas de consumo, pese a su importancia para mejorar las condiciones de vida de las clases populares. Mientras que en el campo y en la construcción de viviendas el desarrollo del cooperativismo favorecía o acompañaba el desarrollo del capitalismo, en estos sectores podía estorbarlo, y efectivamente no se ha dado sino ahí donde no podían llegar todavía las empresas capitalistas: las actividades de producción atrasadas y poco calificadas para las cooperativas de trabajo asociado y de servicios no agrarios, los municipios rurales para las cooperativas de consumo.*

6. La Constitución Española reconoce el interés de las sociedades cooperativas, cuyo fomento encomienda a los poderes públicos. Es interesante señalar que este mandato figura en el mismo artículo en que se recoge, asimismo, la obligación de promover las formas de participación en la empresa y de facilitar el acceso de los trabajadores a la propiedad de los medios de producción.

ble a nivel cualitativo o cuantitativo para las diversas opciones cooperativas. Nuestra hipótesis en la adopción de este esquema descriptivo –explicar la evolución del cooperativismo agrario primero, y del trabajo asociado después, consiste en que las condiciones coyunturales a nivel político, legal, económico y cultural favorecen o ralentizan el desarrollo de diferentes formas cooperativas. De hecho no han sido estas condiciones las que permiten desarrollar todo tipo de cooperativismo sino acentuar unas formas cooperativas en detrimento de otras.[7]

8.4. El cooperativismo agrario como eje para la articulación de una política agraria centralizada

En el ámbito agrario el cooperativismo se relaciona con otros fenómenos[8] y se agrupa dentro del concepto de asociacionismo agrario, en donde se sitúan como principales protagonistas las cooperativas –que constituyen nuestro sujeto de estudio en sentido estricto– pero también otras formas societarias como las sociedades agrarias de transformación (SAT)[9] –cuyo origen fueron los grupos sindicales de colonización–, la comunidades de regantes,[10] y otras agrupaciones de interés.[11]

7. Podríamos matizar que el cambio normativo experimentado a partir del advenimiento de la democracia ha propiciado cierta transformación del cooperativismo agrario: relevos en los órganos de gobierno, mayor pluralidad y debate interno, etc.

8. El primer auge del cooperativismo agrario en España tenemos que situarlo en torno la Ley de Sindicatos Agrícolas de 1906, al amparo de la cual se crearon bastantes cooperativas de servicios agrícolas y cajas rurales de crédito. Pero en Andalucía el movimiento estuvo muy lejos de tener la misma importancia que en otras regiones españolas, las entidades creadas no favorecieron en nada a los obreros y pequeños propietarios, y con la República entraron en decadencia.

9. Se rigen por el Real Decreto 1776/1981, de 3 de agosto, que contiene las normas básicas de constitución, funcionamiento, disolución y liquidación. Concebidas como sociedades civiles, les son aplicables, además, con carácter subsidiario, las restantes normas legales referentes a éstas.

10. Reguladas desde la Ley de Aguas de 1879 y la Real Ley de 25 de noviembre de Colonización y Repoblación Interior, y la Orden de 25 de junio de 1884, modificada, complementada por Orden de 6 de agosto de 1963.

11. Diversas disposiciones, fundamentalmente de carácter sectorial, contienen normas que afectan a las agrupaciones agrarias de carácter económico, principalmente cooperativas y sociedades agrarias de transformación (SAT), articulando ayudas estatales para determinadas actividades o trato preferente por la administración en determinados casos. Entre estas disposiciones cabe citar la Ley de Reforma y Desarrollo Agrario de 12 de enero de 1973, que contiene diversas medidas de apoyo a la cooperación agraria, a la agricultura de grupo; la Ley de 22 de julio de 1972 de Agrupaciones de Productores Agrarios (APAS) y disposiciones que la desarrollan, orientadas a estimular la comercialización de productos agrarios por agrupaciones de agricultores; la Ley de 24 de diciembre de 1981, que aprueba el Estatuto de las Explotaciones Familiares Agrarias y de los Jóvenes Agricultores, que contempla y fomenta la agrupación de empresas para fines comunes, disposiciones de ordenación de los subsectores lechero y olivarero; y las órdenes del Ministerio de Agricultura, Pesca y Alimentación promulgadas a lo largo de los meses de julio a septiembre de 1983, por las que se regula una variada casuística de medidas de estímulo y apoyo a las actividades asociativas del sector agrario.

FIGURA 1
CONDICIONES INSTITUCIONALES PARA EL DESARROLLO DE LA ECONOMÍA SOCIAL

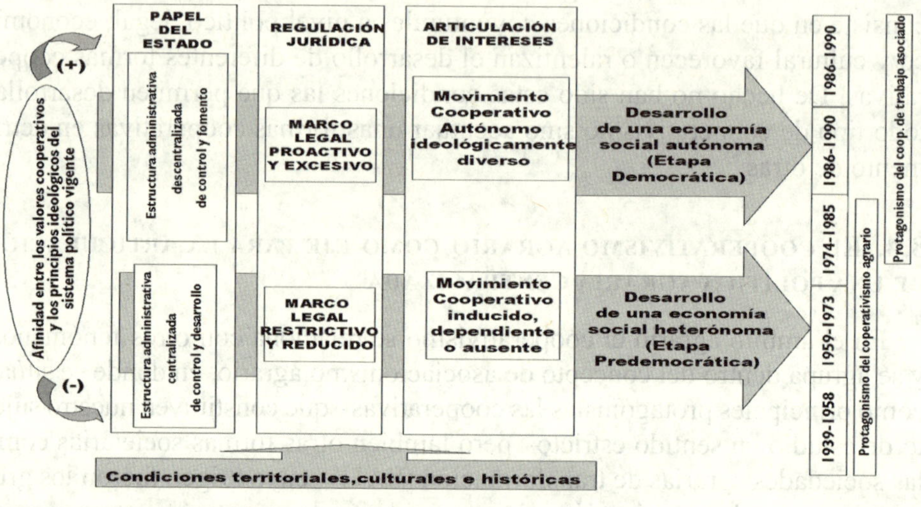

Fuente: elaboración propia.

La evolución del número de entidades y socios a lo largo del siglo XX en Andalucía muestra la presencia de ciertas etapas (gráfico 1). En este trabajo consideramos fundamentalmente tres conectadas con fenómenos de un ámbito territorial superior como son los Planes de Estabilización –a nivel nacional– y la crisis económica –a nivel mundial–.

8.4.1. *DEL FIN DE LA GUERRA CIVIL AL PLAN DE ESTABILIZACIÓN (1944-1958)*

En la primera etapa, la crisis de los medios de producción y de subsistencia como consecuencia de la II Guerra Mundial, produce graves problemas alimentarios. Por otra parte, la oferta de alimentos continuaba a cargo de una agricultura tradicional atenazada por una fuerte intervención estatal que le impedía desenvolverse y aprovecharse de los beneficios de la economía de mercado.

En el sector agrario subsistió en gran medida, con distinta denominación, el aparato funcional y patrimonial de la Confederación Nacional Católico Agraria (CNCA). Sin embargo también hubo fenómenos de cooperación en el sector agrario en este período que no quedan reflejados en la constitución de cooperativas.[12]

12. A partir de 1941, acogiéndose a la legislación sobre colonización de interés local, comenzaron a surgir los Grupos Sindicales de Colonización, concebidos inicialmente como ejecutores de obras y mejoras permanentes de interés común, receptores de las ayudas estatales concedidas a tal efecto y aglutinadores de la responsabilidad de los socios frente a la Administración para el reintegro de los préstamos. Además de la implantación de regadíos acometieron, en otras ocasiones, la construcción de instalaciones de uso común, como almacenes de cereales, bodegas, almazaras, etc. Al carecer en su ordenamiento

GRÁFICO 1
EVOLUCIÓN DE LAS COOPERATIVAS AGRARIAS EN ANDALUCÍA

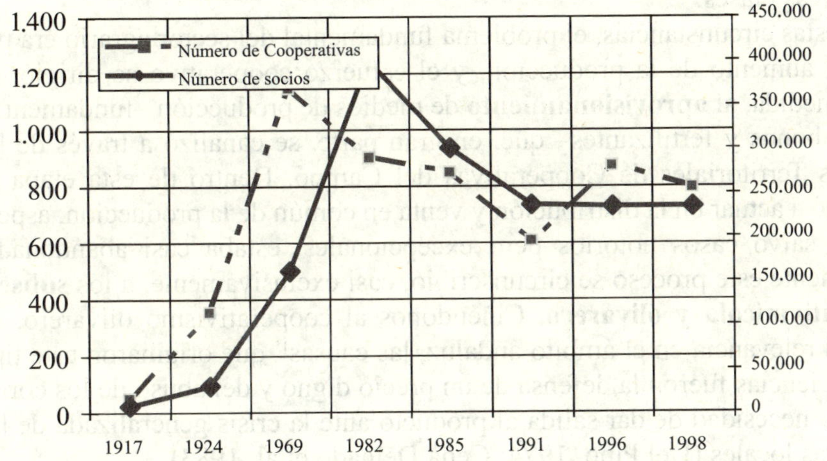

Fuente: elaboración propia a partir de Julio (1990).

En este contexto económico, el cooperativismo se reguló sobre todo por la Ley de 1942 y el Estatuto Fiscal de 1954.[13] El control político estaba asegurado por la Organización Sindical y por su entidad especializada, la Obra

jurídico de normas para la utilización y administración de la obra realizada, los miembros de los grupos constituyeron las comunidades de regantes, en el caso de los regadíos, o agrupaciones de cooperativas en los restantes casos, cediendo o transfiriendo a estas entidades el inmueble o instalaciones construidos por el grupo; en ocasiones, no se transfería la titularidad de éstos, complementándose la normativa legal del grupo con reglamentos de régimen interior para la administración y uso de la obra común.

13. Las disposiciones legislativas más importantes de dicha época en el ámbito agrario a nivel nacional fueron las siguientes: Orden del Ministerio de Agricultura, de 11 de junio, de aplicación de la Ley de 25 de noviembre de 1940. Los grupos de productores que deseen acogerse a ésta se constituirán bajo la denominación de Grupos Sindicales de Colonización; Orden del Ministerio de Agricultura, de 5 de julio. Aprueba el Reglamento de los Grupos Sindicales de Colonización. Configura a éstos con características consorciales; Orden del Ministerio de Agricultura, de 25 de agosto. Reglamento de los Grupos Sindicales Menores (cuando estén constituidos por menos de 10 personas); Ley de 2 de septiembre sobre integración de los antiguos sindicatos agrícolas en la organización sindical vertical, dejando a salvo la personalidad jurídica y la autonomía patrimonial de las cajas rurales (cooperativas agrarias de crédito) y las restantes cooperativas agrarias; Orden de 29 de octubre, por la que se reorganiza el Registro de Cooperativas; Orden de 4 de diciembre sobre declaración de las cooperativas ante la Organización Sindical; Ley de Cooperación, 2 de enero, Decreto de 13 de agosto. Nuevo reglamento para aplicación de la Ley de Cooperación de 2 de enero de 1942. Adapta la legislación en lo posible a la realidad social del cooperativismo español; Orden de 20 de marzo de la Delegación Nacional de Sindicatos. Reglamento de la Obra Sindical de Cooperación; Orden de 30 de septiembre de la Delegación Nacional de Sindicatos. Reglamento del Registro de grupos Sindicales de Colonización; Decreto de 11 de noviembre. Aprueba el reglamento de la Ley de Cooperación de 2 de enero de 1942; Ley de Colonización y Repoblación Interior, de 27 de abril. Modifica y deroga la Ley de 25 de noviembre de 1940. Mantiene las ayudas a los Grupos Sindicales de Colonización; Decreto de 9 de abril. Estatuto sobre Régimen Fiscal de la Cooperación.

Sindical de Cooperación. Además, las cooperativas debían obligatoriamente afiliarse a las Uniones territoriales (UTECO) y nacionales (UNACO) de sus respectivas clases.[14]

En estas circunstancias, el problema fundamental del sector agrario era por tanto el aumento de la producción, y el esfuerzo cooperativo se dirigió, en buena medida, al **aprovisionamiento** de medios de producción –fundamentalmente abonos y fertilizantes– que, en gran parte, se canalizó a través de las Uniones Territoriales de Cooperativas del Campo. Dentro de esta etapa se comenzó a actuar en la distribución y venta en común de la producción, aspecto que, salvo casos notorios pero excepcionales, estaba casi abandonado. Inicialmente este proceso se circunscribió, casi exclusivamente, a los **subsectores vitivinícola y olivarero.** Ciñéndonos al cooperativismo olivarero, de especial relevancia en el ámbito andaluz, las causas[15] que originaron este tipo de experiencias fueron la defensa de un precio digno y del abuso de los corredores, la necesidad de dar salida al producto ante la crisis generalizada de las almazaras locales (Del Pino, 1974; Ceña Delgado et al. 1983).

14. Más que organismos de representación y defensa de los cooperadores unidos, estas "uniones" eran organismos de vigilancia en los cuales era difícil encontrar indicio de democracia cooperativa. De tal forma que llegaba a tanto la suspicacia, que a nivel del cooperativismo no agrario, las uniones sólo se constituyeron a nivel nacional (Haubert, 1984).

15. Como indican Ceña Delgado et al (1983), el motivo fundamental que se identifica en el origen de la cooperativas –en la mitad de los casos estudiados– está relacionado con la necesidad de los socios de defender el precio de la aceituna. La necesidad de esta defensa surge del abuso de los compradores (corredores) privados que acudían a los pueblos a comprar la aceituna para las grandes almazaras comportándose estos como un monopsonio un cartel. Además el comportamiento oportunista de las almazaras locales seguía la misma lógica abusiva que la de los corredores. Pero los olivareros no estaban exentos de cierta responsabilidad en esta tendencia de precios a la baja: la aceituna llegaba a la almazara en malas condiciones máxime cuando ésta se encontraba alejada del núcleo de población en el que se producía –además del encarecimiento que implica la imputación de los costes de transportes–. El mismo trabajo indica la existencia de un grupo reducido de cooperativas olivareras –una de cada diez aproximadamente– en el que la creación de la cooperativa responde a la necesidad de dar salida al producto ante la crisis en que se encuentran las almazaras locales. En estos casos se entremezclan dos tipos de intereses muy distintos: por un lado, en algunas experiencias el propio dueño de la antigua fábrica se convierte en el principal promotor de la iniciativa cooperativa, resolviendo el problema de la viabilidad de sus instalaciones mediante la venta o el alquiler de las mismas al "nuevo" sujeto empresarial colectivo; por otro lado, son los clientes de las fábricas en quiebra los que se organizan para resolver el problema de la molturación de aceituna. Otro grupo importante –una de cada tres aproximadamente– se entremezclan a las causas anteriores, la defensa del precio frente a compradores privados mediante la adquisición de la almazara privada. Un pequeño grupo resalta la labor de promoción desarrollada por la Administración en alguna de las localidades. Estos casos responde a la expansión que alcanzó la UTECO en este subsector en algunas provincias –como Jaén–. En uno de cada cinco casos estudiados por Ceña Delgado et al (1983) ha existido cierta oposición de las almazaras privadas locales. Por lo general han actuado difundiendo rumores sobre la inviabilidad de la cooperativa o los riesgos que correrían quienes se asociaran a ella. Otras veces han actuado elevando coyunturalmente los precios de la aceituna para disuadir a los agricultores socios potenciales de las cooperativa. No obstante, no se detectaron ningún caso en el que la oposición de las almazaras privadas haya impedido el funcionamiento de la cooperativa una vez creada.

8.4.2. Del plan de estabilización a la crisis económica (1959-1973)

En la segunda etapa, España, con un largo proceso de intentos de industrialización, opta decididamente por ésta a partir de 1959. El Plan de Estabilización y los posteriores Planes de Desarrollo en la década 1960 y comienzo de la siguiente –con la industrialización como objetivo–, en el marco de una Europa en rápido crecimiento, suponen el declive relativo de la participación de la agricultura en el sistema económico: diez puntos porcentuales en una década. La agricultura contribuyó al crecimiento económico con la transferencia de fuerza de trabajo y de capital a los demás sectores y con la acumulación de divisas que produjo hasta la primera fase de la industrialización. La industrialización originó un trasvase de población rural y un importante proceso de urbanización, desigualmente repartido, que se tradujo en fuertes desequilibrios demográficos y de rentas entre regiones. La agricultura y la sociedad rural que la incorpora fueron convirtiéndose de sector inductor del crecimiento, en sector inducido desde otros sectores económicos, aumentando así su grado de dependencia respecto a los mismos. La creciente urbanización y la mejora de rentas no agrarias indujeron cambios en los hábitos de alimentación, con lo que la demanda de productos agrarios no transformados se fue sustituyendo por la de otros transformados. Se desarrolló una industria agroalimentaria que, en gran medida, recibió el valor añadido que se generó entre la producción y el consumo de artículos alimenticios.

En este proceso de crecimiento económico y social, el cooperativismo tuvo que cumplir papeles diferentes adaptándose a los cambios globales producidos siendo impulsado a nivel normativo por el nuevo Estatuto Fiscal de 1969.[16]

16. Las disposiciones legislativas más importantes de dicha época en el ámbito agrario a nivel nacional fueron las siguientes: Orden del Ministerio de Agricultura, de 25 de junio, sobre Agrupaciones Trigueras. Se conceden determinados beneficios para las agrupaciones trigueras de explotación o cultivo en común; Orden del Ministerio de Obras Públicas de 6 de agosto, modifica y complementa la Real Orden de 25 de junio de 1884 sobre comunidades de regantes; Orden de la Delegación Nacional de Sindicatos de 10 de diciembre. Aprueba el Estatuto de la Unión Nacional de Grupos Sindicales de Colonización; Decreto de 28 de mayo sobre Agrupaciones Cerealistas, amplía los beneficios establecidos en la Orden de 25 de junio de 1966 y los extiende a las agrupaciones cerealistas; Orden del Ministerio de Agricultura, de 20 de junio. Desarrolla el Decreto de 28 de mayo; Decreto de 9 de mayo. Nuevo Estatuto Fiscal de las Sociedades Cooperativas; Decreto de 21 de mayo, declara de aplicación a los grupos Sindicales de Colonización el régimen fiscal de las cooperativas del campo; Ley Sindical de 16 de febrero, atribuye a la Organización Sindical el estímulo y desarrollo del movimiento cooperativo; Ley de 22 de julio de Agrupaciones de Productores Agrarios que establece ciertos beneficios para las cooperativas agrarias y grupos sindicales de colonización que cumplan determinados requisitos, en orden a la mejora de la comercialización de los productos agrarios, mediante la integración de agricultores; Ley de Reforma y Desarrollo Agrario, de 12 de enero, recoge las cooperativas como instrumento de reforma y desarrollo agrario; Decreto de 26 de julio. Reglamento para aplicación de la ley de Agrupaciones Agrarias de 22 de julio de 1972.

La adquisición de materias y elementos para las empresas de los socios se adaptó a las necesidades surgidas por el perfeccionamiento de las técnicas de cultivo, incrementándose, principalmente, las compras en común de productos fitosanitarios y de herbicidas. La adquisición de medios para la producción tuvo un particular desarrollo en el caso de los piensos compuestos. Iniciado el proceso por la avicultura se extendió a la producción porcina y otras especies. De hecho este es el origen de las experiencias más emblemáticas en el sector lácteo a nivel andaluz –como Colecor o Covap–. Fábricas de piensos que incorporaron la tecnología más avanzada, propiedad de cooperativas y otras agrupaciones ganaderas, compitieron dignamente con un sector muy tecnificado y dotado de grandes medios económicos. La comercialización de productos agrarios fue cobrando mayor importancia.

A comienzos de los setenta un grupo de investigadores (Del Arco Álvarez et al, 1972), se lamentaban de la escasísima documentación disponible para realizar su investigación sobre este sujeto empresarial.[17] A pesar de todo los datos de la Obra Sindical de Cooperación para 1973 cifraba –de una forma bastante triunfalista– el número de cooperativistas en dos millones y medio y en 11.708 entidades que controlan el 50% de la producción olivarera, el 48% de la producción vitivinícola y el 45% de la producción algodonera. La cifra que aporta la investigación de Del Arco (1972) es de 1.064 cooperativas en Andalucía para el año 1969.[18] También disponemos de fuentes más fidedignas sobre el proceso de crecimiento de la base social de las cooperativas en este período para el caso del cooperativismo olivarero a partir de la evolución de la dimensión media por provincias en Andalucía (cuadro 5).

17. Textualmente: *Una variante del método sociológico es la constituida por el examen detenido y el análisis minucioso de documentos, textos y datos escritos con anterioridad a la investigación que pretende efectuarse. En el caso del cooperativismo agrícola este procedimiento resultaba inviable totalmente, ya que la documentación disponible sobre el tema es escasísima, reducida a unos cuantos artículos publicados en revistas y algún libro de escasa significación*. Esta situación ha cambiado de manera significativa en las últimas décadas: las cooperativas agrarias han sido objeto desde entonces de numerosos estudios en España a nivel económico. Las perspectivas de dichos trabajos han sido muy diversas: descriptivas y prescriptivas a nivel general (Del Pino Artacho, 1974; Cruz Roche,1986) analizando su papel en un sector en concreto como el oleícola (López Ontiveros, 1982; Domingo Sanz y De Loma –Ossorio, 1991; Vargas Sánchez, 1993) o profundizando en la problemática que suscita su funcionamiento empresarial en diversas áreas como la económico-financiera (Carrasco,1995; Bel Durán, 1996) la de gobierno (Pérez Rojas, 1995; Mozas, 1998) o la psicosocial (Clemente Díaz,1993).

18. 210 en Córdoba, 180 en Jaén, 179 en Granada, 125 en Málaga, 122 en Sevilla, 98 en Huelva, 92 en Almería y 58 en Cádiz. Sin embargo, nuestro estudio (Proyecto I+D, BHSA 2002-2004) con datos del registro a nivel provincial data en 82 –en lugar de 210– el número de cooperativas existentes para el caso de la provincia con mayor número de cooperativas.

CUADRO 5
EVOLUCIÓN DE LA DIMENSIÓN DE LAS COOPERATIVAS OLIVARERAS ANDALUZAS
(1964-1980)

	Nº inicial de socios	Valores medios en cada período del nº de socios por cooperativa		
		1964-1968	1969-1973	1973-1979
Almería				
Cádiz	26	178	202	281
Córdoba	81	283	372	407
Granada	44	121	152	208
Huelva	84	92	137	389
Jaén	60	319	315	345
Málaga	46		398	520
Sevilla	59	59	164	186
Promedio	57,1	175,3	248,5	333,7

Fuente: elaboración propia a partir de los datos contenidos en el trabajo de Ceña Delgado et al (1983).

8.4.3. DE LA CRISIS ECONÓMICA A LA INTEGRACIÓN EUROPEA (1973-1986)

A) El reto de la comercialización en el cooperativismo agrario

En la tercera etapa, la inflación, el aumento del consumo de energía, principalmente la de fósil, y el desempleo creciente, en la que, no obstante la presión que cabría esperar del estancamiento de la industria y los servicios, continúa descendiendo el número de activos agrarios, tanto en términos absolutos como relativos si bien se aprecian síntomas de contención de la emigración rural a las zonas urbanas y al exterior del país. Durante esta etapa continúa el incremento y la intensificación de la comercialización asociativa por parte de los agricultores, alcanzándose, en 1975, la cifra de 4.030 entidades que comercializan el 13% de la producción agraria nacional.

En estos años se observa una mayor inquietud por mejorar esta faceta –de la que cada día dependen más los resultados de las empresas agrarias–, así como una creciente preocupación por atender los aspectos empresariales de las agrupaciones y, en general, un dinamismo superior al de etapas anteriores. Surgen o se amplían agrupaciones para comercializar productos diversos por todo el país, aparecen cooperativas de segundo grado y otras fórmulas de integración, como los conciertos intercooperativos, y se gestan nuevos proyectos de alcance superior a los acometidos en etapas anteriores y con mayor vocación de penetración en el mercado. En relación con este clima merece consignarse la promulgación,[19] durante los años 72 y 74, del conjunto de disposiciones que configuran y regulan las APA, concebidas como instrumento para mejorar la comercialización agraria y las condiciones de consumo mediante la concentración de la oferta, la tipificación de los productos, la realización de una adecuada gestión

19. Las disposiciones legislativas más importantes de dicha época en el ámbito agrario a nivel nacional fueron las siguientes: Ley General de Cooperativas, de 19 de diciembre de 1974; en 1977: Real Decreto Ley de 2 de junio (extinción de la sindicación obligatoria), Real decreto de 17 de junio (aplicación del Real Decreto Ley de 2 de junio. Y Transferencia de las funciones de la Organización Sindical en el orden cooperativo y nueva regulación del movimiento cooperativo), modifica el capítulo 11 del Título 11 de la Ley de 19 de diciembre de 1974; Real Decreto de 29 de junio sobre régimen fiscal de las sociedades cooperativas de segundo y ulterior grado de 1978; Real Decreto de 16 de noviembre de 1978. Reglamento de las Sociedades Cooperativas. Aplicación de la Ley de 19 de diciembre de 1974; Real Decreto de 13 de julio de 1979. Prorroga el plazo de adaptación de los estatutos de las sociedades cooperativas a la Ley de 19 de diciembre de 1974 y a su Reglamento; Real Decreto de 21 de diciembre de 1979. Suspende los plazos para adaptar los Estatutos de las Sociedades Cooperativas; Orden de 14 de febrero de 1980. Adaptación del régimen fiscal de las cooperativas a la Ley de 27 de diciembre de 1978 de Impuesto sobre Sociedades; Real Decreto de 3 de julio de 1981. Reglamento estructural de la producción lechera. Establece preferencia en la aplicación de las medidas de apoyo a las explotaciones comunitarias (granjas de grupo) y a las agrupaciones de granjas para servicios comunitarios; Real Decreto de 3 de agosto de 1981. Aprueba el Estatuto que regula las Sociedades Agrarias de Transformación. Con este nombre se designa a los antiguos grupos sindicales de colonización. Se configuran como caso especial de la Resolución de 23 de julio, del FORPPA, sobre ayudas especiales a la concentración o agrupación de explotaciones remolacheras; Real decreto de 2 de octubre sobre reestructuración del olivar mejorable y reconversión de comarcas olivareras deprimidas de 1981. Establece prioridad para la concesión de préstamos y subvenciones a las entidades asociativas tales como cooperativas agrarias, sociedades agrarias de transformación y agrupaciones de productos agrarios; Ley de 24 de diciembre de 1981. Estatuto de la explotación familiar agraria y de los jóvenes agricultores. Declara la aplicación preferente de los auxilios establecidos para la modernización de explotaciones en los siguientes casos: a) Agrupación de empresas familiares en fórmulas de agricultura de grupo o de ganadería asociativa; b) Instalación de agricultores jóvenes bajo fórmulas asociativas de carácter cooperativo, c) Cualquier actividad conjunta para completar las posibilidades de las explotaciones individuales; Orden de 24 de marzo sobre subvenciones para mejoras de las explotaciones ganaderas previstas en el Reglamento Estructural de la Producción Lechera de 1982; Orden de 24 de marzo por la que se desarrolla el Real Decreto 2625/l982, de 2 de octubre, sobre reestructuración del olivar mejorable y reconversión de comarcas olivareras deprimidas de 1982, Orden del 30 de abril sobre ayudas para la mecanización del cultivo del olivar de 1982; Resolución del 30 de abril, del FORPPA, sobre ayudas especiales a la concentración o agrupación de explotaciones ganaderas; Orden de 24 de mayo sobre ayudas a la mecanización de la recolección del algodón; Orden de 26 de julio sobre medidas de estimulo y apoyo para la adquisición y utilización en régimen cooperativo de maquinaria y otros medios de producción; Orden de 26 de julio sobre promoción de las agrupaciones para los tratamientos integrados de agricultura (ATRIAS) contra las plagas de los diferentes cultivos de 1983; Orden de 26 de julio sobre mejora de los aprovechamientos ganaderos en ribontes públicos, comunales y vecinales en mano común; Orden de 26 de julio sobre fomento de las explotaciones ganaderas en determinadas zonas desfavorecidas y en las de montaña de 1983; Orden de 29 de julio sobre mejora de la estructura productiva de la ganadería ovina; Orden de 3 de agosto sobre ayudas a las explotaciones ganaderas acogidas al Reglamento Estructural de la Producción Lechera de 1983; Orden de 8 de septiembre sobre fomento del asociacionismo económico de la juventud campesina de 1983; Orden de 8 de septiembre sobre mejora de la formación de personal y de la capacidad de gestión de entidades asociativas del medio agrario de 1983; Orden de 13 de septiembre sobre ayudas a las entidades asociativas agrarias para la comercialización en común de sus producciones de 1983; Orden de 16 de septiembre sobre ayudas a determinadas actividades agroindustriales de 1983. Extensión de los beneficios de las zonas de preferente localización industrial agraria; Orden de 20 de septiembre sobre ayudas para mejorar los medios de elaboración de vinos y mostos de 1985.

comercial a la escala necesaria, y la mejora y clarificación del mercado y de los circuitos de distribución. No obstante hemos de destacar dos hechos a nivel cooperativo andaluz. Por un lado el estancamiento en el número de entidades a nivel andaluz (cuadro 6), y por otro lado, su escasa presencia –como resultado final– en los procesos clave de apropiación del valor añadido.

CUADRO 6

EVOLUCIÓN DE LA DISTRIBUCIÓN DE LAS COOPERATIVAS EN ANDALUCÍA POR PROVINCIAS

	1980		**1981**		**1983**		**1985**	
	(a)	Reg.	(b)	Reg.	(c)	Reg.	(d)	Reg.
Jaén	183				227		237	
Sevilla	112		126		144		234	
Córdoba	155	100	142	103	131	104	158	107
Huelva	58		62		89		95	
Málaga	137				61		118	
Cádiz	58		44		49		137	
Granada	120				93		122	
Almería	120				121		143	
Total	943				915		1.267	

Fuente: elaborado con las siguientes bases de datos: (Reg.) Registro Provincial de Córdoba; (a) Ceña y Delgado, F., Pérez Yruela, M., Sevilla Guzmán, E. (1983); (b) Haubert, M. (1984), p.52; (c) D.G. de Cooperativas (1984) *Datos estadísticos sobre cooperativas en España*, Ministerio de Trabajo y Seguridad Social. Madrid, p. 6; (d) Junta de Andalucía (1986) *Censo de Entidades Asociativas Agrarias en Andalucía*. Dirección General de Cooperativas y Dirección General de Política Agroalimentaria.1985.

B) Las empresas de trabajo asociado como respuesta laboral para una economía en crisis

A nivel de sector secundario y terciario el entorno económico en este período –hasta 1986– se caracteriza por una crisis generalizada y profunda (inflación y paro elevado), por la ausencia de una legislación andaluza específica, por la existencia de un movimiento representativo en vías de institucionalización, y por una actitud desde la Administración generadora de falsas expectativas y que se resumía en la receta siguiente: crear una cooperativa = crear varios puestos de trabajo. Así a mediados de la década de los ochenta se produce una eclosión de las iniciativas autogestionadas, ya sea mediante la variante cooperativa o la de sociedad laboral.[20]

20. De hecho el *Libro Blanco de la Economía Social en España* (1991) puso de manifiesto que el 76% de las cooperativas de trabajo asociado tenían menos de diez años de antigüedad, o lo que es lo mismo, fueron creadas en la década de los ochenta. De otra forma, sólo el 2% de las cooperativas tenían más de treinta años de antigüedad. Sólo siete comunidades autónomas poseían cooperativas con más de treinta años de antigüedad, destacando el País Vasco con casi un 10%, Comunidad Valenciana y La Rioja con un 7% y Castilla-La Mancha con un 5% de las entidades existentes en dichos territorios.

La política de fomento se encuentra protagonizada, entre otras, por medidas nacionales de larga tradición, como el Fondo Nacional de Protección al Trabajo,[21] que se reestructura en 1981 y que posibilita el acceso al crédito a estas pequeñas empresas en una época de elevados tipos de interés.[22] La lógica que parece vislumbrarse tras estas escasas medidas podría formularse de la manera siguiente: el problema financiero constituye un escollo difícilmente superable para este tipo de entidades.[23]

El número de cooperativas constituidas anualmente en este primer período resulta insignificante pero registra un crecimiento continuado muy pronunciado en el primer lustro de los años ochenta: desde 1980 se superan las 150 entidades creadas cada año por término medio (gráfico 2). El saldo final de entidades de trabajo asociado de este período –cooperativas en este caso– lo registra el censo realizado para el año 1985: 1.541 entidades (casi el 50% de las cooperativas existentes en Andalucía) con un predominio de iniciativas en el sec-

21. El FNPT fue creado, junto con otros fondos, por Ley 45/1960 de 21 de julio y en su exposición de motivos, después de señalar que *(...) la más alta justificación del alzamiento nacional consistió en el designio de implantar un orden social más justo, que acabara con las discordias que han ensangrentado durante más de un siglo la historia de España, justifica la creación del fondo a partir de (...) las exigencias de una concepción cristiana de la sociedad y de la economía y apela a los principios católicos de la justicia social, tan hondamente arraigados en la conciencia del movimiento nacional.* No cabe duda que el contexto en que nació el FNPT era muy distinto del que emerge en la década de los ochenta, tanto en términos de estructura –económica, social, política– como de coyuntura, pero es ilustrativa la anterior cita como modelo de una concepción caritativa o filantrópica del fenómeno cooperativo.

22. En 1981 se configuró la Unidad Administradora del FNPT dependiente directamente del Ministro del departamento (Trabajo), experimentando notables variaciones. Así los programas de ayuda se centraron cada vez más en el fomento del empleo a través de cooperativas y sociedades laborales, en las distintas modalidades y líneas de financiación. Además de la financiación que directamente ofrecía el FNPT, existía un convenio de colaboración entre el Ministerio de Trabajo y la CECA para el desarrollo de un programa de asistencia financiera a trabajadores autónomos y sociedades cooperativas y laborales, por el cual los préstamos; concedidos por las Cajas de Ahorros Confederadas eran subvencionados, en parte, por el FNPT. Puede decirse que la Unidad Administradora del FNPT ha sido la principal fuente de financiación pública para este tipo de cooperativas, tanto para el capital inicial como para el desarrollo, contemplando esencialmente la financiación de activos fijos y la de capital circulante. Pueden destacarse, entre otros problemas de este instrumento y de sus respectivas medidas emanadas, la insuficiente financiación que suponían algunas líneas de apoyo, la lentitud en la concesión de las ayudas que en algunos casos, dada su urgencia, suponía recurrir a créditos; puente, y el alto nivel de morosidad de los beneficiarios dada la mecánica establecida para la asignación de garantías.

23. Por niveles de capitalización; de las empresas, llaman especialmente la atención las enormes necesidades de financiación de las cooperativas de trabajo asociado cuyo inmovilizado por trabajador no alcanza las 200.000 pesetas. En esta categoría de empresas, la casi totalidad de ellas con pocos meses de actividad, las necesidades de financiación a corto plazo suponen 55.000 pesetas por socio (el doble de las deudas a corto plazo que quedan por reembolsar y poco más que el capital social y las necesidades de financiación a medio y largo plazo 275.000 pesetas (diez veces más que las deudas que quedan por reembolsar). En total, con 330.000 pesetas por socio, estas cooperativas necesitan cuantías que suponen casi siete veces el capital social y que superan unas 20.000 pesetas las necesidades de las empresas cuyo inmovilizado por trabajador se sitúa entre 200.000 y 700.000 pesetas. Las cantidades necesitadas aumentan luego con la capitalización de las empresas, para llegar a un millón de pesetas cuando el inmovilizado por trabajador rebasa los dos millones. Ver M. Haubert (1984), p. 191.

tor industrial y en el entorno urbano. Su capacidad de respuesta como instrumento de lucha contra el paro en esta época puede evaluarse como cualitativamente satisfactoria (Haubert, 1991). En 1981, desaparecieron en Andalucía Occidental más de 30.000 puestos de trabajo, mientras las empresas de trabajo asociado crearon cinco mil puestos[24] –la mitad de los puestos generados en la región– e invirtieron 5.000 millones de pesetas[25] –el 4% de la formación bruta de capital fijo realizada por todas las empresas de la región–, considerando, además, que eran muchos los municipios, e incluso las comarcas, donde las empresas de trabajo asociado eran prácticamente la única fuente de empleo.

Pero este impacto en la economía andaluza era el efecto conjunto de diversos modelos de empresas de trabajo asociado descritas en otros trabajos. Las condiciones que se derivan de la crisis económica del 73 –con elevadas tasas de paro–, la falta de hábito político democrático, la ausencia de iniciativas empresariales de carácter privado propician, entre otros factores, la aparición de empresas de trabajo asociado muy diferentes: unas, como instrumentos de continuidad de empresas en crisis o empresas fracasadas ubicadas sobre todo en zonas urbanas; otras como mecanismos subsidiarios de adaptación de las empresas capitalistas a la nueva situación del mercado –que requería bajos costes salariales, poca conflictividad y descentralización productiva en pequeñas unidades intensivas en mano de obra–; y otras como símbolo de promoción y única salida para zonas rurales deprimidas.

24. En 1981, las empresas de trabajo asociado existentes a principio de año consiguieron aumentar en un 5% el número de sus puestos de trabajo fijo. Si se añaden lo puestos de trabajo creados por estas empresas constituidas en 1981 o que empezaron a funcionar este año, el aumento llega al 30% (descontando los puestos de trabajo suprimidos durante el año). Extrapolando los resultados de la encuesta al conjunto de Andalucía Occidental, podemos estimar que en 1981 las empresas de trabajo asociado crearon más o menos 3.000 puestos de trabajo fijos. Pero habría también que tomar en cuenta unos 1.300 puestos de trabajo que corresponden a empresas de trabajo asociado formadas por agrupación de trabajadores autónomos o por conversión de una empresa privada en crisis –ya que dichos puestos casi seguramente hubieran desaparecido caso de no haberse formado la empresa colectiva–, así como más de 1.000 puestos de eventuales.

25. El mismo trabajo señala también algunos datos de su capacidad inversora lo que revela el papel en el desarrollo de determinadas zonas de las empresas de trabajo asociado. Así cuando la empresas consideradas en la muestra cerraron el ejercicio con excedente neto (lo que ocurrió con el 42% de ellas, mientras que el 18% lo cerraron con pérdidas), más del 70% del importe, como promedio, se volvió a invertir en la empresa. Además, sea por autofinanciación o por recursos al crédito, el 80% de las empresas de trabajo asociado realizaron inversiones durante el año considerado. En total, en una Andalucía donde otro tipo de empresas se descapitalizaban a un ritmo acelerado, los trabajadores asociados aumentaron en un 18% el capital productivo de sus empresas invirtiendo en un año casi 200.000 ptas por trabajador. Extrapolando resultados al conjunto de Andalucía Occidental, y contando las inversiones nuevas y las amortizaciones, se puede decir que las inmovilizaciones realizadas por las empresas de trabajo asociado alcanzaron casi 5.000 millones de pesetas. Esto supone el 4% de la formación bruta de capital fijo realizada por todas las empresas de la región. Además, limitándonos a las empresas que operan en el sector industrial, podría estimarse en un 8% su peso en todas las inversiones del sector y en un 20% su peso en las inversiones destinadas a la creación de nuevos establecimientos.

A nivel de movimiento representativo nace en 1978 la Federación de Cooperativas Andaluzas (FECOAN). Se trataba de un movimiento federativo multisectorial e ideológicamente homogéneo, que intentaba agrupar las sensibilidades de diversas instituciones asociativas existentes en esos años iniciales de transición democrática: UTECO de Sevilla y Movimiento Rural Cristiano.[26] Desde esa fecha, y a través de una organización típicamente representativa,[27] FECOAN despliega una serie de actividades reivindicativas, institucionales, divulgativas, formativas, técnicas y comerciales.[28]

26. Sin prácticamente haberse establecido, desde la libertad, estructuras democráticas en el cooperativismo andaluz, en Andalucía se siente la necesidad, en la década de los 70, de disponer de una organización representativa que, partiendo de los principios internacionalmente aceptados, fuera a establecer una alternativa de participación real al cooperativismo andaluz. Nace la Federación de Cooperativas Andaluzas (FECOAN) de la confluencia de dos grupos diferentes que buscan entonces similares fines. De una parte, la UTECO-INDUSTRIAL de Sevilla, fundamentalmente (junto con algunas cooperativas aisladas de esa provincia), perteneciente al movimiento Democrático de Cooperativas (M.D.C.), que comienza a organizarse a partir de 1973 en diferentes puntos del Estado español. El otro grupo estaba conformado por los asistentes a una Semana sobre Cooperativismo, celebrada en Madrid a principios de 1978, organizada por el movimiento Rural de Adultos, en el que, a nivel andaluz, participaron representantes de cooperativas de las provincias Granada, Málaga, Sevilla y Cádiz. .Tras diversas reuniones y después de una gran Asamblea celebrada en Antequera el 11 de junio de 1978, y después de realizarse campañas por las provincias andaluzas y elaborados diversos temas , en el mes de diciembre de 1978, se celebra en Sevilla un Congreso constituyente del cooperativismo andaluz.

27. En su aspecto representativo, la decisión soberana corresponde a la Asamblea General, quien elige a su Consejo General, con representantes de cooperativas de todas las provincias andaluzas. Dicho Consejo General elije, a su vez, al Consejo Ejecutivo (compuesto por 16 personas) y un Consejo Permanente integrado por el Presidente, el Vicepresidente, el Tesorero, el Secretario General, el Secretario de Información y Publicaciones y el Director de la Escuela Andaluza de Formación Cooperativa, organismo educacional y formativo de FECOAN.

28. Puede destacarse entre otras actividades, la reivindicación de la memoria histórica del Día Mundial del Cooperativismo cuya celebración llega a producirse en distintos lugares emblemáticos –a nivel cooperativo– de la geografía (Fuentevaqueros, Algarrobo (Málaga); El Viso del Alcor (Sevilla) Trebujena (Huelva). En orden a promocionar el cooperativismo, como opción social y empresarial, la FECOAN promovió la celebración, en 1983 y en Sevilla, la I Feria Nacional de Cooperativas, con asistencia de más de 100 cooperativas, tanto andaluzas como de otras Comunidades españolas. Se publica la revista Andalucía Cooperativa. En cuanto a acción técnica, FECOAN estableció conciertos con distintos gabinetes técnicos en provincias andaluzas, para el servicio de las cooperativas a esta organización asociadas y luego fue desplegando una estructura de apoyo territorial. Por su parte la Escuela Andaluza de Formación Cooperativa, iniciando sus actividades en 1979, vió pasar por sus aulas a más de 5.000 cooperativistas hasta 1985 En octubre de 1984, representantes de FECOAN asisten, especialmente invitados, al XXVIII Congreso de la ACI (Alianza Cooperativa Internacional), celebrado en Hamburgo, asistiendo al Pleno del mismo. Con motivo de ello, FECOAN pasa a formar parte, como miembro número 22, del Buró Económico del Comité Agrícola de la ACI.

GRÁFICO 2
EVOLUCIÓN DEL TRABAJO ASOCIADO EN ANDALUCÍA (1975-2000)

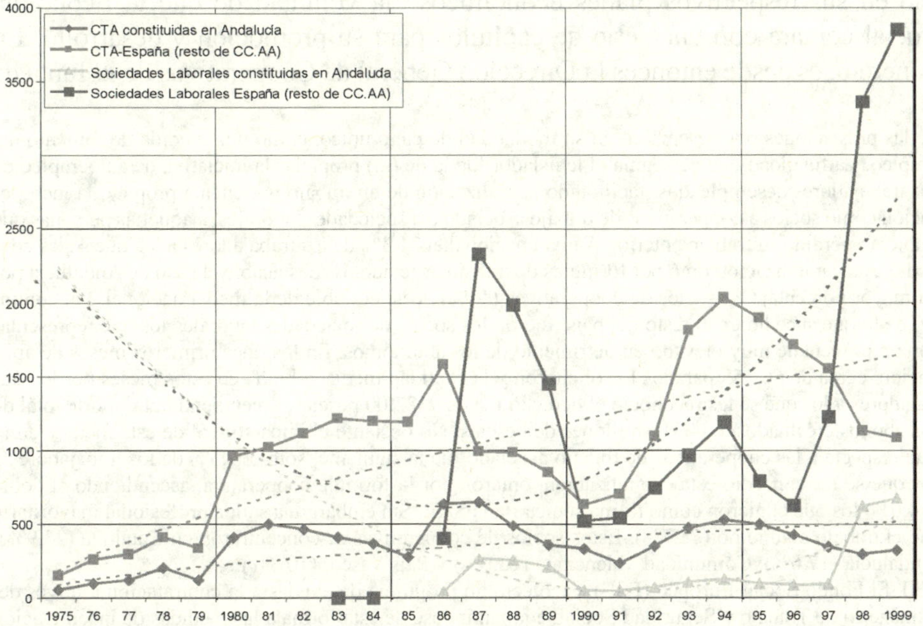

Fuente: elaboración propia.

8.4.4. El auge de la sociedad laboral (1986-1996)

Esta fase se caracteriza por la primera regulación autonómica de cooperativas –a nivel andaluz– y la regulación específica –a nivel nacional– de las sociedades laborales. El proceso de descentralización administrativa hacia las Comunidades Autónomas acelera exponencialmente su regulación específica y convierte al Estado español en *el país con más leyes de cooperativas por kilómetro cuadrado.*

Desde la Administración prolifera toda una serie de medidas de apoyo –más en el discurso que de hecho– en todas las esferas de la actuación pública que al ser incumplidas o cumplidas parcialmente en determinadas ocasiones, se propicia cierta desconfianza hacia este tipo de propuestas. Entre las medidas de apoyo más sobresalientes conviene destacar las siguientes: a) aquellas que emanan de instituciones centrales como la capitalización del subsidio de desempleo;[29] b) las que emanan de instituciones europeas, pero de implantación auto-

29. La ley de Protección por Desempleo preveía que (...) *cuando así lo establezca algún programa de fomento de empleo, la entidad gestora podrá abonar de una vez el valor actual del importe de la prestación de nivel contributivo, correspondiente al período a que tenga derecho el trabajador en función de las cotizaciones efectuadas*. El Real Decreto 1044/1985 desarrolló dicha norma y reguló el abono

nómica, como las rentas de subsistencia;[30] y por último c) aquellas medidas que surgen desde el gobierno andaluz. En efecto, la administración andaluza plasmó en sus respectivos planes económicos[31] la voluntad de que la Economía Social contara con una serie de capítulos para su promoción y desarrollo. En concreto, es desde entonces la Dirección General de Cooperativas de la Junta de

de las prestaciones por desempleo en su modalidad de pago único, como una medida de fomento del empleo. La finalidad que perseguía el legislador fue la de (...) propiciar la iniciativa de autoempleo de los trabajadores desempleados, facilitando la realización de un trabajo por cuenta propia o la incorporación como socios a cooperativas de trabajo asociado o a sociedades laborales, a aquellas personas que hubieran perdido su trabajo anterior. A nivel nacional el 21,3% de los trabajadores a los que se les concedió esta capitalización optó por fórmulas de trabajo asociado. Es destacable el caso de Andalucía por su mayor porcentaje en socios de cooperativas (13%) –casi el doble de la media nacional–; al contrario de lo que sucedió en el resto del país, fueron los socios de sociedades laborales los que representaron un porcentaje muy elevado en detrimento de los autónomos. En los doce primeros meses de aplicación, cerca de 66.555 parados lo solicitaron y la cantidad media cobrada en estos meses por los trabajadores a los que se les reconoció el derecho fue de 932.200 pesetas, ascendiendo el importe total de los abonos efectuados a 54.317 millones de pesetas. No obstante el impacto real de esta medida en lo que respecta a las cooperativas de trabajo asociado fue la siguiente: sólo el 7,3% de los trabajadores a los que se les concedió esta capitalización, optaron por la fórmula cooperativa, ascendiendo al doble (14,0%) los que eligieron como forma societaria la SAL. Sin embargo la salida profesional mayoritaria fue el trabajo autónomo (78,7%). Estos socios de cooperativas se concentraron en Cataluña (23,9%); Andalucía (17,0%); Comunidad Valenciana (13,0%) y País Vasco; (10,3%).

30. El Fondo Social Europeo (FSE) estableció un programa de ayudas a la contratación a través del Ministerio de Trabajo y Seguridad Social, equiparándose de esta forma a las medidas de incentivación a la contratación que venían disfrutando otras formas jurídicas. Surgía así el programa de subvenciones en concepto de rentas de subsistencia, que pretendía facilitar el acceso a la condición de socio trabajador de una cooperativa, a desempleados menores de 25 años o parados mayores de 25 años, que llevaran inscritos al menos un año en la correspondiente Oficina de Empleo, mediante subvenciones a fondo perdido de 500.000 ptas. por trabajador que adquiriese la condición de socio anteriormente descrita. Esta subvención, que equivale al 30% del salario medio bruto de los trabajadores de la industria y que se encuentra financiada al 50% por el FSE y el Ministerio de Trabajo y Seguridad Social, respectivamente, tenían establecido un cupo para la Comunidad Autónoma andaluza, en el año 1986 de 620 rentas de subsistencia, de las cuales 347 son para jóvenes menores de 25 años y las 273 restantes para personas de 25 años o mayores.

31. A finales de 1983 la Consejería de Economía, Planificación, Industria y Energía, elaboró el primer Plan Económico para Andalucía (PEA) que cubría el período 1984-86. El texto del Plan, publicado en 1985, constituía el soporte técnico y el desarrollo de la Ley 7/1984, de 13 de junio, aprobada por el Parlamento de Andalucía; en sesiones que tuvieron lugar durante el primer semestre de 1984. En la misma línea de planificación económica se realizó el documento de trabajo titulado *Programa Andaluz de Desarrollo Económico* 1987-1990 (PADE) donde se plasmaron las directrices fundamentales de política económica para el período que se menciona. El documento se estructura en cinco capítulos en donde, después de realizar un *Análisis General y comparado de la Economía Andaluza* (sus problemas, la política regional española y comunitaria, etc.) se detallan los aspectos esenciales de cualquier programa: objetivos y estrategia, programas de actuación propiamente dichos, recursos para su ejecución y por último las fases de realización, control y revisión. Si se compara el PADE con el Plan de 1984-86 los avances, en cuanto a concreción, son considerables en lo referente al cooperativismo. En el anterior Plan las referencias al cooperativismo se limitaban a la consideración de un objetivo intermedio (la creación de empleo mediante el fomento de cooperativas) y las medidas clásicas de subvenciones; financieras, asistencia técnica y cursos, sin concretar más al respecto. Sin embargo, el PADE, a pesar del avance respecto a la cuantificación que en el se realiza, no presenta ninguna novedad en torno a las medidas de fomento llevadas hasta el momento.

Andalucía la que ha venido coordinando el paquete más especifico de ayudas destinado a promocionar este tipo de empresas. Esta labor se ha centrado sobre todo en medidas para paliar los problemas financieros, atenuar los déficit de formación, apoyar la inversión, reestructurar los sectores y fortalecer los recursos técnicos de este tipo de entidades.[32] No obstante, a pesar de la diversidad de medidas en la política de fomento, las medidas de apoyo financiero comienzan a relegarse a un segundo plano, tomando cuerpo la gestión delegada mediante convenio con instituciones financieras privadas. De hecho, desaparecen medidas crediticias específicas en los programas desarrollados por entidades de crédito oficiales.[33] Predomina una perspectiva de empresa autogestionada como una entidad que precisa como requisito de supervivencia: la integración en entidades de segundo grado y una buena capacidad de gestión, ya sea mediante la formación de sus componentes o mediante un adecuado asesoramiento.

El ritmo de creación de cooperativas se duplica (300 entidades anuales) a partir de 1986, año que alcanzó un mayor número de cooperativas creadas. Las entidades de trabajo asociado se expanden por las zonas rurales y sectorialmente hacia las actividades del sector terciario. En 1988 cambia la tendencia (coincidente con el fuerte aumento registrado en la creación de sociedades anónimas laborales): por primera vez en dicha década las cooperativas existentes son inferiores en número a las del año anterior. Además, desde que se

32. En 1986 el volumen de recursos gestionados por la Junta de Andalucía para la promoción y estímulo al cooperativismo fue de cerca de los mil millones de pesetas, sin duda, superior al de cualquier otra comunidad autónoma. En otro orden de cosas, no llegaron al 6% las cooperativas de trabajo asociado que se beneficiaron de las ayudas financieras, siendo los sectores más beneficiados (absorben m s de la mitad de las mismas): la acuicultura, la industria de la madera y la construcción. Años más tarde el nivel de ayudas se ha multiplicado por cuatro. Así en 1994 el Gobierno andaluz destinó 3.921 millones de pesetas en ayudas al cooperativismo, la mayor parte dirigidas a completar la inversión empresarial (2.523 millones de pesetas), otras a subvencionar la creación de empleo, escuelas de empresas, complejos cooperativos y programas de promoción y formación. En cuanto a las ayudas concedidas a la creación de puestos de trabajo, los empleos respaldados –que no creados– por dichas ayudas ascendieron a 2.856 puestos de trabajo.

33. Partiendo de la política crediticia seguida por el BCI que nos aporta el análisis de los datos suministrados por su Memoria Anual de 1986, la entidad de crédito: oficial dedicó 37.918 millones de ptas a financiar PYMES, lo que supone un 14,8% de la actividad total del banco. Aunque estos datos pueden reflejar el apoyo minoritario a la PYME, el incremento porcentual respecto al año 1985 de casi un 95% sobre el importe bruto concedido –en el que se incluyen las cooperativas, apoyo a las Zonas de Urgente Reindustrialización (ZUR), etc.– parece brindarnos un cambio cuantitativo relevante en la política seguida hasta el momento. Podemos destacar como un aspecto sobresaliente la línea 15/15, que a pesar de su aparición en Marzo de 1986, fue un éxito rotundo, con un 41% del número de concesiones brutas y un 31 % del importe total de concesiones a las PYMES que en términos generales representa un crédito medio de 5,5 millones. Sin embargo, en lo que respecta a la línea específica para cooperativas, se produjo una disminución del 50% aproximadamente. Esta cifra puede llevarnos a falsas conclusiones, puesto que la desaparición de líneas específicas de carácter subjetivo –es decir atendiendo a su forma societaria– fue sustituida dada su aceptación en el mercado por líneas de crédito mejor adaptadas a su dimensión a las cuales acudieron todo tipo de PYMES prescindiendo de su forma social.

legisló el sector por parte de la Administración andaluza, el ritmo de desaparición de cooperativas fue superior. La obligatoriedad de adaptación de estatutos, la obligatoriedad de las auditorías, el propio aumento de los fondos de reserva de carácter irrepartible y la aparición y profusión de la fórmula de la sociedad anónima laboral, fueron factores, todos ellos, que imprimieron una aceleración en la desaparición de cooperativas, que se transformaron, en la mayoría de los casos, en empresas de capital. Por su parte, la evolución de las sociedades laborales se encuentra marcada por períodos significativos. Por un lado, el período que va desde la fecha de promulgación de la ley hasta 1990, un período en el que se deja sentir el impacto de la adaptación de las sociedades laborales a la nueva normativa de las sociedades anónimas.[34] Por otro lado, el período que va desde 1990 hasta 1996, un período en el que las cifras de creación de entidades a nivel nacional se estabiliza en torno a las mil por año, lo que implica una creación de empleo potencial en torno a los siete mil.[35]

El movimiento de la economía social se consolida en el ámbito de una sociedad marcada por un funcionamiento cada vez más corporativo: la articulación de intereses constituye una garantía de legitimidad para las instituciones privadas y públicas. No obstante, el asociacionismo cooperativo se fractura en 1986 en diversas organizaciones, que postulan modelos asociativos diferentes: un modelo *multisectorial,* encabezado por FECOAN y un modelo *unisectorial*

34. La Ley 19/1989, de 25 de julio, de reforma parcial y adaptación de la legislación mercantil a las directivas de la Unión Europea (y, en consecuencia, el Real Decreto Legislativo 1564/1989, de 22 de diciembre, que aprobó el Texto Refundido de la Ley de Sociedades Anónimas) introdujo modificaciones sensibles en el régimen de las sociedades laborales: el capital mínimo, para las de constitución posterior a la Ley, era de diez millones de pesetas suscritos, de los que tenían que estar desembolsados desde el principio, al menos el 25%, debiéndose desembolsar el resto "en el plazo que se fije en los Estatutos". En cuanto a las que ya estaban constituidas cuando se promulgo la Ley, antes del 27 de julio de 1993 habían de alcanzar un capital mínimo de cuatro millones de pesetas (desembolsando al menos de su 25%) y tenían de plazo hasta el 31 de diciembre de 1996 para ampliarlo hasta diez millones. Además, introduce una serie de requisitos legales y obligaciones registrales, que originan un coste muy sensible para las empresas pequeñas. Esta modificación de su regulación legal, incidió gravemente en la figura de la SAL, puesto que al devolver a la sociedad anónima. su naturaleza de gran sociedad de capitales, le quitó a la sociedad laboral la naturaleza que le corresponde como más propia de pequeña sociedad de personas. Así de hecho, a partir de la entrada en vigor de esta nueva regulación, sólo a las empresas con un cierto tamaño adoptaron la forma de SA, tomando las pequeñas la de SL y en consecuencia se frenó en seco el desarrollo de este tipo de empresa social en lugares donde la creación de pequeñas empresas era predominante. En cuanto a las ya existentes en aquel momento, aunque la ley les concedió a éstas unos plazos más amplios para cumplir las nuevas exigencias, respecto a los de otras SL esta ventaja no fue suficiente y muchas Sociedades Anónimas Laborales, tuvieron que transformarse en Sociedades Limitadas. Por falta de información adecuada y, en algunos casos inducidas interesadamente por agentes externos, se estima en al menos un 35% el número de SAL que se transformaron en Sociedades Limitadas durante el período 1990-93, manteniendo un reparto accionarial similar o idéntico al de la SAL (Millana, 1996).

35. En efecto a partir de 1991 se inicia el cambio de tendencia y en 1992, 93 y 1994 se vuelve a recuperar el ritmo normal de creación de SAL, con incrementos del 40% en 1992, 31% en 1993 y 22% en 1994.

–sólo cooperativas de trabajo asociado–, que preconizan las organizaciones FUCA y FECOOPTA. Este proceso de reestructuración obligó al movimiento cooperativo a estar atento más a su supervivencia como superestructura, que a los problemas de las entidades representadas. Todo concluyó con la unificación en 1992 del movimiento de trabajo asociado, mediante la constitución de FAECTA, optándose por la opción *unisectorial*. En este período también surgen, a nivel andaluz, las primeras federaciones relacionadas con las sociedades laborales: FEANSAL y ASLAND.

8.4.5. Las empresas de trabajo asociado y su identificación con la realidad microempresarial

Este período se caracteriza por un ajuste legislativo: a nivel autonómico, para las cooperativas, y a nivel nacional, para las sociedades laborales. La segunda ley de cooperativas refuerza el carácter empresarial de las entidades y el control, aunque supone la pérdida de cierta especificidad en términos de economía social: se reduce el número mínimo de socios por entidad a la hora de su constitución como sociedad. Los ajustes legislativos para la sociedad laboral –permitiendo la constitución de sociedades limitadas laborales– favorecen que esta forma jurídica supere a la cooperativa como cauce para generar autoempleo asociado.

Los instrumentos de apoyo público se orientan más a medio y largo plazo y con una política de coordinación –acompañamiento empresarial de las iniciativas– con organismos públicos próximos a las iniciativas –ayuntamientos–. Un ejemplo de estas políticas es el programa de Escuela de Empresas, cuyo objetivo es complementar mediante formación y una infraestructura de apoyo (instalaciones, director técnico y consultora) la capacidad de los jóvenes del entorno rural para integrarse en el mercado de trabajo por cuenta propia a través de un proyecto de economía social. En el año 2000, conformaban este programa un total de 40 escuelas (35 directores técnicos y tres consultoras de apoyo), que habían permitido crear 352 empresas (mayoritariamente en el sector industrial) lo que implicaba 1.782 puestos de trabajo y una inversión generada de 3.200 millones de pesetas. Estas medidas de fomento parecen mostrar una perspectiva de empresa autogestionada que puede sobrevivir si se le acompaña en la gestión desde sus orígenes.

El movimiento representativo del cooperativismo de trabajo asociado unificado intenta desarrollar planes estratégicos, aunque mantiene una relación excesivamente dependiente de la Administración, y goza de cierta estabilidad, que no continuidad (al menos tres cambios de presidentes y de sus respectivos equipos técnicos). En este período pierde fuerza el movimiento federativo sectorializado y comienza el protagonismo de la organización confederal de la economía social: CEPES.

No obstante, la trayectoria que se desprende a partir del análisis de los datos de la última década y la impronta que marca la legislación vigente, vislumbran un desarrollo de las iniciativas de trabajo asociado marcada por las siguientes tendencias:

1. Cierto declive del ritmo de creación de cooperativas de trabajo asociado y auge de las sociedades laborales. Hoy día, nos encontramos con cifras de ritmo de constitución de cooperativas, tanto de entidades como de socios, inferiores a 1988.[36] Sin embargo, el ritmo de creación de sociedades laborales ha ido aumentando en la última década, como demuestra el predominio de tasas positivas con una cota máxima precisamente en el último año tanto en número de entidades, como en número de socios. Nos encontramos, por tanto, con una fórmula joven y en expansión.[37]
2. Tendencia inexorable hacia la microempresa. Si dividimos el número de miembros de las empresas de trabajo asociado entre el número de entidades, podríamos obtener un indicador de la dimensión media en su constitución. Como muestra el gráfico 3, la tendencia en los últimos años es clara y común tanto para las cooperativas, como para las sociedades laborales: *la dimensión media por entidad creada*, que se desprende de los datos aportados, *es cada vez menor.*[38] Las recientes modificaciones legislativas realizadas en las leyes cooperativas a nivel andaluz y nacional seguirán acentuando este proceso.
3. *Terciarización* de la empresa de trabajo asociado. Las crecientes oportunidades en este sector de la economía y las bajas necesidades de capital para crear empresas en este ámbito constituyen dos razones de peso para justificar este comportamiento. La fórmula de trabajo asociado como remedio para una empresa en crisis, como ocurría en la década de los ochenta, se ha ido dejando a un lado.[39] La presencia en el sector servicios es cada vez mayor como puede verse en el gráfico 3.

36. Esto no es exclusivo del territorio andaluz. En España el promedio de creación de este tipo de entidades supera las mil quinientas con un número de socios en su constitución próximo a los diez mil. Sin embargo el ritmo de creación de entidades cooperativas de trabajo asociado ha ido disminuyendo en la última década como demuestra el predominio de tasas negativas. Excepto el período comprendido entre 1992 hasta 1994, donde se alcanza el máximo número de entidades (2.560) y de socios (13.491), la evolución en la creación de las cooperativas de trabajo asociado ha ido en descenso.

37. Conviene precisar que si bien la sociedad anónima laboral aglutina a nivel nacional el 47,4% de entidades y el 72,0% del empleo, el crecimiento espectacular de sociedades laborales se debe a las sociedades limitadas: son el 90% de las creadas desde 1998.

38. De esta forma en el período considerado casi se ha reducido casi a la mitad: de siete socios de media por empresa de trabajo asociado creada en 1988 a cuatro socios por entidad constituida en 1999.

39. El 51,4% de las cooperativas y el 64,2% de las sociedades laborales creadas en 1999 se formaron en el sector servicios. Además, en el caso de las sociedades laborales el peso de la proporción de empresas creadas en el sector industrial ha caído del 43% en 1991 al 18% en 1999.

GRÁFICO 3

EVOLUCIÓN DEL TAMAÑO MEDIO DE LAS EMPRESAS DE TRABAJO ASOCIADO

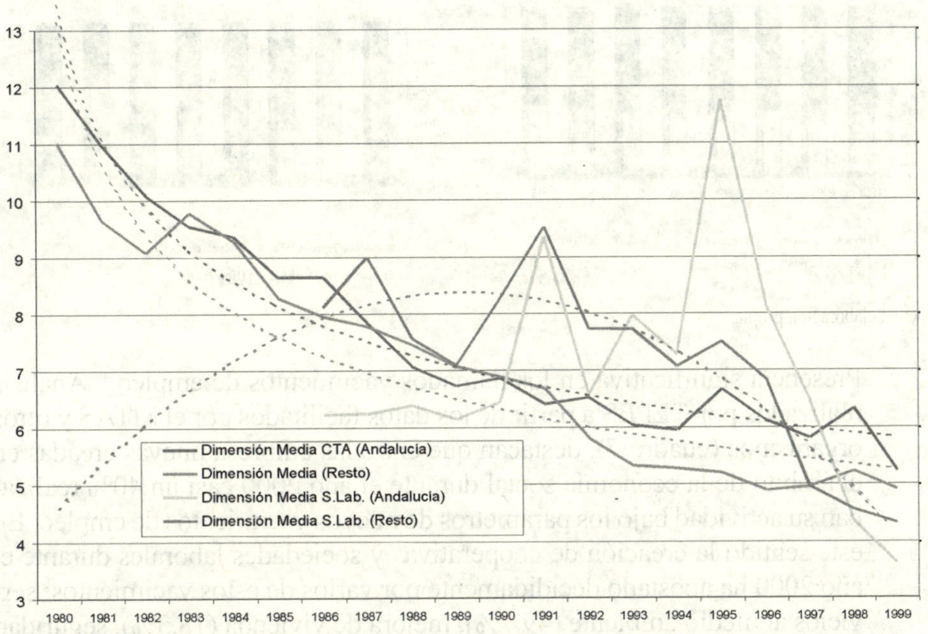

Fuente: elaboración propia.

4. *La empresa de trabajo asociado como otro tipo de empresa familiar.* Hoy día asistimos a una revalorización de la empresa familiar como agente económico. A tenor de los datos por género respecto a la composición del accionariado en las sociedades laborales –cuya evolución aparece reflejada en el gráfico 4– puede deducirse que la empresa de trabajo asociado que se está creando es una empresa predominantemente familiar si consideramos la incorporación creciente de la mujer como socio capitalista de la sociedad laboral, como un indicador indirecto de este comportamiento. Este hecho puede plantear nuevos retos de funcionamiento interno que es conveniente considerar. Aunque los datos disponibles se refieren a la sociedad laboral, la cooperativa no escapa de este perfil cada vez más previsible, dada la tendencia a la reducción del número mínimo de socios.

GRÁFICOS 4

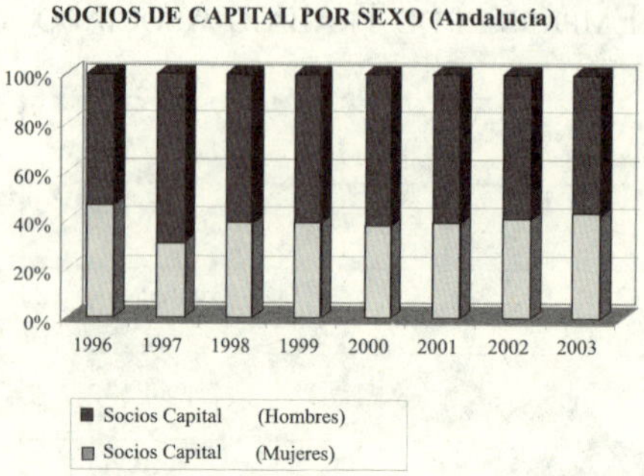

Fuente: elaboración propia.

5. Presencia significativa en los llamados yacimientos de empleo.[40] Análisis realizados por CEPES a partir de los datos facilitados por el MTAS y otros organismos (cuadro 7), destacan que entre las empresa nuevas creadas en el ámbito de la economía social durante el año 2000 casi un 40% realizaban su actividad bajo los parámetros de nuevos yacimientos de empleo. En este sentido la creación de cooperativas y sociedades laborales durante el año 2000 ha apostado decididamente por varios de estos yacimientos: servicios al medio ambiente (49.7%), mejora de vivienda (18,3%), seguridad y otras (10,6%); hostelería y turismo (8,6%), entre otros.

CUADRO 7.
NUEVOS YACIMIENTOS DE EMPLEO EN LA ECONOMÍA SOCIAL

	Almería	Cádiz	Córdoba	Granada	Huelva	Jaén	Málaga	Sevilla	Andalucía	
Medio ambiente	149	177	115	172	333	162	143	398	1.649	49,76%
Reciclaje	2	1	1		1		1		6	0,18%
Vivienda	48	70	68	53	49	60	89	169	606	18,29%
Turismo	23	39	32	26	20	27	41	77	285	8,60%
Transportes locales	8	5	8	7	3	12	6	12	61	1,84%
Comunicaciones		4			2		3	6	15	0,45%
Actividades informáticas	1	1	6		4	3	6	14	35	1,06%
I+D								2	2	0,06%
Seguridad y otras 31	46	37	32	34	38	38	103	353	10,65%	
Gestión de los residuos	19	24	18	22	5	20	20	36	155	4,68%
Act. Recreativas y Culturales		13	7	13	9	9	9	21	77	2,32%
Servicios a domicilio	9	14	4	7	3	4	4	25	70	2,11%

Fuente: www.cepes-andalucia.es

40. La Unión Europea ha definido como nuevos yacimientos de empleo cuatro grandes grupos: servicios de la vida diaria (servicios a domicilio, nuevas tecnologías de la información y comunicación e

8.5. A MODO DE CONCLUSIÓN

La economía social constituye a nivel microeconómico un vehículo privilegiado de desarrollo del potencial endógeno (apropiación del valor añadido por parte de productores, generación de autoempleo colectivo…), mientras a nivel macroeconómico, un generador de *capital social* –en el sentido sociológico del término (Moyano, 2001)–, dado que incorpora recursos que ayudan a los grupos sociales a superar los problemas de carácter estático y dinámico.

Su evolución en Andalucía ha estado marcada por diversas etapas diferenciadas por las condiciones económicas del territorio, la articulación de intereses representativos, la respuesta diversa de la Administración, y una concepción, más o menos generalizada, de los obstáculos que impiden su desarrollo como fórmulas empresariales. En cada una de dichas etapas, se ha fraguado un arquetipo específico de modelo de empresa de economía social acorde con estas circunstancias socioeconómicas que van desde los modelos empresariales paternalistas, defensivos y periféricos originados por crisis sectoriales, hasta fórmulas de colaboración público-privada en el sector servicios hasta modelos altamente competitivos plenamente instalados en una economía de mercado.

Los cambios legislativos recientes han propiciado una serie de tendencias en sus características organizativas –auge de la sociedad limitada, reducción del tamaño, terciarización y propensión a un carácter familiar– por lo que sería preciso no mostrar sólo su evolución creciente, sino también estar atentos a los indicadores cualitativos de su desarrollo. En efecto, el carácter microempresarial y familiar pueden propiciar que los principios básicos de la economía social queden relegados como cuestiones marginales en su funcionamiento ante la urgencia de respuestas que exige un mercado que no favorece estos valores, si no más bien los contrarios.

Conviene, por tanto, ser conscientes de que su credibilidad y capacidad para transformar las relaciones económicas no se encuentra en el número de entidades existentes. Entre los indicadores cualitativos de desarrollo pueden citarse sus niveles efectivos de intercooperación social y económica, ya que éstos pueden mostrarnos hasta qué punto el crecimiento cuantitativo de estas entidades no ha sido a costa de cierta pérdida de especificidad como fórmulas que generan una cultura de solidaridad imprescindible para el éxito de las políticas de distribución equitativa de rentas y de crecimiento económico. Además,

---

inserción social); servicios de mejora del marco de vida (mejora de la vivienda, seguridad, transportes, comercios y revalorización de espacios públicos); servicios culturales y de ocio (turismo rural y cultural, sector audiovisual, desarrollo local y revalorización del patrimonio histórico); y servicios al medio ambiente (gestión de residuos, del agua, protección y mantenimiento de zonas naturales y normalización medioambiental).

habrá que sensibilizar más a las instituciones públicas y privadas de estas tendencias para que reconozcan a los diversos interlocutores representativos de las empresas de trabajo asociado como referentes de una realidad social cada vez más amplia e inserta en el ámbito de la pequeña y mediana empresa.

8.6. BIBLIOGRAFÍA

BALLESTERO, E. (1990), *Economía Social y Empresas Cooperativas,* Madrid, Alianza Universidad.

BEL DURÁN, P. (1997), *Las cooperativas agrarias en España. Análisis de los flujos financieros y de la concentración empresarial,* Valencia, CIRIEC-España.

CARRASCO CARRASCO, M. y VARGAS SÁNCHEZ, A. (Coords.) (2002), *Orígenes, evolución y perspectivas del cooperativismo agroalimentario en la provincia de Huelva,* Huelva, Fundación Caja Rural del Sur.

CEÑA DELGADO F.; PEREZ YRUELA M. y SEVILLA GUZMAN E. (1983), *El cooperativismo como forma de acción social colectiva: análisis del caso andaluz,* Instituto de Sociología y Estudios Campesinos de la Universidad de Córdoba, Córdoba, Fundación Paco Natera.

CLEMENTE DIAZ, M. et al (1993), "Análisis del conflicto interior de las cooperativas agrarias y estrategias de superación", *Cuadernos del Banco de Crédito Agrícola*, nº 6.

CRUZ ROCHE, P. (1983), *Situación actual y posibilidades de crecimiento de las empresas asociativas de transformación y comercialización de productos agroalimentarios*, Madrid. Ministerio de Agricultura y Pesca.

DEL ARCO ALVAREZ, J. L. y OTROS (1972), *Análisis Económico y Sociológico del Cooperativismo Agrícola*, Madrid, Confederación Española de Cajas de Ahorro.

DOMINGO SANZ, J. y DE LOMA-OSSORIO, E. (1991) *Las almazaras cooperativas en Andalucía,* Jaén, Cámara Oficial de Comercio e Industria de Jaén.

HAUBERT, M. (1984), *Cooperativismo y crisis económica en Andalucía,* Sevilla, Instituto de Desarrollo Regional nº 28, Universidad de Sevilla.

LOPEZ ONTIVEROS, A. (1982), *Las cooperativas olivareras andaluzas. Una realidad problemática,* Córdoba, Publicaciones del Monte de Piedad y Caja de Ahorros de Córdoba.

MONZON CAMPOS, J. L. y BAREA TEJEIRO, J. (1991), *Libro Blanco de la Economía Social en España,* Madrid, Ministerio de Trabajo y Seguridad Social.

MONZÓN, J. L. y MORALES GUTIÉRREZ, A. C. (1996), Las empresas de trabajo asociado, en BAREA TEJEIRO y MONZÓN CAMPOS, *Informe sobre la situación de las cooperativas y las sociedades laborales en España*, Valencia, CIRIEC-ESPAÑA.

MORALES GUTIÉRREZ, A. C. (1987), "La Economía Social en Andalucía", *Revista del CIRIEC ESPAÑA*, nº 2, octubre-diciembre, pp. 105-142.

MORALES GUTIERREZ, A. C. (1992a), *Workers' Cooperatives. Are they intrinsically inefficient? Economic and Industrial Democracy*, (SAGE, London, Newbury Park and New Delhi), vol. 13, pp. 431-436.

MORALES GUTIÉRREZ, A. C. (1992b), "Algunas reflexiones sobre las cooperativas de trabajo asociado en el ámbito rural", *Revista de Estudios Regionales*, mayo-agosto, pp. 201-225.

MORALES GUTIERREZ, A. C. (1993), *La financiación de las cooperativas de trabajo asociado ¿problema o síntoma,?* Córdoba, Publicaciones ETEA.

MORALES GUTIERREZ, A. C. (1995), "Las cooperativas como acción colectiva: una reflexión desde el ámbito rural andaluz", *Revista del CIRIEC ESPAÑA*, nº 18, julio, pp. 57-82.

MORALES, GUTIÉRREZ, A. C. (1996), *Ineficiencias del mercado y Eficacia de las cooperativas*. Madrid. Instituto Nacional de Fomento de la Economía Social (INFES).

MORALES GUTIÉRREZ, A. C. (1998), *Empresas y emprendedores en Córdoba: 30 casos de éxito,* Córdoba, Excma. Diputación de Córdoba.

MORALES GUTIÉRREZ, A .C. (2000), *La Economía Social y las empresas de trabajo asociado. Balance de un década y perspectivas*. En FAURA. I.; JULIÁ IGUAL, J. F. y MONZÓN, J. L. (2000), *Informe-Memoria de la Economía Social*, Valencia. CEPES-CIRIEC 1999, Ministerio de Trabajo y Asuntos Sociales, CIRIEC-ESPAÑA.

MORALES GUTIÉRREZ, A. C. y CALDENTEY, P. (Eds.) (2002) *El impacto de la política de desarrollo rural de Andalucía en la construcción del capital social,* Sevilla, Consejería de Agricultura y Pesca. Dirección de Desarrollo Rural.

MOYANO ESTRADA, E. (2001), "El concepto de capital social y su utilidad para el análisis de las dinámicas del desarrollo". *Revista de Fomento Social*, 56, pp. 37-65.

MOZAS, A. (1998), *Análisis de la organización de las almazaras cooperativas jienenses*, Tesis doctoral, Universidad de Jaén.

PÉREZ ROJAS, F. (1995), *Las almazaras cooperativas cordobesas: Una aplicación desde la contabilidad en las organizaciones*. Tesis Doctoral.

PINO ARTACHO, J. (1974), *El cooperativismo en Málaga,* Málaga, Servicio de Publicaciones de la Diputación Provincial de Málaga.

ROJO TORRECILLA, E. y VIDAL MARTINEZ, I. (1985), *Estudio de las medidas de apoyo a las empresas de trabajo asociado,* Barcelona, Dirección General de Cooperativas.

SECRETARÍA GENERAL DE EMPLEO (Dirección General de Fomento de la Economía Social y del Fondo Social Europeo) (2000), *Base de datos de la Economía Social,* Madrid, Ministerio de Trabajo y Asuntos Sociales.

VARGAS SÁNCHEZ, A. (1993), *Las almazaras cooperativas onubenses. Una propuesta de actuación ante la crisis,* Huelva, Publicaciones del Monte de Piedad y Caja de Ahorros de Córdoba.

IX
El enfoque territorial del desarrollo rural: de las aportaciones teóricas a su aplicación en Andalucía

Eduardo Ramos
María del Mar Delgado

El presente trabajo pretende ofrecer una perspectiva actualizada de la forma en que el debate teórico sobre el objeto y concepto del desarrollo rural resulta influenciado por la evolución de las demandas sociales y por las negociaciones internacionales en materia de protección de la agricultura.

Para responder a ese objetivo el trabajo está divido en cuatro secciones: en las tres primeras se analizan diferentes problemas que afectan a la legitimidad de la protección al sector agrario y se presentan propuestas teóricas para superar esos problemas; en la cuarta sección, por su parte, se analiza la aplicación de la política rural en Andalucía, desde la perspectiva del enfoque del desarrollo territorial

Palabras clave: *política agraria, intervención del Estado, desarrollo rural, enfoque territorial, política rural, Andalucía.*

9.1. Introducción

La Política Agraria Común (PAC) no ha dejado de modificarse, casi desde que se puso en marcha hace más de cuatro décadas. En este itinerario sometido a progresivos cambios de rumbo (que los mayores defensores del sistema justifican como *correcciones necesarias* y que los más críticos califican de consecuencias derivadas de la *falta de modelo*), algunos hechos revisten particular importancia, ya sea por las razones que los han provocado, por los efectos que pueden generar (incluyendo los de carácter retardado) o por ambas cuestiones.

Aunque la interpretación de los factores y consecuencias de los cambios de rumbo de la PAC provoquen debates entre los actores de los diferentes intereses en juego, una cosa sí genera consenso: la Unión Europea (UE) actual (y el sector agrario y el mundo rural que contiene) son hoy muy diferentes de los que existían en la primera Comunidad Europea de seis miembros.

El drástico cambio del tejido agrario y rural del club europeo, derivado tanto de las sucesivas ampliaciones como de las modificaciones de las relaciones comerciales internacionales, no ha dejado de alterar los consensos sociales y políticos que dieron lugar a la primera PAC. Y como resultado de ello existe hoy un complejo entramado de intereses y prioridades que hace difícil el diseño y financiación de una política agraria *efectivamente común*, que satisfaga a todos, como ocurrió durante las décadas de los sesenta y los setenta.

La decisión de incorporar el sector agrario a los debates multilaterales en materia de comercio internacional actuó como catalizador de muchas de las contradicciones del sistema de protección de la agricultura europea. Y, derivado de ese acuerdo, la Reforma de la PAC de 1992 se considera como uno de los hechos especialmente significativos en la historia de la Unión Europea en la medida en que fue consecuencia de la simultánea pérdida de legitimidad interna y externa de la vieja política sectorial europea.

En ese escenario de mutaciones comerciales, políticas y sociales debe interpretarse la importancia que en su momento tuvo la publicación del conocido documento de la Comisión: "*El futuro del Mundo Rural*".[1] Ante lo inevitable de un cambio en profundidad de los mecanismos que habían mantenido blindado al sector agrario europeo durante décadas, la Comisión ofrece una serie de reflexiones que introdujeron de forma explícita, por primera vez, conceptos e ideas realmente innovadores en el debate sobre *qué* hacer y *cómo* hacer en materia de protección del sector agrario europeo.

De entre las muchas ideas valiosas recogidas en el documento citado, las dos que presentan una especial importancia son: a) considerar el espacio y la

1. Comisión Europea (1988).

sociedad rural como el objeto de atención de las políticas públicas (frente al tradicional enfoque puramente sectorial de la PAC) y b) plantear la evolución de las demandas de la sociedad europea y la necesidad de que las políticas públicas respondan a esas nuevas demandas.

Aunque en su momento ese documento fue muy analizado y citado por los analistas de políticas públicas no es menos cierto que los intereses de los *lobbys* agrarios europeos consiguieron que se fuera olvidando poco a poco y que las reformas sucesivas de la PAC no incorporaran, mas allá de lo imprescindible, las nuevas ideas presentadas en 1988.

Sin embargo, este texto no debe considerarse de menor importancia por el hecho de no haber logrado inmediatamente sus objetivos. De hecho, la Unión Europea nunca ha incorporado cambios bruscos a sus políticas (M. Delgado, 2004: 192) ya que, como ocurre en la navegación aérea, la estabilidad y longevidad de un sistema inercial pesado depende en gran medida de la prudencia y suavidad de los cambios que adopte.

Bajo esta perspectiva, en realidad el documento es portador de una tradición crítica que se inició por el Comisario Mansholt[2] veinte años antes y que dio pie a que el Comisario Fishler convocara la Conferencia de Cork,[3] para analizar la viabilidad política de incorporar a la reforma de la PAC los nuevos enfoques. Dado que la Conferencia de Cork no logró el apoyo esperado y que, por tanto, no se recogieron en las posteriores reformas de la PAC las posturas a favor de una PAC más *rural*, podría concluirse que con ese acto fallido se daría por cerrado el debate y se abandonarían definitivamente sus ideas innovadoras. Nada menos acertado. Diferentes hechos posteriores expresan que ese debate no ha hecho más que empezar.

Por una parte, algunas de las ideas vertidas en el documento de la Comisión en 1988 presentan un carácter seminal que ha influido (de forma más o menos explícita) en alguna toma de postura de Instituciones de la UE frente a las negociaciones en el seno de la Organización Mundial del Comercio (OMC): la progresiva utilización del argumento *multifuncional* a favor de la protección del sector agrario, el reconocimiento oficial del desarrollo rural como *segundo pilar* de la PAC o una parte del catálogo de medidas presentadas en la Revisión Intermedia de la Agenda 2000, podrían significar una importancia creciente (aunque muy tímida aun) de los nuevos planteamientos en un debate que permanece abierto.

Por otra parte, la innovación conceptual propuesta en 1988 fue incorporada inicialmente sólo en un programa piloto de escaso presupuesto pero de gran

2. *Memorandum sur la réforme de l'agriculture dans la Communnauté Économique Européenne* (Documento COM (68) 1000 de 1968), conocido como Informe Mansholt.

3. Conferencia Europea sobre el Desarrollo Rural organizada en Cork por la Dirección General de Agricultura y Desarrollo Rural de la Comisión Europea, en noviembre de 1996.

repercusión social (el programa LEADER). La trascendencia internacional de esta Iniciativa Comunitaria debe valorarse considerando no sólo su repercusión europea sino el hecho de que ha sido recuperada y está siendo analizada y reformulada por diversos autores y organismos de América Latina.[4] En estos trabajos del otro lado del Atlántico se habla del nuevo paradigma en construcción al presentar diferentes argumentos y desarrollos teóricos del enfoque europeo, que justificarían el inicio de un nuevo período de intervención pública a favor del medio rural en los países latinoamericanos (“*el regreso del Estado*”).

En el presente capítulo de este libro en homenaje al profesor Adolfo Rodero, se presentan los puntos esenciales de las nuevas corrientes en materia de desarrollo rural en Europa y América Latina, articulados en torno al concepto de desarrollo territorial y a las nuevas acepciones de la *multifuncionalidad*, y se realiza un repaso, necesariamente breve, de la política rural llevada a cabo en Andalucía. Como conclusión se plantea alguna reflexión sobre la adopción de los nuevos enfoques teóricos y operativos de carácter territorial identificados en las estrategias de desarrollo rural de la región andaluza.

9.2. Los debates teóricos actuales

Desde la década de los años noventa la Unión Europea se enfrenta a tres retos prácticamente simultáneos, que se encuentran en conflicto entre sí, y que componen un juego de suma nula: a) la ampliación; b) la reformulación de la PAC y c) la seguridad de los alimentos. Estos tres retos responden a necesidades y demandas concretas de la sociedad europea actual y pueden producir diferentes efectos agregados y locales según la forma en que se prioricen. La importancia de estas consecuencias justifica un gran incremento de la producción científica sobre el tema, que fortalezca las posturas negociadoras de las diferentes partes en conflicto ante las sucesivas reformas de la PAC y otros instrumentos de política europea. Esta creciente actividad investigadora se centra en dos temas principales: a) analizar las tendencias y causas de la crisis agraria, desarrollando metodologías para estimar la competitividad y viabilidad del sector; y b) analizar el papel del mercado y del Estado ante diferentes escenarios de evolución de la escena internacional.

En primer lugar, el análisis de la crisis de la agricultura y del declive que ha producido en el medio rural, se viene haciendo desde diferentes áreas de investigación en los últimos años, disponiendo en la actualidad de una perspectiva más integrada y territorial de lo que ha sido común en el pasado. En segundo lugar, el hecho de que las políticas públicas, diseñadas para mantener el tejido

---

4. Pueden consultarse, en relación con este tema, los trabajos de Pérez y Farah (2004), Schejtman y Berdegué (2003) y el de Sepúlveda et al. (2003).

rural en la Unión Europea, no consigan alcanzar estos objetivos y, sin embargo, generen efectos que no siempre coinciden con las demandas de la sociedad obliga a reflexionar sobre su pertinencia y legitimidad (Duke et al, 2002; Hellerstein et al, 2002; Gómez Limón et al, 2004) y sobre las razones por las que el alto presupuesto dedicado al apoyo del sector agrario no responde a las demandas sociales.

Pero el análisis y las consecuencias de esta divergencia, aunque reviste una gran importancia teórica, no son sólo un problema académico. Durante el proceso de negociaciones en materia de comercio internacional agrario, se asistió a un enconado debate sobre la legitimidad de los mecanismos de apoyo público a favor de la agricultura, que tenía como principal objetivo lograr el progresivo desmantelamiento del eficaz sistema de protección de la Política Agraria europea. Como consecuencia de esos debates, en los acuerdos que les siguieron se definieron una serie de medidas de apoyo interno al sector agrario que no distorsionan el comercio internacional (la llamada *caja verde*).

Desde ese momento, las sucesivas reformas de la PAC se vienen orientando a modificar el fundamento y los objetivos de los mecanismos de apoyo a la agricultura, pretendiendo transferir recursos desde las cajas ámbar y azul hacia esa caja verde, que no provoca tensiones internacionales. Esta forma de proceder ha significado la aceptación generalizada de las consideraciones *no-comerciales* (*non trade concerns)* (medio ambiente, seguridad alimentaria, alivio a la pobreza y desarrollo rural) como objetivos legítimos de las políticas nacionales (European Commission, 2000). Pero este cambio de rumbo para recuperar la legitimidad exterior de la PAC tampoco asegura que se estén atendiendo las demandas sociales de los pagadores de impuestos europeos (legitimidad interna).

Intentando lograr lo uno y lo otro, la Unión Europea aprovechó el consenso internacional sobre consideraciones *no-comerciales* para lanzar el concepto de *multifuncionalidad de la agricultura* como una *coartada negociadora*[5] que le permitiese, en el seno de la OMC, justificar el apoyo público hacia la agricultura. El principal argumento esgrimido es que sólo de esa forma se garantiza la provisión de bienes públicos, producidos conjuntamente con los bienes resultantes de la producción agraria, que demanda la sociedad actual.[6] De esta forma, la UE trasladó el epicentro del debate desde la legitimidad exterior de la intervención pública a la legitimidad interna dando respuesta a demandas sociales, tales como la coherencia social y territorial en el interior de la Unión Europea (C. Tió e I. Atance 2001). Sin embargo, esto no fue acompañado de todos los

5. Este argumento ha sido presentado de forma muy sugerente por A. Massot (2001) y por A. Swinbank (2001).

6. Sobre esta cuestión se puede consultar el trabajo de Ramos (2004a).

cambios necesarios en el paquete de políticas públicas europeas. De hecho, se produce la paradoja de que mientras empieza a generalizarse el uso del argumento *multifuncional de la agricultura* y, coherentemente, se reconoce en la Agenda 2000 que el Desarrollo Rural es el *segundo pilar* de la PAC, no se traduce esto en una asignación presupuestaria acorde con el paquete de medidas aprobadas para ese fin. Muchas pueden ser las interpretaciones de este hecho, pero lo más probable es que se deba a que la posición de la UE no está suficientemente madura y que, por tanto, no es aceptada socialmente o viceversa.

Como resultado de todo lo anterior puede decirse que los debates teóricos en relación con este tema se concentran hoy en las cuatro direcciones siguientes: a) la identificación y caracterización de las funciones de la actividad agraria y el medio rural; b) el análisis de los fallos de mercado y los fallos de políticas; c) la justificación o el cuestionamiento del papel del Estado en apoyo del sector; y d) el análisis de la nueva arquitectura institucional para el desarrollo rural.

9.3. El enfoque territorial del desarrollo rural

Muchas de las aportaciones teóricas y empíricas que ofrecen las respuestas más relevantes a las cuestiones teóricas anteriores se limitan a análisis parciales de los problemas teóricos enumerados en el apartado anterior. Sin embargo, algunos grupos de especialistas vienen trabajando recientemente en dar una respuesta conjunta a las cuestiones pendientes a través de nuevas propuestas teóricas de carácter integrado. Aunque tales aportaciones vienen asociadas a diferentes términos identificativos todas ellas comparten el reconocimiento del territorio como categoría de análisis (objeto y sujeto del desarrollo) y como marco para la aplicación de políticas. Por tanto, puede decirse que se trata de diferentes tendencias o enfoques territoriales del desarrollo rural que no son siempre mutuamente excluyentes. Entre estas nuevas ofertas teóricas destacan las que se agrupan en las cuatro corrientes siguientes, presentadas por orden creciente de la importancia que le conceden a la componente territorial: a) la *multifuncionalidad;* b) la *nueva ruralidad*; c) el *desarrollo rural territorial* y d) el enfoque de la *nueva institucionalidad*.

9.3.1. La multifuncionalidad

El carácter *multifuncional* de la agricultura fue esgrimido por la UE para justificar el apoyo público al sector sobre el que se apoya buena parte del proceso de integración supranacional europeo. Este concepto, asumido por muchos países de la OCDE, parte de considerar que la producción agraria implica un proceso de producción conjunta en el que además de bienes privados (dirigidos al mercado) se generan bienes públicos (externalidades positivas) que no es capaz de valorar el mercado.

Este planteamiento teórico se basa en que la provisión de bienes públicos sólo está garantizada cuando el Estado adopta las medidas necesarias para cubrir los costos de producción. Y, como conclusión, establece que la intervención pública a favor de la agricultura es necesaria ya que sólo de esa forma se garantiza la provisión de los bienes públicos que se obtienen de forma conjunta a la vez que los productos agrarios.

Aunque este concepto se ha utilizado y se sigue utilizando para defender las posiciones europeas en los debates de la OMC no es menos cierto que abre una puerta, de consecuencias desconocidas, a los planteamientos de carácter territorial en el núcleo duro de la PAC sectorial. O, por decir mejor, *junto* al núcleo duro de la PAC.

Precisamente, las importantes consecuencias que puede generar la forma en que finalmente se aplique el concepto de multifuncionalidad explica que se asista en la actualidad a un fuerte debate entre los defensores del argumento y quienes lo cuestionan ya sea por sus efectos o por la forma en que está formulado. De hecho el punto central del debate no es tanto la pertinencia de considerar la producción conjunta como la justificación del sector público.

Existen dos posiciones antagónicas en este debate: el enfoque *positivo* y el enfoque *normativo* (OECD, 2001). Desde la perspectiva del enfoque *positivo* (representado por países del Norte de Europa, tales como Suecia, Holanda, Reino Unido o Dinamarca) la multifuncionalidad es una característica intrínseca de la agricultura, razón por la que defiende la corrección de los fallos del mercado a través de políticas públicas. El debate asociado a este enfoque se concentra en las dos direcciones siguientes: a) la identificación y caracterización de los diferentes bienes y servicios generados por la agricultura, y b) los mecanismos que deben utilizar las políticas públicas para regular la producción conjunta.

Por su parte, el enfoque *normativo* se orienta hacia las funciones que la agricultura debería cumplir para satisfacer las demandas e intereses de la sociedad, ofreciendo una visión holística de la *multifuncionalidad* de la agricultura. Francia, Alemania y los países mediterráneos defienden la necesidad de que se reconozcan y valoren adecuadamente los aspectos intagibles (no-*commodities*) de las actividades agrarias; sin embargo Francia y Alemania se centran más en las cuestiones agrarias y en los agricultores y los países mediterráneos conceden mayor importancia a los aspectos territoriales relacionados con la agricultura y el mundo rural (Delorme, 2003). Los principales temas de debate que corresponden al enfoque *normativo* son: a) cómo identificar las nuevas funciones; b) cómo puede expresar sus preferencias la sociedad y c) cómo asegurar la provisión de los bienes públicos (Bonnal et al., 2004).

9.3.2. La nueva ruralidad

La *nueva ruralidad* es un concepto polisémico en construcción, pero ya ha generado abundante literatura y ha dado lugar a diferentes encuentros internacionales, en Europa y América Latina, que han propiciado su desarrollo. Uno de los focos de producción teórica y de análisis empírico más activos sobre el concepto de *nueva ruralidad* lo constituye la Universidad Javeriana, en Bogotá, siendo la profesora Pérez[7] una de las figuras más reconocidas en este tema.

El nuevo enfoque propone una *agenda de investigación* de los procesos del mundo rural desde una nueva visión multidisciplinar, que permita una mejor compresión de su complejidad,[8] superando las posiciones monodisciplinarias, que aún persisten para analizar el mundo rural. La literatura de la nueva ruralidad busca superar la antigua concepción de las estructuras agrarias caracterizadas sólo por la dicotomía latifundio – minifundio, o, más recientemente, por la dualidad entre un sector de grandes empresarios orientados al mercado, y otro de pequeños campesinos dedicados básicamente a la producción de alimentos para el autoconsumo del hogar rural (Llambí, 2004).

Es en la primera mitad de la década de 1990 cuando se empieza a hablar de la *nueva ruralidad* como una respuesta conceptual y teórica a las transformaciones producidas en los espacios rurales, planteada de manera particular en América Latina y en Europa (Bonnal et al., 2004). Por tanto, su aparición es casi contemporánea del nuevo enfoque europeo de desarrollo rural y algo anterior en su aparición al uso del concepto de *multifuncionalidad* por parte de la UE.

Otro de los focos de referencia en la producción científica del nuevo enfoque es el IICA (1999: 7) quien en un muy difundido documento expresaba las nuevas ideas de la manera siguiente:

> *Es un hecho contundente que el espacio rural en los países americanos ha venido evolucionando, enfrentándonos hoy a un nuevo escenario rural, basado en un carácter territorial, que permite incorporar el continuo rural-urbano y que se expresa en el desarrollo progresivo de actividades agrícolas no tradicionales y actividades no agrícolas. [...] Toda esta nueva concepción de lo rural se vincula con: a) aumento de la producción, la productividad y la seguridad alimentaria; b) combate a la pobreza para buscar equidad; c) preservación del territorio y el rescate de los valores culturales para fortalecer la identidad nacional; d) desarrollo de una nueva cultura agrícola y rural que permita la preservación de la biodiversidad y los*

---

7. De entre la abundante producción científica de esta autora se han recogido en la bibliografía de este capítulo algunos trabajos especialmente significativos.

8. Ver Pérez y Sumpsi (2002), Echeverri y Ribero (2002), Pérez (2001), Pérez y Farah (2001), S. Sepúlveda et al. (2003) y diferentes trabajos presentados en el Seminario Internacional "El mundo rural: transformaciones y perspectivas a la luz de la nueva ruralidad" realizado entre el 15 y el 17 de octubre de 2003 en Bogotá, Colombia.

recursos naturales; e) aumento de los niveles de participación para fortalecer el desarrollo democrático y la ciudadanía rural; y f) desarrollo de acciones afirmativas para visibilizar y apoyar la participación de las mujeres, habitantes de los primeros pueblos (indígenas) y jóvenes, en el desarrollo nacional desde lo rural.

La *multifuncionalidad*, en su sentido original, hace referencia a la búsqueda de alternativas económicas complementarias de las actividades agrarias; es decir, que permitan la diversificación productiva de los espacios rurales. Por tanto, en sentido amplio, la *multifuncionalidad* y la *nueva ruralidad* deben ser entendidas, desde el punto de vista europeo, no solamente en lo que se refiere a la búsqueda de alternativas, sino también a la "*implicación de las instituciones y a la participación activa de la población local como agente implicado en la ordenación del territorio rural*" (van Depoele 2000).

9.3.3 El desarrollo rural territorial

La propuesta que nace en América Latina bajo el nombre de desarrollo territorial es un intento de síntesis y fortalecimiento de las aportaciones sobre nueva ruralidad y del enfoque europeo de desarrollo rural ascendente. Aunque los trabajos desarrollados en esta línea han aparecido de forma casi simultánea a finales de la década de los noventa, pero especialmente en los inicios del siglo XXI, no existe un punto de vista único todavía en la materia y se distinguen dos corrientes que presentan matices que las diferencian: a) el desarrollo territorial del medio rural (promovido por Schejtman y Berdegué)[9] y b) el desarrollo rural con enfoque territorial (soportado por De Janvry y Sadoulet 2004). Por su parte, los trabajos del IICA[10] pueden considerarse que participan de elementos y argumentos de ambas corrientes.

Los principales elementos del nuevo enfoque (presentes en las diferentes tendencias que lo desarrollan) son los siguientes: a) la reconstrucción del concepto de lo rural, superando los límites de lo meramente agrario; b) la necesidad de conectar el sistema rural con el sistema urbano y la convicción de que el desarrollo de uno no es posible sin el otro; c) el paso de la competitividad privada a la competitividad territorial; d) la necesidad de intervención del sector público; e) la creación de partenariados público-privados con fuerte raíz local; y f) la necesidad de reconocer y retribuir la producción de bienes públicos.

Para ayudar a caracterizar algo mejor las diferentes aportaciones al tema se incluyen a continuación cuatro fragmentos de textos representativos de las diferentes tendencias presentadas.

9. Ver las aportaciones de Schejtman y Berdegué (2003).
10. Ver las aportaciones de IICA (1999), de Sepúlveda et al. (2003).

IICA (1999: 9) expresa la importancia de la dimensión territorial:

El territorio o dimensión espacial está adquiriendo mayor importancia en el propósito de enfocar con mayor eficacia las políticas de desarrollo, asociado a los procesos de descentralización, democratización, autonomía municipal y desarrollo local, en un marco participativo. El territorio tiene una connotación amplia y multidimensional, entre otras, de apropiación territorial, conformación de región, de espacio acotado, en términos geográficos, políticos, administrativos y ecológicos, constituyendo unidades integrales de planificación e iniciativas de desarrollo, especialmente, en aquellos de alta connotación rural

Schejtman y Berdegué (2003: 9) definen el nuevo enfoque como:

Un proceso de transformación productiva e institucional en un espacio rural determinado, cuyo fin es reducir la pobreza rural. La transformación productiva tiene el propósito de articular competitiva y sustentablemente a la economía del territorio a mercados dinámicos. El desarrollo institucional tiene los propósitos de estimular y facilitar la interacción y concertación de los actores locales entre sí y entre ellos con agentes externos relevantes, así como de incrementar las oportunidades para que la población pobre participe del proceso y de sus beneficios.

IICA (2003): ofrece un avance sobre sus publicaciones anteriores al reconocer de forma explícita la importancia de los enfoques integrados:

El enfoque territorial del desarrollo rural rescata precisamente esa noción de integralidad, la cual permite repensar los papeles, reales y potenciales, que los distintos grupos de población y actores sociales asumen en la construcción de modelos sostenibles de desarrollo territorial.[...] El capital social en su conjunto, incluidos el conocimiento local y toda actividad integradora se ven afectados por el mayor o menor acceso a servicios públicos (educación formal, salud y infraestructura básica). El Estado, entonces, debe asumir la producción de bienes y servicios, pero éstos no pueden ofrecerse a la población mediante esquemas de lucro, so pena de dañar el bienestar social. El desarrollo rural territorial, entonces, requiere de estrategias integrales de provisión de bienes públicos.

De Janvry y Sadoulet (2004): establecen que no se puede seguir trabajando con los enfoques tradicionales, que han demostrado sus limitaciones y que han conducido a múltiples fracasos:

La persistencia de las formas más extremas de pobreza en las áreas rurales y la creciente desigualdad en la distribución de los ingresos rurales [...]exige que se exploren métodos alternativos de desarrollo rural cuya probabilidad de éxito sea mayor [...] 1) proyectar a su máximo potencial el valor agregado de los recursos locales subutilizados, 2) integrar las actividades rurales y urbanas en una sola dimensión territorial centrada en proyectos económicos regionales y 3) incorporar a la población rural pobre a las oportunidades de empleo en inversión generadas por el crecimiento económico local.

9.3.4. *La nueva institucionalidad*

La primeras aportaciones en el campo de lo que hoy se conoce como Nueva Economía Institucional (NEI) no tuvieron relación directa con los problemas del desarrollo rural como se plantean hoy en día. Sin embargo, sus precursores sentaron las bases de una escuela que está experimentando un desarrollo conceptual y metodológico que ofrece herramientas de mucho interés asociadas a los nuevos aportes del desarrollo territorial.

Entre el grupo de autores más relevantes de este enfoque, Coase (1960) (considerado el artículo más citado en la literatura económica de todos los tiempos) estableció por primera vez la conexión entre las instituciones, los costos de transacción y la teoría neoclásica. El teorema propuesto por este autor plantea la pregunta: *¿por qué, en el mundo real, surgen y persisten los fallos de políticas*? Por su parte, el análisis de los costos de transacción de North (1990) lleva a la conclusión de que los mercados de políticas generan más costos de transacción que los mecanismos privados de mercado. La relación que puede establecerse entre las aportaciones de estos trabajos y sus aplicaciones a la *multifuncionalidad* podría ser muy importante si se desarrollara adecuadamente.

Los autores anteriores (y otros muchos no citados aquí por limitaciones de espacio) pusieron los cimientos para que en los últimos años se adaptaran o aplicaran sus enunciados a diferentes problemas incluidos los del desarrollo rural y las políticas correspondientes. Así, Scharp et al (2002) centran el problema en el tema de este capítulo al señalar que el potencial competitivo de un territorio, es decir su capacidad de crecimiento económico endógeno, estaría vinculado a la existencia de unos activos institucionales locales, los cuales facilitarían la difusión de las innovaciones debido a la reducción de la incertidumbre y los comportamientos oportunistas. El trabajo de estos autores concede una importancia central a las reglas de juego y a las organizaciones locales, con lo que su aportación puede considerarse de gran valor en relación con el enfoque territorial del desarrollo rural.

9.4. La componente territorial en el desarrollo rural de Andalucía

La aplicación de la política agraria (identificada, durante muchos años, como sinónimo de política rural) en Andalucía no ha venido siempre asociada a los enfoques territoriales (Ramos y Romero, 1994) y aún hoy conviven el núcleo más *agrarista* con el de carácter *ruralista*. Por lo que se refiere a su enfoque territorial, tampoco ha tenido siempre la misma intensidad. De hecho, esta componente se ha ido expresando con mayor fuerza a través de los diferentes períodos de programación de la UE, y ha venido asociada a las diferentes etapas del programa LEADER, según se detalla en los subapartados siguientes.

9.4.1. LEADER I (1991-1994): EL GERMEN DEL DESARROLLO RURAL TERRITORIAL

La gran importancia de las áreas rurales en Andalucía, tanto en población como en superficie, y su retraso relativo con respecto a otras zonas, han hecho que esta Comunidad Autónoma haya estado siempre notablemente preocupada por los problemas de estas zonas. Esta inquietud le ha llevado a aprovechar todas las oportunidades existentes, europeas y nacionales, pero también a ser pionera en la puesta en marcha de algunas actuaciones de desarrollo rural, como la promulgación de la Ley de Reforma Agraria Andaluza o la apertura de un proceso de reflexión sobre la situación y las perspectivas de futuro del mundo rural andaluz que culminó en el documento *Bases para un Plan de Desarrollo Rural Andaluz.*[11]

Esta apuesta por una participación activa en el desarrollo de sus áreas rurales, hizo que en LEADER I, a pesar de que las Comunidades Autónomas tenían un escaso margen de maniobra en cuanto a sus actuaciones (al ser el MAPA el organismo intermediario), la Junta de Andalucía y, más concretamente, la Consejería de Agricultura adoptaran un papel de gran relevancia en la aplicación y seguimiento de la iniciativa comunitaria.

El arranque de LEADER I no fue fácil, sobre todo por la novedad del enfoque territorial que la iniciativa proponía y por la falta de experiencia de los actores implicados ante esta manera de proceder. Así, diferentes problemas dificultaron la implantación del modelo europeo de desarrollo rural en la región, como: a) la ambigüedad de la comunicación a los Estados miembros; b) la falta de experiencia en gestión de este tipo de programas por parte de las administraciones implicadas; c) el escaso conocimiento de la iniciativa por parte de la población local, que motivó una muy escasa participación e implicación en el desarrollo de la misma o d) la indefinición en cuánto a la aportación financiera de las administraciones nacional, regional y local, que aunque venía recogida en los cuadros financieros, no había sido negociada con estas administraciones.

La aplicación de LEADER I, a pesar del poco tiempo con que contó, tuvo un notable grado de éxito. Su carácter de "*laboratorio de experiencias in vivo*" (Beltrán, 1994) permitió poner en marcha nuevas prácticas de desarrollo en las zonas más periféricas y, en ocasiones, marginadas de Andalucía. Los grupos LEADER andaluces pusieron en marcha más de 900 actuaciones en el territorio, movilizaron una parte considerable de financiación privada y crearon el germen para futuras actuaciones (AEIDL, 1994), como se aprecia

11. Ver Ramos y Romero (1993a).

en el cuadro 1. La mayor parte del presupuesto se destinó a turismo rural, lo que tuvo como efecto negativo el que en muchas zonas se identificase desarrollo rural con turismo rural. No obstante, las actuaciones de LEADER consiguieron que despegara una oferta de turismo rural en la región que, a pesar de los esfuerzos puestos en marcha por las distintas administraciones, no había conseguido cuajar hasta entonces.

CUADRO 1
LA APLICACIÓN DE LEADER I EN ANDALUCÍA

Grupo de Acción Local (GAL)	Provincia	Nº. munic	Superf. (km2)	Población (nº hab)	Tasa paro (%)	Inversión prevista (€)	Inversión realizada (€)
Alpujarra	Granada-Almería	55	2.577	71.524	25	7.770.165	12.602.296
Sierra de Cádiz	Cádiz	19	2130	93.805	28	sd	9.896.947
Axarquía interior	Málaga	30	1.300	47.000	30	5.345.290	7.407.439
La Loma	Jaén	13	1.554	96.285	32	sd	sd
Cuenca del Río Tinto	Huelva	7	842	34.000	40	1.836.537	2.489.861
Serranía de Ronda	Málaga	26	1.440	64.000	27	6.766.462	9.401.832
Sierra Norte de Sevilla	Sevilla	10	1.675	31.215	22	8.452.272	7.388.956
Sierra Sur de Sevilla	Sevilla	16	871	60.646	36	sd	sd
Sierra Subbéticas	Córdoba	8	1.050	70.961	36	sd	sd
TOTAL		**184**	**13.379**	**569.436**		**30.170.726**	**49.187.330**

Fuente: elaboración propia a partir de AEIDL (1994) y ARA (2004).

Entre los logros más importantes se pueden destacar: a) la introducción de una nueva forma de abordar el desarrollo de las áreas rurales, no basada en enfoques sectoriales agrarios, sino en un enfoque territorial integrado; b) un cambio radical en la actitud de las administraciones ante los problemas de las zonas más deprimidas; c) una apuesta por lo rural y por la puesta en marcha de estrategias articuladas en torno a la conservación y valorización conjuntas de los recursos naturales (frente a la actitud predominante hasta el momento de que los espacios naturales protegidos debían ser 'protegidos' de la acción del hombre); d) una demostración de que las zonas rurales tenían posibilidades y de que el interés demostrado por las administraciones en estas zonas podía traducirse en una mejora de las condiciones de vida y de empleo; e) una puesta en marcha de acciones innovadoras que contribuyeron a la dinamización económica y social; f) una apuesta por la calidad; g) una mayor creación de equipamientos e infraestructuras en estas zonas y f) la movilización de un considerable volumen de recursos financieros, como se aprecia en el cuadro 1, que no sólo fueron privados, sino que en su mayoría fueron endógenos.

9.4.2. *Leader II y Proder (1994-1999): la extensión del modelo a todo el territorio andaluz*

La comunicación a los Estados miembros de LEADER II y sus mayores ambiciones en cuanto a dotación presupuestaria y extensión a un número mucho mayor de territorios rurales ratificó el interés y la importancia del enfoque territorial del desarrollo rural europeo. El modelo propuesto en esta segunda edición hizo más hincapié en la necesidad de definir territorios homogéneos, con características comunes que pusieran en marcha actuaciones integradas basadas en el desarrollo de sus recursos endógenos y en la participación de los agentes implicados.

La apuesta política vino acompañada de una enorme expectación en los territorios. Así, a medida que el enfoque de LEADER I se fue difundiendo, la aceptación en las áreas rurales del modelo que proponía se fue haciendo evidente. La comunicación de LEADER II despertó un gran interés y un número mucho mayor de territorios del que había previsto aprobar la Comisión, solicitó su inclusión en esta iniciativa.

La aplicación de LEADER II en Andalucía vino regulada por la Orden de 15 de julio de 1994 (BOJA nº 111 de 20 de julio de 1994). En esta convocatoria fueron seleccionados veintidós grupos[12] mediante la Orden de 4 de octubre de 1995 (BOJA nº 134 de 21 de octubre de 1995). Este número aunque supuso un considerable aumento con respecto a los nueve de LEADER I, excluyó del programa a muchas zonas.

Ante las repercusiones que podrían derivar de frustrar las grandes expectativas despertadas y la fragilidad de las áreas rurales, las administraciones central y autonómicas (de las regiones Objetivo 1) acordaron el lanzamiento del Programa Operativo PRODER, también basado en un enfoque territorial del desarrollo. La aplicación de este programa en Andalucía fue regulada por la Orden de 12 de julio de 1996 (BOJA nº 84 de 23 de julio).

La puesta en marcha de ambos programas permitió que se aprobasen veintidós programas LEADER y veintisiete programas PRODER en Andalucía, como se aprecia en los cuadros 2 y 3. Como consecuencia de ello, un porcentaje muy considerable del territorio andaluz se ha articulado en torno a estrategias de desarrollo rural territorial.[13] Ello permitió el despegue y difusión del modelo, así como la superación de muchos de los problemas acaecidos en LEADER I. También ha originado problemas ya que, en ocasiones, en la apro-

12. De ellos, trece pasaron por la fase de adquisición de capacidades y los nueve restantes pasaron directamente al programa de innovación rural.

13. El 89% del territorio andaluz y en torno al 42% de la población han estado acogidos a una de estas dos iniciativas. El número de GAL (Grupos de Acción Local) existente representó casi el 25% del total nacional.

bación de los grupos han prevalecido decisiones políticas motivadas por la necesidad de cubrir todo el territorio con una estrategia de desarrollo rural y no se ha respetado la homogeneidad territorial o la voluntad expresada por los territorios a la hora de constituirse como grupo de desarrollo rural.[14]

CUADRO 2
LA APLICACIÓN DE LEADER II EN ANDALUCÍA

GAL	Provincia	Nº munic.	Superf. (km²)	Población (nº hab)	Inversión prevista (€)	Inversión realizada (€)
Los Vélez	Almería	4	1.142	12.438	8.951.011	11.631.091
Alpujarras	Granada-Almería	62	3.074	77.177	8.883.231	13.908.821
Sierra de Cádiz	Cádiz	18	1.992	116.500	8.733.652	11.853.473
Los Alcornocales	Cádiz	9	2.241	96.048	8.324.862	10.569.019
Sierra Morena Cordobesa	Córdoba	8	3.179	29.341	11.409.492	11.409.492
Los Pedroches	Córdoba	17	3.000	59.603	9.875.278	12.242.603
Guadiato	Córdoba	6	1.144	26.540	8.439.324	8.540.435
Noroeste de Granada	Granada	15	3.575	66.223	10.235.892	14.088.209
Guadix	Granada	33	2.130	55.246	10.100.461	12.156.657
Poniente Granadino	Granada	16	2.044	81.598	12.581.034	12.602.070
Aracena y Picos de Aroche	Huelva	29	3.014	42.020	13.053.090	13.053.090
Andévalo	Huelva	16	2.650	42.687	11.069.337	10.298.808
Río Tinto-Cuenca Minera	Huelva	7	640	20.177	7.062.170	8.194.501
Sierra Mágina	Jaén	14	1.421	47.506	19.551.354	19.947.130
Sierra de Segura	Jaén	13	1.934	30.035	9.544.508	11.292.585
El Condado	Jaén	8	1.553	25.938	9.576.369	9.289.032
Axarquía	Málaga	27	700	42.699	7.808.710	10.389.820
Sierra de las Nieves	Málaga	8	562	20.433	7.218.206	11.202.106
Serranía de Ronda	Málaga	21	1.245	53.640	8.627.491	12.862.813
Sierra Norte de Sevilla	Sevilla	10	1.968	30.174	7.871.299	10.895.848
Estepa-Sierra Sur	Sevilla	18	1.478	82.900	8.615.571	11.051.343
Corredor de la Plata	Sevilla	7	1.145	19.457	8.560.611	10.286.946
TOTAL		**366**	**41.831**	**1.078.380**	**216.092.953**	**257.765.889**

Fuente: elaboración propia a partir de Delgado (2001) y ARA (2004).

14. Existen grupos que ni siquiera tienen una continuidad física (como el PRODER Medio Guadalquivir en Córdoba) u otros en los que se han unido dos comarcas con características diferentes como el caso de los PRODER Aljarafe-Doñana en Sevilla, Vega-Sierra Elvira en Granada o Campiña Norte en Jaén, entre otros.

CUADRO 3
LA APLICACIÓN DE PRODER EN ANDALUCÍA

GAL	Provincia	Nº munic.	Superf. (km²)	Población (nº hab)	Inversión prevista (€)	Inversión realizada (€)
Almanzora	Almería	27	1.630	48.771	7.155.780	7.955.212
Filabres-Alhamilla	Almería	15	1.427	12.948	5.181.001	7.588.107
Levante Almeriense	Almería	11	1.199	56.445	5.646.000	6.913.030
Janda Litoral	Cádiz	3	493	52.433	4.768.500	5.623.034
Zona Rural Jerez	Cádiz	2	1.161	23.499	3.987.590	4.121.853
Guadajoz-Campiña Este	Córdoba	5	728	40.146	3.499.000	6.829.892
Valle Medio Guadalquivir	Córdoba	13	1.156	87.097	6.470.300	8.424.503
Campiña Sur	Córdoba	11	1.101	102.471	6.587.084	9.517.849
Subbética	Córdoba	13	1.247	83.874	6.547.962	9.746.898
Los Montes de Granada	Granada	9	833	22.264	4.958.787	7.345.681
Valle de Lecrín-Temple	Granada	16	912	35.324	5.593.500	7.558.311
La Vega-Sierra Elvira	Granada	12	472	86.586	6.090.300	8.301.248
Costa Occidental	Huelva	7	945	92.668	9.814.215	9.605.355
El Condado	Huelva	18	1.889	97.139	7.525.930	10.875.479
Sierra Sur	Jaén	8	1.229	76.419	6.929.439	7.192.621
Sierra de Cazorla	Jaén	9	1.334	37.689	5.128.644	6.520.396
Campiña Norte	Jaén	24	3.455	145.026	9.678.000	10.640.140
La Loma-Las Villas	Jaén	13	1.550	98.745	6.880.063	7.950.767
Comarca de Antequera	Málaga	6	1.149	56.091	7.470.373	7.410.826
Guadalteba	Málaga	8	761	26.668	5.174.898	5.288.880
Comarca Nororiental	Málaga	7	435	29.929	4.608.000	5.794.858
Valle del Guadalhorce	Málaga	7	723	75.740	6.249.874	7.184.689
Campiña-Alcores	Sevilla	8	2.337	114.125	7.946.782	9.151.925
Serranía Suroeste	Sevilla	8	1.579	96.220	6.769.000	7.943.746
Gran Vega	Sevilla	13	1.272	127.488	7.613.300	8.684.658
Aljarafe-Doñana	Sevilla	16	593	80.156	257.419	363.244
Bajo Guadalquivir	Sevilla	8	1.633	139.338	10.069.320	9.125.119
TOTAL		**297**	**33.243**	**1.945.299**	**168.601.061**	**203.658.320**

Fuente: elaboración propia a partir de Delgado (2001) y ARA (2004).

La puesta en marcha de LEADER II y PRODER en las comarcas rurales andaluzas ha supuesto un revulsivo al tradicional inmovilismo que caracterizaba a muchas de estas zonas. La aplicación de esta forma de actuar en los territorios ha permitido la consolidación del enfoque territorial del desarrollo, a través de la promoción de iniciativas y estrategias que van más allá del enfoque sectorial y están promoviendo las sinergias entre actividades, a través de al menos: a) la articulación de todo el territorio en torno a una estrategia de desarrollo rural; b) la puesta en valor de muchos recursos endógenos ociosos; c) la toma de conciencia por parte de la población de su capacidad para trabajar y ser parte activa del futuro de su zona; d) el reconocimiento por parte de los habitantes de estos territorios, de los GAL como entidades cuyo objetivo es mejorar el nivel de desarrollo de las zonas; e) el reconocimiento por parte de las administraciones nacional y regional del papel de los GAL como interlocutores territoriales; f) los inicios de una dinámica de creación de redes formales e informales que están fortaleciendo el capital social y las interrelaciones de la sociedad rural; g) la puesta en marcha de innovaciones institucionales, como la creación de partenariados público-privados, en los que pueden trabajar conjuntamente todos los actores implicados en el desarrollo del territorio; y h) la apuesta por la calidad como seña distintiva de los territorios rurales andaluces; así como otros procesos más intangibles, como la profundización de la democracia a escala local, el fortalecimiento de la identidad territorial o la creación de imágenes territoriales, que están propiciando el conocimiento de estas comarcas dentro y fuera de Andalucía.

Como dificultades asociadas al funcionamiento de estos programas se pueden citar: a) el grado de depresión socioeconómica de muchas zonas (sobre todo las zonas LEADER) que dificulta la puesta en marcha de actividades innovadoras; b) la despoblación (también más marcada en las zonas LEADER, donde la densidad de población media es de 28 hab/km^2 frente a 66 hab/km^2 en las zonas PRODER); c) el grado de envejecimiento de muchos de los habitantes rurales; d) la dificultad para cambiar los hábitos culturales de los habitantes, sobre todo en territorios en los que la cultura del subsidio está muy enraizada; e) el excesivo protagonismo de las instituciones y del sector político, que han pretendido controlar los procesos de desarrollo; f) las reticencias de las administraciones a dejar el manejo de fondos públicos en manos de agentes privados; g) la dificultad de financiar medidas agrarias, que ha dejado a los agricultores fuera de estos programas o finalmente y h) la ausencia de una verdadera sociedad civil en el medio rural, con los grados de madurez, reflexión y organización necesarios para participar activamente en el diseño y gestión del futuro de su territorio.

Junto a los problemas anteriores, se pueden citar algunos más específicos derivados de la aplicación de PRODER en Andalucía como: a) el escaso tiempo de funcionamiento de los grupos, que en algunos casos no ha llegado ni a los dos años; b) los retrasos en la percepción de los fondos; c) las dificultades de cofinanciación; d) la comentada heterogeneidad territorial en algunas comarcas que ha dificultado el contar con una estrategia común para todo el territorio; e) la decisión de la Junta de aprobar un cuadro financiero para todos los grupos en el que tanto el porcentaje de inversión pública y privada, como el porcentaje destinado a cada una de las medidas es un fiel reflejo del cuadro financiero global para Andalucía; o f) la falta de un criterio uniforme en cuanto a la elegibilidad que ha ocasionado que estos criterios sean diferentes entre provincias.

9.4.3. Leader-plus y Proder-A (2000-2006): la consolidación del modelo territorial

En el período de programación en el que nos encontramos se ha puesto en marcha lo que en Andalucía se ha venido denominando la *"tercera generación de programas de desarrollo rural"* que busca reforzar la labor que se venía realizando en la anterior década de funcionamiento. En este período se puede hablar de una apuesta institucional por el desarrollo territorial, materializada por el considerable presupuesto que la Junta de Andalucía ha dedicado a la segunda edición de programas PRODER.

En este período, PRODER no es un programa operativo nacional, sino un paquete de medidas de desarrollo endógeno incluidas en los programas operativos integrados en las regiones objetivo 1 y en los programas de desarrollo rural en las Comunidades fuera de Objetivo 1. Es decir, las distintas Comunidades Autónomas han decidido si lo incluían en sus programas operativos y en caso de hacerlo, la relevancia económica e institucional con la que lo hacían. En Andalucía, concretamente, el programa ha sido considerado como uno de los ejes estratégicos prioritarios del período y como tal, ha sido incluido dentro de la medida 5 (*Desarrollo endógeno de zonas rurales, relativo a las actividades agrarias*) del Eje Prioritario nº 7 del Programa Operativo de Andalucía[15] (POA).

La propuesta de Andalucía para este período es que todos los grupos se mantengan y que dispongan de una financiación pública por habitante similar. Así, todos los grupos existentes (los cuarenta y nueve territorios que funcionaron en el período anterior más la comarca de la Vega de Granada que fue incluida en la iniciativa al final de ese período) siguen funcionando como grupos de desarrollo rural (en este período se denominan ADR –Asociaciones de Desarrollo Rural–). La caracterización de los grupos aprobados viene recogida en los cuadros 4 y 5.

15. *Programa Operativo Integrado de la Comunidad Autónoma de Andalucía, que se integra en el Marco Comunitario de Apoyo para las intervenciones estructurales en las regiones españolas del Objetivo 1 del período 2000-2006* (Junta de Andalucía, 2001), aprobado por Decisión de la Comisión C(2000) 3965 de 29 de diciembre.

CUADRO 4
LA APLICACIÓN DE LEADER+ EN ANDALUCÍA

GAL	Provincia	Nº munic.	Superf. (km^2)	Población (nº hab)	Inversión prevista (€)
Levante Almeriense	Almería	11	1.199	56.445	4.801.844
Alpujarra-Sierra Nevada	Almería-Granada	63	3.149	77.645	180.561
Los Alcornocales	Cádiz	9	2.444	95.857	9.029.061
Janda Litoral	Cádiz	3	493	52.433	8.895.907
Sierra de Cádiz	Cádiz	17	1998	116.792	10.839.659
Los Pedroches	Córdoba	16	3.613	59.300	5.009.441
Sierra Morena Cordobesa	Córdoba	8	3.179	28.611	357.426
Valle Medio Guadalquivir	Córdoba	13	1.156	87.097	331.389
Comarca de Guadix	Granada	32	2.145	52460	15.099.437
Poniente Granadino	Granada	15	2.076.	76.926	1.480.167
La Vega-Sierra Elvira	Granada	12	472	86.586	4.851.903
Altiplano de Granada	Granada	14	3.575	62.148	6.740.917
Sierra de Aracena y Picos Aroche	Granada	29	3.007	40.025	1.512.321
Sierra de Segura	Jaén	13	1.931	28.433	241.136
Sierra Mágina	Jeén	16	1.519	47.500	438.933
Condado de Jaén	Jaén	8	1.553	25.938	83.629.599
Valle del Guadalhorce	Málaga	7	723	75.740	5.330.984
Sierra de las Nieves	Málaga	9	939	19.485	2.043.281
Serranía de Ronda	Málaga	21	1.256	52.142	7.404.581
La Axarquía	Málaga	31	1.025	151.231	7.085.010
Serranía Suroeste	Sevilla	8	1.579	96.220	90.805
Aljarafe-Doñana	Sevilla	16	593	80.156	11.753.335
TOTAL		**371**	**37.548**	**1.469.170**	**187.147.696**

Fuente: elaboración propia a partir de ARA (2004).

CUADRO 5
LA APLICACIÓN DE PRODER-A EN ANDALUCÍA

GAL	Provincia	Nº munic.	Superf. (km^2)	Población (nº hab)	Inversión prevista (€)
Almanzora	Almería	27	1.630	48.771	1.053.665
Filabres-Alhamilla	Almería	15	1.427	12.948	9.037.106
Levante Almeriense	Almería	11	1.199	56.445	957.989
Los Velez	Almería	4	1.142	12.363	10.363.783
Alpujarra-Sierra Nevada	Almería-Granada	63	3.149	77.645	618.817
Los Alcornocales	Cádiz	9	2.444	95.857	3.050.032
Janda Litoral	Cádiz	3	493	52.433	2.548.848
Sierra de Cádiz	Cádiz	17	1998	116.792	1.038.894
Zona Rural Jerez	Cádiz	2	1.161	23.499	9.206.432
Alto Guadiato	Córdoba	6	1146	23.266	12.382.426
Guadajoz-Campiña Este	Córdoba	5	728	40.146	3.076.538
Los Pedroches	Córdoba	16	3.613	59.300	1.512.373
Sierra Morena Cordobesa	Córdoba	8	3.179	28.611	638.904
Valle Medio Guadalquivir	Córdoba	13	1.156	87.097	1.226.179
Campiña Sur	Córdoba	11	1.101	102.471	4.911.780
Subbética	Córdoba	13	1.247	83.874	389.835
Arco Noreste	Granada	15	558	18212	1.297.713
Comarca de Guadix	Granada	32	2.145	52460	2.684.471
Los Montes de Granada	Granada	9	833	22.264	3.453.626
Poniente Granadino	Granada	15	2.076	76.926	1.478.583
Valle de Lecrín-Temple	Granada	16	912	35.324	9.676.715
La Vega-Sierra Elvira	Granada	12	472	86.586	2.773.756
Altiplano de Granada	Granada	14	3.575	62.148	1.113.073
Sierra de Aracena y Picos Aroche	Granada	29	3.007	40.025	1.366.952
Cuenca Minera	Huelva	7	642	20.000	5.850.240
Costa Occidental	Huelva	7	945	92.668	11.373.310
El Condado	Huelva	18	1.889	97.139	1.453.113
Andévalo Occidental	Huelva	16	2.650	42.867	1.696.115
Sierra Sur	Jaén	8	1.229	76.419	912.608
Sierra de Cazorla	Jaén	9	1.334	37.689	10.027.824
Sierra de Segura	Jaén	13	1.931	28.433	828.033
Campiña Norte	Jaén	24	3.455	145.026	11.651.658
Sierra Mágina	Jaén	16	1.519	47.500	473.057
La Loma-Las Villas	Jaén	13	1.550	98.745	10.300.586
Condado de Jaén	Jaén	8	1.553	25.938	2.371.019
Comarca de Antequera	Málaga	6	1.149	56.091	1.918.862
Guadalteba	Málaga	8	761	26.668	1.358.274

Comarca Nororiental	Málaga	7	435	29.929	8.121.514
Valle del Guadalhorce	Málaga	7	723	75.740	3.120.241
Sierra de las Nieves	Málaga	9	939	19.485	sd
Serranía de Ronda	Málaga	21	1.256	52.142	3.034.440
La Axarquía	Málaga	31	1.025	151.231	2.851.030
Campiña-Alcores	Sevilla	8	2.337	114.125	5.406.998
Serranía Suroeste	Sevilla	8	1.579	96.220	946.426
Corredor de la Plata	Sevilla	7	1.137	20.091	10.159.291
Sierra Morena Sevillana	Sevilla	10	1.968	30.174	8.457.221
Estepa-Sierra Sur	Sevilla	18	1.485	82.807	8.081.738
Gran Vega	Sevilla	13	1.272	127.488	9.043.848
Aljarafe-Doñana	Sevilla	16	593	80.156	2.528.506
Bajo Guadalquivir	Sevilla	8	1.633	139.338	756.814
TOTAL		**681**	**75.304**	**3.129.572**	**208.581.252**

Fuente: elaboración propia a partir de ARA (2004).

Al contrario de lo que ocurrió en el período anterior, en este período se ha buscado priorizar que los grupos sean PRODER frente a que sean LEADER. Así, los cincuenta grupos están aplicando el programa PRODER y además veintidós de ellos son LEADER+, aunque no tienen porqué coincidir con los grupos que fueron LEADER II. En general, han sido aprobados como LEADER+ aquellos grupos que están liderando algún grupo de cooperación interterritorial.[16]

La novedad planteada de que los grupos puedan ser a la vez LEADER y PRODER, plantea dificultades tanto en su gestión como en su fiscalización. Las medidas financiadas por ambos programas pueden ser diferentes y vienen cofinanciadas por fondos diferentes, que en cada caso tienen unos procedimientos administrativos y de fiscalización distintos. La filosofía subyacente en LEADER+ de articular toda la estrategia en torno a un eje temático no es imprescindible en PRODER, por lo que puede haber heterogeneidad en la forma de abordar ambos programas. A todo esto se le añade que el porcentaje del total que se puede destinar a cada medida no es el mismo (aunque la medida en sí sea la misma). Por ejemplo, LEADER permite destinar más porcentaje del total al funcionamiento del equipo técnico que PRODER.

16. LEADER I, y con mayor intensidad LEADER II, buscaron promover la *cooperación transnacional* de los territorios rurales europeos, como una forma de trabajar en común grupos de diferentes países, de compartir conocimientos y saber-hacer, de establecer sinergias y, en definitiva, de avanzar en la construcción de Europa. La iniciativa LEADER+ ha dado un paso más y además de seguir potenciando la cooperación transnacional ha incluido la *cooperación interterritorial*, que permite que grupos de desarrollo de un mismo país cooperen y pongan en marcha estrategias de forma conjunta. Así, se promueve la creación de grupos interterritoriales organizados en torno a una temática común y capaces de abordar proyectos que exigen mayor masa crítica y mayores capacidades para su puesta en marcha.

El mantener los cincuenta grupos de desarrollo existentes busca la consolidación de lo que se ha venido realizando y el mantenimiento de los territorios definidos. Sin embargo, tiene dos posibles interpretaciones. Por un lado, consolida la labor realizada y permite la continuidad de las estrategias, algo absolutamente indispensable para mantener la confianza de la población y los buenos resultados obtenidos. Por otro lado, perpetúa decisiones que no siempre han sido las más adecuadas, que no han estado basadas en el enfoque territorial o que no han tenido en cuenta la voluntad de la población.

9.5. Conclusiones

El enfoque territorial del desarrollo rural en la UE se inició tímidamente con la puesta en marcha de LEADER I. La apuesta por un enfoque de desarrollo rural que superase las actuaciones en agricultura abrió la posibilidad de diversificar actividades y de implicar a otros actores del medio rural en la solución de sus problemas.

La aceptación de este enfoque por parte de las zonas rurales vino refrendada por el gran número de territorios que solicitaron ser incluidos en LEADER II y que obligó a proponer el programa PRODER y por la relevancia que han tenido estos programas en la articulación de las zonas rurales y en las actuaciones e iniciativas que, a pesar de lo limitado de su dotación financiera, están ocurriendo en todos los lugares de la geografía rural andaluza.

Finalmente, LEADER+ y PRODER-Andalucía, han permitido la consolidación del modelo y la continuidad de las estrategias con enfoque territorial, ascendente y participativo emprendidas, dando un paso más y creando redes de territorios (nacionales e internacionales) que cooperan en la puesta en marcha de distintas estrategias.

En cada generación de programas de desarrollo rural se ha avanzado sobre la anterior, haciendo hincapié en temas más innovadores y con más capacidad de desarrollar los territorios y de insertarse en las lógicas de desarrollo globales.

Sin embargo, no conviene olvidar dos grandes restricciones a las que se enfrentan estos programas: 1) su limitada dotación financiera que les impide acometer actuaciones de mayor envergadura y 2) la dificultad para conseguir los ambiciosos cambios que proponen en los períodos de tiempo tan limitados de vigencia de los programas. Muchos de estos cambios pueden necesitar una o dos generaciones para ser totalmente asimilados por la población, por lo que es previsible que sus verdaderos efectos se hagan patentes en el medio-largo plazo. Por ello, conviene garantizar la supervivencia en el tiempo de esta forma de trabajar en desarrollo rural, para no hipotecar la efectividad y continuidad del desarrollo de estos territorios.

9.6. Bibliografía

ARA (2004), *El desarrollo rural en Andalucía. Balance de una década,* Málaga, Ed. Edinexus.

AEIDL (1994), *Directory of the 217 Local Action Groups*, Bruselas.

BELTRAN, C. (1994), "El Desarrollo Rural y la Iniciativa Comunitaria LEADER en España", *Papeles de Economía*, vol. 60-61, pp. 226-228.

BONNAL, P. et al. (2004), "Multifuncionalidad de la agricultura y Nueva Ruralidad: ¿Reestructuración de las políticas públicas a la hora de la globalización?" En: PEREZ, E. y FARAH, M. A. (eds.), *Desarrollo rural y nueva ruralidad en América Latina y la Unión Europea,* Bogotá y Montpellier, CIRAD –Universidad Javeriana.

COASE, R. H. (1960), "The Problem of Social Cost" In: *Journal of Law and Economics,* October, vol. 3, pp. 1-44.

COMISION EUROPEA (1988), *El futuro del mundo rural*. Doc. COM 501 final.

DELGADO, M. (2001), *Análisis de los efectos de la nueva política rural europea: una aplicación al caso andaluz,* Tesis doctoral, Departamento de Economía, Sociología y Política Agrarias, Escuela Técnica Superior de Ingenieros Agrónomos y Montes, Universidad de Córdoba.

DELGADO, M. (2004), *La política rural europea en la encrucijada,* Madrid, Ed. Ministerio de Agricultura, Pesca y Alimentación.

DELGADO, M.; RAMOS, E. y CAÑIZARES, E. (2004), "New Institutions in European Rural Development Programmes: Between the Top-down and Bottom-up approach. The case of Andalusia (Southern Spain)". En: VAN HUYLENBROECK, G.; VERBEKE, W. and LAUWERS, L. (Eds.) *Role of Institutions in Rural Policies and Agricultural Markets,* Amsterdam, Ed. Elsvier, pp. 439–452.

DELGADO, M.; RAMOS, E.; GALLARDO, R. y RAMOS, F. (2003), "Multifunctionality and rural development: a necessary convergence". En VAN HUYLENBROECK, G. y DURAND, G. (Eds.) *Multifunctional Agriculture: A new paradigm for European Agriculture and Rural Development,* Aldershot (England) and Burlington (USA), Ed. Ashgate, Perspectives on Rural Policy and Planning, pp. 19–36.

DELORME H. (2003), *Ambigüité et ricchesse de la multifunctionalité*. CERI/FNSP. http://www.ceri-sciences-po.org.

DUKE, J. M. y AULL-HYDE, R. (2002), "Identifying public preferences for land preservation using thc analytic hierarchy process", *Ecological Economics*, nº 42. pp. 131-145.

ECHEVERRI, R. y RIVERO, M. P. (2002), *Nueva ruralidad. Visión del Territorio en América Latina y el Caribe,* Bogotá, Ed. IICA.

EUROPEAN COMMISSION (2000), *Agriculture's contribution to environmentally and culturally related non-trade concerns,* Brussels, European Commission, Dg Agriculture, July.

GALLARDO, R.; RAMOS, F.; RAMOS, E. y DELGADO, M. (2003), "New opportunities for non competitive agriculture". En VAN HUYLENBROECK, G. y DURAND, G. (Eds.) *Multifunctional Agriculture: A new paradigm for European Agriculture and Rural Development,* Aldershot (England) and Burlington (USA), Ed. Ashgate, Perspectives on Rural Policy and Planning, pp. 169–188.

GÓMEZ-LIMÓN, J.A. y ATANCE, I. (2004), "Identificación de objetivos públicos para el apoyo al sector agrario", *Revista de Estudios Agrosociales,* nº 203, Madrid, MAPA.

HELLERSTEIN, D. y NICKERSON, C. (2002), "Farmland protection programs: What does the public want?", *Agricultural Outlook*, May, pp. 27-30.

IICA (1999), *El desarrollo rural sostenible en el marco de una nueva lectura de la ruralidad: "Nueva Ruralidad",* Documento de trabajo, San José.

JANVRY, A. de y SADOULET, E. (2004), "Hacia un enfoque territorial del Desarrollo Rural". Ponencia presentada para el Cuarto Foro Temático Regional de América Latina y el Caribe: *Cosechando oportunidades: Desarrollo Rural en el Siglo 21,* Costa Rica, Banco Mundial, Octubre.

LLAMBI, L. (2004), "Nueva ruralidad, multifuncionalidad de los espacios rurales y desarrollo local endógeno". En: PEREZ, E. y FARRA, M.A. (Eds.). *Desarrollo rural y nueva ruralidad en América Latina y la Unión Europea.* Bogotá y Montpellier, CIRAD –Universidad Javeriana, pp. 91-107.

MASSOT, A. (2001), "La multifuncionalidad agraria: un nuevo paradigma a la búsqueda de una política común en la era de la globalización" En *Economía Agraria y Recursos Naturales. Nuevos enfoques y perspectivas*, pp. 57-102, Madrid, Asociación Española de Economía Agraria.

NORTH, D. (1990), *Institutions, institutional change and economic performance,* Cambridge, Ed. Cambridge University Press.

OECD (2001), *Multifonctionnalité, élaboration d'un cadre analytique,* Paris, OCDE.

PEREZ, E. y SUMPSI, J. M. (2002), *Políticas, instrumentos y experiencias de desarrollo rural en América Latina y Europa,* Madrid, Ed. Ministerio de Agricultura.

PÉREZ, E. (2001), "Repensando el Desarrollo Rural". En: *¿Una nueva ruralidad en América Latina?,* CLACSO, Latin American Council for Social Sciences.

PÉREZ, E. (2004), "América Latina: exclusión social y nueva ruralidad". Ponencia presentada en el *XII Coloquio de Geografía Rural,* León, España.

PEREZ, E. y FARAH, M.A. (2004), *Desarrollo Rural y Nueva Ruralidad en América Latina y la Unión Europea.* (Montpellier, Francia) Ed. CIRAD y (Bogotá, Colombia) Pontificia Universidad Javeriana.

RAMOS, E. (2000), "Retos del mundo rural ante la agenda 2.000". En: GONZALO, M. y VELARDE, J. (Dirs) *Reforma de la PAC y Agenda 2000: Nuevos Tiempos, Nueva Agricultura,* Madrid, Ed. Ministerio de Agricultura, Pesca y Alimentación – UIMP, pp. 75–103.

RAMOS, E. (2004a), "La política rural europea entre la competitividad y los bienes públicos" En: DELGADO, M.; *La política rural europea en la encrucijada.* Ed. Ministerio de Agricultura, Pesca y Alimentación, Serie Estudios, pp. 9–15.

RAMOS, E. (2004b), "La evolución del concepto y contenido del Desarrollo Rural" En: MOLINERO, F. (Coord.) *Atlas de la España Rural*, Madrid, Ed. Ministerio de Agricultura, Pesca y Alimentación.

RAMOS, E. (2004c), "Hacia un nuevo papel del medio rural europeo: la multifuncionalidad entre la PAC y la OMC" En: PEREZ E. y FARAH M.A. (Coords.) *Desarrollo Rural y Nueva Ruralidad en América Latina y la Unión Europea.* (Montpellier, Francia) Ed. CIRAD y (Bogotá, Colombia) Pontificia Universidad Javeriana, pp. 109–127.

RAMOS, E. y DELGADO, M. (2002), "Nuevas formas de institucionalidad y su influencia en el desarrollo de las áreas rurales europeas", *Información Comercial Española,* nº 803, pp. 91-104.

RAMOS, E. y DELGADO, M. (2003), "Are the new Rural Development Programmes strengthening democracy in Europe?" En: BELL, M.; HENDRICKS, F. y BACAL, A. (Eds.) *Walking Towards Justice: Democratisation in Rural Life,* Amsterdam, Ed. Elsevier/JAI, Research in Rural Sociology and Development, vol. 9, pp. 135–157.

RAMOS, E. y ROMERO, J. J. (Coords.) (1993a), *Bases para un Plan de Desarrollo Rural Andaluz,* Sevilla, Junta de Andalucía. Consejería de agricultura y Pesca.

RAMOS, E. y ROMERO, J. J. (1993b), "La crisis del modelo de crecimiento y las nuevas funciones del medio rural". En: RAMOS, E. y CALDENTEY, P. (Coords.) *El Desarrollo Rural andaluz a las puertas del siglo XXI,* Serie Congresos y Jornadas, Ed. Junta de Andalucía, España.

RAMOS, E. y ROMERO, J. J. (1994), "Del productivismo al ruralismo: una reflexión sobre la política agraria en Andalucía", *Revista de Estudios Agrosociales*, vol. 169, pp. 175–212.

RAMOS, E. y ROMERO, J. J. (1996), "Aportaciones al nuevo debate sobre la ruralidad en España". En: HERVIEU, B. *Los campos del futuro,* Madrid, Ed. Ministerio de Agricultura Pesca y Alimentación, Serie Estudios, nº 118, pp. 7-23.

RAMOS, E. y ROMERO, J. J. (2000), "Evolución y perspectivas del desarrollo rural en Europa", *Revista de Estudios de Juventud, INJUVE,* nº 48. pp. 45–57.

RAMOS, E.; GALLARDO, R. y ROMERO, J. J. (2002), "Efectos económicos sobre Andalucía de la Adhesión a la Unión Europea", *Revista de Estudios Regionales*, nº 63, pp. 195-228.

RAMOS, E.; ROMERO, J. J.; ROMERO, M.; AMBROSIO, M. (1999), "Hacia un contrato territorial de explotación: El proyecto francés de Ley de Orientación Agrícola". En: RAMOS, E. (Coord.) *Desarrollo rural en la Agenda 2.000,* Serie Estudios, nº 142, Madrid, Ed. Ministerio de Agricultura, Pesca y Alimentación, pp. 237-263.

RAMOS, E.; ROMERO, J. J. y GARCIA, C. (1999), "La agricultura y el mundo rural de Andalucía al filo del nuevo siglo". En: MOLINA, M.; MUÑOZ, C. y RUIZ-MAYA, L. (Coords.) *El sector agrario: Una visión desde las Comunidades Autónomas,* Madrid, Ed. Ministerio de Agricultura, Pesca y Alimentación y Mundi-Prensa, pp. 7–36.

ROMERO, J. J.; DELGADO, M. y RAMOS, E. (2003), "Las políticas agrarias y la PAC". En: PORRAS, A.; *El sistema competencial de la Junta de Andalucía y su desarrollo efectivo,* Granada, Parlamento de Andalucía – Comares, pp. 551-598.

SCHARP, J.S.; AGNITSCH, K.; RYAN, V.; y FLORA, J. (2002), "Social infrastructure and community economic development strategies: the case of self-development and industrial recruitment in rural Iowa", *Journal of Rural Studies,* nº 18, pp. 405-417.

SCHEJTMAN, A. y BERDEGUÉ, J. (2003), "Desarrollo Territorial Rural". En: ECHEVERRI, R. (Coord.) *Desarrollo Territorial Rural en América Latina y el Caribe: manejo sostenible de recursos naturales, acceso a tierras y finanzas rurales,* Ed. Banco Interamericano de Desarrollo, Departamento de Desarrollo Sostenible.

SEPULVEDA, S.; RODRIGUEZ, A.; ECHEVERRI, R y PORTILLA, M. (2003), *El enfoque territorial del desarrollo rural,* San José de Costa Rica, IICA.

SWINBANK A. (2001), "Multifunctionality: A European euphemism for protection?" In: *FWAG. Conference: Multifunctional agriculture: A European model,* November.

TIÓ, C. y ATANCE, I. (2001), *Multifunctionality: Applying the OECD framework. A review of literature in Spain*, Paris, Directorate for Food, Agriculture and Fisheries, OECD.

VAN DEPOELE, L. (2000), "EU structural, rural and regional policy", en Burrel, A. y Oskam, A. (eds.) *Agricultural Policy and Enlargement of the European Union*, Wageningen Pers, Wageningen.

X
El sector pesquero en Andalucía a mediados del XIX (1840-1873). Una coyuntura de transición

Juan Antonio Lacomba

Como se indica en el título, el autor dirige su mirada investigadora al comportamiento del sector pesquero a mediados del siglo XIX, cuestión que ha sido poco tratada por los investigadores y sobre la que existen pocas fuentes. Tras un detenido análisis de las fuentes disponibles, el autor concluye la existencia de dos etapas claramente diferenciadas: la primera, en los años cuarenta, en la que se experimenta una cierta recesión; la segunda, los cincuenta y sesenta, en la que se advierte una recuperación, aunque limitada, que desemboca en una liberalización que impulsará la renovación y modernización del sector en el último cuarto del XIX. En consecuencia, en esta fase histórica, las pesquerías andaluzas, en alguna medida, parecen incrementar su participación y su papel en la economía regional, como punto de partida de los avances sustanciales que vivirán en el tramo final del siglo.

Palabras clave: *Andalucía, sector pesquero, historia económica, siglo XIX.*

El sector pesquero en el siglo XIX y su producción final, la pesca, pese a ser importante por la mano de obra ocupada, los capitales invertidos, el nada despreciable valor de sus productos y la industria y comercialización a que dio lugar, en general, no ha tenido la atención investigadora que se merece.[1] Quizás se deba a los problemas que las fuentes plantean por su falta de homogeneidad y dudosa fiabilidad. Para Andalucía, una aproximación a su desenvolvimiento en la primera mitad del XIX[2] ha permitido alcanzar algunas conclusiones significativas para su posterior despliegue: aunque con fluctuaciones, el sector creció en mano de obra ocupada, en capital utilizado y en la pesca "cogida"; los datos conocidos permiten señalar la década de los cuarenta como la divisoria crítica que marca el tránsito hacia una lenta modernización y crecimiento, así como hacia un progresivo desarrollo de la industria pesquera, aspectos que tendrán su impulso decisivo en el último cuarto del XIX; tres grandes focos marinero-pesqueros parecen configurarse en Andalucía, dos atlánticos (Cádiz y Huelva-Ayamonte) y uno mediterráneo (Málaga), que constituirán, también, los más importantes centros de la actividad industrial ligada al sector. En conjunto, pues, en la primera mitad del XIX, en Andalucía se van sentando las bases del sector y se fijan lo que serán luego sus núcleos medulares en la segunda mitad del ochocientos, período en el que, tras una coyuntura de atonía y posterior recuperación en las décadas centrales del siglo, irrumpe el proceso de cambio en el cuarto final de la centuria.

10.1. Los críticos años cuarenta: una fase de estancamiento

En los años cuarenta del XIX, el sector pesquero, español y andaluz, atravesó una fase de estancamiento e, incluso, recesión. La *gente de mar*, desde el XVIII, se alistaba obligatoriamente en la *Matrícula de Mar*,[3] que "suponía de facto el control estricto de los pescadores y la absorción del derecho común de los naturales de territorios ribereños a explotar los recursos litorales".[4] Además, convivían artes y barcas de pesca de muy diferentes tipos. En Andalucía predominaban: en Huelva, jábegas, cazonales, palangres y labadas;

---

1. Quizás con alguna excepción, como Galicia. Véase al respecto especialmente: J. Carmona Badía (1983); J. Giráldez Rivero (1996).

2. M. Burgos Madroñero y J.A. Lacomba (1993).

3. En 1737 se constituyó la *Matrícula de Mar*; agrupaba a toda la *gente de mar* dándoles el monopolio sobre las actividades marineras: pesca, carga, descarga y navegación. Estar en la *Matrícula de Mar* era obligatorio para navegar y trabajar en la industria naval. Los matriculados no prestaban servicio militar en tierra; se escogía de entre ellos a los que debían servir en la marina de guerra (M. Reder Gadow (1991), p. 261). Allí en donde no existe la *Matrícula de Mar*, caso del País Vasco, estaban los gremios marítimos y quien quisiera pescar o navegar desde sus puertos tenía que pertenecer a alguna cofradía (E. López Losa (2003), pp. 16 y 22). Sobre la formación y organización de la *Matrícula de Mar* en el XVIII, M. Burgos Madroñero y J.A. Lacomba (1993), pp. 16-19. Un estudio clásico es el de F.J. de Salas (1879).

4. D. Florido del Corral (2002), p. 39.

en Cádiz, bou, palangres, cordel, boniteras, cazonales, correderas y jábegas; en Sanlúcar, parejas de bou, cazonales, labadas y jábegas; en Algeciras, faluchos, jábegas, boliches y barquellas; en Sevilla, aljarifes, trasmayos, cucharas, palangres, labadas y corrales; en Málaga, jábegas, faluchos, palangres, espineles y chauveles; en Motril, jábegas y palangreros; en Almería, nazas y palangres "para el pescado recio" y jábegas y boliches "para el menudo".[5] Como se advierte, junto a artes muy artesanales, aparecían las "parejas de bou", que semejaban una pareja de bueyes que araba el mar, procedimiento más eficaz y productivo de pesca que el de las artes tradicionales, que ocasionó conflictos en el sector en la segunda mitad del XIX.[6] Así pues, a mediados de la década es evidente la atonía en que parece que se hallaba la pesca en España.[7]

Un escrito de la época lo pone de manifiesto. El 30 de mayo de 1846 Jorge Lasso de la Vega enviaba al Gobierno su *Exposición sobre la necesidad de restaurar y fomentar la industria de la pesca en España* [...], en donde se señalan algunas causas que han conducido a "la industria de la pesca en España al estado de nulidad en que se encuentra". Afirma que "las antiguas y abundantes pesqueras [...] se encuentran ahora pobres y yermas" y apunta algunos factores que provocan "este mal". Se destacan dos aspectos fundamentales. De un lado, la crítica situación de los pescadores, que "se hallan, por lo común, reducidos a una extrema pobreza [...] careciendo de medios para adquirir los útiles necesarios y, por tanto, [...] tienen que poner en arriendo su industria y ceder el usufructo de la pesca, reduciéndose a la condición de simples jornaleros [...]. A la miseria ha sucedido naturalmente la decadencia del arte mismo, el olvido de las reglas y prácticas antiguas", por lo que "nuestras costas han venido a ser un baldío, un campo sin señor que recorren y talan a mansalva en su mayor parte la codicia imprevisora y la rapacidad". De otro lado, se indican algunos hechos "que prueban el estado de miseria y nulidad de la pesca en España", entre los que sobre-

5. Véase "Estado general de la pesca beneficiada por las Matrículas de Mar de las comprensiones de los tres Departamentos de Marina en un año, desde junio de 1845 hasta igual día y mes de 1846" y "Estado general de la pesca beneficiada por las Matrículas de Mar de la comprensión de este Departamento en el semestre que concluye en 31 del mes de mayo de 1847" (Ambos en Archivo Don Álvaro de Bazán, Legajo 2131). El libro clásico sobre las artes de pesca es el de B. Rodríguez Santamaría (1923). Sobre las denominaciones de la flota pesquera, las artes y aparejos y las capturas y estado de la mar en la Andalucía mediterránea, una breve aproximación en J.A.Camiñas, J. Baro y J.A. Reina (1988), pp. 70-80.

6. Consistía en dos laúdes, separados por 30 o 40 brazas, que portaban una red de malla muy fina y tupida, que rastreaba los fondos marinos arrastrando todo lo que encontraba. Para sus operaciones se empleaban unos 30/40 hombres. Era más barato en tripulación que otros sistemas de tiro y con ahorro en otros gastos. Implicaba un cambio técnico, que obligaba a un mayor capital inicial que las artes más tradicionales, pero suponía mayor productividad. Un libro clásico sobre este arte es el de C. Fernández (1866).

7. Había tres Departamentos Marítimos: El Ferrol, Cádiz y Cartagena. El Ferrol era el gran Departamento pesquero, por el número de embarcaciones (el 57,35% del total), el de matriculados (49,56% del país) y la pesca capturada (el 46,15%) [M. Burgos Madroñero y J.A. Lacomba (1993), p. 35].

salen dos: uno es la situación "que presentan las Almadrabas de atunes" de la embocadura del Estrecho, pues los pescadores carecen "de los grandes recursos, embarcaciones y establecimientos que requieren estas artes de pesca"; el otro, más general y grave, "que afecta a la pesca en su totalidad, es el enorme impuesto sobre la sal", que crea grandes diferencias en su precio con respecto a otros países, por lo que resta competitividad a la pesca española. Así pues, "demostrado el estado de postración y casi nulidad a que ha venido la industria pescadora en España", se apuntan "medidas preparatorias para la Reforma que se propone". Por una parte, se indica que "el celo del Gobierno debería [...] limitarse a restaurar y fomentar la pesca en la Península", estimulando el empleo de capitales, "incitando a nuestros empresarios a una útil competencia con los extranjeros". Por otra parte, se advierte que la reforma que se propone "no puede ser rápida en sus efectos" y exige "disposiciones preparatorias": conocer "el estado presente de la industria", con el número de "los hombres de mar, embarcaciones que se ocupan de las diversas artes y géneros de pesca, productos y otras nociones de no menor importancia" mediante un adecuado "interrogatorio"; reunir, examinar y clasificar "los expedientes, memorias y otros documentos que [...] afecten de algún modo a esta industria" para tener "un punto seguro de partida para las ulteriores decisiones". Conocido lo anterior, se podrá proponer "la reforma radical" que se busca, así como el sistema que debe adoptarse "para su fomento".[8]

En este crítico panorama español, ¿cómo se encuentra y desenvuelve el sector pesquero en Andalucía? El *Diccionario* de Madoz nos proporciona una perspectiva de su estado y funcionamiento en torno a 1845.[9] Todas las costas andaluzas quedan encuadradas en el Departamento de Cádiz,[10] y un sumario balance de su situación en 1845 se ofrece en los cuadros 1 y 2.

8. El "interrogatorio" pedido fue adoptado por R.O. de 26 de junio de 1847. Las 10 preguntas que incluía se referían a: artes y útiles de pesca que se emplean; especies que se obtienen y modos de conservarlo y beneficiarlo; si se consume todo o se exporta, adónde y en qué cantidades; cálculo comparativo de pesca en el último quinquenio; qué cantidad de sal se consume; qué obstáculos se oponen al fomento de la pesca; si hay gremios de pescadores o asociados particulares; si en otro tiempo se usaron otras artes y por qué se abandonaron; si hay alguna persona con conocimientos especiales en el arte de la pesca; cuantas noticias y datos consideren de interés. Este "interrogatorio" se remitió a los Comandantes de los tres Departamentos de la Península y al Apostadero de La Habana para su cumplimiento, y con los datos obtenidos poder confeccionar un cuadro con la situación real de la pesca en España. Véase para todo lo expuesto: J.P. Lasso de la Vega, "Exposición sobre la necesidad de restaurar y fomentar la industria de la pesca en España así en sus costas como en otros puntos del océano, a favor de la navegación, del comercio y de los intereses del erario"; "Puntos sobre los que debe contestarse acompañando las noticias y observaciones que se juzguen útiles para la formación de un cuadro estadístico de la industria de la pesca en España". Real Orden de 26 de junio de 1847. Los recoge M. Burgos Madroñero (2003), pp. 157-166.

9. P. Madoz (1845-1850). Lo he utilizado para recoger los datos de las diferentes Provincias Marítimas andaluzas que se referencian en el texto. No reiteraré las citas en cada caso.

10. Incluye también Canarias, que se ha eliminado del análisis. Se excluye la costa oriental de Almería que, con el nombre de Provincia de Marina de Vera, pertenecía al Departamento de Cartagena.

CUADRO 1
ESTADO GENERAL DE LA GENTE DE MAR EN EL DEPARTAMENTO DE CÁDIZ AL FINAL DE DICIEMBRE DE 1845

INDIVIDUOS MATRICULADOS (Totales)			
Provincias	**Pilotos**	**Maestranza**	**Gente de mar**
Cádiz	673	554	3.070
Algeciras	/	25	757
Canarias*	120	24	4.103
Málaga	197	29	1.840
Motril	1	8	423
Almería	4	1	599
Sevilla	19	27	648
Sanlúcar	1	39	917
Huelva*	/	/	/
TOTALES	1.015	707	12.357

CUADRO 2
EMBARCACIONES MATRICULADAS EN EL DEPARTAMENTO DE CÁDIZ AL FINAL DE DICIEMBRE DE 1845

EMBARCACIONES MATRICULADAS		
Provincias	**Total embarcaciones**	**Total toneladas**
Cádiz	1.039	21.335
Algeciras	616	2.788
Canarias*	79	4.754 1/2
Málaga	432	5.099
Motril	135	555
Almería	244	596 1/2
Sevilla	241	5.265
Sanlucar	260	4.106 3/4
Huelva*	/	/
TOTALES	3.046	44.499 3/4

* Hay confusiones en los cuadros 1 y 2. En el cuadro original, Canarias acoge los Distritos de Estepona, Marbella y Vélez-Málaga; Huelva acoge los Distritos de Canarias, que se eliminan, y los onubenses aparecen en Sanlúcar. Los Distritos que comprende cada Provincia de Marina son: Cádiz: Puerto de Santa María, Puerto Real, Chiclana, San Fernando, Conil y Veger; Algeciras: San Roque, Tarifa y Ceuta; Canarias: los antes señalados; Málaga: Nerja, Torrox, Almuñécar y Salobreña; Motril: Albuñol, Adra y Roquetas; Almería: Coria, Puebla, Alcalá del Río y Tablazo; Sevilla: Rota, Jerez de la Frontera y Chipiona; Sanlúcar: Ayamonte, Higuerita, Cartaya, Lepe, Moguer, San Juan del Puerto, Gibraleón e Isla Cristina. Como se ve, muchos errores.
Fuente: P. Madoz (1845-1850), vol. 5, pp. 228-229; elaboración propia.

En esquema, este es el estado del sector pesquero andaluz a finales de 1845. ¿Cuáles son las características más señaladas de sus Provincias de Marina? En Cádiz "el pescado abunda mucho", aunque en 1848 se informa que la pesca se mantiene estacionaria desde hace años. Destacan la merluza, el lenguado, el sargo, el dentón, etc. La especie que más se obtiene es "la pescada pequeña", que constituye "el principal alimento de la generalidad del pueblo". Se ocupan en esta actividad "unas grandes barcas, a que llaman *parejas*". Por su parte, en Conil, "la pesca de atunes y sardinas es la industria que más sobresale" y "constituye la ocupación de muchos habitantes". Para los atunes tienen "las artes, barcas, chancas y atalayas correspondientes" y venden "el producto que resulta a los negociantes catalanes y valencianos"; para la sardina "tienen también sus barcos y redes convenientes", obteniendo "una asombrosa pesca" que sacan a Cádiz y otros pueblos de la provincia. En Algeciras se pesca "en muchas barcas con copos y redes de distintas especies, proporcionando con abundancia y baratura pescado de todas clases a la población donde se consume: sólo algunas veces se salan sardinas para esportarlas (sic), aunque en poca cantidad". A su vez, en Tarifa abunda el pescado, "que se lleva a Gibraltar, Algeciras y otros puntos"; también, "después del consumo se estraen (sic) anualmente para la costa de Valencia 40.000 arrobas de atún, bonito, albacora, caballa, sardina y anchoa". En Málaga, la pesca "no es ya lo que era" y "ha escaseado bastante". Según escribe Martínez Montes, la industria de salazón de Málaga casi había desaparecido; existen tan sólo "dos establecimientos de salar anchoa; y el otro pescado que se secaba, colgándose en perchas, el congrio, valiendo más ahora en fresco, se consume de esta manera".[11] No obstante, "la esportación (sic) de los esquisitos (sic) y abundantes pescados que se cogen en toda la costa es muy considerable, y con especialidad la de anchoas y boquerones, cuyo pescado, luego que está salado, sale en grandes remesas para Italia, Grecia, islas del Archipiélago y diferentes puntos del reino". Por su parte, en la costa malagueña se viven tiempos difíciles. En Estepona hay pesca en abundancia, "especialmente de boquerones, sardina y caballa". "En el transporte de pescado salado, que llaman anchoba (sic) y arenque, se ocupan muchos barcos y arriería [...]; aquellos van a Alicante, Cataluña y otros puntos a donde llevan también abundancia de bonitos [...]; y ésta a Ronda y su campiña, y la de Sevilla". En Marbella se coge "toda clase de pescado, con especialidad caballa y sardina", que en parte se exporta. Por las respuestas al interrogatorio de la R.O. de 1847 sabemos que 2/5 de la producción "se llevan al interior" y que hay una cierta decadencia de esta industria en el último quinquenio, en particular a partir de 1843 (cuadro 3).

11. V. Martínez Montes (1852), p. 461.

CUADRO 3
PRODUCTOS DE LA PESCA EN MARBELLA, 1842-1846
(en arrobas y reales de vellón)

Año	Capturas	Valor
1842	12.100	65.000
1843	15.000	75.000
1844	14.500	72.500
1845	11.300	66.500
1846	9.090	58.185

Fuente: Cit. por M. Burgos Madroñero (1994), p. 32.

En Vélez-Málaga se pesca "por medio de copos, espineles, palangres y nasas" que "surten de pescado a la ciudad y pueblos circunvecinos". Según las respuestas al interrogatorio de 1847, se captura el boquerón, jurel, sardinas y salmonetes, la pescada, breca, besugo y rubio; sabemos que hay establecimientos de salazón y que una parte de lo pescado se lleva al interior (pueblos del partido y Reinos de Granada y Jaén).[12] En Nerja, las respuestas al interrogatorio de 1847 señalan: como artes se usan jávegas (sic), boliches, palangres y palangrillos; se pesca sardina mediana y menuda, salmonetes, lenguados, besugos, brecas, pescadas, boquerones, etc.; los pescadores "venden en fresco" y "como las 9/10 partes" se llevan al interior, Granada y Jaén. En cuanto a los rendimientos, se viven malos tiempos (cuadro 4).

CUADRO 4
PRODUCTOS DE LA PESCA EN NERJA, 1842-1846
(en arrobas y reales de vellón)

Año	Capturas	Valor
1842	1.745	20.020
1843	1.638	20.780
1844	1.806	16.800
1845	1.502	13.560
1846	1.167	13.180

Fuente: Cit. en M. Burgos Madroñero (1996), p. 18.

En Motril abunda toda clase de pescados, cogiéndose anualmente 10.000 arrobas "del azul" y 1.400 "del blanco", por un valor total de 4.000 duros; se consume una tercera parte "y lo demás en Granada y pueblos del interior". En Almería y Roquetas hay barcos dedicados a la pesca de la sardina; se destaca la

12. M. Burgos Madroñero (1994), pp. 28-31.

"Almadrava (sic) de Gata", "en la que se cogen más generalmente la melva y el bonito y poco atún, cuya pesca se supone deja a los armadores un producto anual de 30 a 40 mil reales". Finalmente, Huelva destaca por su riqueza pesquera, salazonera y constructora de barcos. En la propia capital se captura pesca que "se vende con preferencia en Sevilla"; también se obtiene marisco "que se encuentra en abundancia en los dilatados bajos que llaman Manto que se forma en la barra de Huelva". En la costa se pesca atún, sardina, bonito, corbina o pescada, "surtiendo del fresco a Sevilla y del salado a toda la costa de levante, con especialidad a Cataluña". En su Distrito destacan Ayamonte e Isla Cristina. En Ayamonte, la pesca es la "primera y principal industria"; cuyos artes más usados son "la barca jábega para coger la sardina, lavada, espinel, nasa y cordel". Sus pescadores llegan hasta la desembocadura del río Larache, en donde capturan "en grandes cantidades la merluza y otros pescados que conducen a Cádiz, Sevilla, Algeciras, Málaga y varios puntos del E.". Se ocupan, también, "en la pesca y salazón de la caballa en la mar de Cádiz y proximidades del Estrecho". "La prosperidad de Ayamonte pende esencialmente de las pesquerías", y se viven tiempos difíciles: "por un fenómeno cuya causa es desconocida, la sardina huye de esta costa"; en cuanto al resto de la pesca, "el origen de la escasez que se advierte, casi a no dudar, está en el abuso que se hace de las artes de pesca al Bou que tienen descastados estos mares, y que mientras existan no habrá pesca". "La maestranza es otra de las principales industrias de los ayamontinos, en cuyo astillero se han construido en todo tiempo, y se construyen en el día, los mejores faluchos que se conocen".[13] En cuanto a su participación en la pesca de la Provincia de Marina de Huelva, es siempre claramente mayoritaria, aunque, en conjunto, se advierte el proceso de decadencia en el último quinquenio, tanto en el global de las capturas como en la participación de Ayamonte (cuadro 5).

CUADRO 5
PESCA CAPTURADA EN EL DISTRITO DE AYAMONTE Y EN LA PROVINCIA DE MARINA DE HUELVA, 1842-1846 (EN ARROBAS)

Año	Ayamonte	Huelva	%Ayamonte/Huelva
1842	404.088	636.905	63,44
1843	405.700	647.193	62,68
1844	327.812	564.900	58,03
1845	201.900	430.921	46,85
1846	234.700	466.319	50,33

Fuente: M. Burgos Madroñero (2003), p. 131; elaboración propia.

13. Sabemos que entre 1824 y 1846 en Ayamonte se construyeron 140 buques de pesca (sobre un total para toda Huelva de 279; por lo tanto, el 50,2%), con un tonelaje de 1.209 (sobre el total onubense de 2.884; el 41,9%).

En cuanto a Isla Cristina, la mayoría de su población se ocupa de la pesca, que constituye "el principal ramo de su riqueza". Hay tres almadrabas de atún, en cada una de las cuales se ocupan 125 hombres; otra pesca importante es la sardina. "La mayor parte del pescado que se saca se sala y elabora en más de 30 fábricas que hay al efecto y, después conservadas, prensadas y embotadas, se embarcan para diferentes puntos del mediterráneo (sic) en buques de 50, 60 y más toneladas". Hay también bastantes barcos "que se ocupan en la pesca del *cordel* y en la conducción del pescado a las fábricas de salados, en las que se consumen anualmente de 20 a 30.000 fanegas de sal". En consecuencia, la exportación de salazones es importante para la economía de Isla Cristina.

Así pues, si a mediados de los años cuarenta parecen evidentes las dificultades que atraviesa la pesca en España, por lo que se proponen medidas para su remedio, lo mismo sucede en el sector pesquero andaluz que, según la información que proporciona el interrogatorio de 1848, vive una fase de cierto decaimiento. Cuatro cuestiones aparecen claras en los datos expuestos sobre Andalucía: primera, que pese a la abundancia de pesca que, en general, se indica, hay caída de las capturas; segunda, que aunque desciende el volumen de lo pescado, parte de lo obtenido "se extrae" al resto del país y al exterior; en tercer lugar, que sigue manteniéndose, pero con problemas, una industria salazonera en lugares concretos; finalmente, que parece evidente el predominio de las pesquerías atlánticas, con sus núcleos fundamentales en Huelva-Ayamonte-Isla Cristina y Cádiz-Conil, sobre las mediterráneas (en donde destaca Málaga y sus costas oriental y occidental), que se presentan más afectadas por la coyuntura crítica. Un panorama de conjunto de la pesca en Andalucía en los años centrales de los cuarenta se ofrece en los cuadros 6 y 7.

CUADRO 6.
LA PESCA EN ANDALUCÍA: JUNIO 1845-JUNIO 1846

Provincia Marítima	Pescado cogido		Consumido fresco		Salado/escabechad		Embarc.	Matric.	Fanegas de sal
	Arrobas	Rs. vn.	Pescador	Público	Arrobas	Rs. vn.			
Cádiz	78.126	1.603.033	/	79.186	/	/	106	621	/
Algeciras	18.102	48.238	4.839	12.863	400	1.200	147	55	20
Sevilla	8.599	122.341	1.034	7.565	/	/	20	60	/
Sanlúcar	34.700	352.155	6.720	27.980	/	/	35	350	/
Huelva	159.913	1.626.226	971	8.572	150.370	1.598.840	94	605	11.344
Málaga	173.821	864.445	12.616	47.555	113.650	416.558	1.051	7.331	10.621
Motril	12.650	13.790	3.020	/	9.630	/	49	386	1.164
Almería	39.553	117.289	5.583	33.970	/	/	62	300	/
Total	525.464	4.802.517	34.783	217.691	274.050	2.016.598	1.564	9.653	23.149

Fuente: Legajo 2.131, Archivo Don Álvaro de Bazán; cit. en M. Burgos Madroñero y J.A. Lacomba (1993), cuadro p. 49.

CUADRO 7
PESCA EN ANDALUCÍA EN EL PRIMER SEMESTRE DE 1847 (EN ARROBAS)

Período	Cogido	Salado/ escabechado	Consumido fresco	Embarc. sal	Matricul.	Fanegas
1845/46	525.464	274.050	252.474	1.564	9.653	23.149
1847 (1er semestre)	312.408	181.494	150.914	2.553	14.416	14.049

Fuente: la del cuadro anterior, cuadros pp. 49 y 50.

A partir de 1835 hay una caída de los precios medios del pescado: entre 1829-1835 se sitúan en torno a 10,9 rs. vn. la arroba y entre 1835 y 1847 descienden hasta alrededor de 9 rs. vn. la arroba. En cuanto al consumo, hasta finales de los treinta predomina el pescado consumido en fresco (siempre por encima del 50%), invirtiéndose la tendencia en beneficio del salado y escabechado en los cuarenta (que ahora sobrepasa el 50%). En suma, como escriben Burgos Madroñero y Lacomba: “La coincidencia en la caída del consumo de pescado fresco y de los precios medios del mismo quizás manifieste la inflexión a la baja de la demanda y la orientación hacia la salazón y el escabeche de la mayor parte de las capturas. El crecimiento significativo de las fanegas de sal consumidas a partir de 1835 apunta en la misma dirección”.[14] Los años cuarenta parecen ser, así, la época de viraje de la industria de la pesca en Andalucía. Además, con la entrada de nuevos capitales en el sector, muchos pescadores fueron abandonando sus artes, al ser contratados para las tareas de la pesca. La proletarización afectó también a las factorías de salazón, con muy malas condiciones de trabajo y la amplia incorporación de mujeres. En definitiva, los cambios progresivos fueron trastocando las viejas estructuras pesqueras y abriendo una nueva etapa en la historia de la pesca en Andalucía.

Cuando se llega a 1850, el panorama de embarcaciones y marineros del Departamento de Cádiz es el que presenta el cuadro 8.

14. M. Burgos Madroñero y J.A. Lacomba (1993), pp. 37-39.

CUADRO 8
NÚMERO DE MARINEROS Y DE EMBARCACIONES HÁBILES NECESARIOS PARA SU DOTACIÓN EN 1849 EN EL DEPARTAMENTO DE CÁDIZ

Nº embarcaciones	Tonelaje	Marineros por embarcación	Total hombres
9	400	30	270
24	200	20	480
83	100*	12	996
321	80	7	2.247*
2.867	menos de 20	/	7.170
3.304	/	/	*11.163**

* Rectifico tres datos del cuadro original: donde aquí se señalan 100 toneladas, dice 200; donde aquí se indican 2.247 hombres, por error se indican 2.597; la suma total varía en consecuencia y aquí se fija en 11.163, frente a los 11.513 marineros mercantes que dice el cuadro.
Fuente: Datos oficiales, Madrid 9 de septiembre de 1850; cit. por M. Burgos Madroñero (2003), p. 284; elaboración propia.

En suma, cuando se alcanzan los cincuenta, la pesca parece atravesar en Andalucía serias dificultades por la presencia de cuatro factores negativos. Uno, según se denuncia, es el uso de determinadas artes que agotan y arruinan los criaderos, por lo que hay acusaciones de que se destruían "las praderas de la mar" y "los viveros del pescado". Otro segundo es el alto precio de la sal, que pone fuertes trabas al desarrollo de la industria pesquera. En tercer lugar, los crecidos derechos de puertos del pescado, que hacen más difícil su circulación hacia los mercados. Por último, la escasez de pesca en algunas zonas, que obliga a buscar nuevos caladeros. Este es el panorama crítico del sector a mitad del XIX, que parece demandar una profunda transformación.

10.2. LOS AÑOS 50 Y 60: UNA FASE DE TRANSICIÓN

A mediados del XIX, el interés del Gobierno en la cuestión marítima se centra en el pescador, la pesca y su producto y en la reorganización de sus gremios, para así impulsar el sector pesquero. En Andalucía se utiliza el mar como un espacio "cosechable", en línea con autores que así lo entienden y hablan de "labranza de nuestros campos marítimos" y consideran que la pesca es como una "agricultura marítima", que "nuestros campos y nuestros mares son [...] sinónimos" y que los pescadores son "obreros que traen del mar su cosecha".[15] Para 1857, los datos de pesca y embarcaciones en el Departamento de Cádiz se ofrecen en el cuadro 9.

15. D. Florido del Corral (2002), p. 38. "Una aproximación a la pesca en el Atlántico a mediados del XIX" en P.J. Mirabent y Soler (1850).

CUADRO 9
PESCA Y EMBARCACIONES PESQUERAS EN 1857*
(EN ARROBAS Y REALES DE VELLÓN)

Ámbito	Pescado cogido	Valor	Consumido en fresco	Consumido salado/escab.	Barcos
Departamento de Cádiz	674.280	8.516.220	406.842	267.418	3.254
Total España 3.935.822	38.234.923	1.378.226	2.514.741	9.971	
%D. Cádiz/España	17,13	22,27	29,51	10,63	32,63

* En todos los datos está incluida Canarias
Fuente: Ministerio de Marina, en *Anuario Estadístico*, 1858, p. 637; elaboración propia.

En cuanto a las especies de pescado que se capturan en Andalucía y a las artes empleadas, son las ya señaladas en los cuarenta;[16] por otra parte, la gente alistada en la *Matrícula de Mar* en 1857 se presenta en el cuadro 10.

CUADRO 10
GENTE ALISTADA A LA MATRÍCULA DE MAR EN LAS PROVINCIAS DE MARINA DE ANDALUCÍA (30-IX-1857)

Provincias de Marina	Alistados
Cádiz	3.321
Málaga	2.500
Huelva	2.365
Almería	1.010
Sanlúcar	947
Sevilla	913
Algeciras	905
Motril	691
Andalucía	12.652
España	79.087
%And./España	15,99

Fuente: Cit. por M. Burgos Madroñero (2003), p. 41; elaboración propia.

Como se advierte, Cádiz, Málaga y Huelva siguen siendo los tres núcleos fundamentales del sector pesquero andaluz. Aunque en los datos de pesca de 1857 está incluida Canarias, que los distorsiona, se puede estimar que en Andalucía, con respecto a los años cuarenta, ha aumentado el pescado cogido

16. *Anuario Estadístico*, 1858, p. 637.

y su valor, así como el número de barcos y el de matriculados. Todo, pues, parece indicar un cierto desarrollo del sector, lo que confirman, con oscilaciones, las cifras que las fuentes presentan para finales de los años cincuenta (1858, 1860 y 1861) (cuadros 11 y 12).

CUADRO 11
PRODUCTO DE LA PESCA EN EL DEPARTAMENTO DE CÁDIZ, 1858, 1860 Y 1861*
(en arrobas y rs. vn.)

Año	Ámbito	Cogido	Valor	Saldo	Valor	Consum. Fresco	Sacado al Reino
1858	Andalucía	1.926.304	13.122.660	592.391	5.518.671	733.913	502.391
	España	7.391.487	63.783.522	3.262.033	30.074.075	3.133.671	3.096.201
	%And./Esp.	26,04	20,56	18,16	18,33	23,42	16,22
1860	Andalucía	877.731	9.542.871	371.768	3.538.872	505.963	371.768
	España	5.853.869	58.876.262	2.823.318	27.943.200	2.776.825	2.557.479
	%And./Esp.	14,99	16,18	13,16	12,64	18,22	14,53
1861	Andalucía	1.263.463	14.191.226	515.299	3.768.725	748.164	515.299
	España	6.587.901	77.214.987	3.704.427	34.452.236	2.589.734	3.147.906
	%And./Esp.	19,17	18,38	13,91	10,93	28,88	16,36

* No se incluyen los datos de Canarias.
Fuente: Ministerio de Marina, en *Anuario Estadístico*, 1859 y 1860 y 1860:1861, pp. 508-509 del primero y 470-71 y 472-73 del segundo; elaboración propia.

CUADRO 12
EMBARCACIONES Y MATRICULADOS EN EL SECTOR PESQUERO. ANDALUCÍA, 1858, 1860 Y 1861 (RS. VN.)

Año	Ámbito	Embarc. empleadas	Valor embarc. empleadas	Valor aparatos utilizados	Embarc. con destino pesca	Matriculados empleados	Total fuerza matriculada
1858	Andalucía	1.105	2.915.610	/	/	5.469	14.024*
	España	8.223	14.602.651	/	/	33.236	83.601
	%And./Esp.	13,44	19,96	/	/	16,45	16,77
1860	Andalucía	1.251	3.301.405	2.131.233	1.778	5.884	14.139
	España	8.607	15.736.465	14.606.645	10.236	34.257	82.324
	%And./Esp.	14,53	20,97	14,58	17,37	17,17	17,17
1861	Andalucía	1.368	3.579.332	2.253.299	1.820	5.249	14.575
	España	8.192	15.735.125	14.230.843	10.617	32.927	89.222
	%And./Esp.	16,91	22,74	15,83	17,14	15,94	16,33

*No se incluyen los datos de Canarias; los datos de Total fuerza de 1858 son de 1859.
Fuente: Ministerio de Marina, en *Anuario Estadístico*, 1859 y 1860 y 1860:1861, pp. 473, 475 y 707 del primero y 499, 471, 473, 475, 509, 704 y 707 del segundo; elaboración propia.

Las cifras expuestas, que presentan sospechosas oscilaciones, quizás no son muy fiables, pero tal vez son las más próximas a la realidad. El Departamento de Cádiz (excluida Canarias), que engloba Andalucía (sin la costa oriental de Almería), muestra algunas características significativas. La pesca crece en 1858 y 1861, con caída en 1860, y su valor sigue estas fluctuaciones; por su parte, el pescado salado, que disminuye y retrocede en su participación en el conjunto español, se destina a la "salida" hacia la Península. Con respecto a las embarcaciones y matriculados, aumenta levemente el número de embarcaciones y se mantiene el de matriculados empleados y su total (el sector tiene más de 14.000 matriculados y emplea a más de 5.000), incrementándose en los tres años sobre los existentes en 1857. Finalmente, en lo referente al capital invertido, se incrementa el valor de las embarcaciones y de las artes usadas, y la suma de ambos muestra el importante capital fijo situado en el sector.

Los datos de los años sesenta mantienen la tendencia señalada en los cincuenta (cuadros 13 y 14).

CUADRO 13
PRODUCTO DE LA PESCA EN EL DEPARTAMENTO DE CÁDIZ *, 1862-67
(en arrobas y escudos)

Año	Ámbito	Cogido	Valor	Consum. fresco	Salado
1862*	Dpto. de Cádiz	1.261.965	17.474.617	759.495	472.470
	España	5.733.287	65.322.421	2.189.783	3.237.134
	%And./Esp.	22,01	26,34	34,68	14,59
1863	Dpto. de Cádiz	1.614.441	2.296.493	1.018.405	596.036
	España	6.038.904	7.031.849	2.966.714	2.739.484
	%And./Esp.	26,73	32,65	34,32	21,75
1864	Dpto. de Cádiz	1.393.626	2.357.453	866.743	526.883
	España	6.847.781	6.165.229	3.498.838	2.993.140
	%And./Esp.	20,35	38,23	24,77	17,60
1865	Dpto. de Cádiz	1.241.570	1.817.842	833.070	408.500
	España	5.315.339	7.623.977	2.655.851	2.407.435
	%And./Esp.	23,35	23,84	31,36	16,96
1866	Dpto. de Cádiz	2.321.532	2.059.395	1.934.867	386.665
	España	5.880.048	6.660.187	3.496.513	2.114.422
	%And./Esp.	39,48	30,92	55,33	18,28
1867	Dpto. de Cádiz	895.453	1.425.935	737.121	157.672
	España	4.212.973	5.146.682	2.205.374	1.726.304
	%And./Esp.	21,25	27,70	33,42	9,13

*En todos los casos contienen los datos de Canarias. El valor en 1862 es en rs. vn. Los datos de pesca de 1863 y 1864 de ambos *Anuarios* no coinciden; he utilizado los del *Anuario* de 1866-67.

Fuente: *Anuario Estadístico*,1862:65 y 1866-67, pp. 408 del primero y 618 del segundo; elaboración propia.

CUADRO 14
EMBARCACIONES Y MATRICULADOS EN EL SECTOR PESQUERO.
DPTO. DE CÁDIZ, 1862-67 *
(arrobas y escudos)

Año	Ámbito	Embarc. empleadas	Valor embarc. empleadas	Valor artes utilizadas	Embarc. con destino pesca	Matriculados empleados	Total fuerza matriculada
1862*	**D. Cádiz**	1.671	4.415.008	2.218.941	2.246	7.820	/
	España	7.654	14.987.336	13.436.347	10.896	31.933	89.089
	%And./Esp	21,83	29,45	16,51	20,61	24,48	/
1863	D. Cádiz	1.835	500.104	247.745	2.334	7.987	/
	España	8.155	1.584.813	1.897.297	11.221	34.023	91.602
	%And./Esp	22,50	31,55	13,05	20,80	23,47	/
1864	D. Cádiz	1.783	527.173	304.842	2.370	8.969	15.190
	España	8.701	1.723.576	1.646.908	11.238	36.287	91.474
	%And./Esp	20,49	30,58	18,50	21,08	24,71	16,60
1865	D. Cádiz	1.640	520.437	311.216	2.460	7.269	15.341
	España	9.152	1.761.640	1.747.903	11.784	36.143	91.860
	%And./Esp	17,91	29,54	17,80	20,87	20,11	16,70
1866	D. Cádiz	1.807	575.051	397.870	2.555	7.808	15.727
	España	10.384	1.618.520	1.645.221	12.127	39.440	92.476
	%And./Esp	17,40	35,52	24,18	21,06	19,79	17,00
1867	D. Cádiz	2.100	659.309	365.941	2.599	7.800	15.744
	España	10.216	1.705.182	1.649.528	12.596	37.558	93.847
	%And./Esp	20,55	38,66	22,18	20,63	20,76	16,77

* En los datos se incluye Canarias, menos en el Total matriculados; el valor en 1862 es en rs. vn.
Fuente: *Anuarios Estadísticos* 1862-65 y 1866-67, pp. 409 del primero y 619, 620, 937, 941, 945, 949 del segundo; elaboración propia.

Pese a las oscilaciones, el crecimiento del sector pesquero en los años sesenta parece evidente. Aunque la inclusión de los datos de Canarias en el Departamento de Cádiz (menos en la fuerza total matriculada) impide conocer y valorar adecuadamente los propios de Andalucía, las cifras expuestas permiten apuntar algunos aspectos que pueden atribuirse también al desarrollo pesquero andaluz. De un lado, es claro el crecimiento de las capturas (con la excepción de 1867, tras 1866, el mejor año) y los altos porcentajes que presenta el Departamento de Cádiz, excepto en los referentes al pescado "salado" (que es el que se "saca" al resto del país). De otro lado, está el aumento de las embarcaciones empleadas y de las destinadas a la pesca, de su valor y del de las artes utilizadas, que muestran el significativo montante del capital fijo dedicado al sector. Por último, la estabilización de los matriculados empleados (en torno a 8.000) y del total de fuerzas matriculadas (por encima de 15.000) es superior al de los años cincuenta. Todo ello manifiesta un cierto afianzamiento y mejoría del sector, que parece significar la paulatina "salida" de la crisis de los cuarenta y la transición al impulso del último cuarto del XIX.

Esta etapa se cierra con la Ley de 22 de marzo de 1873 por la que se abole la *Matrícula de Mar*, declarando libre el ejercicio de la navegación, tráfico de puertos, pesca en general y cualquier industria relacionada con el mar, sin más requisitos que inscribirse en el registro que debían llevar las Comandancias de Marina. De esta manera se liberalizaba el sector y comenzaba una nueva fase de su historia.

10.3. Unas sumarias conclusiones

En España, los cambios en el sector pesquero se desplegaron en la segunda mitad del XIX y sus comienzos se sitúan en estos años centrales del siglo. En Andalucía, los datos expuestos de este período vienen a manifestar que sus pesquerías atraviesan también, en esta coyuntura de transformaciones, una fase de reajuste y crecimiento, con dos etapas diferenciadas: la primera, los cuarenta, en la que se experimenta una cierta recesión; la segunda, los cincuenta y sesenta, en la que se advierte una recuperación, aunque limitada, que desemboca en la liberalización, tras la supresión de la *Matrícula de Mar*, que impulsará la renovación y modernización del sector en el último cuarto del XIX. En consecuencia, en esta fase histórica, las pesquerías andaluzas, en alguna medida, parecen incrementar su participación y su papel en la economía regional, como punto de partida de los avances sustanciales que vivirán en el tramo final del siglo.

10.4. Bibliografía

ANUARIO ESTADÍSTICO DE ESPAÑA CORRESPONDIENTE AL AÑO DE 1858 (1859), publicado por la Comisión de Estadística General del Reino. Madrid. Imprenta Nacional.

ANUARIO ESTADÍSTICO DE ESPAÑA CORRESPONDIENTE A 1859 y 1860 (1860), publicado por la Comisión de Estadística General del Reino. Madrid. Imprenta Nacional.

ANUARIO ESTADÍSTICO DE ESPAÑA, 1860:1861 (1862:1863), publicado por la Junta General de Estadística. Madrid. Imprenta Nacional.

ANUARIO ESTADÍSTICO DE ESPAÑA, 1862:1865 (1866:1867), publicado por la Junta General de Estadística. Madrid. Imprenta Nacional.

ANUARIO ESTADÍSTICO DE ESPAÑA, 1866-1867 (1870), publicado por la Dirección General de Estadística. Madrid. Establecimiento Tipográfico de M. Dibutia.

ARRIZABALAGA y AGUIRRE, M.A. (1986-87), "Aproximación al sector pesquero vizcaíno en el siglo XIX. Producción y comercialización", *Bermeo Aldizkaria*, nº 6, pp. 219-330.

BURGOS MADROÑERO, M. (1991), "Congregaciones, Hermandades o Cofradías-Gremios y Gremios de Matriculados de la Gente de Mar en los siglos XVIII y XIX. Una aproximación", *VII Encuentros de Historia y Arqueología*. San Fernando. Ayuntamiento, pp. 111-133.

ID. (1993), "La Matrícula de Mar y la pesca en Andalucía. Siglos XVIII-XIX", *Isla de Arriarán*, nº 2, pp. 13-26.

ID. (1994), "Gente de mar, pesca y embarcaciones en Vélez-Málaga y Marbella en la primera mitad del siglo XIX", *Isla de Arriarán*, nº 4, pp. 27-38.

ID. (1995), "La Matrícula de Mar en Andalucía. Siglos XVIII-XIX", *Actas II Congreso de Historia de Andalucía. Andalucía Moderna* (I). Córdoba. Cajasur, pp. 349-371.

ID. (1996a), "La pesca en Nerja en el siglo XIX", *Isla de Arriarán*, nº 7, pp. 17-31.

ID. (1996b), "La pesca de parejas del Bou y Málaga. (Siglos XVIII-XIX)", *Isla de Arriarán*, nº 8, pp. 45-63.

ID. (2003), *Hombres de Mar, Pesca y Embarcaciones en Andalucía. La Matrícula de Mar en los siglos XVIII y XIX (1770-1850)*. Sevilla. Junta de Andalucía.

BURGOS, M. y LACOMBA, J.A. (1993), "El sector pesquero en Andalucía en la primera mitad del siglo XIX. Una aproximación", *Revista de Estudios Regionales*, nº 35, pp. 15-50.

CAMIÑAS, J.A., BARO, J. y REINA, J.A. (1988), "Terminología usada en las pesquerías artesanales del litoral mediterráneo andaluz", *Jábega*, nº 61, pp. 70-80.

CARMONA BADÍA, J. (1983), *Producción textil rural y actividades marítimo-pesqueras en Galicia, 1750-1905*. Tesis Doctoral inédita. Universidad de Santiago de Compostela.

"Estado general de la pesca beneficiada por las Matrículas de Mar de las comprensiones de los tres Departamentos de Marina en un año, desde junio de 1845 hasta igual día y mes de 1846" (1846), *Archivo Don Álvaro de Bazán*, Legajo 2131.

"Estado general de la pesca beneficiada por las Matrículas de Mar de la comprensión de este Departamento (Cádiz) en el semestre que concluye en 31 del mes de mayo de 1847" (1847), *Archivo Don Álvaro de Bazán*, Legajo 2131.

FERNÁNDEZ, C. (1866), *Estudios sobre la pesca con el arte denominado parejas de bou y reglamento para su régimen*. Madrid. Establecimiento Tipográfico de Estrada, Díaz y López.

FLORIDO DEL CORRAL, D. (2002), *Un siglo de política e instituciones pesqueras en Andalucía*. Sevilla. Fundación Blas Infante/Consejería de Agricultura.

GIRÁLDEZ RIVERO, J. (1996), *Crecimiento y transformación del sector pesquero gallego, 1880-1936*. Madrid. Ministerio de Agricultura.

LASSO DE LA VEGA, J.P. (1846), "Exposición sobre la necesidad de restaurar y fomentar la industria de la pesca en España así en sus costas como en otros puntos del océano, a favor de la navegación, del comercio y de los intereses del erario" (En LÓPEZ LOSA, E. (2003), "Derechos de propiedad informales y gestión comunal de las pesquerías en el País Vasco. Un enfoque ecológico-institucional", *Revista de Historia Económica*, XXI, nº 1, pp. 11-48.

MADOZ, P. (1845-1850), *Diccionario Geográfico-Estadístico-Histórico de España y sus posesiones de ultramar*. 16 vols. Madrid. Establecimiento Literario Tipográfico de P. Madoz y L. Sagasti.

MARTÍNEZ MONTES, V. (1852 y 1993), *Topografía médica de la ciudad de Málaga*. Málaga. Edición facsímil de la de 1852. Primtel.

MIRABENT Y SOLER, P.J. (1850), *Memoria sobre las pescas que se cultivan en las costas meridionales de España, desde el Cabo de San Vicente hasta el Estrecho de Gibraltar*. Huelva. Imprenta de José Reyes Moreno.

REDER GADOW, M. (1991), "Conflictos pesqueros catalano-malagueños en la costa marbellí a mediados del siglo XVIII", *Baetica*, nº 13, pp. 257-279.

RESPUESTAS (1848) "Puntos sobre lo que debe contestarse acompañando las noticias y observaciones que se juzguen útiles para la formación de un cuadro estadístico de la industria de la pesca en España", *Archivo del Museo Naval de Madrid*, Manuscritos 2203, 2204 y 2205.

RODRÍGUEZ SANTAMARÍA, B. (1923), *Diccionario de artes de pesca de España y sus posesiones*. Madrid. Sucesores de Rivadeneyra.

SALAS, F.J. DE, (1879), *Historia de la Matrícula de Mar y examen de varios sistemas de reclutamiento marítimo*. Madrid. Imprenta de Fontanet.

Tercera parte
El sistema financiero

XI
El sistema financiero en Andalucía en los últimos 25 años (1978-2003): principales cambios producidos[1]

Manuel Delgado Álvarez
Mª del Carmen López Martín

Transcurridos ya más de 20 años de la aprobación del Estatuto de Autonomía de Andalucía es éste un buen momento para analizar cuál ha sido la evolución del sistema financiero de esta comunidad autónoma. En este texto se analizan las principales cuestiones relacionadas con el mismo tomando como partida el año 1978 (el Estatuto de Autonomía se aprobó mediante la Ley Orgánica 6/1981, de 30 de diciembre), llegando hasta el momento actual (los últimos datos considerados corresponden al año 2003). En particular, se hace especial hincapié en la evolución de las principales entidades del sistema (bancos, cajas de ahorro y cajas rurales, aunque también se comentarán otras instituciones), así como en los cambios de la normativa financiera más importantes en estos años. Finalmente, se realizan algunos comentarios acerca de la posible evolución futura del sistema y las perspectivas existentes.

Palabras clave: *sistema financiero, instituciones financieras, Andalucía, normativa.*

---

1. Este artículo pretende ser un pequeño homenaje a Adolfo Rodero: al *maestro*, pues ambos hemos recibido sus explicaciones, orientaciones y seguido su estela en las materias por él impartidas; al *compañero*, por su apoyo y colaboración en las tareas realizadas; y al *amigo*, por la fidelidad, lealtad y cariño mostrados a lo largo de nuestra estancia en esta Institución.

11.1. INTRODUCCIÓN

Es conocida la profunda transformación producida en Andalucía en los últimos 25 años. No sólo los indicadores económicos –PIB, renta, empleo, paro, inflación...– recogen esa transformación; también otros indicadores –como capital en infraestructuras, capital humano, sanidad, educación, cultura...–muestran una evolución altamente significativa, mostrándose como actores fundamentales en esa transformación. Así pues, todos los sectores –económicos y no económicos, públicos y privados– han tenido un papel fundamental en el desarrollo de Andalucía en las últimas décadas.

Pero para que ese proceso de desarrollo haya sido posible ha sido imprescindible la modernización, transformación y adaptación de los distintos sectores y agentes económicos y sociales. Uno de esos sectores, el formado por el conjunto de instituciones financieras, ha tenido y tiene una especial relevancia en todo el proceso de desarrollo de Andalucía, cumpliéndose así con un principio en la teoría del desarrollo que establece que éste no podrá ser posible sin contar con un adecuado sistema financiero.

El presente trabajo tiene como objetivo analizar la evolución del sistema financiero en Andalucía en los últimos 25 años, período que abarca desde 1978 hasta 2003, último ejercicio del que se ha podido disponer de información.[2] Está estructurado en los siguientes apartados: 1. Introducción. 2. Cambios producidos en la normativa jurídica. 3. Estructura del sistema financiero en Andalucía (en el que se comenta, de un lado, la evolución de las entidades de depósito –banca, cajas de ahorro y cajas rurales– y, de otro, la evolución de otras instituciones financieras: establecimientos financieros de crédito, sociedades de capital riesgo y sociedades de garantía recíproca–). 4. Conclusiones finales.

El objeto de estudio ha sido, pues, las instituciones financieras en Andalucía con independencia de que tengan su sede social o no en esta comunidad autónoma. Este hecho puede tener o no importancia en función del análisis que se quiera realizar, en nuestro caso hemos pretendido la evolución de dicho sector en Andalucía y su comparación con el efectuado a nivel nacional.

Hemos tratado que la información utilizada fuese lo mas homogénea posible de ahí que hayamos concentrado las fuentes de información, principalmente, en las publicaciones realizadas por el Instituto de Estadística de Andalucía (IEA), las cuales aparecen reseñadas en el apartado de fuentes bibliográficas. Los datos manejados figuran en el anexo, que recogen los principales cuadros elaborados para efectuar el análisis. En ellos, por lo general, aparece desglosada la información de los distintos indicadores según el ámbito territorial: Andalucía y nacional. Finalmente, para el análisis de los diferen-

2. En algunos casos, los menos, la información viene referida al año 2000.

tes indicadores se han utilizando principalmente los porcentajes, en menor medida los valores absolutos; de esta forma se resta importancia a que algunos cuadros vengan referidos en las antiguas pesetas y otros en euros.

En 1978, el grupo de entidades financieras bancarias con sede social en Andalucía estaba compuesto por: cinco bancos, trece cajas de ahorro y quince cajas rurales; a finales de 2003 este mismo conjunto lo formaban: un banco –Banco de Andalucía–, seis cajas de ahorro –Unicaja, Cajasur, El Monte de Huelva y Sevilla, Caja de Granada, Caja San Fernando y Caja Provincial de Jaén– y diez cajas rurales –Caja Rural de Jaén, Caja Rural de Nueva Carteya, Caja Rural de Adamuz, Caja Rural de Almería y Málaga (Cajamar), Caja Rural de Baena, Caja Rural de Cañete de las Torres, Caja Rural de Huelva y Sevilla (Caja Rural del Sur), Caja Rural de Córdoba, Caja Rural de Utrera y Caja Rural de Granada–.

Las entidades financieras no bancarias están integradas por los establecimientos financieros de crédito (EFC).[3] En 2004 se ha creado el Mercado de Futuros del Aceite de Oliva (MFAO) cuya sede se encuentra en Jaén, esto ha supuesto un hecho importante para el sistema financiero en Andalucía y en España.

11.2. CAMBIOS EN LA NORMATIVA JURÍDICA

11.2.1. LOS CAMBIOS EN LA REGULACIÓN DEL SISTEMA FINANCIERO ESPAÑOL

El sector financiero ha sido, en el ámbito nacional, uno de los sectores que más transformaciones ha asumido, cambios que aún continúan en la actualidad. Desde 1977 el sistema financiero ha estado inmerso en un proceso de modernización, desregulación y liberalización que le ha permitido situarse al mismo nivel de los países más avanzados tanto de Europa como de otros ámbitos territoriales. Los efectos de estas variaciones (no sólo legislativas) han alterado su configuración institucional y el número y la estrategia de las entidades que lo conforman. De esta forma, podemos decir que las variaciones más significativas se han producido en torno a tres fenómenos que se han manifestado simultáneamente, aunque con distinta intensidad, a lo largo de los últimos veinticinco años: apertura exterior, liberalización e innovación.

Centrándonos en el ámbito de las reformas legislativas, se han producido cambios profundos en la normativa jurídica. El enfoque de las leyes que han afectado al sistema financiero se ha visto modificado, de un lado, por el impulso liberalizador de la actividad, que ha venido acompañado por una creciente

3. Con anterioridad a 1997 se denominaban Entidades de Crédito de Ámbito Operativo Limitado (ECAOL), integradas por sociedades de *leasing*, entidades de financiación, sociedades de *factoring* y de crédito hipotecario.

preocupación por la vigilancia y el control de la solvencia, principalmente como forma de garantizar la *salud* de las entidades, pero también como medida de protección de los clientes de las instituciones financieras. Por otra parte, la normativa nacional se ve obligada a una continua adaptación a las normas de la Unión Europea (UE), que atiende básicamente a los criterios de libertad de establecimiento y libre prestación de los servicios en todos los países de la Unión, así como a la coordinación de las disposiciones en materia financiera; esto último ha originado que muchas de las normas nacionales aprobadas en los últimos años tengan como finalidad la trasposición de las directivas comunitarias al ordenamiento nacional.[4] Finalmente, la existencia del estado de las autonomías, consagrado en la Constitución, y la capacidad normativa de las comunidades autónomas (CCAA) sobre determinados aspectos, ha dado lugar a una profusa aparición de disposiciones que afectan a las entidades en el ámbito regional.[5]

En todo este proceso que se acaba de comentar de forma muy sucinta, las transformaciones más importantes se exponen, de forma resumida, a continuación:

1. Liberalización total de los tipos de interés para las operaciones activas y pasivas. Tras la liberalización de los tipos de las operaciones activas y pasivas a más de dos años que se había realizado en 1974, en los años siguientes se fueron liberalizando los correspondientes al resto de sus operaciones, proceso que culminó en 1987, con la desaparición de los límites que existían en los de algunas operaciones pasivas.
2. Supresión del coeficiente obligatorio de inversión y reducción del coeficiente de caja. En 1985 se promulgó la ley 13/1985 que supuso un impulso definitivo a la línea liberalizadora en materia de inversiones obligatorias. Mediante la misma se inició el proceso de reducción del coeficiente de inversión, el cual desapareció finalmente en 1992. En cuanto al coeficiente de caja, tras diferentes normas que equiparaban el tratamiento al que se sometían los diferentes tipos de entidades, se fue reduciendo su valor, hasta que finalmente alcanzó el 2 por ciento, similar al establecido actualmente por el Banco Central Europeo.
3. Aparición de nuevos mercados, instituciones y productos financieros. El proceso de modernización que ha vivido el sistema financiero ha permitido que aparezcan y se consoliden nuevos intermediarios financieros,

4. Recordemos que el proceso de integración en Europa se materializó en 1986 con la incorporación de nuestro país a la Comunidad Económica Europea; posteriormente, en 1992 se produjo la creación del espacio financiero único; finalmente, en 1999, se creó la Unión Monetaria Europea (UME) a la que nuestro país se incorporó desde el comienzo.

5. Sobre esta cuestión nos detenemos más adelante, al comentar con carácter particular el caso de Andalucía.

que ejercen su actividad tanto en los mercados de valores (sociedades y agencias de valores, instituciones de inversión colectiva, fondos de pensiones, fondos de titulización, etc.), como en los mercados de crédito y depósito (establecimientos financieros de crédito, sociedades de garantía recíproca, etc.). Al mismo tiempo, otra importante transformación ha llevado a la creación de nuevos mercados (deuda pública anotada, renta fija privada, futuros y opciones) y a la modernización de los ya existentes (bolsas de valores). Finalmente, la apertura al exterior ha facilitado que las entidades financieras asimilen y adapten las innovaciones que se han producido en estos últimos años, lo que ha dado lugar a la creación de nuevos productos financieros.

4. Reformas de los mercados de valores. Los cambios producidos en este sentido han llevado a la modernización y transformación de estos mercados, adecuándolos a las condiciones existentes en el exterior. Las medidas adoptadas, entre las que destacan las leyes de los mercados de valores de 1988 y de 1998, así como la denominada *ley financiera* de 2002, han llevado finalmente a que en la actualidad estos mercados se hayan revitalizado y reforzado, al habérseles dotado de mayor profundidad, flexibilidad y transparencia, para que alcancen una mayor eficiencia en su funcionamiento.
5. Equiparación de las entidades de depósito. En este sentido, bancos y cajas de ahorro se han ido igualando respecto a las operaciones que pueden realizar, tanto activas como pasivas. Por otra parte, esta equiparación operativa se ha aplicado también a las entidades de depósito extranjeras, a las que paulatinamente se les ha permitido el ejercicio de su actividad en las mismas condiciones a las que se sometía a las entidades españolas.
6. Incremento de la competitividad entre entidades, posibilitando, sin más restricciones que el mantenimiento de ciertas garantías de cara a los clientes, la creación de nuevas entidades, la expansión geográfica y la apertura de oficinas, y ampliando la libertad de instalación para las entidades extranjeras.
7. Potenciación de la política monetaria. Un aspecto importante que ha marcado la evolución del sistema financiero ha sido la orientación hacia el ejercicio de una política monetaria activa y eficaz, instrumentada por una autoridad monetaria con un grado suficiente de independencia.

En resumen, el sistema financiero español a finales de los años setenta se caracterizaba por ser un sector cerrado, con un elevado grado de intervención pública y poco eficiente; en la actualidad es un sector abierto, competitivo, con plena libertad de actuación y eficiente, aunque sujeto a las mismas normas regulatorias establecidas en el ámbito nacional e internacional.

11.2.2. La regulación del sistema financiero en Andalucía

Ya hemos indicado anteriormente que el estado de las autonomías otorga ciertas competencias a las comunidades autónomas. En concreto, según los artículos 38, 131, 149.1.11ª y 149.1.13ª de la Constitución, las CCAA tienen competencia exclusiva sobre cajas de ahorro en el marco de la ordenación del crédito y de la política monetaria general. De acuerdo con la norma constitucional las CCAA han incluido en sus estatutos[6] sus competencias sobre las entidades financieras, las cuales tienen su aspecto más importante en la competencia sobre cajas de ahorro, las cuales se han desarrollado mediante normas de diversos rangos.

El contenido de estas normas en cuanto a sus competencias es muy similar en las distintas CCAA. En el caso de Andalucía, las competencias que se han recogido son las siguientes:

- Protectorado y control público de las cajas.
- Aprobación de la creación, fusión y extinción o liquidación de las cajas.
- Aprobación de la distribución de los excedentes.
- Recibir informes de gestión.
- Recibir informes de auditoría.
- Establecer normas sobre órganos de gobierno.
- Inspección y sanciones de las entidades.[7]
- Establecer el contenido de los informes de auditoría.
- Autorizar y recibir información de la apertura de oficinas.
- Autorizar la emisión de cuotas participativas, deuda subordinada o valores en general.
- Autorizar y recibir previamente la publicidad de las entidades.

Estas competencias se han ido desarrollando en las distintas normas aprobadas desde 1982 (recordemos que el Estatuto de Autonomía se aprueba mediante la Ley Orgánica 6/1981, de 30 de diciembre) hasta la actualidad. Entre dichas normas, destaca la ley 15/1999, de 16 de diciembre, de cajas de ahorro de Andalucía (desarrollada en sus aspectos reglamentarios mediante el Decreto

6. En los mencionados estatutos de autonomía, las distintas CCAA han recogido expresamente la competencia exclusiva sobre cajas de ahorro y sobre las instituciones de crédito cooperativo en el marco citado. Igualmente, bastantes de ellas incluyen expresamente la competencia para el desarrollo legislativo y ejecución, dentro de su territorio, de la ordenación del crédito, banca y seguros según las bases correspondientes; el resto (excepto Murcia) recoge una referencia a la ejecución de la legislación del Estado en dichas materias.

7. En la Ley de reforma de la Ley del Mercado de Valores de 1988 se establece que las CCAA tendrán competencias para exigir el informe corporativo que consideren oportuno a partir de un contenido mínimo establecido en la Ley.

138/2002, de 30 de abril, y modificada en otros aspectos puntuales mediante otras normas posteriores), que viene a establecer los preceptos que han de cumplir tanto en los aspectos relativos a la organización, como en lo relativo a las actividades que desarrollan estas entidades y las fundaciones que gestionan la obra social.

Es preciso destacar que la norma andaluza no afecta únicamente a las cajas con sede social en esta comunidad autónoma (tanto en su organización como en su actividad), sino también a aquéllas que están domiciliadas en otras CCAA españolas (en cuanto a las actividades que realicen en Andalucía). Igualmente, como se indicaba anteriormente, regula las fundaciones que gestionan la obra social y también otras entidades e instituciones vinculadas a las cajas andaluzas, como son la Federación de Cajas de Ahorro de Andalucía y el Defensor del Cliente.

Además de esta norma, quizás la más importante en materia financiera en la comunidad autónoma andaluza, también otros aspectos han sido regulados en Andalucía en este terreno. Sin ánimo de exhaustividad, dadas las limitaciones de espacio, enumeramos algunas a continuación: regulación de las cooperativas de crédito (dentro de las normas generales relativas a las sociedades cooperativas); establecimiento de convenios de colaboración entre la Junta de Andalucía y el conjunto de entidades financieras para facilitar la financiación de las pequeñas y medianas empresas, así como el fomento de determinadas actividades; establecimiento de los valores computables a efectos del cumplimiento del ya desaparecido coeficiente de inversión obligatoria; apoyo financiero y participación de la Junta de Andalucía en las sociedades de garantía recíproca andaluzas; apoyo a la creación de las entidades de capital riesgo en Andalucía; etc. En definitiva, todas estas disposiciones no hacen sino desarrollar la capacidad normativa que, en materia de ordenación del crédito asigna el estatuto de autonomía a la comunidad autónoma andaluza.

11.3. Estructura del sistema financiero en Andalucía

El sistema financiero en Andalucía que vamos a analizar abarca el conjunto de entidades que prestan servicios a las unidades económicas andaluzas, con independencia de la localización de su sede social y de quien ejerza su control.

Han sido numerosos los cambios producidos durante el período analizado en el sistema financiero en Andalucía. Haremos un breve resumen de los aspectos mas destacables referentes a las entidades de depósito –banca privada, cajas de ahorro y cajas rurales–, de un lado, y a otras entidades financieras –establecimientos financieros de crédito, sociedades de capital riesgo y sociedades de garantía recíproca–, de otro.

11.3.1. Las entidades de depósito

a. Banca privada

Los cuadros 1, 2, 3 y 4 del anexo muestran un conjunto de indicadores de las distintas instituciones bancarias en Andalucía y en España y la cuota de mercado nacional[8] para cada una de las instituciones en los períodos 1978 y 2003. Respecto a la banca conviene hacer los siguientes comentarios:

- Los recursos ajenos obtenidos por la banca en Andalucía han crecido en el período estudiado, en menor proporción que el observado por otras entidades. Mientras que en 1978 los recursos ajenos captados por la banca en Andalucía representaban el 61,45 por ciento –61,96 por ciento en España–, en 2003 ese mismo indicador sólo llegaba al 27,55 por ciento –39,12 por ciento en España–. La causa explicativa de este comportamiento se encuentra, principalmente, en el gran aumento experimentado por el resto de entidades bancarias, fundamentalmente por las cajas de ahorro como veremos mas adelante. La cuota de mercado de este tipo de entidades[9] disminuye del 9,23 por ciento en 1978 al 7,66 por ciento en 2003.
- Similar comportamiento, aunque con menor intensidad, tiene la variable de créditos concedidos por la banca en Andalucía. Aunque el crecimiento de los créditos ha sido importante –la cuantía de los créditos concedidos supone mas del doble de la cuantía de los recursos obtenidos–, su participación en el total de créditos concedidos en Andalucía disminuye de forma significativa: en 1978 los créditos concedidos en Andalucía representaban el 69,48 por ciento –el 77,09 por ciento en España– y en 2003 el porcentaje de este indicador se redujo al 43,41 por ciento –el 48,29 por ciento en España–. La causa de este comportamiento lo encontramos, principalmente, en el elevado crecimiento de esta variable en las cajas de ahorro y también al experimentado por las cajas rurales. No obstante, la participación del crédito bancario en Andalucía respecto al total nacional se ha casi duplicado, ha pasado de representar el 6,63 por ciento al 11,64 por ciento.
- El número de oficinas de la banca en Andalucía ha aumentado de forma importante; este aumento ha sido ligeramente superior al registrado a nivel nacional: las oficinas de la banca en Andalucía constituían el 10,97 por ciento del total nacional en 1978 y el 11,87 por ciento en 2003. Sin embargo, con respecto al conjunto andaluz su participación ha disminuido res-

8. Indicador que expresa el porcentaje de la variable analizada en Andalucía respecto al conjunto nacional.

9. Entendida como proporción de recursos ajenos obtenidos por la banca en Andalucía respecto a España.

pecto a otras entidades bancarias, fenómeno también observable para el conjunto nacional: en 1978 las oficinas de la banca en Andalucía representaban el 37,58 por ciento –41,43 por ciento a nivel nacional– y en 2003 esta participación cayó al 28,82 por ciento –35,72 por ciento en España–.

- El número de empleados en las oficinas bancarias ha descendido de forma importante tanto en Andalucía como en España. La disminución producida ha sido algo superior en el conjunto nacional como lo muestra la cuota de mercado: en 1978 el número de empleados de la banca en Andalucía suponía el 9,36 por ciento del conjunto nacional y en 2003 el 9,83 por ciento. Este hecho se muestra también claramente si lo comparamos con el resto de entidades de depósito en Andalucía: en 1978 los empleados de la banca representaban el 71,60 por ciento del total en Andalucía –78,67 por ciento en España– y en 2003 disminuye al 35,79 por ciento –el 46,64 por ciento en España–.

En resumen, la banca ha experimentado en el período 1978-2003 un elevado crecimiento en Andalucía como se demuestra de los indicadores analizados: la existencia de mayor número de entidades y de una amplia red de oficinas ha motivado dicho crecimiento. Esta actuación ha sido debida en la práctica totalidad a la banca con sede social fuera de Andalucía ya que los bancos andaluces han disminuido durante el período hasta desaparecer en la práctica, sólo queda uno y está encuadrado dentro de un grupo bancario con sede en otra comunidad autónoma. Sin embargo este elemento no tiene en la actualidad la relevancia que pudo tener en otra época; dos hechos, entre otros, corroboran la afirmación anterior: la comparación de las cifras de créditos concedidos y de los recursos captados por estas entidades, por un lado, y los convenios y acuerdos de colaboración existentes entre estas entidades y las distintas administraciones públicas de la Comunidad Autónoma andaluza, por otro.

b. Las cajas de ahorro

A finales de la década de los setenta existían en Andalucía 13 cajas de ahorro; sin embargo, durante el período estudiado se ha llevado a cabo un proceso de fusiones y absorciones cuyo resultado ha sido las seis cajas de ahorro existentes a finales de 2004.

El cuadro 5 muestra las cajas existentes en 1978 –entre paréntesis aparece el año de fundación– y los procesos de fusión y absorción llevados a cabo hasta la actualidad.

Como señala Manuel Titos[10] en el siglo XX, sobre todo desde principios de los años sesenta, las cajas de ahorro han tenido un papel muy distinto en el sis-

10. M. Titos (2003a), p. 27.

tema financiero. A comienzos del siglo pasado sólo existían en Andalucía cuatro cajas de ahorro y montes de piedad –Cádiz, Granada, Jerez y Córdoba–; durante ese siglo se han creado once nuevas cajas de ahorro que, salvo la Caja de Ahorros y Monte de Piedad de Andújar (1903-1909) que se disolvió, son las que aparecen en el cuadro 5.

Durante la primera mitad de la última década (1990-1995) se ha producido en Andalucía, también en España, un importante proceso de fusiones y absorciones de las cajas de ahorro. Como exponíamos con anterioridad de las trece cajas existentes en Andalucía en 1978, más la Caja Provincial de Jaén (creada en 1981), en la actualidad solo quedan seis cajas de ahorro (Caja de Ahorros Huelva y Sevilla –El Monte–; Monte de Piedad y Caja de Ahorro de Granada; Monte de Piedad y Caja de Ahorros de Ronda, Cádiz, Antequera, Almería y Málaga –Unicaja–; Caja de Ahorros y Monte de Piedad de Córdoba –Cajasur– y Caja de Ahorros Provincial de Jaén).

Sin embargo, este proceso de fusiones y absorciones está lejos de estar concluido. El proyecto más próximo, aunque con cierto retraso respecto a lo previsto, se encuentra en el proceso de fusión entre la Caja de Ahorros Huelva y Sevilla –El Monte– y la Caja de Ahorros San Fernando de Sevilla. Si se tiene en cuenta el medio y largo plazo, el proyecto del Gobierno andaluz, de acuerdo con algunas entidades, es favorecer las uniones de cajas –el llamado proyecto de Caja única– ya que con la mayor dimensión de este tipo de entidades, se puede hacer frente a, de un lado, una mayor competencia con otras entidades bancarias con fuerte implantación en Andalucía (entre ellas con cajas de ahorro con sede social fuera de la comunidad autónoma andaluza) y, de otro, concurrir a proyectos de inversión y participación en sectores estratégicos que con su dimensión actual no les es posible. En la actualidad este último proyecto ha entrado en vía muerta, al apostar más las propias cajas andaluzas por proyectos de cooperación y colaboración.[11] Todas las cajas de ahorro con sede social en Andalucía están encuadradas en la Federación Andaluza de Cajas de Ahorro (FACA) organismo de cooperación y representación de estas entidades.

Como exponíamos en el apartado anterior desde el año 1977 el sistema financiero ha estado inmerso en un proceso de modernización, desregulación y liberalización, proceso al que también han estado sometidas las entidades bancarias, entre ellas las cajas de ahorro. De los aspectos más relevantes del proceso producido en las cajas de ahorro se pueden destacar dos:

11. En este sentido es interesante destacar la iniciativa más reciente de las seis cajas de la Comunidad Autónoma andaluza de participar en un banco –Banco Europeo de Finanzas (BEF), propiedad en la actualidad de Unicaja– que les permitiera aumentar su cooperación, sobre todo en sus inversiones industriales, para trabajar de forma conjunta en sectores estratégicos de la economía. Este banco, cuyo capital estaría repartido entre las seis cajas andaluzas, agruparía las participaciones empresariales de cada entidad y llevaría a cabo las grandes operaciones de banca comercial. No obstante, el Banco de España está poniendo algunos reparos al proyecto.

- La equiparación de las entidades de depósito respecto a las operaciones realizadas, tanto activas como pasivas. Es decir, las cajas de ahorro pueden realizar las mismas operaciones que los bancos.
- Libertad plena para la expansión territorial de las cajas de ahorro. Es decir, las cajas pueden tener la misma capacidad de expansión que los bancos.

Estos dos hechos han provocado en el período analizado, de un lado, una profunda modificación en el funcionamiento de las cajas de ahorro como entidades financieras: modernización de sus sistemas operativos, mayor grado de eficiencia, elevado grado de competencia y, de otro, una mayor capacidad de actuación producto tanto del aumento de la dimensión como del derivado de la expansión producida.

Los cuadros 1, 2, 3 y 4 del anexo muestran un conjunto de indicadores para las cajas de ahorro en los períodos 1978 y 2003 en Andalucía y en España y la cuota de mercado de este tipo de instituciones. Los aspectos mas relevantes del análisis de esos indicadores son los siguientes:[12]

- Los recursos ajenos captados por las cajas de ahorro en Andalucía han aumentado en el período estudiado, en cuantía significativa y muy por encima del resto de entidades de depósito. En 1978 los recursos ajenos de las cajas en Andalucía llegaban al 31,23 por ciento –34,21 por ciento en España–, en 2003 el porcentaje alcanzaba la cifra del 58,66 por ciento –el 54,07 por ciento a nivel nacional–. Comparado con la banca, en la actualidad su gran competidor, el panorama e importancia de las cajas en el sistema financiero andaluz ha cambiado grandemente: en 1978 los recursos ajenos de las cajas suponían, aproximadamente, el 58 por ciento de los captados por la banca, sin embargo, en 2003 el volumen obtenido por las cajas triplica el alcanzado por la banca; esta evolución también se observa a nivel nacional, aunque con mucha menor intensidad, lo cual justifica que la cuota de mercado de este tipo de entidades haya pasado de representar el 8,50 por ciento respecto al total nacional en 1978 al 11,8 por ciento en 2003.
- La evolución de los créditos concedidos por las cajas en Andalucía ha tenido similar comportamiento que la de los recursos ajenos, aunque con menor intensidad. Aunque la evolución de este indicador ha sido importante, la cuantía del mismo ha sido ligeramente superior a la de los recursos, cuando en la banca –como hemos visto más arriba– ese mismo indicador había sido más del doble. Sin embargo, la participación de estas

12. Hay que tener en cuenta que el análisis realizado de este tipo de entidades en Andalucía engloba a aquellas cuya sede social se encuentra en Andalucía como aquellas que la tienen en otras comunidades autónomas.

entidades en el total de créditos concedidos en Andalucía incrementa notablemente: en 1978 la concesión de créditos por las cajas en Andalucía era el 24,52 por ciento –el 21,24 por ciento en España– y en 2003 se elevaba al 46,69 por ciento –el 46,38 por ciento en España–. Esta evolución más intensa en Andalucía que en el conjunto nacional ha provocado que la cuota de mercado de estas entidades haya pasado del 8,50 por ciento en 1978 al 13,03 por ciento en 2003.

- El número de oficinas de las cajas de ahorro ha experimentado incrementos elevados tanto en Andalucía como en España; esta evolución ha estado motivada por dos hechos: uno, por la expansión que las cajas de ahorros con sede en cada comunidad autónoma –en este caso en Andalucía– han realizado dentro de la misma y, dos, por la expansión que han realizado en otras comunidades autónomas. Ambos hechos han tenido elevada importancia en Andalucía, aunque con mayor intensidad el primero. El número de oficinas de las cajas en Andalucía alcanzaba el 37,68 por ciento en 1978 –el 33,12 por ciento en España– y el 53,73 por ciento en 2003 –el 52,97 por ciento en España–. No obstante la apertura de nuevas oficinas ha sido superior a nivel nacional que en Andalucía como se deduce de la disminución que representa el porcentaje en el período estudiado.
- Producto de la evolución del indicador anterior, el número de empleados crece de forma significativa tanto en Andalucía como en España aunque en mayor cuantía la primera que en la segunda. Esto puede ser debido, en parte, a las mayores dotaciones de personal en los servicios centrales de las cajas de ahorro con sede social en Andalucía. Sí, en cambio, es relevante comparar la evolución de estos dos últimos indicadores –número de oficinas y número de empleados– en la banca y en las cajas de ahorro: en la primera, la actividad –recursos y créditos– ha aumentado de forma significativa con un ligero aumento del número de oficinas y con un menor número de empleados; sin embargo, en las segundas, el aumento de la actividad ha sido posible con un gran aumento en ambos indicadores, como hemos podido comprobar.

La evolución de otras variables para estas entidades se recogen en los cuadros 7, 8 y 10 del anexo; no obstante la no disponibilidad de datos ha impedido realizar el análisis en el mismo ámbito temporal. A continuación destacamos los aspectos más relevantes:

- La inversión en valores de las cajas de ahorro en Andalucía (cuadro 7) ha experimentado aumentos importantes, aunque de menor cuantía que para el conjunto nacional. La composición de la cartera de valores a finales de 2003 muestra cierto grado de diversificación entre títulos de deuda y títulos representativos de capital (cuadro 8) si bien el porcentaje del valor de esta cartera de inversión respecto al activo total es ligeramente inferior en el caso de las cajas andaluzas que en el conjunto nacional.

- La concesión de créditos para su clientela –empresas no financieras y familias– constituye el principal destino –75,22 por ciento– de los recursos totales captados por estas instituciones en Andalucía (cuadro 8) superando en casi 10 puntos lo que representa ese mismo indicador para el conjunto nacional; esto demuestra, en buena medida, la continuidad de la línea de actuación de las cajas de ahorro andaluzas, si bien se vienen observando algunos cambios en los últimos años.
- Los débitos a clientes –depósitos en sus diversas variantes– constituye el principal instrumento de captación de recursos –79,71 por ciento– de estas entidades en Andalucía, porcentaje superior en 8 puntos al obtenido a nivel nacional. Por el contrario, la obtención de recursos de otras entidades de crédito –a través principalmente del mercado interbancario– es bastante inferior a la del conjunto nacional.
- Finalmente, los datos de la cuenta de resultados de las cajas de ahorro en Andalucía presentan una estructura escalar similar a la del conjunto nacional, aunque con algunas diferencias, por ejemplo la explicación de que los beneficios antes de impuestos –en porcentaje sobre los activos totales medios– sean mayores en el caso andaluz que en el nacional en 2003 (cuadro 10) se debe principalmente al mayor margen de intermediación obtenido –diferencia entre los productos y costes financieros– por las cajas andaluzas como consecuencia, en parte, de la mayor proporción de recursos captados de su clientela habitual, que por lo general tienen costes financieros mas bajos. No obstante, la participación de los beneficios de estas entidades en Andalucía ha disminuido respecto al conjunto nacional en período 1978-2000 (cuadro 7).

En resumen, en el período 1978-2003 las cajas de ahorro en Andalucía han mostrado un elevado crecimiento en los diferentes indicadores analizados. Este crecimiento ha provocado que este tipo de entidades ocupen el primer puesto en el conjunto del sistema financiero en Andalucía. Este crecimiento es debido principalmente a la actuación de las cajas de ahorro con sede social en Andalucía –a pesar de la disminución del número de entidades por los procesos de fusiones y absorciones llevados a cabo–, pero también al crecimiento y expansión en Andalucía, igual que en otras comunidades autónomas, de cajas de ahorro con sede social fuera de la misma. Los procesos de modernización, liberalización, expansión y fusiones llevados a cabo explican en buena medida el desarrollo y crecimiento de estas entidades. No obstante, a pesar de los cambios producidos, las cajas siguen con cierta fidelidad la atención a su clientela más tradicional constituida por las unidades familiares y las pequeñas y medianas empresas.

c. Las cajas rurales

A finales de 1978 existían en Andalucía 15 cajas rurales con sede social en la misma; sin embargo en 2003 sólo quedan 10 entidades (cuadro 6) producto de las desapariciones producidas (Caja Rural San José de Torredonjimeno, Caja Rural de La Carlota y Caja Rural Provincial de Cádiz) y de dos procesos de fusión (Caja Rural de Almería y Málaga –Cajamar– y la Caja Rural Huelva y Sevilla –Sur–).

A mediados de los años 70 un número significativo de cajas rurales españolas se encontraba en una situación de crisis motivada, según Manuel Titos,[13] por un conjunto de factores entre los que caben destacar: la desfavorable evolución de los precios agrarios, la competencia entre los intermediarios financieros, el encarecimiento de los recursos financieros y las deficiencias de gestión y organización de las propias entidades. Esta situación forzó un acuerdo en 1983 de asociación entre este tipo de entidades y el Banco de Crédito Agrícola (BCA) con el objetivo de llevar a cabo, de un lado, una actuación concertada para dotar de mayor solidez a estas instituciones y, de otro, la canalización de los recursos del crédito oficial a través de las cajas rurales. Los resultados de este acuerdo fueron el saneamiento de las cajas rurales afectadas por la crisis y la canalización de los recursos oficiales hacia al campo como ocurría en etapas anteriores.

Con posterioridad, a finales de los años 80, un grupo de cajas rurales provinciales –las de mayor dimensión– se separaron del acuerdo con el BCA y crearon en 1990 la Asociación Española de Cajas Rurales y el Banco Cooperativo Español con los siguientes fines: la primera como órgano de cohesión y representación, y el segundo, como instrumento de actuación financiera conjunta.

En cuanto a las cajas rurales andaluzas, la Caja Rural de Almería ocupa el primer lugar en cuanto a tamaño de las cajas rurales españolas. Esta entidad comenzó su expansión territorial en los años 80, instalando oficinas en el resto de provincias andaluzas donde tiene una importante cuota de mercado y en otras comunidades autónomas como Murcia y Cataluña. En el año 2000 se producen dos procesos de fusión, como hemos señalado anteriormente, de cuatro de las entidades con mayor dimensión: el primero fue la fusión de las Cajas Rurales de Almería y Málaga –Cajamar– situándose como la primera cooperativa de crédito de España, y el segundo, la fusión de las Cajas Rurales de Huelva y Sevilla –Caja Rural del Sur–. Todas las cajas rurales andaluzas están encuadradas en la Federación Andaluza de Cajas Rurales, organismo de cooperación, coordinación y representación de estas entidades.

13. M. Titos (2003a), p. 267.

Al igual que se ha realizado para otras entidades de depósito, analizaremos a continuación un conjunto de indicadores para conocer la evolución de los mismos en el período estudiado (cuadros 1, 2, 3 y 4). Los aspectos más significativos se comentan a continuación:

- Los recursos ajenos captados por las cajas rurales en Andalucía han incrementado de forma muy positiva y por encima del obtenido por el resto de entidades de depósito. En 1978 los recursos ajenos de estas entidades en Andalucía suponían el 6,01 por ciento –2,02 por ciento en España–, en 2003 pasó al 13,79 por ciento –6,81 por ciento a nivel nacional–. Esta importante evolución ha sido no obstante de menor intensidad que la producida a nivel nacional: la cuota de mercado ha pasado del 27,67 por ciento en 1978 al 22,0 por ciento en 2003. Aunque se ha producido esa ligera disminución, provocado entre otras razones por los fenómenos analizados más arriba, es indudable la importancia cuantitativa que tienen en el conjunto nacional las cajas rurales andaluzas.
- Los créditos concedidos por estas entidades en Andalucía ha tenido una evolución similar a la de los recursos ajenos, aunque de menor intensidad. Los créditos concedidos en Andalucía en 1978 alcanzaban el 6,00 por ciento y en 2003 el 9,82 por ciento. No obstante la cuota de mercado disminuye ligeramente a nivel nacional –del 26,42 por ciento en 1978 al 24,05 por ciento en 2003–. Pero un hecho a destacar es que esta disminución es menor a la de los recursos ajenos y también la cuota de mercado de los créditos concedidos es más elevada que la de los recursos ajenos, lo cual prueba el esfuerzo inversor de este tipo de entidades en Andalucía para atender las necesidades de su clientela y del sector agrario.
- El número de oficinas y empleados ha tenido un aumento importante aunque de mucha menor cuantía al registrado por otras entidades de depósito, esto es consecuencia principalmente del menor grado de expansión interprovincial realizado por las cajas rurales en Andalucía, limitado a solo dos entidades –Cajamar y Caja Rural del Sur–.

La evolución de otros indicadores se encuentra en los cuadros 7, 9 y 10, haciendo la misma salvedad que la realizada en el análisis de las cajas de ahorro respecto al ámbito temporal. Destacan sobre todo los aspectos siguientes:

- La inversión en valores de las cajas rurales, tanto en Andalucía como en España (cuadro 7) ha experimentado significativos crecimientos, si bien la participación de la cartera de valores respecto al activo total es bastante inferior al de otras entidades –banca y cajas de ahorro–. Los títulos de dicha cartera se concentran fundamentalmente, tanto en el ámbito andaluz como nacional, en obligaciones y otros títulos de renta fija (cuadro 9).

- Las operaciones con su clientela –principalmente socios de las cajas rurales– concentran básicamente los empleos y recursos de estas entidades, no observándose diferencias significativas en el ámbito andaluz y nacional. Así, en 2003 el 80,54 por ciento de las inversiones de las cajas rurales andaluzas tienen como destino los créditos sobre clientes –75,43 por ciento en el conjunto nacional–, y el 80,57 por ciento de los recursos tienen como origen los depósitos a clientes –82,64 por ciento en España–.
- Por último, los datos de la cuenta de resultados de las cajas rurales andaluzas muestran una estructura bastante parecida a la del conjunto nacional, esto en parte es debido al alto porcentaje –superior en muchos casos al 25 por ciento– que este grupo de entidades representa en el conjunto nacional.

En resumen, en el período 1978-2003 las cajas rurales en Andalucía no sólo han superado una delicada situación, principalmente en la década de los 80, sino que han mostrado unas tasas de crecimiento significativas, principalmente en la década de los 90, aumentando su participación en el sistema financiero andaluz. Los acuerdos llevados a cabo, las mejoras en la gestión y organización de estas entidades y los procesos de fusiones producidos han sido factores decisivos en el desarrollo de esta situación. La dedicación a lo "rural" sigue siendo un factor clave de este tipo de instituciones,[14] si bien tratan en los últimos años de diversificar su actividad a otro tipo de clientes. Por último, es de destacar el mantenimiento de la importancia que las cajas rurales andaluzas tienen en el conjunto nacional, importancia que puede verse aumentada si se llevan a cabo en el futuro otros proyectos de fusión.

d. Otras entidades financieras

La evolución experimentada por el sistema financiero en España y en Andalucía se ha traducido también en la aparición de nuevos intermediarios financieros especializados en la realización de determinadas operaciones y/o mercados concretos. Entre estos intermediarios se encuentran, de un lado, los establecimientos financieros de crédito y, de otro, otras instituciones financieras dentro de las cuáles se encuentran las entidades de capital riesgo y las sociedades de garantía recíproca. Éstos dos últimos grupos de entidades, tanto las de carácter público como privado, nacen con el fin primordial de atender la problemática financiera que afecta a las pequeñas y medianas empresas (PYME), problemática manifestada en las mayores dificultades que, respecto

14. No es posible entender la financiación al sector agrario en España en los últimos 40 años sin estudiar el papel que las cajas rurales han tenido en la financiación a dicho sector.

a otro tipo de empresas –principalmente las de mayor dimensión–, tienen para obtener los recursos necesarios, distintos del endeudamiento bancario, para llevar a cabo sus actividades económicas.

Esta misma problemática financiera de las PYME también se produce en el resto de países de la Unión Europea; esto ha motivado que la Comisión Europea haya tomado iniciativas en torno a este tipo de empresas, considerando su participación en el crecimiento y en la generación de empleo. Entre esas iniciativas se encuentra el Tercer Programa Plurianual a favor de la PYME (1997-2000),[15] entre cuyos objetivos se encuentran: mejorar el acceso a los créditos y al capital riesgo; facilitar el desarrollo de instrumentos financieros específicos –como el capital riesgo y las sociedades de garantía recíproca– y el desarrollo de mercados de capitales para PYME.[16]

d.1) Los establecimientos financieros de crédito

La aparición de los establecimientos financieros de crédito (EFC) estuvo motivada por la aplicación del RD 692 de 26 de abril de 1996, por el cual las entidades existentes hasta esa fecha, entidades de crédito de ámbito operativo limitado (ECAOL) –sociedades de financiación de ventas a plazo, sociedades de crédito hipotecario, sociedades de leasing, factoring, etc.– tuvieron que transformarse antes del 1 de enero de 1997 en EFC o en otro tipo de entidades de crédito, si no querían perder su condición de entidad financiera. Como consecuencia de ello, a nivel nacional, dos terceras partes de las ECAOL se transformaron en EFC; la mayoría de ellas no transformó su objeto social, pues, además de motivos de índole vocacional (mantenerse como entidades con una determinada especialización), existían mayormente razones de tamaño que así lo aconsejaban.[17]

En el ámbito andaluz la transición de ECAOL a EFC siguió similar trayectoria que la producida a nivel nacional. A continuación se exponen algunos datos de financiación de este tipo de entidades en Andalucía para el período 2003:

- La participación de los EFC sobre el total de entidades de crédito en Andalucía es del 1,02%, porcentaje superior a su participación a nivel nacional (0,86%); es decir, la financiación en Andalucía procedente de este tipo de sociedades es superior, en términos relativos, a la que representa a nivel nacional.

15. Decisión del Consejo 97/15/CEE, de 9 de diciembre de 1996 relativa al Tercer Programa plurianual a favor de las pequeñas y medianas empresas de la Unión Europea (1997 – 2000) (D.O. nº L 6/25 de 10 de enero de 1997).

16. Un análisis más amplio de los programas europeos de apoyo a la PYME, puede verse en Martín Rodríguez y Sáez Fernández (1999).

17. Ampliar el objeto social (como establecía la nueva normativa) suponía adaptarse a nuevos requisitos de aumento de capital, lo que era inviable para entidades de reducida dimensión.

- El volumen de inversión crediticia procedente de los EFC en Andalucía alcanza la cifra de 7.076 millones de euros, aumentando de forma significativa en los últimos años; respecto al 2000 la inversión creció en un 30 por ciento aproximadamente.

En resumen, aunque la financiación procedente de este tipo de entidades haya aumentado de forma significativa en los últimos años, su importancia relativa es escasa respecto a otras entidades de crédito. No obstante, al ser las PYME los principales agentes demandantes de los instrumentos financieros de este tipo de entidades es probable que aumente su participación en el futuro como ha ocurrido en otros países.

d.2) Las sociedades de capital riesgo

Las sociedades de capital riesgo en España tienen su antecedente en las sociedades de desarrollo industrial (SODI) promovidas, a finales de los años 70, por el Instituto Nacional de Industria, organismo dependiente del Ministerio de Industria. Estas entidades constituían un instrumento público para promover el desarrollo regional y entre las operaciones realizadas existían operaciones de capital riesgo. Se creó una SODI prácticamente en cada una de las comunidades autónomas españolas, entre ellas en Andalucía con la denominación de Sociedad de Desarrollo Industrial de Andalucía (SODIAN).

Con posterioridad, los gobiernos de las comunidades autónomas crearon sus propios instrumentos de desarrollo regional; en el caso andaluz se constituyó el Instituto de Promoción Industrial de Andalucía (IPIA), el cual se transformó en el Instituto de Fomento de Andalucía (IFA), que, recientemente (al principio del año 2005), ha cambiado su denominación por el de Agencia de Innovación y Desarrollo de Andalucía (IDEA). Esta institución, al igual que sus antecedentes, son entidades públicas y entre las operaciones realizadas se encuentran las de capital riesgo.

Las sociedades de capital riesgo de iniciativa privada comenzaron su andadura en Andalucía en 1988 con la creación de la sociedad Sevilla ´93 –en la actualidad tiene la denominación de *Sead Capital Fund*–. Su constitución fue iniciativa de un grupo de empresas sevillanas respaldadas por la Sociedad Estatal Expo ´92 y otros agentes del sector público; el objeto era dinamizar la economía andaluza a través de nuevos proyectos empresariales y fomentar el nacimiento y desarrollo de nuevas empresas.

A partir de esa fecha y propiciadas, bien por entidades públicas bien por entidades privadas, se han ido creando otras sociedades de capital riesgo en Andalucía (cuadro 11) con el objetivo fundamental de promover la iniciativa empresarial a través de participaciones temporales y minoritarias en su capital social, si bien se han utilizado, de conformidad con la normativa vigente,[18] otros instrumentos financieros como pueden ser los préstamos y los avales. Como puede observarse en el cuadro 11, la mayoría de las empresas constituidas han nacido con una vocación fundamentalmente provincial dado que sus promotores han sido, en muchos casos, instituciones públicas y privadas con el objetivo de promover el desarrollo económico de dicho ámbito geográfico. Una iniciativa más reciente la constituye la puesta en marcha del fondo de capital riesgo Andalucía 21, promovido por el IFA (hoy IDEA) y cinco cajas de ahorros andaluzas y gestionado por la sociedad Ahorro Corporación; la dotación inicial de este fondo de capital riesgo ha sido de tres mil millones de pesetas y su creación se encuadra dentro de las acciones contempladas en la Subvención Global de Andalucía.

La inversión suscrita por las entidades de capital riesgo (ECR) andaluzas ha tenido un comportamiento diferente según el período considerado. Alcalá Olid[19] señala que en el período 1988–1998 la evolución ha sido dispar en el volumen de capital invertido: hasta el año 1992 se produce un continuo crecimiento del volumen de inversión –el máximo valor alcanzado fue de 463 millones de pesetas– y en los años siguientes se produce un continuo retroceso. Datos más recientes, referidos a 2002 y 2003 (cuadro 12) muestran aumentos significativos respecto a años anteriores: el volumen de inversión alcanzó en 2003 los 15 mil millones de pesetas –algo más de mil millones en 2002–; el número de operaciones realizadas y el número de empresas en cartera también han aumentado en esos años. Esta evolución ha provocado que la actuación de este tipo de entidades haya crecido de forma significativa respecto al conjunto nacional –7,5 por ciento–, situándose en tercer lugar detrás de las comunidades autónomas de Madrid y de Cataluña.

En resumen, como señala Alcalá Olid,[20] la actividad de capital riesgo en Andalucía (a partir de los datos analizados con anterioridad), se presenta algo dispersa y por ello disminuida como consecuencia de la existencia de numerosas entidades y todas ellas de reducida dimensión; esto provoca una mayor dificultad para estas entidades no sólo para afrontar operaciones de elevada envergadura, sino también el que cumplan con el objetivo inicial previsto que es el de impulsar y dinamizar el tejido productivo andaluz.

18. La Ley 1/1999, de 5 de enero, reguladora de las sociedades de capital riesgo y de sus sociedades gestoras, otorga una especial atención a los préstamos participativos cuando se define la actividad de capital riesgo.

19. F. Alcalá Olid (2000), pp. 174 – 175.

20. F. Alcalá Olid (2000), p. 183.

d.3) Las sociedades de garantía recíproca

La primera sociedad de garantía recíproca (SGR) constituida en Andalucía data de 1981: Coraval,[21] la cual fue promovida por un conjunto de entidades públicas y privadas,[22] con un campo de actuación inicial que abarcaba la provincia de Córdoba, ampliándose con posterioridad (1986) a la provincia de Málaga. La segunda sociedad se constituyó en 1982 con la denominación de Sociedad de Garantía de Empresarios Granadinos que, en 1984, con la incorporación de la Sociedad de Jaén y Almería, pasaría a denominarse Avalunión. Finalmente, la tercera SGR, Suraval, se creó en 1983; su ámbito de actuación eran las provincias de Sevilla, Cádiz y Huelva.

La participación del sector público en el capital de estas instituciones, superior al 25 por ciento en todos los casos, ponía de manifiesto el interés del mismo en solucionar, en parte, los problemas financieros de las empresas de menor dimensión; también las cajas de ahorros tuvieron un papel importante como socios protectores aportando recursos –alrededor del 30 por ciento– a este tipo de sociedades.

Este panorama existente a mediados de los años 80, con tres SGR que abarcaban los ámbitos de todas las provincias andaluzas, es idéntico al existente en la actualidad.[23] Como es sabido, en el año 1994 fue aprobada una nueva normativa que intentaba fortalecer a este tipo de entidades que, en algunos casos, habían atravesado por diversas dificultades derivadas sobre todo de la falta de experiencia de sus gestores y de la crisis económica. Desde la entrada en vigor de esta ley se han producido las adaptaciones y modificaciones requeridas por la normativa y, si bien en alguna de las entidades andaluzas ha atravesado por serias dificultades,[24] todas se mantienen hoy en día en actividad.

A continuación analizamos, de forma breve, algunos datos sobre inversión de este tipo de sociedades (cuadro 13):

- En el año 2003, a 30 de septiembre, el importe de los avales formalizados por las tres SGR andaluzas era de 141.963,0 millones de pesetas, lo que representa sobre el conjunto nacional el 9,81 por ciento.
- También, en ese mismo período, el riesgo vivo asumido por las SGR andaluzas era de 36.230,0 millones de pesetas, este importe representa el 7,95 por ciento en el conjunto nacional.

---

21. Sociedad ubicada en la provincia de Córdoba y que en 1986 pasó a denominarse Crediaval SGR.

22. La Confederación de Empresarios de Córdoba, la Asociación de Fabricantes de Córdoba, la Caja Provincial de Ahorros de Córdoba, el Monte de Piedad de Córdoba, la Cámara de Comercio de Córdoba, Sodian y el Impi.

23. En el cuadro 13 se recogen algunos datos de este tipo de entidades.

24. Recordemos la crisis vivida en los últimos años por Crediaval, que le ha llevado a disminuir radicalmente su actividad, aunque parece que actualmente está empezando a superarla.

En resumen, las SGR en Andalucía, y también en España, han experimentado un elevado crecimiento, lo que ha provocado un aumento significativo en la utilización de este tipo de entidades como fuente de financiación para la PYME andaluza.

11.4. Conclusiones

A continuación se exponen un conjunto de conclusiones obtenidas del estudio realizado:

- El sistema financiero español a finales de los años 70 se caracterizaba por ser un sector cerrado, con un elevado grado de intervención pública y poco eficiente.
- La profunda transformación llevada a cabo en el sistema financiero español –modernización, desregulación, liberalización y apertura al exterior– ha permitido no solo colaborar en el desarrollo económico del país, sino alcanzar cotas de solvencia y eficacia antes no conocidas.
- En la actualidad es un sector abierto, competitivo, con plena capacidad de actuación, aunque sujeto a las mismas normas regulatorias establecidas en el ámbito nacional e internacional.
- Los cambios normativos en el sistema financiero han sido, de un lado, consecuencia del proceso liberalizador de la actividad acompañado por la creciente preocupación en la regulación y el control de la solvencia de las entidades, y de otro, a la continua adaptación a las normas de la UE.
- Derivado del proceso de transformación producido en el ámbito nacional también en Andalucía las instituciones financieras –bancarias y no bancarias– han llevado a cabo un proceso similar. Los diferentes indicadores estudiados muestran un elevado crecimiento de actividad en las entidades de depósito.
- La existencia de mayor número de entidades y de una amplia red de oficinas de la banca en el ámbito andaluz ha motivado dicho crecimiento. Un dato significativo de este tipo de entidades es el siguiente: en la actualidad, la cuantía de los créditos concedidos en Andalucía supera en más del doble la cuantía de los recursos obtenidos y, también, que en el período estudiado la participación del crédito bancario en Andalucía respecto al total nacional se ha casi duplicado.
- Las cajas de ahorros, como entidades financieras, han tenido también una profunda modificación en su funcionamiento: mayor capacidad de actuación, elevado grado de competencia y mayor grado de eficacia debido al aumento de la dimensión y de la expansión territorial llevado a cabo. Derivado de estos cambios y de los procesos de fusión produci-

dos han obtenido un elevado crecimiento en los diferentes indicadores analizados, lo que ha provocado que este tipo de entidades pasen a ocupar en la actualidad el primer puesto en el conjunto del sistema financiero en Andalucía.

- Las cajas rurales además de superar una situación de crisis producida en la década de los 80 han desarrollado unas tasas de crecimiento importantes aumentando su participación en el sistema financiero andaluz, aunque sea muy inferior respecto al de otras entidades de depósito. No obstante su participación en el total nacional es de casi el 25 por ciento, entre esas entidades figura la entidad de mayor dimensión. Del proceso seguido: acuerdos llevados a cabo con otras instituciones públicas y privadas, mejoras en la gestión y organización y las fusiones llevadas a cabo explican en buena medida la evolución seguida. También, aunque existe un proceso de diversificación en la actividad, lo "rural" sigue siendo un factor clave de estas entidades.
- Los establecimientos financieros de crédito tienen en Andalucía una participación sobre el total de la financiación concedida por el sistema superior a la que presentan a nivel nacional; no obstante, a pesar de que su presencia ha crecido de forma significativa en los últimos años, ésta es aún reducida.
- Las entidades de capital riesgo existentes en la comunidad andaluza surgen tanto de la iniciativa pública, como de la privada. Se caracterizan por una dimensión reducida y una actividad algo dispersa, lo que ha dificultado el cumplimiento de su objetivo de impulsar el tejido productivo andaluz. A pesar de ello, el crecimiento de su actividad en los últimos años puede ayudar a que lo consigan en mayor medida.
- Finalmente, las sociedades de garantía recíproca, que en algún caso han atravesado momentos de dificultad, parecen estar aumentando también su actividad, si bien siguen teniendo aún un papel marginal en la financiación a las PYME que son su principal objetivo.

11.5. Bibliografía

ALCALÁ OLID, F. (2000), "Evolución reciente del capital riesgo y las sociedades de garantía recíproca en Andalucía", *Boletín Económico de Andalucía,* nº 28-29, pp.171-184.

ASOCIACIÓN ESPAÑOLA DE ENTIDADES DE CAPITAL RIESGO (ASCRI) (2004), *Informe 2003,* Madrid, ASCRI.

BANCO DE ESPAÑA (2004), *Boletín estadístico*, febrero.

CONFEDERACIÓN ESPAÑOLA DE SOCIEDADES DE GARANTÍA RECÍPROCA (CESGAR) (varios años), *Informe anual,* Madrid, CESGAR.

CONTHE, M., ONTIVEROS, E. y VALERO, F. J. (2004), "Un sector financiero en mutación", *Economistas,* nº 100, pp. 83-91.

CONTRERAS MORA. J.I. et al (1999), "Resultados de la valoración del sistema de sociedades de garantía recíproca y capital riesgo andaluz", *Boletín Económico de Andalucía,* nº 25, pp. 129-143.

ESECA, SOCIEDAD DE ESTUDIOS ECONÓMICOS DE ANDALUCÍA (2004), *Informe económico-financiero de Andalucía, año 2003*, Granada, ed. Caja General de Ahorros de Granada.

INSTITUTO DE ESTADÍSTICA DE ANDALUCÍA (2002), *Estadísticas del siglo XX en Andalucía,* Sevilla, IEA.

INSTITUTO DE ESTADÍSTICA DE ANDALUCÍA (2004), *Estadísticas del Sistema Financiero en Andalucía. Bancos, cajas y cooperativas de crédito.* IEA. Sevilla.

LÓPEZ M. C. Y RODERO, A. (2004), "Regulación de las cajas de ahorros por las comunidades autónomas", *Revista de Estudios Regionales,* pp. 255-268.

MARTI PELLÓN, J. (2002), *Oferta y demanda de capital riesgo en España. 2001.* Civitas Ediciones SL. Madrid.

MARTIN RODRIGUEZ, M. y SÁEZ FERNÁNDEZ, F.J. (1999), "El apoyo al capital riesgo en la política empresarial de la Unión Europea"; *Perspectivas del Sistema Financiero,* nº 57, pp. 37-53.

MEDEL CÁMARA, B. y DOMINGUEZ MARTINEZ, J.M. (1999), "El sistema financiero andaluz, veinte años después", *Boletín Económico de Andalucía,* nº 25, pp. 261-273.

ONTIVEROS, E. Y VALERO, F. J. (1997), *Sistema financiero español 1987-1997 : una década de transformaciones*, Madrid, Ed. Escuela de Finanzas Aplicadas.

RODERO FRANGANILLO, A. (1974), *Las cajas rurales españolas,* Madrid, Ediciones ICE.

RODRÍGUEZ SÁIZ, L. y otros (2003), *Manual de sistema financiero español*, Barcelona, Ed. Ariel. (16ª edición).

TITOS MARTINEZ, M. (2003a), *El sistema financiero en Andalucía. Tres siglos de historia. 1740-2000*. Sevilla, ed. IEA.

TITOS MARTÍNEZ, M. (2003b), "Las cajas de ahorros en España 1835-1874. Orígenes, organización institucional y evolución financiera", *Papeles de Economía Española,* nº 97, pp. 205-229.

11.6. ANEXOS

CUADRO 1
RECURSOS AJENOS DE LAS INSTITUCIONES FINANCIERAS Y CUOTA DE MERCADO SECTORIAL EN ANDALUCÍA Y EN ESPAÑA
(En millones de ptas. y en %)

Entidades	1978	2003	% sobre total 1978	% sobre total 2003
BANCA PRIVADA				
Andalucía	482.081	3.188.954	61,45	27,55
España	5.220.373	41.650.076	61,96	39,12
Cuota de mercado	9,23	7,66		
CAJAS DE AHORRO				
Andalucía	244.964	6.790.379	31,23	58,66
España	2.882.603	57.559.906	34,21	54,07
Cuota de mercado	8,50	11,8		
CAJAS RURALES				
Andalucía	47.124	1.595.975	6,01	13,79
España	170.289	7.246.443	2,02	6,81
Cuota de mercado	27,67	22,0		
CAJA POSTAL				
Andalucía	10.275		1,31	
España	151.757		1.81	
Cuota de mercado	6,77			
TOTAL				
Andalucía	784.444	11.575.141	100,00	100,00
España	8.425.022	106.456.425	100,00	100,00
Cuota de mercado	9,31	10,9		

Cuota de mercado: porcentaje de Andalucía sobre España.

Fuente: Para 1978: M. Titos (2003a), *El sistema financiero en Andalucía.* Para 2003: Banco de España (2004), *Boletín estadístico.*

CUADRO 2
CRÉDITOS DE LAS INSTITUCIONES FINANCIERAS Y CUOTA DE MERCADO EN ANDALUCÍA Y EN ESPAÑA
(En millones de ptas. y en %)

			% sobre total	
Entidades	1978	2003	1978	2003
BANCA PRIVADA				
Andalucía	346.496	7.128.802	69,48	43,41
España	5.224.627	63.829.496	77,09	48,29
Cuota de mercado	6,63	11,64		
CAJAS DE AHORRO				
Andalucía	122.318	7.989.357	24,52	46,69
España	1.439.682	61.306.086	21,24	46,38
Cuota de mercado	8,50	13,03		
CAJAS RURALES				
Andalucía	29.898	1.693.144	6,00	9,89
España	113.168	7.041.289	1,67	5,33
Cuota de mercado	26,42	24,05		
TOTAL				
Andalucía	498.712	17.111.469	100,00	100,00
España	6.777.657	132.177.038	100,00	100,00
Cuota de mercado	7,36	12,95		

Cuota de mercado: porcentaje de Andalucía sobre España.

Fuente: Para 1978: M. Titos (2003a), *El sistema financiero en Andalucía.* Para 2003: Banco de España (2004), *Boletín estadístico.*

CUADRO 3
OFICINAS DE LAS INSTITUCIONES FINANCIERAS EN ANDALUCÍA Y EN ESPAÑA
(En valores absolutos y en %)

Entidades	1978	2003	% sobre total 1978	% sobre total 2003
BANCA PRIVADA				
Andalucía	1.217	1.671	37,58	28,82
España	11.094	14.074	41,43	35,72
% Andalucía sobre España	10,97	11,87		
CAJAS DE AHORRO				
Andalucía	1.220	3.116	37,68	53,73
España	7.502	20.871	33,12	52,97
% Andalucía sobre España	16,26	14,93		
CAJAS RURALES				
Andalucía	508	882	15,69	17,45
España	2.398	3.847	10,59	11,32
% Andalucía sobre España	21,18	22,93		
OTRAS ENTIDADES (*)				
Andalucía	293		9,05	
España	1.656		7,31	
% Andalucía sobre España	17,69			
TOTAL				
Andalucía	3.238	5.799	100,00	100,00
España	22.650	39.405	100,00	100,00
% Andalucía sobre España	14,30	14,85		

(*) Incluye: Caja Postal, Banco de España y Entidades de Crédito Oficial

Fuente: Para 1978: M. Titos (2003a), *El sistema financiero en Andalucía.* Para 2003: Banco de España (2004), *Boletín estadístico.*

CUADRO 4
EMPLEADOS DE LAS INSTITUCIONES FINANCIERAS EN ANDALUCÍA Y EN ESPAÑA
(En valores absolutos y en %)

			% sobre total	
Entidades	1978	2003	1978	2003
BANCA PRIVADA				
Andalucía	16.447	11.009	71,60	35,79
España	175.774	112.047	78,67	46,64
% Andalucía sobre España	9,36	9,83		
CAJAS DE AHORRO				
Andalucía	6.525	15.702	28,40	51,05
España	47.649	111.105	21,33	46,25
% Andalucía sobre España	13,69	14,13		
CAJAS RURALES				
Andalucía	2.364*	4.047		13,16
España	7.516*	17.058		7,10
% Andalucía sobre España	31,45	23,72		
TOTAL				
Andalucía	22.972	30.758	100,00	100,00
España	223.432	240.210	100,00	100,00
% Andalucía sobre España	10,28	12,80		

(*) Datos correspondientes a 1984

Fuente: Para 1978: M. Titos (2003a), *El sistema financiero en Andalucía.* Para 2003: IEA (2004), *Estadísticas del sistema financiero en Andalucía.*

CUADRO 5
RELACIÓN DE CAJAS DE AHORRO ANDALUZAS EXISTENTES ENTRE 1978 Y 2003. PROCESOS DE FUSIONES Y ABSORCIONES LLEVADAS A CABO

ENTIDADES	FUSIONES Y ENTIDAD RESULTANTE
C.A. y M.P. de Huelva (1949) M.P. y C.A. de Sevilla (1942)	1990: C. A. de Huelva y Sevilla "El Monte"
C.A. Provincial de Granada (1975) M.P. y C.A. de Granada "La General" (1892)	1991: M.P. y C.A. de Granada (*)
M.P. y C.A. de Ronda (1909) C.A. y M.P. de Cádiz (1884) C.A. y M.P. de Almería (1900) C.A. y Préstamos de Antequera (1904) C.A. Provincial de Málaga (1949)	1991: M.P. y C.A. de Ronda, Cádiz, Almería, Málaga y Antequera "Unicaja"
C.A. de Jerez (1863) C.A. de Sevilla "San Fernando" (1930)	1993: C.A. San Fernando Sevilla y Jerez (*)
M.P. y C.A. de Córdoba "Cajasur" (1878) C.A. Provincial de Córdoba (1954)	1995: C.A. y M.P. de Córdoba "Cajasur".
C.A. Provincial de Jaén (1981)	

(*) Fusión por absorción

Fuente: M. Titos (2003a), *El sistema financiero en Andalucía.*

CUADRO 6
RELACIÓN DE CAJAS RURALES ANDALUZAS EXISTENTES ENTRE 1978 Y 2003

ENTIDADES EN 1978 y FECHA DE CREACIÓN		ENTIDADES EN 2003
Caja Rural Provincial de Jaén	1957	
Caja Rural San José, Torredonjimeno (Jaén)	1958	Desaparición en 1989
Caja Rural Ntra. Sra. Del Rosario, Nueva Carteya (Córdoba)	1958	
Caja Rural Ntra. Sra. Madre del Sol, Adamuz (Córdoba)	1959	
Caja Rural Provincial de Málaga	1962	2000 (fusión): Caja Rural de Almería y Málaga
Caja Rural Provincial de Almería	1963	
Caja Rural Ntra. Sra. De Guadalupe, Baena (Córdoba)	1962	
Caja Rural Ntra. Sra. Del Campo, Cañete de las Torres (Córdoba)	1962	
Caja Rural Provincial de Sevilla	1964	2000 (fusión): Caja Rural del Sur (Huelva y Sevilla)
Caja Rural Provincial de Huelva	1967	
Caja Rural Provincial de Córdoba	1964	
Caja Rural de Utrera (Sevilla)	1964	
Caja Rural de La Carlota (Córdoba)	1965	Desaparición en 1991
Caja Rural Provincial de Cádiz	1969	Desaparición en 1986
Caja Rural Provincial de Granada	1970	

Fuente: M. Titos (2003a), *El sistema financiero en Andalucía.*

CUADRO Nº 7
PRINCIPALES MAGNITUDES DE LAS CAJAS DE AHORRO Y DE LAS CAJAS RURALES CON SEDE SOCIAL EN ANDALUCÍA

(En millones de ptas. y en %)

Conceptos	**Cajas de ahorro** 1978	**Cajas de ahorro** 2000	**Cajas rurales** 1978	**Cajas rurales** 2000
Recursos propios				
Andalucía	11.116	336.064	3.627	135.220
España	170.021	3.621.218	12.497	390.990
% Andalucía sobre España	6,54	9,28	29,02	34,58
Recursos ajenos				
Andalucía	254.521	4.586.158	47.124	1.353.813
España	2.882.603	46.919.399	170.289	4.165.183
% Andalucía sobre España	8,83	9,77	27,67	32,50
Inversión crediticia				
Andalucía	122.318	4.120.723	29.898	1.190.755
España	1.439.862	40.234.755	113.168	3.464.585
% Andalucía sobre España	8,50	10,24	26,42	34,37
Inversión en valores				
Andalucía	90.271	450.492	2.960	32.964
España	1.075.056	6.651.864	11.764	141.557
% Andalucía sobre España	8,40	6,77	25,16	27,74
Beneficio antes de impuestos				
Andalucía	1.668	64.452	5.164	18.489
España	27.806	676.682	17.317	53.456
% Andalucía sobre España	6,0	9,52	29,82	28,98

Fuente: Para 1978: M. Titos (2003a), *El sistema financiero en Andalucía.* Para 2000: IEA (2002), *Estadísticas del siglo XX en Andalucía.*

CUADRO 8
BALANCE DE SITUACIÓN DE LAS CAJAS DE AHORRO EN ANDALUCÍA Y EN ESPAÑA
(Datos de 2003 en miles de euros y en %)

	Andalucía		España	
ACTIVO	Importe	%	Importe	%
1. Caja y depósitos en bancos centrales	1.184.665	2,35	10.706.752	1,92
2. Deudas del Estado	2.140.686	4,25	47.324.755	8,50
3. Entidades de crédito	3.937.516	7,81	52.245.644	9,38
4. Créditos sobre clientes	37.914.115	75,22	368.862.622	66,24
5. Obligaciones y otros valores de renta fija	1.450.855	2,88	26.422.458	4,74
6. Acciones y otros títulos de renta variable	876.599	1,74	4.837.934	0,87
7. Participaciones	471.475	0,93	6.906.501	1,24
8. Participaciones en empresas del grupo	437.744	0,87	13.094.662	2,35
9. Activos inmateriales	13.004	0,02	259.281	0,05
10. Activos materiales	1.116.690	2,21	9.820.524	1,76
11. Otros activos	565.861	1,12	10.604.944	1,90
12. Cuentas de periodificación	292.721	0,58	5.727.412	1,03
TOTAL	50.401.933	100,00	556.813.491	100,00
PASIVO				
1. Entidades de crédito	2.692.929	5,34	54.369.591	9,76
2. Débitos a clientes	40.175.121	79,71	398.747.677	71,61
3. Débitos representados por valores negociables	1.224.332	2,43	31.265.296	5,61
4. Otros pasivos	856.505	1,70	11.753.248	2,11
5. Cuentas de periodificación	308.000	0,61	5.736.627	1,03
6. Provisiones para riesgos y cargas	409.916	0,81	3.453.971	0,62
7. Beneficios del ejercicio	368.931	0,73	3.766.491	0,68
8. Pasivos subordinados	1.648.952	3,27	18.557.815	3,33
9. Capital suscrito	5.633	0,01	222.204	0,04
10. Reservas	2.631.014	5,22	28.197.215	5,06
11. Reservas de revalorización	80.419	0,16	743.177	0,13
12. Resultados de ejercicios anteriores	0	–	176	0,00
TOTAL	50.401.933	100,00	556.813.491	100,00

Fuente: ESECA (2004), *Informe económico financiero de Andalucía, año 2003* y elaboración propia.

CUADRO 9

BALANCE DE SITUACIÓN DE LAS CAJAS RURALES EN ANDALUCÍA Y EN ESPAÑA.
(Datos de 2003. En miles de euros y en %)

	Andalucía		España	
ACTIVO	Importe	%	Importe	%
1. Caja y depósitos en bancos centrales	261.926	1,69	930.725	1,69
2. Deudas del Estado	445.844	2,88	1.937.296	3,53
3. Entidades de crédito	1.150.796	7,43	6.031.822	10,99
4. Créditos sobre clientes	12.470.242	80,54	41.400.379	75,43
5. Obligaciones y otros valores de renta fija	300.566	1,94	1.722.869	3,14
6. Acciones y otros títulos de renta variable	83.326	0,54	564.843	1,03
7. Participaciones	58.270	0,38	148.745	0,27
8. Participaciones en empresas del grupo	26.852	0,17	102.484	0,19
9. Activos inmateriales	16.291	0,10	23.227	0,04
10. Activos materiales	389.326	2,51	1.159.864	2,11
11. Aportaciones pendientes de desembolso	154	–	180	–
12 Aportaciones propias	0	–	1	–
13. Otros activos	182.864	1,18	550.204	1,00
14. Cuentas de periodificación	97.396	0,63	316.035	0,58
TOTAL	15.483.856	100,00	54.886.683	100.00
PASIVO				
1. Entidades de crédito	1.029.862	6,65	2.778.812	5,06
2. Débitos a clientes	12.475.251	80,57	45.359.070	82,64
3. Débitos representados por valores negociables	0	–	211.335	0,38
4. Otros pasivos	221.025	1,43	631.939	1,15
5. Cuentas de periodificación	88.900	0,57	340.673	0,62
6. Provisión para riesgos y cargas	140.242	0,91	367.958	0,67
7. Beneficios del ejercicio	118.153	0,74	438.697	0,80
8. Pasivos subordinados	97.764	0,63	168.286	0,31
9. Capital	439.585	2,84	1.265.100	2,30
10. Reservas	862.088	5,57	3.279.315	5,97
11. Reservas de revalorización	10.989	0,07	50.211	0,09
12. Resultados de ejercicios anteriores	0	–	-2.716	–
TOTAL	15.483.856	100,0	54.886.682	100,00

Fuente:ESECA (2004), *Informe económico financiero de Andalucía, año 2003* y elaboración propia.

CUADRO 10

CUENTA DE RESULTADOS DE LAS CAJAS DE AHORRO Y DE LAS CAJAS RURALES EN ANDALUCÍA Y EN ESPAÑA.

(Datos de 2003 en % sobre Activos Totales Medios –ATM–)

	Cajas de ahorro		**Cajas rurales**	
Conceptos	Andalucía	España	Andalucía	España
Margen de intermediación	3,09	2,40	3,63	3,06
Comisiones netas	0,53	0,59	0,63	0,62
Beneficios operaciones financieras	0,12	0,12	0,06	0,07
Margen ordinario	3,74	3,10	4,31	3,76
Gastos generales de administración	-2,02	-1,67	-2,28	-2,01
Gastos de personal	-1,38	-1,15	-1,46	-1,29
Otros gastos -0,65	-0,53	-0,83	-0,72	
Amortización de activos	-0,18	-0,18	-0,27	-0,21
Margen de explotación	1,53	1,25	1,67	1,47
Provisión para insolvencias	0,56	0,37	0,61	0,49
Beneficios antes de impuestos	0,99	0,86	0,98	0,98

Fuente: ESECA (2004), *Informe económico financiero de Andalucía, año 2003* y elaboración propia.

CUADRO 11

PRINCIPALES VARIABLES DE LAS ENTIDADES DE CAPITAL RIESGO ANDALUZAS

Entidad	Año de constitución (1)	Capital disponible (2) (3)	Cartera de participadas (3)	Capital suscrito (2) (3)	Principal inversor
Sevilla 93	1988	250	8	70	Empresas privadas
Inversiones Pro Granada	1989	562	10	340	Empresas financiera
M– Capital	1989	364	7	146	Empresas privadas
Fomento de Iniciativas Cordobesas	1990	826	8	568	Sector público
InverJaén	1993	528	8	109	Sector público
Iniciativas económicas de Almería	1993	634	10	173	Sector público
Sociedad para el Fomento de Inversiones en Huelva	1993	304	7	156	Sector público

(1): Fecha de desembolso de los capitales; (2): en millones de pesetas corrientes; (3): a 31-12-1998
Fuente: J. Martí Pellón, (2002) y elaboración propia.

CUADRO 12

ALGUNOS INDICADORES DE LAS ENTIDADES DE CAPITAL RIESGO EN ANDALUCÍA Y EN ESPAÑA. AÑOS 2002 Y 2003.

Indicadores	2002		2003	
	Valor absoluto	% sobre total	Valor absoluto	% sobre total
Inversiones (millones €)				
C. A. Madrid	210,3	25,0	429,1	35,0
C. A. Cataluña	275,6	32,8	328,3	26,8
C. A. Andalucía	6,5	0,8	95,2	7,8
Total nacional	839,7	100,0	1.224,4	100,0
Número de operaciones (núm.)				
C. A. Madrid	99	24,1	101	21,6
C. A. Cataluña	72	17,5	73	15,6
C. A. Andalucía	26	6,3	36	7,7
Total nacional	411	100,0	467	100,0
Cartera (número de empresas)				
C. A. Madrid	249	20,3	268	20,4
C. A. Cataluña	188	15,4	265	16,3
C. A. Andalucía	81	6,6	82	6,2
Total nacional	1.224	100,0	1.316	100,0

Fuente: ASCRI (2004) *Informe año 2003* y elaboración propia.

CUADRO Nº 13

PRINCIPALES VARIABLES DE LAS SOCIEDADES DE GARANTÍA RECÍPROCA ANDALUZAS

Entidad	Año de constitución	Capital suscrito (1) (2)	Número de socios partícipes (1)	Avales formalizados acumulados (3)	Riesgo vivo (3)
CREDIAVAL	1981	454	3.274	44.491,9	3.693,4
AVALUNIÓN	1982	817	2.693	63.497,1	20.917,2
SURAVAL	1983	676	1.300	33.374,0	11.619,4
Total nacional				1.440.287,0	455.593,2

(1): A 31-12-1998; (2): en millones de pesetas corrientes; (3) A 30-9-2003, en millones de ptas. corrientes.
Fuente: CESGAR (varios años), *Informe anual* y elaboración propia.

XII
El sistema financiero en Andalucía: las cajas de ahorros, sus aspectos de gobierno y la transparencia informativa

Isabel Gómez Rodríguez
José Antonio Arcenegui Rodrigo

En Andalucía, el desarrollo del sector financiero actual viene marcado por la marcada territorialidad de las entidades que en ella tienen su domicilio social, principalmente cajas de ahorros y cooperativas de crédito. La forma en que estas entidades captan el ahorro y lo canalizan hacia la inversión constituye una de las formas más clásicas de desarrollo territorial. Pero más allá de esta función básica, las entidades de crédito proveen de financiación a empresas, particulares y gobiernos, sostiene el sistema de medios de pagos y facilitan el crédito y la liquidez en momentos de crisis financieras. Adicionalmente, estas entidades reinvierten parte de sus excedentes en la sociedad en la que actúan. Por ello, es muy importante la forma en que se ejerza el gobierno de las entidades de crédito para preservar los intereses económicos y sociales regionales. Por tanto, como consecuencia de la aplicación de criterios sanos de buen gobierno, a juicio de los supervisores bancarios, se mejora la transparencia y la mayor seguridad de los mercados financieros para los inversores, así como una mejor gestión y administración de las entidades de crédito. En esta situación, el valor de la transparencia de la información que las entidades envían al mercado cobra una fuerza mayor de cara a los inversores, las instituciones, los ahorradores, los trabajadores y la sociedad. Uno de los aspectos más olvidados de la transparencia informativa está marcado por el valor de los intangibles, cómo se gestionan y cómo se retribuyen.

Palabras clave: *sistema financiero, cajas de ahorro, Andalucía, gobierno, transparencia.*

En la actualidad el sistema financiero mantiene seis entidades de crédito domiciliadas en nuestra región bajo la naturaleza jurídica de cajas de ahorros. Estas instituciones andaluzas presentan características singulares en su gobierno como consecuencia de su evolución histórica y su peculiar objeto social. Estas singularidades marcan igualmente unas necesidades de transparencia informativa que se analizarán en la quinta parte de este capítulo.

12.1. El origen de las cajas de ahorros Andaluzas y su evolución

La primera caja de ahorros española tuvo el privilegio de ser andaluza y fue fundada en 1834 por el Conde de Villacreces en Jerez de la Frontera, tal y como sugiere Titos Martínez (2003a, p. 206 y 2003b). Igualmente, se señala como posible origen de las cajas de ahorros en España al Monte de Piedad de Santa Rita de Casia, creado en Granada en 1740 por el fraile Isidro Antonio Sánchez Jiménez. No obstante, esta institución tomó el nombre de caja de ahorros en 1839 aunque ya en 1772 admitía depósitos voluntarios, pagaba intereses por éstos y los utilizaba para conceder préstamos en el Monte de Piedad. Como indican Pampillón (2003, p.70), Alaminos Mingorance (2003, p. 45) y Titos Martínez (2003a, p. 206), en 1842 se fundaría la caja de ahorros de Sevilla, después Cádiz, etc. Por lo tanto, la primera nota a destacar es la precocidad en la fundación de cajas de ahorros en nuestra región y, como consecuencia de esto, que sirvieran de modelo a otras cajas nacionales en el caso de Jerez y Granada.

Los impulsores de las cajas de ahorros en Andalucía son básicamente los mismos que fundaron estas entidades en el resto de España. Las cajas fueron constituidas como instituciones caritativas o con fines sociales, creadas y promovidas por instituciones de carácter público local, por iniciativas privadas laicas (Sociedades Económicas de Amigos del País) y por instituciones eclesiásticas, tal y como señala Martínez Soto (2003, p. 196). Según Pampillón (2003, p. 69), el nacimiento de las cajas de ahorros españolas tiene su origen en los liberales, exiliados en Francia e Inglaterra en la última etapa del reinado de Fernando VII, regresando muchos de ellos en el reinado de Isabel II (Titos Martínez 2003a, p. 207). De esta forma, Jerez, con sus amplias relaciones comerciales con Inglaterra, es la ciudad en la que surge de forma natural la primera caja de ahorros.

Las instituciones eclesiásticas andaluzas jugaron un importante papel en el proceso fundacional de las cajas de ahorros. En general, la Iglesia adoptó una actitud activa en la promoción de los montes de piedad y las cajas de ahorros, dado que su misión era coincidente en aspectos como la lucha contra la usura, la protección de los desfavorecidos y la acción directa sobre las clases más humildes. Como enumera Titos Martínez (2003a, p. 213-227): el Monte de Piedad de Santa Rita, fundador de la Caja de Ahorros de Granada; el Cabildo Eclesiástico de Sevilla, que cede la primera sede social del Monte de Piedad y Caja de Ahorros de Sevilla y el Cabildo de la Catedral de Córdoba, fundador del Monte de Piedad y Caja de Ahorros de Córdoba entre los pioneros andaluces.

Por su parte, la Caja de Ahorros y Monte de Piedad de Málaga y la Caja de Ahorros y Monte de Piedad de Jaén constituyen ejemplos de la fundación de las cajas de ahorros por la iniciativa privada.

El tercer gran grupo de fundadores de las cajas de ahorros está constituido por los poderes públicos representados, fundamentalmente, por los gobernadores civiles y los ayuntamientos. Éste es el caso del Monte de Piedad y Caja de Ahorros de Cádiz, entre otros.

CUADRO 1

FUNDACIÓN DE LAS PRIMERAS CAJAS DE AHORROS EN ANDALUCÍA

CAJA DE AHORROS	AÑO	ENTIDAD FUNDADORA
Caja de Ahorros de Jerez	¿1834?	Conde de Villacreces
Caja de Ahorros de Granada	1939	Monte de Piedad de Santa Rita (Iglesia)
M.P. y Caja de Ahorros de Sevilla	1842	Gobernador Civil y Sociedad Anónima
M.P. y Caja de Ahorros de Cádiz	1845	Ayuntamiento
Caja de Ahorros y M.P. de Jerez de la Frontera	1863	Ayuntamiento
Caja de Ahorros y M.P. de Málaga	1863	Sociedad Económica Amigos del País
M.P. y Caja de Ahorros de Córdoba	1864	Iglesia
Caja de Ahorros y M.P. de Jaén	1868	Particular

Fuente: elaboración propia a partir de Titos Martínez (2003a), p. 222.

Las cajas de ahorros andaluzas surgen en una sociedad muy deprimida económicamente. Por ello, en Andalucía es muy importante la lucha contra la usura que sufrían las clases medias y bajas, concediendo préstamos a tipos de interés bajos y, complementariamente, favoreciendo el ahorro entre los más humildes, como afirma Palacios Bañuelos (1977, p. 355) y lo demuestra el análisis de sus clientes realizado por Martínez Soto (2003, pp. 180-183).

Desde 1872 hasta 1925 se crearon la mayoría de las cajas existentes en la actualidad. En estos años se avanza en la liberalización de las operaciones financieras de las cajas y se obtienen unos crecimientos y niveles de excedentes desconocidos hasta el momento.

A partir de 1926 el Estado empieza a influir directamente en las inversiones de las cajas de ahorros. Alaminos Mingorance (2003, pp. 103-108) destaca la tutela de la obra social por parte del Ministerio de Trabajo, llegando a determinar el destino del 15% del gasto social en la caja. En esta época prima el carácter social sobre el financiero como lo demuestra que la distribución a reservas estuviese limitada al 50% de los beneficios obtenidos.

El Real Decreto 2290/1977, de 27 de agosto, permite realizar a las cajas las mismas operaciones que las autorizadas para la banca. Como señala García (2001, p. 17), el gobierno pretendía equiparar la organización de las cajas a la de las sociedades anónimas. Por su parte, la crisis económica obliga a incidir sobre la solvencia y el fortalecimiento de los recursos propios mediante unas dotaciones mínimas a reservas del 50% del beneficio. Por último, en 1985, la Ley de Órganos Rectores de las Cajas de Ahorros, LORCA, reconoce la importancia de las cajas en el desarrollo regional y abre un interesante debate legislativo que ha continuado con la publicación en 2002 de la denominada "Ley Financiera" y sus desarrollos posteriores sobre la transparencia y el buen gobierno.

CUADRO 2

FASES DE LA EVOLUCIÓN HISTÓRICA DE LAS CAJAS DE AHORROS EN ESPAÑA

FASE	PERIODO	CARACTERÍSTICAS
Fase mutualista-benéfica	1834-1872	Nacimiento de las primeras cajas, asociadas frecuentemente con los montes de piedad. Instituciones caritativas o con fines sociales, creadas y promovidas por instituciones de carácter público local, privado-filantrópico y eclesiástico. Intentos fracasados del Estado como mecanismo de financiación.
Fase benéfica	1872-1925	Proceso de liberalización económica y fuerte acumulación de excedentes. Se fundan la mayoría de las cajas existentes en la actualidad. Se les reconoce como entes benéficos.
Fase social-financiera	1925-1977	Se regula la obra social y somete a la aprobación del Ministerio de Trabajo. Dirigismo estatal que llega a decidir el 15% del gasto en obras sociales, complementando inversiones públicas de carácter social. Se van desarrollando completamente como entidad financiera.
Fase financiera-social	1977-Actual	La crisis económica impulsa una preocupación por la solvencia y una mayor intervención del regulador que limita al 50% del beneficio, las aportaciones a la obra social. Proceso liberalizador territorial y organizativo, preocupación por aspectos de gobierno LORCA. Auge económico y fase de éxito del modelo.

Fuente: Salas (2003) y elaboración propia.

Las cajas de ahorros andaluzas han seguido la evolución descrita y se han convertido en auténticas instituciones financieras, repartiendo sus excedentes como organizaciones sociales.

12.2. Situación actual de las cajas de ahorros andaluzas

En Andalucía, el desarrollo del sector financiero actual viene marcado por la territorialidad de las entidades que en ella tienen su domicilio social, principalmente las cajas de ahorros y las cooperativas de crédito. La forma en que estas entidades captan el ahorro y lo canalizan hacia la inversión constituye una de las formas más clásicas de desarrollo territorial. Pero más allá de esta función básica, las entidades de crédito proveen de financiación a las empresas, los particulares y los gobiernos, sostienen el sistema de medios de pagos y facilitan el crédito y la liquidez en momentos de crisis financieras. Adicionalmente, estas entidades reinvierten parte de sus excedentes en la sociedad en la que actúan. Por ello, es muy importante la forma en que se ejerce el gobierno de las entidades de crédito para preservar los intereses económicos y sociales regionales.

Cuadro 3

Cuotas de mercado de las cajas de ahorros andaluzas (miles de euros)

	BALANCE	DEPÓSITOS	CRÉDITOS	RECURSOS PROPIOS	RESULTADOS
Cajas Andaluzas	54.568.663	40.992.544	42.655.082	4.787.436	263.753
Cajas Españolas	633.501.614	424.260.076	436.858.810	51.803.128	4.952.798
% andaluz sobre cajas	8,61	9,66	9,76	9,24	5,33

Fuente: Infoanalistas, www.afi.es (25 de enero de 2005), datos públicos consolidados a septiembre de 2004.

Como puede apreciarse, las cajas andaluzas representan en torno al 9% del sector en cuanto al volumen gestionado y algo más del 5% de los resultados nacionales. No obstante, las cajas andaluzas son las segundas por comunidades autónomas en todas sus cifras significativas, sólo superadas por las entidades financieras de la comunidad catalana.

La competencia por la captación de recursos ha obligado a las entidades andaluzas a emitir deuda en mercados organizados, en los que varios supervisores nacionales e internacionales ejercen su función reguladora directa o indirectamente (la Junta de Andalucía, el Banco de España, la Comisión Nacional del Mercado de Valores, el Ministerio de Economía, el Comité de Supervisión Bancaria de Basilea, etc.). Desde el punto de vista del gobierno corporativo y la transparencia en la información financiera, este hecho sitúa a estas entidades en un nivel superior de obligaciones como veremos en la quinta parte de este capítulo.

12.3. El supervisor territorial: la Junta de Andalucía

Desde el punto de vista de buen gobierno es importante el papel que la LORCA ha asignado a las comunidades autónomas en la supervisión de las cajas de ahorros, así como en el desarrollo legislativo y en la ejecución en materia de ordenación del crédito, en el marco de la legislación básica del Estado.

La Junta de Andalucía ejerce las funciones de disciplina, inspección y sanción de las cajas de ahorros en su territorio, y para las actividades realizadas en el mismo. De esta forma, se delimita la competencia de las comunidades autónomas a su ámbito territorial, sustituyendo su supervisión original sobre las cajas de ahorros con domicilio social en cada comunidad y que había perdido su sentido jurídico al producirse la expansión geográfica de las cajas de ahorros a otras comunidades diferentes.

Por lo tanto, las cajas de ahorros andaluzas quedan sometidas a las normas de la Junta de Andalucía, tanto en sus aspectos de organización como en lo relativo a las actividades que realicen en nuestra comunidad. Por lo que se refiere a las actividades desarrolladas por las cajas de ahorros andaluzas en otras comunidades, les será de aplicación la normativa territorial específica en cada comunidad autónoma.

Siguiendo a la LORCA, las materias en las que la Junta de Andalucía puede desarrollar sus competencias regulatorias y supervisoras son las siguientes: la regulación de los órganos de gobierno de las cajas de ahorros;[1] la distribución de excedentes; la apertura, traslados y cierres de oficinas; las emisiones de financiaciones subordinadas destinadas a ampliar los recursos propios de las cajas de ahorros y la transparencia del mercado.[2]

1. Tal y como ha modificado la Ley 44/2002, de 22 de noviembre, de Medidas de Reforma del Sistema Financiero (conocida como *Ley Financiera*) en su disposición adicional segunda: "*a)* Desarrollar el procedimiento para elegir y designar a los miembros de la Asamblea General y el Consejo de Administración, en particular, procedimiento de selección de las Corporaciones Municipales, y proceso electoral de representantes de los impositores. *b)* Normas de procedimiento y condiciones para la renovación, la reelección y provisión de vacantes de los Consejeros generales y Vocales del Consejo de Administración. *c)* Condiciones de convocatoria y funcionamiento de las Asambleas Generales. *d)* Constitución y funcionamiento de la Comisión Ejecutiva como órgano delegado del Consejo de Administración. *e)* Criterios que inspiran la redacción de los Reglamentos del procedimiento regulador del sistema de designaciones de los miembros de los órganos de gobierno de las Cajas de Ahorros".

2. La Consejería de Economía de la Junta de Andalucía establece las normas para la protección de los derechos de la clientela, la información pública a disposición de los clientes, normas sobre los contratos, las liquidaciones a realizar y las acciones publicitarias, sin perjuicio de las normas emitidas por el Banco de España.

La Junta de Andalucía ejerce las funciones de inspección de las cajas de ahorros domiciliadas en la comunidad y de las operaciones del resto de cajas de ahorros realizadas en Andalucía. Adicionalmente, las cajas de ahorros tienen obligación de remitir a la Consejería de Economía cuanta información les sea solicitada sobre su actividad, gestión y situación económica, sin perjuicio de las competencias inspectoras del Banco de España. Igualmente, las cajas de ahorros deben remitir a la Junta de Andalucía sus estados financieros, los informes de auditorías de las cuentas anuales y los resultados de las inspecciones realizados por el Banco de España. Si la Junta de Andalucía constatase la existencia de graves irregularidades administrativas o económicas que puedan poner en peligro la estabilidad, liquidez o solvencia de alguna caja, podrá proponer al consejo de gobierno la intervención y sustitución de sus órganos de gobierno y la dirección de esa caja de ahorros.

La aprobación del presupuesto anual a la obra social de las cajas de ahorros andaluzas y el desarrollo de la regulación sobre la finalidad de las inversiones y el gasto social constituyen unas medidas de máxima importancia para supervisar la acción social de las cajas de ahorros.

La supervisión que desarrolla la Junta de Andalucía se debe coordinar con la realizada por el Banco de España. Adicionalmente, como fomento de esta coordinación necesaria en materia de disciplina e inspección, el Banco de España podrá establecer convenios con las comunidades autónomas para desarrollar inspecciones conjuntas.

En resumen, el principio de territorialidad asigna un activo papel regulatorio y supervisor a la Junta de Andalucía. Igualmente se establece un control autonómico especial a la evolución financiera de las cajas de ahorros y al reparto del presupuesto de la obra social. A continuación revisaremos el buen gobierno de las cajas de ahorros y la aplicación concreta del principio de transparencia informativa.

12.4. El gobierno de las cajas de ahorros

¿Cómo se gobierna una entidad que tiene naturaleza fundacional y empresarial? La caja es una fundación, dado que revierte al conjunto de la sociedad sus beneficios, y es una empresa, ya que actúa con la mayor eficiencia posible para asegurar su subsistencia.

Como consecuencia de lo anterior, en la caja de ahorros convive una misión social con otra mercantil. La misión social consiste en la universalización de los servicios financieros, fomentar la competencia y evitar el abuso de dominio en el sector, redistribuir la riqueza, desarrollar el territorio donde actúa y entregar bienes y servicios a la comunidad. La misión mercantil consiste en crecer y tener la solvencia necesaria para asegurar la supervivencia en el tiempo. La maximización de los beneficios une el crecimiento y la solvencia con las mayores dotaciones a la obra social. Por su parte, los colectivos interesados en las cajas de ahorros son las administraciones públicas, los impositores, la entidad fundadora, los empleados, los directivos y el regulador en representación de los intereses genéricos de la sociedad. Estos colectivos tienen la misión de preservar la supervivencia y el fin social de las cajas de ahorros.

La acción social de las cajas de ahorros a largo plazo tiene su reflejo en el reparto del dividendo social. En los últimos diez años el dividendo social repartido por las cajas de ahorros se ha incrementado en casi un 300%. Por su parte, el análisis cualitativo sobre los conceptos que componen el gasto en la obra social demuestra que los gastos con mayor flexibilidad a la baja, como son los culturales, han doblado su peso frente a los gastos sociales. En este caso, consideramos que cada entidad debe evaluar la realidad social y enfocar sus recursos para que sean más efectivos. Resulta significativa la elevada correlación inversa entre el porcentaje de resultados destinados a la obra social por comunidades autónomas y el grado de desarrollo económico. Esto supone una verdadera toma de conciencia por los administradores de aquellas cajas pertenecientes a zonas más deprimidas, destinando más recursos porcentuales al desarrollo social. En Andalucía el porcentaje de resultados destinados a la obra social oscila en los últimos años en torno al 30%, siempre varios puntos porcentuales por encima de las comunidades más desarrolladas. Se estima, por tanto, que las cajas andaluzas contarán con un presupuesto para la obra social y cultural superior a los 90 millones de euros en el ejercicio 2005.

Entre las principales ventajas que justifican la existencia de las cajas de ahorros se encuentran: la lucha contra la exclusión financiera, el aumento de la competencia con los bancos y con otras cajas a nivel provincial, la existencia de cajas de menor tamaño que facilita la oferta de crédito a las pequeñas y medianas empresas (PYME), la obra social como forma de cubrir necesidades de los ciudadanos, etc.

En el año 2002, la Ley 44/2002, de 22 de noviembre, de Medidas de Reforma del Sistema Financiero ha introducido importantes cambios en relación con el gobierno de las cajas: la cualificación de los miembros de los órganos rectores, la composición de la comisión de control, las nuevas posibilidades de cooperación entre diferentes cajas y las normas sobre fusiones. Por su parte, la Ley de Transparencia exige la presencia de determinadas comisiones delegadas y obliga a realizar un informe sobre gobierno corporativo a aquellas cajas de ahorros con valores emitidos en mercados cotizados.

En nuestra opinión, existen diez “mandamientos” de buen gobierno cuyo cumplimiento es independiente del tipo de empresa o institución del que hablemos y, en cualquier caso, son aplicables en su totalidad a las cajas de ahorros:

1. Establecimiento de objetivos estratégicos y de valores corporativos adecuados.
2. Diseño de líneas claras de responsabilidad para toda la organización y los administradores.
3. Funcionamiento adecuado de los órganos de gobierno.
4. Supervisión adecuada de la alta dirección.
5. Establecimiento de comisiones delegadas del consejo de administración.
6. La política retributiva del consejo y la alta dirección basada en la justicia y la solvencia.
7. El principio de transparencia. El régimen de comunicación de la información relevante y del uso de la información privilegiada.
8. Adecuado tratamiento con los proveedores de servicios profesionales.
9. Establecimiento de un comportamiento ético general en la entidad.
10. Aplicación de un adecuado sistema de control interno.

Y estos diez principios generales se deberían resumir en dos: un comportamiento ético y profesional en todos los niveles de la organización y una adecuada transparencia informativa interna y externa. A continuación profundizaremos en el concepto de la transparencia en la información financiera, su necesidad para el gobierno corporativo y su aplicación a las cajas de ahorros andaluzas. Para finalizar, revisaremos los conceptos que muestran los avances en la información a suministrar a los mercados: los intangibles junto con la acción social y cultural en las cajas andaluzas.

12.5. La transparencia informativa como elemento básico de gobierno en las cajas de ahorros

12.5.1. Definición y recomendaciones sobre la transparencia corporativa

El principio fundamental de la transparencia es definido en el Informe Aldama como la transmisión de información al mercado bajo las siguientes premisas: "Se transmite al mercado toda la información relevante para los inversores. La información que se transmite es correcta y veraz. La información se transmite de forma simétrica y equitativa. La información se transmite en tiempo útil".

Este principio de transparencia está adquiriendo una especial importancia como mecanismo para eliminar las asimetrías informativas entre los agentes intervinientes en las transacciones económicas.

En el contexto específico de las entidades financieras, tanto el Comité de Basilea, como foro de debate sobre la supervisión bancaria cuyo fin es garantizar una supervisión eficaz de las entidades en todo el mundo, a partir de sus documentos los cuales tienen una influencia considerable, como el Banco de España, como órgano supervisor de la actividad financiera española, han emitido recomendaciones y normas que exigen un mayor nivel de transparencia para este conjunto de entidades.

El Comité de Basilea establece la necesidad de las entidades financieras de ofrecer información complementaria, en especial, en materia de riesgos, de composición de sus órganos de gobierno y de las relaciones con partes vinculadas, siendo estos aspectos claves del buen gobierno corporativo.

Por su parte, el Banco de España es el encargado de regular la información obligatoria que las entidades financieras tienen que presentar en sus memorias anuales. En concreto, el 22 de diciembre emitió una nueva circular contable, la 4/2004 sobre las normas de información financiera pública y reservada, y modelos de estados financieros, que persigue adaptar la normativa del sector financiero que opera en España a las Normas Internacionales de Contabilidad, y que endurece las exigencias de información que las entidades tienen que divulgar en sus informes anuales con respecto a la Circular 4/91 a la que viene a derogar.

Por lo tanto, a partir de esta nueva regulación las entidades españolas están obligadas a ofrecer información más detallada y exhaustiva sobre aspectos relevantes de su negocio y de su gestión en sus informes anuales. Pero, en la actualidad, son muchas las entidades, como son las cajas de ahorros andaluzas, que en el marco de la transparencia y con la finalidad de transmitir confianza al mercado, están excediendo estos niveles mínimos obligatorios de información y divulgan información voluntaria, entre la que se encuentra la información sobre intangibles.

Las principales razones que sustentan la decisión de suministrar más información de carácter voluntario por parte de estas entidades son:

1. Necesidad de obtener financiación externa.
2. Posibilidad de influir en la cotización de sus emisiones ya sea elevándola, mediante la divulgación de buenas noticias, o atenuando su reducción al revelar malas noticias en el momento más adecuado.
3. La mejora de su imagen pública al dar a conocer sus políticas laborales, sociales o medioambientales.

La finalidad principal por la que se dispone de información sobre los indicadores que crean el valor real de las cajas de ahorros es ayudar a la toma de decisiones de los distintos colectivos interesados en la misma, así como la mejora en general de la transparencia y del buen gobierno. Una eficaz divulgación de información sobre intangibles contribuiría a romper con la ineficiencia del mercado, tal y como establece García-Ayuso (2002, p. 1), y permite valorar los principales activos de las cajas de ahorros: los intangibles.

Destacamos asimismo la importancia que las instituciones del sector financiero están concediendo a la presentación de información voluntaria no financiera como indicador de la transparencia empresarial. En este contexto, en el año 1999 se constituye el Grupo de Trabajo Multidisciplinar sobre Desglose de la Información, el cual en su informe final (2001) ofrece las siguientes recomendaciones específicas:

- Los intermediarios financieros tienen que desglosar información sobre el nivel de riesgo al que están expuestos, a través de informes periódicos. Las áreas sobre las que es preciso ofrecer información son: el riesgo de mercado, el nivel de exposición al riesgo, el riesgo de liquidez, el riesgo de crédito y los mecanismos de cobertura del riesgo.
- Las instituciones deben analizar la relación coste-beneficio derivada de la presentación de determinados indicadores de riesgo.
- Los directivos de las instituciones tienen que desarrollar métodos para presentar un mayor desglose sobre determinada información cuantitativa ofrecida en los informes periódicos.

En definitiva, la información contable necesita ser ampliada por aquella información relacionada con la gestión de riesgos, la estrategia, los recursos humanos o cualquier otra cuestión no facilitada por los estados financieros. Esta otra información ha sido identificada con los intangibles o capital intelectual, cuyas principales características exponemos a continuación.

12.5.2. La divulgación de información sobre intangibles

Los intangibles son definidos como la posesión de conocimientos, experiencia aplicada, tecnología organizativa, relaciones con clientes y destrezas profesionales que proporcionan a las cajas una ventaja competitiva en el mercado. Este ámbito de las entidades no tiene reflejo en las cifras contables y, por tanto, en la información financiera ofrecida por las mismas.

El capital intelectual es la combinación de los recursos humanos, organizativos y relacionales de las cajas. Aunque existen muchas iniciativas que tienen por finalidad identificar los componentes del capital intelectual y clasificarlos en grupos homogéneos de elementos, la clasificación anterior es la que ha tenido una mayor aceptación. La definición de cada uno de estos bloques en términos de Edvisson y Malone (1997) es la siguiente:

- Capital humano: Está integrado por las capacidades individuales, los conocimientos, las habilidades y la experiencia de los empleados.
- Capital organizacional: Incluye la infraestructura que soporta el capital humano, es decir, los sistemas físicos utilizados para transmitir y almacenar el capital intelectual. Es la capacidad organizativa.

Comprende las rutinas organizativas, los procedimientos, sistemas, culturas, bases de datos, etc. Este bloque de intangibles comprende el denominado capital tecnológico.

- Capital de clientes: Conjunto de recursos ligados a las relaciones externas de la empresa con sus clientes, proveedores de bienes, servicios o capital o con sus socios de I+D. Comprende las relaciones de la caja con los colectivos interesados.

Las entidades emiten información de cada uno de estos bloques, pero dado que la misma no es obligatoria ni está estandarizada resulta difícil de evaluar y comparar. Es por ello, que existen distintas iniciativas que han propuesto modelos de informes sobre capital intelectual junto con una relación de indicadores concretos para cada uno de ellos. A modo de ejemplo detallamos en el cuadro 4 los indicadores propuestos por el proyecto MERITUM (MEasuRing Intangibles To Understand and Improve Innovation Management) (2002).

Sin embargo, estos indicadores son presentados por las entidades bien en sus memorias anuales o en lo que ha venido a denominarse estado de capital intelectual, que es un documento que refleja los distintos componentes a través de sus indicadores. Aunque todavía son reducidas las empresas que lo presentan, la tendencia es creciente. El objeto de un informe de capital intelectual es proporcionar una imagen del esfuerzo corporativo para construir, desarrollar y alinear sus recursos y competencias en relación a los empleados, clientes, tecnologías y procesos. En este sentido, el informe de capital intelectual muestra el desarrollo del futuro valor de las cajas, y por consiguiente, su competitividad en la economía del conocimiento (Danish Agency for Trade and Industry [2000, p.4]).

Algunas entidades han optado por presentar dos informes anuales: el informe financiero anual y el informe de capital intelectual. Éste último constituye un complemento del primero y ofrece información sobre estrategias, acciones y desafíos. En definitiva, es una herramienta para medir los resultados de la gestión del conocimiento. Hasta ahora ninguna caja de ahorros andaluza ha emitido un informe de capital intelectual.

La finalidad de este informe es doble:

- La presentación a terceros de información relevante sobre aspectos estratégicos de la caja.
- La configuración como herramienta necesaria para el desarrollo de la organización.

En la actualidad las entidades financieras están realizando importantes avances en la divulgación de información sobre intangibles; en el siguiente apartado analizaremos el posicionamiento concreto de las cajas de ahorros andaluzas.

CUADRO 4
INDICADORES DE CAPITAL INTELECTUAL

Capital humano	Capital estructural	Capital relacional
1. Información sobre antigüedad	1. Información sobre nuevos productos introducidos	1. Calificación financiera externa
2. Información sobre nivel de formación	2. Información sobre inversión en hardware	2. Información sobre riesgo de crédito
3. Distribución por funciones	3. Información sobre inversión en software	3. Información sobre riesgo de interés
4. Información sobre media de edad	4. Datos sobre el sistema de información	4. Información sobre riesgo de liquidez
5. Información sobre principales directivos	5. Información sobre productos	5. Información sobre riesgo de mercado
6. Información sobre rendimiento de plantilla	6. Información sobre precios	6. Información sobre morosidad
7. Información sobre rotación interna de la plantilla	7. Información sobre mejoras en planta	7. Número de oficinas
8. Distribución / organización de de trabajo	8. Información sobre sistemas de control y gestión	8. Distribución geográfica de las tiempos oficinas
9. Acuerdos para el aumento de flexibilidad	9. Información sobre la estructura organizativa	9. Actividad de las sociedades participadas
10. Rotación externa de la plantilla		10. Ventas segmentadas por tipos de producto
11. Información sobre absentismo / bajas de la plantilla		11. Ventas segmentadas por mercados geográficos
12. Información sobre seguridad / riesgos / salud laboral		12. Información segmentada por áreas de negocio
13. Información sobre el convenio colectivo		13. Ventas segmentadas por área de negocio
14. Información sobre despidos (coste, número, ...)		14. Información distribución de productos por área de negocio
15. Actividades de formación		15. Información sobre nuevos clientes (nº, ingresos, ...)
16. Gastos de formación		16. Nuevos clientes por área de negocio
17. Horas de formación		17. Actividades de marketing y promoción
18. Empleados que acceden a la formación		18. Costes de marketing y promoción
		19. Información sobre fidelización de clientes
		20. Historia y evolución de la empresa
		21. Políticas básicas y objetivos de gestión
		22. Información sobre tendencias
		23. Información sobre la posición competitiva

Fuente: MERITUM (2002).

12.5.3. Las cajas de ahorros andaluzas y la presentación de información sobre intangibles

Las entidades financieras en general están realizando importantes avances en el proceso de divulgación de información sobre intangibles, pero en el caso particular de las cajas de ahorros es interesante analizar su comportamiento en cuanto a la presentación de información voluntaria. Para ello es preciso indicar que la presentación de esta información está relacionada con: 1) el tamaño de la entidad; y, 2) la estructura de la propiedad y del gobierno de las sociedades, por influir en el grado de accesibilidad de determinados inversores a información más detallada.

GRÁFICO 1
DISTRIBUCIÓN POR COMUNIDADES AUTÓNOMAS DEL TOTAL ACTIVO DE LAS CAJAS DE AHORROS

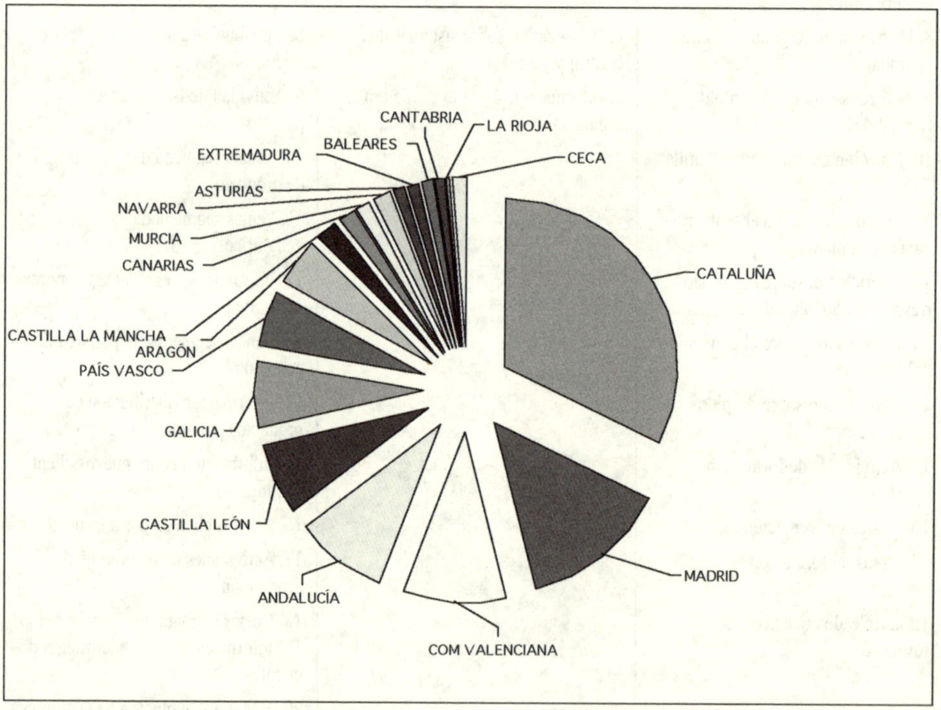

Fuente: Infoanalistas, www.afi.es (25 de enero de 2005), datos públicos individuales a septiembre de 2004.

En cuanto al tamaño, las cajas de ahorros son entidades bien posicionadas dentro del sistema financiero español; de hecho analizando la información a 30 de septiembre de 2004 el importe total del balance de los bancos era de 907 billones de euros y el de las cajas de 630 billones.[3] Es por ello que sus necesidades de información son equiparables a las de los bancos. Si concretamos el análisis en las cajas de ahorros andaluzas, en el gráfico 1 representamos la distribución por comunidades autónomas del total activo de las cajas de ahorros y en el gráfico 2 la misma distribución por comunidades autónomas pero de la variable "crédito". Como se puede observar en los dos gráficos indicados, la posición relativa de las cajas de ahorros andaluzas es la misma en ambas variables.

GRÁFICO 2
DISTRIBUCIÓN POR COMUNIDADES AUTÓNOMAS DEL CRÉDITO TOTAL DE LAS CAJAS DE AHORROS

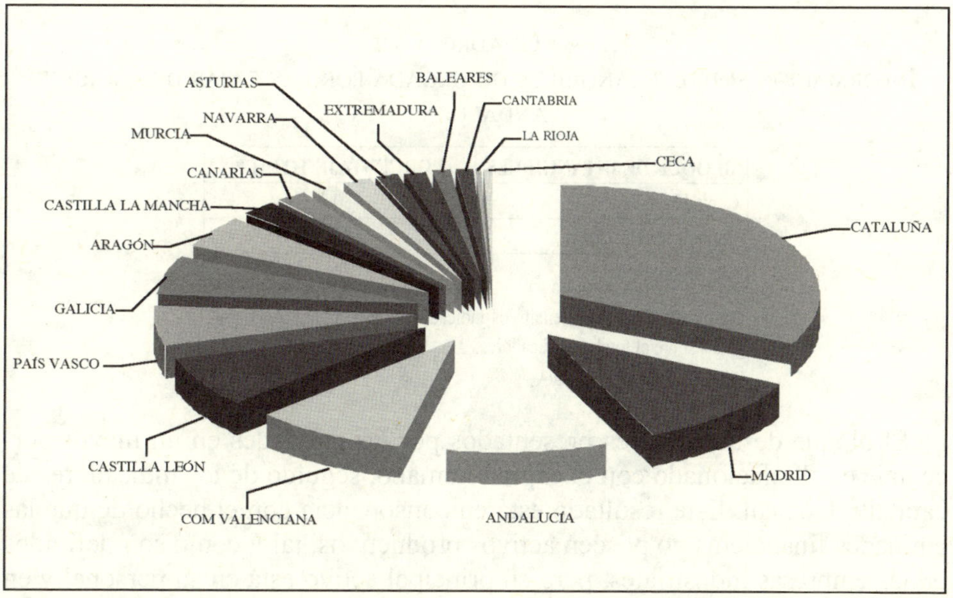

Fuente: Infoanalistas, www.afi.es (25 de enero de 2005), datos públicos individuales a septiembre de 2004.

Como podemos comprobar, las cajas andaluzas ocupan un puesto destacado en cuanto a tamaño, en concreto el tercer puesto, por lo que, en relación con la teoría expuesta anteriormente, estas entidades deberán ofrecer información sobre intangibles en sus informes anuales.

Por lo que respecta a la estructura de propiedad, la naturaleza jurídica de las cajas de ahorros españolas se caracteriza por ser organizaciones sin ánimo de

3. Datos individuales a 30 de septiembre de 2004 obtenidos de www.afi.es (25 de enero de 2005).

lucro que carecen de propietarios explícitos y que no están sujetas a las mismas reglas de las entidades que cotizan en Bolsa. Sin embargo, las necesidades de información y transparencia son igualmente importantes para ellas, dado que realizan emisiones que están sometidas a negociación en diferentes mercados y a que en sus órganos de gobierno participan distintos colectivos de interesados que requieren de información para tomar decisiones.

Por lo tanto, queda justificada la necesidad de que las cajas de ahorros y, en concreto, las cajas andaluzas ofrezcan información sobre sus intangibles. Para evaluar la información presentada hemos utilizado la clasificación de intangibles junto con la relación de indicadores expuesta anteriormente y hemos evaluado la presentación de esta información en los informes anuales del 2003 de las cajas de ahorros andaluzas.

Los resultados obtenidos por bloques son los mostrados en el cuadro 5.

CUADRO 5

INFORMACIÓN SOBRE INTANGIBLES DIVULGADA POR LAS CAJAS DE AHORROS ANDALUZAS

BLOQUE DE INTANGIBLES	PORCENTAJE TOTAL*
Capital humano	50
Capital organizacional	22
Capital relacional	42

* Porcentaje que representan los indicadores sobre intangibles divulgados sobre el total de indicadores.
Fuente: elaboración propia.

El bloque de indicadores presentados por las entidades en un mayor porcentaje es el relacionado con el capital humano, seguido de los indicadores de capital relacional. Este resultado está en consonancia con el hecho de que las entidades financieras no poseen activos productivos, tal y como son definidos en las empresas industriales, pero su principal activo está en su personal y en el colectivo de clientes.

Para ratificar estos resultados vamos a relacionarlos con algunos ratios o datos financieros:

La divulgación de los indicadores de recursos humanos queda justificada si analizamos el porcentaje que representan los gastos de personal de estas entidades sobre el total margen ordinario. En el cuadro 6 detallamos este resultado para las cajas de ahorros andaluzas y comprobamos su elevado peso en la cuenta de resultados, aunque este importe de gastos no representan el auténtico valor de los recursos humanos, el cual puede ser evaluado a través de la información cualitativa ofrecida bajo el formato de indicadores complementarios a la información financiera.

CUADRO 6

PROPORCIÓN DE GASTOS DE PERSONAL SOBRE MARGEN ORDINARIO

Entidades	**Margen ordinario** (miles €)	**Gastos de personal** (miles €)	**% G.Pers/Mar ordinario**
Unicaja	481.123	149.853	31,15
Monte de Huelva y Sevilla	272.900	96.818	35,48
Cajasur	258.629	97.805	37,82
Caja Gral. de Granada	208.173	85.350	41,00
Caja de San Fernando y Jerez	183.923	86.360	46,95
Caja de Jaén	12.692	5.552	43,74
TOTAL	**1.417.440**	**521.738**	**36,81**

Fuente: Infoanalistas, www.afi.es (25 de enero de 2005), datos públicos consolidados a septiembre de 2004.

La divulgación de los indicadores sobre el capital relacional está relacionada con el volumen de créditos y débitos gestionados por las cajas de ahorros andaluzas. En el cuadro 7, hemos representado el porcentaje que representan estos importes sobre la cifra total de activos. Los porcentajes son indicativos de la importancia del capital relacional, aunque las características de los clientes no podrá ser entendida por terceros sino es a partir de los indicadores no financieros anteriormente expuestos.

CUADRO 7

PROPORCIÓN DE DÉBITOS Y CRÉDITOS SOBRE TOTAL ACTIVO

ENTIDADES	**TOTAL ACTIVO** (miles €)	**TOTAL DÉBITOS** (miles €)	**TOTAL CRÉDITOS** (miles €)	**% DÉBITOS/ ACTIVO**	**% CRÉDITOS/ ACTIVO**
Unicaja	18.442.757	14.934.462	13.640.130	80,98	73,96
Cajasur	11.608.826	8.948.369	9.084.189	77,08	78,25
Monte de Huelva y Sevilla	10.221.121	8.571.440	8.386.734	83,86	82,05
Caja Gral. de Granada	8.372.048	6.645.098	6.777.754	79,37	80,96
Caja de San Fernando y Jerez	7.584.007	6.007.386	5.707.750	79,21	75,26
Caja de Jaén	566.057	458.658	424.735	81,03	75,03

Fuente: Infoanalistas, www.afi.es (25 de enero de 2005), datos públicos consolidados a septiembre de 2004.

Adicionalmente a estos resultados, del análisis de la información de las entidades no podemos concluir que exista una relación entre la presentación de información y el tamaño de las entidades. Esto es coincidente con el trabajo de Rodríguez (2002) realizado sobre el total entidades financieras y contrasta con los estudios sobre empresas industriales donde el tamaño ha sido el principal factor relacionado con el nivel de divulgación de información de las empresas.

El mayor número de agentes con intereses en las cajas de ahorros de mayor tamaño no llevaría a revelar más información sobre intangibles, lo que pone de manifiesto que esta información no es relevante para la toma de decisiones.

Finalmente la información estructural es la menos presentada; este resultado está en relación con el hecho de que las cajas de ahorros tienden a no ofrecer información sobre aspectos estratégicos o de gestión para evitar revelar datos que puedan ser utilizados por sus competidores. En consecuencia, se ratifica la percepción de que el área donde las cajas de ahorros son menos transparentes es aquella relativa a identificar cómo se toman las decisiones en las entidades, sobre los objetivos perseguidos por las mismas y su grado de cumplimiento.

12.5.4. Las cajas de ahorros andaluzas y la información social

Junto con los indicadores intangibles analizados anteriormente, en las cajas de ahorros adquiere especial relevancia otro aspecto relacionado con la transparencia y con la información voluntaria divulgada por las entidades, como es la información social. Esta información social supone la comunicación de datos relativos al impacto de la actividad su actividad en la comunidad donde realizan sus actividades. Este capital social ha sido cuestionado en las cajas de ahorros al carecer de accionistas, pero por el contrario, consideramos que adquiere especial relevancia dado el compromiso social anual que estas entidades tienen con toda la sociedad y que se traduce en las acciones altruistas realizadas a través de su obra benéfico social.

El capital social de las cajas de ahorros andaluzas está integrado por un dividendo social, que tiene su efecto en el territorio donde la caja realiza su actividad. Y, por otro lado, por unas relaciones que contribuyen a la imagen de las entidades, a sus beneficios futuros y contribuye a la creación de valor en las organizaciones. Además, las empresas socialmente responsables tienen una mejor reputación, lo cual puede traducirse en una posición más competitiva en el mercado.

En este contexto, si analizamos la información divulgada por las cajas de ahorros andaluzas sobre su capital social podemos concluir que es exhaustiva y comprende una relación de actividades realizadas durante el ejercicio en curso y una justificación de las cantidades invertidas.

12.6. Conclusiones y recapitulación

Las cajas de ahorros andaluzas han representado desde sus orígenes una parte muy importante del mercado financiero español. La peculiar naturaleza dual de las cajas de ahorros, mercantil y fundacional, condiciona notablemente el gobierno de estas organizaciones.

La sociedad se encuentra entre los colectivos de interés de las cajas de ahorros, dado que el dividendo se reparte a través de la obra social y cultural al conjunto de los ciudadanos. Por ello, las cajas están sometidas a una supervisión y regulación especiales. En este sentido, la Junta de Andalucía posee amplias competencias sobre las cajas de ahorros andaluzas hasta el punto de aprobar el presupuesto de la obra social y su posterior cumplimiento, regular sus órganos de gobierno o poder llegar a intervenir una entidad ante situaciones de especial gravedad que así lo justifique.

El buen gobierno en las cajas de ahorros, dada su trascendencia social, pasa por salvaguardar la ética y la justicia. Adicionalmente, en este tipo de organizaciones la transparencia en la información financiera que se ofrece a la sociedad adquiere un papel fundamental en los mercados.

Una muestra de este incremento en la divulgación de información se encuentra en la presentación, por parte de las cajas de ahorros andaluzas, de datos sobre aspectos relacionados con su proceso de creación de valor y, en concreto, con sus intangibles. En este sentido, el estudio realizado para la información sobre intangibles divulgado por las cajas de ahorros andaluzas durante el año 2003 indica cómo estas entidades revelan más datos sobre los intangibles relacionados con su capital humano y relacional.

Estos resultados refuerzan la idea de que las cajas están avanzando en el proceso de comunicación y divulgación de sus datos estratégicos, con la finalidad de reforzar sus prácticas de buen gobierno corporativo.

12.7. Bibliografía

ALAMINOS MINGORANCE, C. (2003), *Historia y evolución jurídica de las Cajas de Ahorros en España.* Granada, Ed. Comares, 179 págs.

ARCENEGUI RODRIGO, J.A. (2005), *La supervisión interna y el buen gobierno corporativo: el caso de las cajas de ahorros.* Córdoba, Ed. Universidad de Córdoba y Servicio de Publicaciones de CajaSur, (en prensa).

BASEL COMMITTEE ON BANKING SUPERVISION (BCBS), COMMITTEE ON THE GLOBAL FINANCIAL SYSTEM OF THE G-10 CENTRAL BANKS (CGFS), THE INTERNATIONAL ASSOCIATION OF INSURANCE SUPERVISORS (IAIS) Y EL INTERNATIONAL ORGANIZATIONS OF SECURITIES COMMISSIONS (IOSCO), (2001), “Multidisciplinary Working Group on Enhanced Disclosure: Final Report”, *Working Paper*.

DANISH AGENCY FOR TRADE AND INDUSTRY (2000), “A Guideline for intellectual capital statements”, *Ministry of Trade and Industry*.

EDVINSSON, L. and MALONE, M.S. (1997), *Intellectual Capital: Realizing Your Company's True Value by Finding its Hidden Brainpower*, New York, HarperBusiness.

GARCÍA, R. (2001), "La retribución de los administradores de las cajas de ahorros", *Revista de Derecho y Sociedad,* nº 17, p. 13-30, Aranzadi.

GARCÍA-AYUSO, M. (2002), "Factors explaining the inefficient valuation of intangibles", *Working Paper*, Departamento de Contabilidad y Economía Financiera. Universidad de Sevilla.

INFOANALISTAS. *Balances individuales de las cajas de ahorros*, información extraída de la página web: www.afi.es (consulta realizada el 25 de enero de 2005).

MARTÍNEZ SOTO, A. (2000), "Las Cajas de Ahorros Españolas en el siglo XX: entre la beneficencia y la integración en el sistema financiero", *Revista de Historia Económica*, Año 18, nº 3, p. 585-628.

MERITUM (2002), *Directrices para la gestión y difusión de información sobre intangibles*, Fundación Airtel Móvil.

PALACIOS BAÑUELOS, L. (1977), *Las cajas de ahorros en la Andalucía del siglo XIX,* Madrid, Confederación Española de Cajas de Ahorros, 365 págs.

PAMPILLÓN, F. (2003), "Los modelos históricos europeos de cajas de ahorros", *Papeles de Economía Española,* nº 97, p. 62-79.

RODRÍGUEZ PÉREZ, G. (2002), "La revelación de información obligatoria y voluntaria (activos intangibles) en las entidades de crédito. Factores determinantes", *Document de treball núm. 2002/7*. Ed. Universidad Autónoma de Barcelona.

SALAS, V. (2003), "El gobierno de las cajas de ahorros", en *Presente y Futuro de las Cajas de Ahorros* (en coord.), Fundación CaixaGalicia y CIEF, pp. 199-277.

TITOS MARTÍNEZ, M. (2003a), "Las cajas de ahorros en España 1835-1874. Orígenes, organización institucional y evolución financiera", *Papeles de Economía Española,* nº 97, p. 205-229.

TITOS MARTÍNEZ, M. (2003b), "Las cajas de ahorros en Andalucía", *Andalucía en la Historia,* año I, nº 3, p. 60-65.

XIII
Las sociedades de garantía recíproca: alternativa de financiación de la empresa

Eduardo J. Villaseca Molina

Este trabajo parte de una hipótesis relativamente simple y recurrente: la financiación es un problema para la pequeña y mediana empresa, española en general y andaluza en particular. De esta que deviene en necesaria, surge una segunda, pero no por ello menos importante: existen, (pueden existir) instrumentos que pueden paliar, siquiera en parte, dicha anomalía. Estas dos hipótesis engloban y resumen tanto el alcance como la perspectiva de este articulo. Existe un amplio consenso sobre la importancia de los problemas de financiación de la pequeña y mediana empresa en Andalucía. Pero se constata menos unanimidad en cuanto a la especificación de instrumentos, existentes o aun no diseñados, que animaren los efectos derivados de la recurrente problemática. En este trabajo se avanza en el sentido de considerar a las Sociedades de Garantías Recíprocas como una vía apropiada para solventar la carencia de garantías que presentan las pequeñas y medianas empresas en el objetivo de obtener financiación para su necesidad de negocio. Se trata el tema no de una manera aislada, sino dentro de un marco específico. Porque, se entiende que cada empresa tiene unas necesidades especificas, condicionadas por unos factores determinantes, como son, dimensión, consolidación empresarial, capacidad de negociación ante las instituciones de crédito, etc.

Palabras clave: *pequeña y mediana empresa (PYME), estructura financiera, Andalucía, empresa, subsidiación, sociedad de garantía recíproca.*

13.1. Introducción

El presente texto gira en torno al importante, incluso trascendental nos atreveríamos a decir, tema de la financiación[1] de la pequeña y mediana empresa (PYME). A lo largo del mismo, y mediante el repaso a aquellos aspectos que condicionan e influyen en la misma, a modo de problemas y/o debilidades, se irán configurando posibles soluciones a aplicar, las cuales nos conducirán a coincidir con la apuesta decisiva, de un nuevo modelo de garantías.

La primera premisa es relativamente simple: la financiación es un problema para la pequeña y mediana empresa. De ésta, que deviene en necesaria, surge una segunda hipótesis, pero no por ello menos importante: existen instrumentos que pueden paliar, siquiera en parte, dicho problema. Uno de dichos instrumentos, tal vez el menos conocido y utilizado, son las Sociedades de Garantía Recíproca.

La consideración de la financiación como algo problemático[2] es algo sobre lo que se intuye no debe caber ninguna duda a ninguno de los agentes económicos que operan en la realidad del día a día empresarial. Digamos que su enunciado se plantea en términos de verdad inequívoca.

Entrado ya el Siglo XXI, hablar de la 'financiación de la empresa' (sea ésta problemática o no) es hablar de un nuevo axioma de tipo formal. Estamos, no lo dudemos, ante el que podemos calificar como nuevo paradigma[3] económico, al menos en el ámbito de la microeconomía y la ciencia financiera. No hay autor, no hay congreso, no hay publicación, que no traten, que no hablen, que no dediquen tiempo y esfuerzo al incontrovertido tema de la financiación de las empresas, o mejor, de eso que se denomina PYME en afortunado y feliz acrónimo.

Una vez identificado el problema, el siguiente paso es identificar la existencia de posibles soluciones. De los muchos estudios realizados sobre el tema, puede verificarse como cuantitativa y cualitativamente, parecen ser las Sociedades de Garantía Recíproca (SGR) las hermanas pobres de toda la panoplia de instrumentos y soluciones aportadas, tanto por los teóricos como por los agentes con capacidad de decisión sobre la materia. Se ha escrito y hablado hasta la saciedad de subvenciones, subsidiaciones, préstamos y créditos blandos (a corto, medio o largo plazo), créditos participativos, segundo

1. A todos los efectos, por tal ha de entenderse *"la aportación de los recursos económicos necesarios para la creación (y desarrollo) de una empresa, de un proyecto o el buen fin de una operación comercial. Puede ser interna –con fondos propios– o externa –créditos bancarios, de proveedores,etc.–".* Tamames y Santiago Gallego (1995), p. 288.

2. La financiación, en general, y la de las *PYME*, en particular, queda configurada como el principal problema a afrontar y resolver. No obstante, en ningún caso se minusvalora la existencia de una amplia gama de problemas complementarios (competitividad, dimensión, internalización, etc.).

3. T. Khun (1975). Por paradigma ha de entenderse el conjunto de creencias, valores y técnicas, expresivas de una red consistente de teorías, que son compartidas por la comunidad científica en un momento dado o por cierto período de tiempo.

mercado de valores, rebajas fiscales, capital riesgo (y sus variantes de sociedades y fondos), agencias de desarrollo regional (y sus equivalentes), unidades territoriales de empleo (y similares), etc. Por el contrario, la literatura especializada aborda menos las SGR y el problema de las garantías.

13.2. Definición de pequeña y mediana empresa

A pesar de ser unas siglas recurrentes y de uso general, su concreción bajo unos parámetros que delimiten su concepto no ha sido, tradicionalmente, tarea fácil. "*Si ha existido un término rodeado de equívocos y falta de claridad, éste es el conocido como PYME*".[4] Tal inconcreción llevaba a no saberse exactamente de qué se hablaba cuando se mencionaba el conocido término. Esta indeterminación conducía a la confusión estadística, siendo bastante frecuente que los mismos datos tuvieran un reflejo diferente según el distinto medio que los recogiera. Hasta tal punto se llegaba, que la misma Comisión Europea no tuvo por menos que reconocerlo expresamente.[5] No sólo ésta. Algunos organismos expertos en la materia[6] no dudaban en hablar de *"concepto de difícil definición"*, y daban una explicación harto dudosa de tal hecho: *"la dispersión en las definiciones es un hecho significativo [...] que revela que las PYME no pueden ni deben considerarse un sector homogéneo de la economía"*. El mismo Parlamento Europeo allá por 1977[7] ya reconocía abiertamente que sea cual fuere el criterio de definición, *"es siempre más o menos arbitrario"*.

Podemos afirmar que la definición de PYME ha quedado actualizada y aclarada. Así, la Unión Europea[8] parece volver al que podemos denominar espíritu de 1992, quedando establecida literalmente del siguiente modo la nueva definición:

1. Se entenderá por pequeñas y medianas empresas (PYME) las empresas:
a.– Que empleen a menos de 250 personas,
b.– Cuyo volumen de negocio anual no exceda de 40 millones de ecus o cuyo balance general anual no exceda de 27 millones de ecus,
c.– Y que cumplan el criterio de independencia (se considerarán independientes las empresas en las que el 25% o más de su capital o de sus derechos de voto no pertenezca a otra empresa, o conjuntamente a varias empresas que no respondan a la definición de PYME o de pequeña empresa, según el caso).

4. E. Villaseca Molina (1994), pp. 205-226.

5. Véanse las *"Directrices comunitarias sobre ayudas estatales a las pequeñas y medianas empresas"*, de 20 de mayo de 1992.

6. Instituto de Estudios Económicos (1983), pp. XII-XIV.

7. Parlamento Europeo (1977), *Informe sobre los problemas de las Pequeñas y Medianas Empresas en la Comunidad,* Doc. 4518/77.

8. Recomendación de la Comisión de 3 de abril de 1996 sobre la definición de pequeñas y medianas empresas (96/280/CE), publicada en el DOCE nº L 107/4 de 30/04/1996.

La comentada definición de la UE (igual que en 1992) hace una distinción 'cuando sea necesario diferenciar' entre las empresas pequeñas y las medianas. Así, se entenderá por *'pequeña empresa'* la que:

a.– Emplee a menos de 50 personas,
b.– Cuyo volumen de negocio anual no exceda de 7 millones de ecus o cuyo balance general anual no exceda de 5 millones de ecus,
c.– Cumpla el criterio de independencia apuntado.

Todo parece indicar que la anterior definición[9] es la que más fortuna ha encontrado de las manejadas en los últimos años, previéndose que sea la que más se utilice en un futuro[10] por parte de todos y cada uno de los organismos e instituciones con competencias en la materia.

De ser así, esto puede ser un primer paso para la plena instauración de la 'normalidad' estadística, y para que sea más factible analizar datos y prever tendencias que, en último término, redundarán en un mejor conocimiento del colectivo tratado.

Conseguido ya el objetivo marcado, que no es otro que la delimitación del sujeto PYME, y no obstante las limitaciones comentadas, no nos resistimos a dejar plasmadas aquí algunas reflexiones sobre el conjunto denominado PYME.

- La configuración del tejido empresarial español es plenamente similar y, por tanto, homologable (ventajas y defectos) al europeo. Ésta es la premisa fundamental del análisis manejado.
- Si debieran destacarse algunos parámetros de singularidad, tal vez, las españolas sean más débiles, en su conjunto, desde el punto de vista de su internacionalización que sus compañeras europeas.
- Los principales problemas de las PYME españolas son, según los estudios manejados,[11] de tres tipos: financiación (el eterno y recurrente problema: sobre todo, el que se refiere a la financiación a largo plazo), tecnología (les es difícil mantener los niveles de modernización que requiere el mercado) y tamaño (es demasiado reducido, lo que les impide competir y colocar sus productos en los mercados internacionales).
- Respecto a ventajas en cuanto a la empresa europea, deberíamos hablar de su flexibilidad y su capacidad para asumir y adaptarse a los cambios.
- La PYME española es principalmente (por tamaño, gestión, ingresos, etc.) familiar, pero resiste mal el cambio generacional.

---

9. A partir de la entrada en vigor del euro, a todos los efectos, donde dice ecu hemos de entender euro.

10. No obstante, ya se oyen voces 'oficiosas' que parecen aventurar un nuevo cambio al respecto. Habrá que estar de nuevo vigilantes.

11. Entre ellos, IMPI (1994), pp. 5-11.

13.3. La pequeña y mediana empresa de Andalucía

A la luz de lo anterior, procede detenernos en el caso específico andaluz. Son muchos los estudios que, sobre la empresa en Andalucía, se han realizado en los últimos tiempos.[12] Cada uno bajo una perspectiva de dicha realidad, todos parecen coincidir en lo fundamental.

El primer aspecto que parece resaltar de los estudios existentes al respecto[13] es que es evidente que la empresa andaluza participa de unas características similares a las del conjunto estatal, en términos tanto de dimensión como de estructura y de situación financiera y económica.

No obstante esta caracterización, sí es posible identificar algunas peculiaridades o elementos diferenciales de la empresa andaluza. En general, las mismas no son sino que algunas deficiencias se ven agravadas y ampliadas en el caso concreto del tejido empresarial andaluz.

Fuera del ámbito dimensional, y de acuerdo con el Instituto de Fomento de Andalucía, [14] puede establecerse el siguiente análisis de la PYME andaluza desde un punto de vista económico-financiero:

- La empresa andaluza en comparación con la nacional muestra puntos fuertes desde el punto de vista de la actividad, con mayores tasas de crecimiento de las ventas y beneficios en el período 1998-2000.
- Por el contrario, los indicadores de gestión económica ponen de manifiesto que en este aspecto la empresa andaluza presenta debilidades relativas frente a la nacional, como una menor rentabilidad económica y márgenes de explotación más reducidos.
- Respecto a la gestión financiera, la situación está más equilibrada con puntos de fortaleza relativa como la liquidez o el período medio de cobros. En cuanto a puntos débiles tenemos la rentabilidad financiera o el coeficiente de endeudamiento.
- La empresa andaluza presenta unos niveles de solvencia similares a la media nacional. Respecto a la productividad no se aprecia relación entre ésta y el tamaño empresarial, estando más influenciada esta variable por la actividad desarrollada, siendo mayor en el sector tecnológico.

---

12. Tal vez, el más exhaustivo fuera el realizado en 1995 por el Instituto de Fomento de Andalucía y la editorial Civitas, SA, denominado *La Empresa en Andalucía,* 566 págs.

13. F. Villalba Cabello (1995), ESECA (Varios Años), Instituto de Fomento de Andalucía (1995), Central de Balances de Andalucía (2001), entre otros.

14. Instituto de Fomento de Andalucía (Central de Balances de Andalucía, 2000).

13.4. Aproximación a la problemática financiera de la empresa andaluza

Con carácter general, la situación financiera de la PYME andaluza presenta rasgos diferenciales de índole negativa. Se evidencia una mayor descapitalización que se pone de manifiesto en un menor peso relativo de los recursos propios. A esto hay que añadir el elevado peso que todavía tiene el endeudamiento en los balances de la PYME regional. Aun cuando la empresa andaluza recurre tanto como la nacional a una financiación tanto a corto como a largo plazo, en Andalucía parece mostrarse una tendencia *cortoplacista*, y que podemos significar como la obsesión por el corto plazo en perjuicio de lo estructural o de más largo alcance. Los gastos financieros sobre el valor de la producción de la PYME andaluza son también mayores que los de la empresa nacional.

Puede afirmarse[15] que el principal problema de la PYME, sea ésta europea, española o andaluza, es la financiación.

De los estudios manejados puede extrapolarse que el principal punto débil de la financiación de la PYME andaluza se enmarca dentro de su difícil y costoso acceso a los mercados financieros. Una de las razones que ayudan a explicar esto hemos de encontrarla en la demostrada falta de garantías de la PYME de Andalucía.

Los análisis y estudios manejados[16] coinciden en la debilidad de la estructura financiera de la PYME española y andaluza. Todos inciden en el diagnóstico de sus principales dificultades y problemas:

- Rigidez del mercado español para incorporar recursos de largo plazo a la PYME.[17] Mientras que la gran empresa cuenta con mayores posibilidades de captar capitales, la pequeña empresa cuenta exclusivamente con sus recursos propios y con la financiación ajena a corto o medio plazo para financiar su expansión.
- Difícil acceso de las PYME a instrumentos de financiación alternativos a la financiación bancaria, como la emisión de empréstitos o pagarés, de coste inferior a los créditos bancarios.
- Mayores costes financieros[18] y menores períodos de amortización (en término medio) para las operaciones financieras de las PYME. La difi-

15. Ésta, como ha quedado dicho, es nuestra hipótesis de partida. Algunos datos, como estamos viendo, vienen a avalar este argumento. Uno más a este respecto: según estudios de Ernst&Young y el IMPI, el 86 % de las *PYME* españolas considera la financiación un problema.

16. Por su importancia, nos centraremos en los realizados por el IMPI (1993 y siguientes), la Central de Balances del Banco de España (1991 y siguientes) y el INE (1998).

17. Esto se refleja en el cociente recursos ajenos/recursos propios, que es en la *PYME* treinta puntos porcentuales inferior al obtenido en la empresa de más de 500 trabajadores.

18. Con carácter general, las pequeñas empresas hacen frente a tipos superiores a los de la gran empresa, e inversamente proporcionales a su tamaño. La diferencia entre el tipo base y el aplicado a

cultad de evaluar la viabilidad de los planes de inversión de la PYME se sustituye por la exigencia de garantía real o personal y/o primas de riesgo adicionales.

- Exceso de regulaciones administrativas y de trabas burocráticas, herencia de economías más intervencionistas que dificultan en gran medida la creación de nuevas empresas y el desarrollo de las ya existentes.
- Su menor vida media también produce efectos sobre su financiación: por un lado, aumenta el riesgo de la inversión crediticia y por otro condiciona el plazo de los instrumentos financieros utilizados. Estos dos hechos elevan el coste de los créditos al aumentar la prima de riesgo aplicado por los agentes del sistema crediticio en las operaciones de financiación de la PYME.
- Excesiva dependencia de la financiación sin coste, bien en forma de ayudas directas o en subvenciones de tipos aplicados por las políticas de incentivos a la PYME, prefiriendo las PYME este tipo de financiación, en lugar de la bancaria.

De las constataciones efectuadas, debe deducirse que, en España y Andalucía, *"los desajustes entre rentabilidad económica de la inversión y el coste del capital quedan multiplicados, en el caso de la PYME, por una serie de obstáculos particulares que limitan su acceso a las fuentes de financiación. Estos obstáculos responden, en primer término, a la dificultad de proveer garantías aceptadas por el sistema bancario y, en segundo, a una capacidad de negociación menor en materia de condiciones del crédito bancario".*

La empresa andaluza presenta una estructura económico-financiera muy similar a la observada en la empresa española, según los datos de la Central de Balances del Banco de España.

Debido a esta identificación entre la empresa española y la andaluza, lo dicho para la primera puede perfectamente extrapolarse a la segunda. Por tanto, entendemos que no es éste un punto al que haya que dedicarle una especial atención, visto, sobre todo, que las conclusiones a obtener pueden predicarse para ambos colectivos. No obstante, sí cabe hacer ciertas matizaciones en este contexto:[19]

- Fruto del mencionado marco, y permítasenos el neologismo, *cortoplacista* en que parecen moverse, las empresas andaluzas presentan una situación financiera a corto plazo mejor que las españolas. El fondo de maniobra y los ratios de liquidez y tesorería así lo manifiestan.

las *PYME* puede llegar hasta el 1,5 % en los países de baja inflación y hasta el 5 % en los de inflación alta (datos del Informe Final de la Mesa Redonda de Altas Personalidades del Sector Bancario, celebrada en Bruselas en 1994. Sin publicar).

19. Todas las reflexiones aportadas se basan en los datos de la Central de Balances del Banco de España (1991 y siguientes), IMPI (1994) e Instituto de Fomento de Andalucía (1995 y siguientes).

- Lo anterior se contrapesa con una peor posición respecto a los períodos medios de cobros, pagos y existencias, que se traduce, lógicamente en un período medio de maduración financiera más reducido en las empresas españolas. Este hecho no se correlaciona directamente con la localización geográfica de la empresa, sino más bien con el tamaño.
- Las empresas andaluzas generan menor valor añadido que las españolas. La orientación productiva del tejido empresarial de la región bien pudiera explicar esta consecuencia.
- Las empresas de Andalucía soportan gastos financieros más elevados que la media española. Esto no viene determinado por la situación geográfica de las compañías, sino por la variable dimensión y su orientación sectorial.
- Al ser, por término medio, la empresa andaluza de menor tamaño que la española, se agudiza la posición de desventaja comparativa en materia de coste de créditos y exigencias de garantías.[20]

Se puede afirmar con carácter general que *"es posible señalar la similitud económico-financiera entre las empresas andaluzas y las españolas"*.[21]

Para finalizar el análisis diferencial de la problemática financiera de la PYME andaluza, analizaremos la misma desde la óptica de un resumen de ratios significativos. El cuadro 1 recoge información de la rentabilidad económica y financiera y de otras magnitudes asociadas.

CUADRO 1
RENTABILIDAD ECONÓMICA Y FINANCIERA DE LA EMPRESA ANDALUZA
(PERÍODO 1998 Y 2001, EN RATIOS)

CONCEPTO	1998	2001
Rentabilidad económica	6,15	4,95
Margen de la actividad	5,44	4,37
Rentabilidad del cash-flow	6,80	5,17
Rentabilidad financiera antes impuestos	12,80	11,33
Rentabilidad financiera después impuestos	8,29	6,90
Coeficiente de endeudamiento	1,58	2,17

Fuente: Instituto de Fomento de Andalucía (Central de Balances de Andalucía 2000 y 2003) y elaboración propia.

Se observa que la rentabilidad financiera de la empresa andaluza supera a la rentabilidad económica. No obstante, lo que más llama la atención es el por-

20. Existen otros estudios que demuestran empíricamente la relación inversa existente entre nivel de riesgo y dimensión empresarial. Destacamos aquí C. Ocaña (1993).

21. Instituto de Fomento de Andalucía (1995), pp. 91-216.

centaje del coeficiente de endeudamiento, variable que viene a demostrar que, para la empresa andaluza, la financiación es un problema importante fruto, entre otras, de las escasas, por no decir nulas, posibilidades de negociación con el interlocutor financiero.

Como vemos, parece ya ir apuntándose que, aunque todos los problemas mencionados repercuten de manera directa en los costes que debe de soportar la PYME andaluza y, por tanto, en su competitividad dentro del sistema económico, el que mayor limitación representa para obtener un acceso adecuado a la financiación (esto es, el que sustenta su consideración de problemática) es el de disponer de interlocución válida y capacidad de maniobra y negociación desde el punto de vista financiero, resultado, entre otros, y a nuestro juicio, de la escasez de garantías acordes con la financiación requerida. Una PYME, requiere un flujo financiero suficiente para desarrollar su actividad, pero la disponibilidad de recursos para hacer frente a una posible eventualidad en la devolución de la financiación supone para la pequeña empresa una clara restricción en su desarrollo. Por ello, podemos inducir que la aparición de determinados sistemas que amortigüen, en cierto modo, esta dificultad a la hora de obtener financiación representarían para la PYME un elemento incentivador de su actividad. Es aquí donde aparece y tiene su máxima aportación la Sociedad de Garantía Recíproca (SGR), cuyo fin último es paliar la falta de garantías propia de la PYME.

Para insistir en esta idea, Juan Antonio Franco Olivan,[22] ha llegado a afirmar que el verdadero problema para las empresas que quieren acceder al crédito bancario radica en las garantías que tienen que aportar, respondiendo a las exigencias bancarias que, naturalmente, quieren asegurarse del buen fin del dinero que prestan. Pero las garantías que puede ofrecer una pequeña empresa no son, generalmente, suficientes para conseguir una buena disposición de la entidad crediticia. Por ello, las SGR constituyen una manifestación concreta que pretende ofrecer un cauce jurídico idóneo para facilitar el acceso al crédito bancario de las pequeñas y medianas empresas.

Éstas tienen dos misiones principales: evitar la carencia o insuficiencia de garantías para afrontar los requisitos de seguridad exigidos por las entidades financieras, y lograr condiciones de interés y plazo más asequibles para la empresa solicitante.[23]

Para validar lo que se viene afirmando, tampoco nos resistimos a recabar las opiniones de los expertos, las cuales también parecen unánimes: para José Mª Iváñez,[24] entre los problemas de las PYME, el de la financiación por su difi-

22. J. A. Franco Olivan (1994), p. 66.
23. P. Pombo González y A. Herrero Calvo (2001), p. 661.
24. J. M. Iváñez Gimeno (1992), *Economía Industrial*, núm. noviembre/diciembre.

cultad de acceso a los mercados financieros es uno de los más importantes y el que más incide en su capacidad de crecimiento. Para Manuel Sesto Pedreira,[25] el mayor problema de las PYME es el acceso a una financiación a largo plazo, por las dificultades de acceso al mercado de capitales mediante la emisión de acciones u obligaciones. La propia dimensión de una PYME hace que no pueda tener acceso a una financiación fuera del mercado crediticio, lo que supone para éstas un mayor coste. A corto plazo, la financiación es más accesible debido a los menores importes a financiar y a la mayor rotación del activo, en contraposición con la financiación a largo que requiere importes mayores a financiar debido a los mayores costes de la inversión. Así mismo, la escasa dimensión de las PYME les impide presentar un estudio financiero y un balance presupuestado demostrativo de la viabilidad de un determinado proyecto para el que se solicitan los recursos.

La PYME cuenta con un capital social escaso que limita su capacidad financiera y sus márgenes de maniobra. Esta limitación, en términos relativos con la gran empresa, se manifiesta por una insuficiencia de garantías ante las entidades de crédito, una dificultad para acceder al mercado de capitales, un mayor distanciamiento de los centros de decisión financieros y una acusada carencia de información y asesoramiento en esta materia.

De la misma opinión que las anteriores es la recogida en el Informe Final de la Mesa Redonda de Altas Personalidades del Sector Bancario, celebrada en Bruselas en 1994 a iniciativa del ex Comisario Europeo con competencias en la PYME Sr. Vani d´Archirafi. Así, la misma arguye que *"la cuestión de las relaciones entre las instituciones financieras y las PYME entra en la problemática más general del acceso de las PYME a la financiación. En efecto, las PYME padecen obstáculos financieros de orden estructural que limitan las creaciones de nuevas empresas y hacen más difícil el desarrollo de las existentes. Entre los problemas detectados se encuentran los mayores costes del crédito bancario en relación a las grandes empresas; en las garantías solicitadas; en las insuficientes fuentes de financiación a largo plazo; y en la reticencia creciente de los bancos a financiar proyectos de pequeña envergadura".*[26]

Parece demostrado por todo lo anterior, y una vez recogidos tanto análisis como opiniones acerca de los problemas de financiación de la PYME europea y española, que los mismos juegan un papel fundamental. Parece existir un amplio consenso sobre la amplitud e importancia de los problemas de financiación en la PYME, aunque existe menos unanimidad en cuanto a las medidas e instrumentos que deben diseñarse para paliar dichos problemas.

25. M. A. Sesto Pedreira (1994), *Papeles de Economía Española. Perspectivas del Sistema Financiero*, nº 47.

26. Informe Final de la Mesa Redonda de Altas Personalidades del Sector Bancario de 1994 (sin publicar), 20 págs.

Dentro de esas medidas e instrumentos a diseñar (o, sencillamente, a implementar y desarrollar si ya están diseñados y testados) nos encontraríamos con las SGR y el problema de las garantías, problema que, ya ha ido vislumbrándose, surge como uno de los principales a afrontar por la pequeña y mediana empresa.[27] Por eso, el mismo no debe tratarse como un tema aislado, y cualquier tentativa de análisis ha de ser dentro de un marco específico, ya que cada organización tiene sus necesidades particulares. En términos generales, las necesidades difieren según el tamaño de la empresa y su grado de desarrollo. Éstos son también los parámetros fundamentales en los que se enmarcan las relaciones (casi siempre difíciles) entre las entidades financieras y las PYME.

Las relaciones PYME-entidades financieras pueden caracterizarse, precisamente, por:[28]

- Asimetría en sus relaciones de información.
- Incapacidad de la PYME para acceder directamente a los mercados financieros, por su reducida esperanza de vida media, su opacidad informativa y su aversión al control externo.

El resultado de lo anterior es una excesiva dependencia del crédito bancario a corto, los créditos de provisión y los recursos propios, fuentes financieras que elevan el coste del capital hasta niveles difíciles de alcanzar por la PYME con rentabilidad de su capital económico.

Esto, incluso en coyunturas como las actuales de tipos de interés relativamente bajos, ya que la no consideración (con carácter general) de la PYME como *cliente preferencial* del sistema bancario la penaliza en su acceso a la financiación.[29]

13.5. Las sociedades de garantía recíproca: instrumento financiero para la pequeña y mediana empresa

En los apartados anteriores, se ha esbozado un primer acercamiento a lo que podemos denominar 'realidad de la garantía', a través de una aproximación a la PYME y a su problemática financiera. Lo primero ha pasado por acotar el complejo término de PYME y, una vez conseguido, adentrarnos en la singula-

27. Según un estudio de la Comisión Europea (Comunicación de la Comisión sobre los problemas financieros de las pequeñas y medianas empresas. COM (93) 528. Bruselas 10 de Noviembre de 1993), una de las principales dificultades de financiación con las que cuenta la PYME es el coste de los préstamos bancarios y su disponibilidad, junto con el problema de las garantías apropiadas.

28. M. Martín Rodríguez (1995), pp. 235-240.

29. Reiteramos lo expuesto con anterioridad. Según el Informe Final de la Mesa Redonda de Altas Personalidades del Sector Bancario, celebrada en Bruselas en 1994 (sin publicar), p. 3: *"la diferencia entre el tipo de base y el aplicado a las PYME puede llegar hasta el 1,5 % en los países de baja inflación y hasta el 5 % en los de inflación alta".*

ridad e importancia del mismo. Mediante la revisión realizada, se han analizado determinadas variables que nos han mostrado una tendencia consolidada a este respecto. Una de las mismas es la que la relación 'sistema financiero / PYME' se configura como causa, más que consecuencia, necesaria de la dificultad del acceso a la financiación por parte de la pequeña y mediana empresa, sea cual sea el ámbito geográfico de la misma.[30] Como posibles soluciones a esta manifiesta problemática se ha apuntado la existencia de determinados instrumentos, dentro de los cuales el de la garantía parece contar con singularidad específica.

La tendencia analizada a una elevada financiación a corto plazo,[31] se configura como problema de la empresa respecto al sistema financiero en su conjunto, lo cual, y entre otras, absorbe las escasas garantías de las que gozan las pequeñas y medianas empresas. Vemos, por tanto, cómo la 'falta de garantías' se identifica recurrentemente como uno de los problemas financieros más acuciantes de la PYME.[32] Hoy, la falta o insuficiencia de garantías es el más importante problema de las pequeñas y medianas empresas para solucionar sus dificultades de financiación. Cuando éstas afrontan una petición de financiación, siempre se encuentran con el problema de la demanda de las garantías. Si no se cuentan con las mismas, no podrá desarrollarse el proyecto económico previsto, por más viable que sea el mismo.[33] La preocupación por el acceso a las fuentes de financiación empresarial sigue estando presente entre los empresarios y, por tanto, entre los responsables de la Administración Pública implicados en las políticas de fomento y desarrollo empresarial. Durante todo el siglo XX, en algunos ámbitos internacionales, y especialmente desde sus últimos treinta años, ya se había generado a nivel mundial dicha preocupación. Los sistemas de garantías se han revelado como un mecanismo esencial para facilitar el acceso a la financiación de la micro, pequeña y mediana empresa.[34]

---

30. Aparte todo lo indicado a este respecto, véase la Recomendación 189/1998 de la OIT, que en su apartado 6/2a ofrece una lista exhaustiva de los principales problemas para el desarrollo y crecimiento de las *PYME*. En primer lugar de dicha lista figuran 'las dificultades de acceso al crédito y al mercado de capitales'.

31. A modo de ejemplo: en el marco de la empresa andaluza, y en el período 1994-1998, *"la financiación ajena se ha trasladado del largo al corto plazo, representando ésta el 41,5 % de los recursos de la empresa en 1998, frente al 14,2 % de los recursos ajenos a largo plazo"*. Análisis Económico-Financiero de la Empresa Andaluza (2000), p. 42.

32. P. Pombo González (1994): *"Como resumen y conclusión, el punto débil de la situación financiera de las empresas artesanales y PYME es debido a un bajo coeficiente de endeudamiento y costo elevado para el acceso a los mercados financieros, especialmente por falta de garantías"*.

33. *"La práctica, cada vez más frecuente, de otorgar más importancia a la cantidad de garantías que a la calidad de la propuesta que se presenta"*. COM (93) 528 final. 'Sobre los problemas financieros de las pequeñas y medianas empresas'.

34. C. Pérez López (2000), pp. 21-22.

En el ámbito europeo, esto se pone claramente de manifiesto en la lectura de las prioridades de política económica (crecimiento y empleo), que insisten regularmente en las facetas financieras y que ha dado pie a repetidas iniciativas por parte de los organismos comunitarios.[35]

Por lo general, las PYME critican a las instituciones financieras por su falta de sensibilidad cuando analizan los riesgos crediticios: los bancos están muy preocupados por la garantía y con frecuencia niegan el acceso al crédito a largo plazo. Y, seguramente, no les falta razón para ello.

Esta idea se repite en boca de sus protagonistas. Las PYME se quejan con frecuencia de que los bancos dan mucha importancia a las garantías, en vez de otorgar créditos sobre la base del potencial de los negocios y a la rentabilidad de los proyectos que necesitan financiación. Pero no lo hacen gratuitamente. Los bancos dicen que su conexión con las PYME implica mayores riesgos, que sus expedientes tienen mayores costes de gestión y no hay suficiente transparencia.

Abundando en lo anterior, y tal y como ya ha quedado apuntado, la primera Mesa Redonda de Altas Personalidades del Sector Bancario,[36] organizada por la Dirección General de la Comisión Europea responsable de asuntos para la PYME aportó una serie de recomendaciones estructuradas en cuatro líneas temáticas, de las que dos son muy oportunas en el contexto actual:

- Establecer vínculos más estrechos entre los bancos y las PYME.
- Fortalecer la estructura financiera de la empresa.

Como propuestas concretas se sugirieron al sector bancario dentro de la primera recomendación las siguientes:

- Mayor transparencia en la financiación y actividades empresariales.
- Formación específica del personal de los bancos en asuntos de PYME.
- Adaptación de los productos financieros a las necesidades de las PYME. Desarrollo de fondos de garantía para la financiación de la PYME.
- Mayor desarrollo del modelo de garantías recíprocas.
- Mayor eficiencia en el uso de las líneas de préstamo global del Banco Europeo de Inversiones.
- Mayor accesibilidad a las garantías del Fondo de Inversión Europeo.
- Uso más flexible de los subsidios de tipos de interés en los préstamos del Banco Europeo de Inversiones.
- Desarrollo de instrumentos tales como el capital semilla y las empresas y fondos de capital riesgo.

35. Véanse, por ejemplo, las ya mencionadas COM (93) 528 final, de 10 de noviembre de 1993 'Sobre los problemas financieros de las pymes' y COM (94) 435 final, de 28 de octubre de 1994 'Mesa Redonda de representantes destacados de la Banca'.

36. Informe Final de la Mesa Redonda de Altas Personalidades del Sector Bancario de 1994 (sin publicar).

En la citada Comunicación de la Comisión sobre los problemas financieros de las PYME se reconoce la utilidad de los esquemas de garantías financieras existentes (públicas y privadas de carácter mutualista) y apoya la potenciación y constitución de nuevas sociedades de carácter mutuo. Hay otras referencias que abundan en el mismo sentido, con carácter más especifico.[37]

Aunque pueda parecer lo contrario, sin embargo, no debe pensarse que los modelos de garantías existentes son homogéneos.[38] Las diferencias reflejan las peculiaridades de los distintos sistemas financieros y, posiblemente, también de las distintas idiosincrasias y peculiaridades locales.

Para el ámbito de Andalucía nuestra apuesta es más por un marco estratégico que coyuntural, donde primen más los criterios de orden lógico y metodológico que las simples cuestiones de oportunidad, aunque éstas tengan base histórica y experimental.

Si ha quedado más o menos claro que la financiación deviene en problema prácticamente ínsito a la misma naturaleza de la PYME y que la obtención de la garantía puede ser una solución a dicha problemática, ha de convenirse que los sistemas de caución mutua (SCM) o de garantía recíproca (SGR) pueden ser instrumentos fundamentales para afrontar la más acuciante de las tareas a enfrentar por la pequeña y mediana empresa, y que no es otra que su misma supervivencia.[39]

Se puede afirmar que casi todos los sistemas de garantía que existen a nivel mundial tienen como objetivo preferente, cuando no único, la PYME. Estos sistemas, según sus ubicaciones y localizaciones, tal vez puedan diferenciarse por dimensión, actividad, forma societaria, etc., pero en ningún caso olvidan su ámbito de actuación preferente. El sistema de garantía ha de tener presente y perfectamente delimitado cuál es su razón de ser y existir: favorecer la mejora de la financiación empresarial. No ha de tratarse de algo temporal o no llamado a persistir y continuar. Ha de gozar casi de la presunción de 'cuestión de estado'. No obstante, *"hay que hacer la siguiente reflexión: una cuestión es tener*

37. Comunicación de la Comisión SEC (91) 1550 de 5 de septiembre de 1991, sobre el papel de las Sociedades de Garantías Mutuas en la financiación de las *PYME*, e 'Iniciativa para el Crecimiento y el Empleo', propuesta de la Comisión de 15 de enero de 1998. La primera, y tal vez la más importante a este respecto, apuesta expresamente por *'la promoción de los sistemas de caución mutua en toda la Comunidad'*.

38. Ni siquiera lo son las mismas definiciones y conceptos manejados. A los efectos pretendidos, se adopta la siguiente definición de SGR: *"intermediario financiero dedicado a la prestación del servicio de aval, que, sobre la base de una compensación técnica de riesgos, distribuye los mismos estadísticamente por medio de una actividad empresarial profesionalmente organizada"*. Caballero Sánchez-Izquierdo (1979).

39. SEC (91) 1550 final sobre 'el papel de los sistemas de garantía recíproca en la financiación de las *PYME* de la Comunidad Europea' de 5 de septiembre de 1991. En el marco de este documento, se apuesta de manera inequívoca por los sistemas de garantías como instrumentos eficaces de desarrollo y se estimula su creación.

un ente de garantías y otra muy distinta tener un Sistema Nacional de Garantías. Es decir, no basta con tener un ente o grupo de entes si no están integrados como sujeto y fin de un sistema nacional de garantías".[40] Por supuesto, de lo que se trata es de conseguir lo segundo, lo que conlleva no sólo la necesaria predisposición, sino la existencia de un mínimo común denominador al mismo sistema económico donde aquél operará: marco jurídico relativamente estable, modelo de reafianzamiento a nivel estatal, instituciones financieras con cierto grado de desarrollo, etc. Sólo a través de la existencia de los parámetros citados, entre otros, se podrá acometer la tarea con ciertas garantías de éxito.

13.6. BIBLIOGRAFÍA

BANCO DE ESPAÑA (varios años), "Las sociedades de garantía recíproca", *Boletín económico*, Madrid.

BANCO DE ESPAÑA (varios años), *Central de Balances*, Madrid, Ed. Banco de España.

CÁCERES CARRASCO, F. R. (2002), *Función y emergencia empresarial. Un análisis empírico sobre los factores económicos y socioinstitucionales que explican la aparición de empresarios en Andalucía occidental,* Sevilla, Secretariado de Publicaciones de la Universidad de Sevilla.

COMISION DE LAS COMUNIDADES EUROPEAS (1993), *Comunicación de la Comisión "Sobre los problemas financieros de las Pequeñas y Medianas Empresas" COM (93) 528,* Bruselas, CEE.

COMISION DE LAS COMUNIDADES EUROPEAS (1995), *COM (95) 362 final de 8/9/95,* Bruselas, CEE.

COMISION DE LAS COMUNIDADES EUROPEAS (varios años), *Programa Plurianual a favor de las pequeñas y medianas empresas (PYME) de la Unión Europea y Evaluación de los mismos,* Bruselas.

CONSEJERIA DE TRABAJO E INDUSTRIA (1999), *Programa Industrial para Andalucía 1998-2000,* Sevilla, Junta de Andalucía.

CUADERNOS ICO (1995), *Las Sociedades de Garantía Recíproca como instrumento financiero de las Pequeñas y Medianas Empresas,* Madrid.

FRANCO OLIVAN, J. A. (1994), "Las SGR: una solución al problema de financiación de las PYME", *Papeles de Economía Española. Perspectivas del Sistema Financiero,* nº 47, pp. 111-112.

GUZMÁN CUEVAS, J. (1986), *El sistema financiero y las PYME andaluzas*, Sevilla, Instituto de Desarrollo Regional.

GUZMÁN CUEVAS, J. (1995), "Hacia un nuevo enfoque de la problemática financiera empresarial en Andalucía", *Boletín Económico de Andalucía*, nº 19, pp. 67-78.

40. P. Pombo González y A. Herrero Calvo (2001), p. 30.

INSTITUTO DE ESTUDIOS ECONÓMICOS (1983), *Presente y futuro de las pymes*, Madrid, Ed. Instituto de Estudios Económicos.

INSTITUTO DE FOMENTO DE ANDALUCÍA (varios años), *Central de balances de Andalucía.* Ed. IFA y Unicaja, Málaga.

INSTITUTO DE FOMENTO DE ANDALUCÍA (1995), *La empresa en Andalucía.* Ed. Civitas, 566 págs.

INE (varios años), *Directorio Central de Empresas (DIRCE): Resultados estadísticos*, Madrid, Ed. INE.

INSTITUTO DE LA PEQUEÑA Y MEDIANA EMPRESA-IMPI-(1994), *La pequeña y mediana empresa en España*; 1993. Madrid, Ed. IMPI.

IMPI (1994) *Iniciativa Pyme de Desarrollo Industrial 1994-1999*, Madrid, Ed. IMPI.

IVÁÑEZ GIMENO, J.M. (1993), "El sistema español de garantías recíprocas", *Economía Industrial*, nº 294, nov.-dic., pp. 111-124.

KHUN, T. (1975), *La estructura de las revoluciones científicas*, México, Ed. Fondo Cultura Económica.

MARTÍN RODRÍGUEZ, M. (1995), "El sistema financiero y la financiación de las PYME", *Papeles de Economía Española,* nº 65, pp. 235-240.

OCAÑA PÉREZ DE TUDELA, C. (1993), "Modelos dinámicos de competencia estratégica y cambio técnico: una panorámica", *Investigaciones económicas*, vol. 17 (1), pp. 43-64.

PARLAMENTO EUROPEO (1997), *Informe sobre los problemas de pequeñas y medianas empresas en la Comunidad*, Luxemburgo.

POMBO GONZALEZ, P. y HERRERO CALVO, A. (2001), *Los Sistemas de Garantía para la Micro y la PYME en una economía globalizada,* Sevilla, DP Editorial.

POMBO GONZALEZ, P. (1994), "Las PYMES y la caución mutua en Europa", en *La empresa y el empresario en el desarrollo económico*, Sevilla, Ed. Fundación El Monte.

SESTO PEDREIRA, M.A. (1994), "Evaluación y desarrollo de las SGR", *Papeles de Economía Española. Perspectivas del Sistema Financiero*, nº 47, pp. 35-50.

TAMAMES, R. y GALLEGO, S. (1996), *Diccionario de Economía y finanzas*, Madrid, Ed, Alianza.

VILLASECA MOLINA, E.J. (1994), "El apoyo del Instituto de Fomento de Andalucía (IFA) a las PYME andaluzas", *La empresa y el empresario en el desarrollo económico,* Sevilla, Fundación El Monte.

VILLASECA MOLINA, E.J. (2004), *El Sistema de Garantías Recíprocas en Andalucía: Un análisis del modelo y propuesta de futuro,* Bilbao, Editorial Desclée De Brouwer, S.A.

Cuarta parte
La empresa

XIV
El control de gestión y la responsabilidad social

Mercedes Ruiz Lozano
Pilar Tirado Valencia

La necesaria presencia de la Responsabilidad Social Corporativa (RSC) en todos los aspectos relativos a la gestión empresarial nos hace plantearnos el papel que puede ejercer una disciplina como el control de gestión ante este fenómeno. Tanto el proceso como la estructura de control de las empresas han de dar respuesta a la consideración de la RSC como una variable clave de éxito. La inclusión de esta nueva variable en el sistema de control genera una gran cantidad de interrogantes. Con respecto al proceso de control, éste ha de ser de carácter proactivo y anticipativo, que prevea las necesidades de los diferentes grupos de interés en cuanto a la RSC, frente a un sistema reactivo que actúe solamente ante la presencia de los problemas una vez que estos ya se han presentado. En relación con la estructura de control, será necesario diseñar una estructura organizativa en la que se identifique una unidad que trabaje transversalmente el tema de la responsabilidad social y que mantenga permanentemente intercambios de información con el resto de responsables, así como introducir instrumentos de control de la responsabilidad social, entre los que destacan los indicadores de control.

Palabras clave: *responsabilidad social corporativa, sistema de control, proceso de control, estructura de control, indicadores de control.*

14.1. Introducción

Sin tratar de entrar en cuestiones de mayor envergadura tales como los compromisos de la empresa con la sociedad, su legitimidad social o el propio concepto de empresa,[1] es cierto que actualmente cobra cada vez más fuerza la corriente que defiende un modelo empresarial en el que la Responsabilidad Social Corporativa (RSC) ha de integrarse en todos los ámbitos: la definición de los valores, las prácticas de gestión, la cultura, la estructura organizativa, son algunos de los aspectos que han de impregnarse de una mayor sensibilidad por lo social. Se trata de una cuestión controvertida no exenta de polémica ante los recelos y el escepticismo por parte de quienes ven con cierta suspicacia esta mayor preocupación por la RSC y argumentan razones reputacionales, de imagen o de legitimación social para justificar toda esta corriente. Al margen de los intereses que mueven a las empresas en esta línea, nos podemos preguntar si es posible incorporar esta tendencia a parcelas de la dirección empresarial centradas durante décadas en la gestión de los aspectos más puramente financieros, como por ejemplo, el control de gestión, ¿es posible plantear un control de la RSC?, ¿qué soluciones están adoptando hoy día las empresas para dar cabida en sus sistemas de control a esta cuestión?

El control de gestión pretende asegurar que todas las actuaciones de una organización sean congruentes con sus objetivos tanto económicos como sociales. No se trata de una función sancionadora de comportamientos indebidos, como ha sido percibida durante algunas décadas, sino que actualmente se concibe como una función motivadora hacia el logro de los objetivos previamente marcados. Lo importante del control de gestión no es el control en sí mismo sino las actuaciones posteriores que de éste se deriven. Esta finalidad justifica por sí misma el que la RSC se incorpore como un elemento esencial al proceso de control.

Desde un punto de vista interno, los fines del control de gestión están relacionados con la medición del grado de cumplimiento de la estrategia, la evaluación de las actuaciones, el diagnóstico de la situación, la necesidad de coordinar esfuerzos, la comunicación de los logros alcanzados o de los problemas aún pendientes de resolver y la aportación de ideas de actuación frente a dichas oportunidades o problemas; todo ello, con la intención de influir en el comportamiento de las personas y de motivar hacia la mejora continua. En el caso concreto de la responsabilidad social, se trataría de analizar el grado de cumplimiento de los objetivos o las implicaciones que el mantenimiento de una mayor preocupación por una actuación social y ambientalmente sostenible y, económicamente viable, tiene sobre los aspectos anteriores.

---

1. Todas estas cuestiones se tratan con mayor profundidad en el editorial que con el nombre "Empresa y Sociedad" publicó el Consejo de Redacción de la Revista de Fomento Social en su número 217 de enero-marzo de 2000, pp.13-28.

Desde un punto de vista externo, es decir, de cara al entorno, el control de gestión de la RSC trata de informar a los diferentes grupos de interés o partícipes sociales de la organización, los llamados *stakeholders* (accionistas, financiadores, proveedores, clientes, personal, competidores, comunidad local, medios de comunicación, sociedad en general, etc.) sobre los logros alcanzados y las limitaciones en el cumplimiento de los objetivos, además de favorecer su participación en el diálogo sobre la responsabilidad social para poder dar respuesta a sus expectativas y justificar así la confianza que han depositado en la entidad. La creación de comités consultivos y de Consejos Sociales se está configurando en muchos casos como plataforma de diálogo de las empresas con la sociedad.

Una vez analizados los objetivos generales de un sistema de control de gestión de la RSC, a continuación nos planteamos si realmente es necesario el ejercicio de esta función con respecto a la responsabilidad social, cuáles son los elementos que integrarían dicho sistema y qué interrogantes debe plantearse una empresa a la hora de su diseño e implantación.

14.2. ¿Por qué es necesario ejercer una función de control sobre la responsabilidad social?

La necesaria presencia de la responsabilidad social en todos los aspectos relativos a la gestión empresarial nos hace plantearnos el papel que puede ejercer una disciplina como el control de gestión ante este fenómeno. ¿Está justificada la ausencia de mecanismos de control por la voluntariedad en la adopción de políticas socialmente responsables, así como por la libertad en lo referente a la comunicación de este tipo de información? Podemos resumir en los siguientes aspectos la necesidad de ejercer un control de gestión sobre la misma, sin perjuicio de los objetivos generales descritos anteriormente:

- Se entiende que uno de los tres vértices de la responsabilidad social es la **formalización** de políticas respecto de aquellos *stakeholders*, o grupos de interés, que interactúan con la empresa. En términos prácticos, esto supone la formalización de políticas y sistemas de gestión, entre otros en los siguientes ámbitos: relaciones con los accionistas, relaciones con los empleados, relaciones con la comunidad y acción social, gestión medioambiental, relaciones con clientes, y la extensión de estas políticas a la cadena de abastecimiento; todo ello integrado en la estrategia global de la empresa.
- Por una razón de **confianza,** ya que los mecanismos de control son una garantía del cumplimiento de los objetivos previamente marcados por la entidad. La verificación que implica toda evaluación de los resultados aleja en parte las suspicacias sobre las motivaciones que pueden estar

detrás de la preocupación de las empresas por la sostenibilidad siempre y cuando esta verificación se haga con rigor.

- La **transparencia** sobre las políticas y sistemas de gestión, y sobre los resultados obtenidos en los ámbitos social, medioambiental y económico, constituye otro de los pilares básicos del concepto de control de la responsabilidad social. Hay que destacar la importancia no sólo de la formalización de políticas sobre sostenibilidad o RSC, sino la necesidad de establecer mecanismos de transparencia informativa sobre las mismas. El sistema de información se conforma así como un elemento esencial dentro del sistema de control.
- Por último, el ejercicio de la función de control en toda su amplitud (medición-evaluación-información-actuación) puede tener un enorme efecto **aprendizaje**. La empresa puede aprender de sí misma, de los errores del pasado y de los logros alcanzados, pero también puede utilizar el sistema de control para aprender de los mejores, estableciendo sistemas de *benchmarking* que permitan la comparación entre empresas. La comparación se enfrenta al problema de la falta de unos indicadores de control universalmente aceptados.

Actualmente, diversos organismos están tratando de elaborar propuestas concretas que permitan dar respuesta a estos aspectos. En esta línea se ha publicado la guía para la elaboración de las Memorias de Sostenibilidad por parte de la *Global Reporting Initiative* (GRI);[2] por su parte, el Pacto Mundial de la Naciones Unidas (*Global Compact*)[3] propone diversos mecanismos para fomentar la participación y el aprendizaje de los diversos interlocutores: foros de aprendizaje, diálogos políticos, proyectos asociativos, o el fomento de creación de estructuras locales.

14.3. Elementos de un sistema de control de gestión de la responsabilidad social

Ahora bien, ¿cómo estructurar un sistema de control de cara a un aspecto concreto como la RSC? En realidad el sistema no estará enfocado tan sólo a este aspecto en concreto sino que analizará las implicaciones que tiene la asun-

2. Asociación creada en 1997 que aglutina expertos procedentes de muy diversas áreas y entidades que propone la elaboración de una Memoria de Sostenibilidad como instrumento de información sobre la asunción de responsabilidad social, cuyo contenido queda recogido en la *Guía para la Elaboración de Memorias de Sostenibilidad* (2002).

3. Se trata de una iniciativa internacional de carácter voluntario y operativo, cuyo fin es promover la creación de una ciudadanía corporativa global, que permita la conciliación de los intereses y procesos de la actividad empresarial con los valores y demandas de la sociedad civil, así como con los proyectos de la ONU, organizaciones internacionales sectoriales, sindicatos, ONGs, etc., en definitiva, favorecer lo que se ha llamado la RSC, es decir, el compromiso de la empresa con los intereses de sus *stakeholders*.

ción de la RSC en toda la gestión empresarial, luego no constituirá un sistema independiente o aislado sino que implicará una serie de cambios o adaptaciones necesarios en el sistema de control que ya tenga implantado la empresa.

En general, el sistema de control de gestión de cualquier empresa está constituido por dos elementos esenciales: el proceso de control y la estructura de control.

14.3.1. El proceso de control de la responsabilidad social

El **proceso de control** hace referencia al conjunto de actuaciones a seguir para garantizar el funcionamiento del sistema y que forman parte de un proceso de gestión más general, que tendrá como punto de partida la misión/visión definida por la entidad, y que tras un proceso de planificación se traducirá en una serie de objetivos más concretos. Los objetivos a más largo plazo se derivan de un proceso de planificación estratégica. Los objetivos más inmediatos se plasman en los planes y los programas a medio y corto plazo (programas de apoyo a la comunidad local, de aseguramiento de la calidad del producto, de inversiones socialmente responsables, de mejoras sociolaborales, de comunicación, de formación, de sensibilización, de actividades socio-culturales, de mejora del medio ambiente, de acción social, etc.). Como eje central de todo el proceso se sitúan los valores, tanto los internos como los compartidos con otros partícipes, que justifican la existencia de la entidad y que impregnan todas sus actuaciones. Estos valores o principios suelen explicitarse en lo que se conoce como "principios o compromiso institucional".

El proceso de control pone de manifiesto el grado de consecución de los objetivos una vez definidas las variables clave a controlar desde una triple perspectiva: económica, social y medioambiental (*triple bottom line* o triple cuenta de resultados); en muchas empresas estas variables se estructuran en torno a los diferentes grupos de interés. Finalmente, el análisis de las desviaciones sobre lo previsto proporcionará la información necesaria para la evaluación y la mejora a través de las actuaciones que resuelvan el origen de los problemas.

Se trata de un proceso continuo que pone de manifiesto la necesidad de realizar cambios o revisiones en la propia estrategia, de tal forma que la RSC esté presente permanentemente en las decisiones y en las políticas de la empresa e implique a todos los miembros de la organización.

El concepto de RSC debe integrarse en el proceso de gestión, ahora bien, tal y como señala Araque,[4] esta integración puede realizarse de dos maneras diferentes: 1) la RSC se gestiona como un proceso conjuntamente con el resto de la actividad económica de la empresa pero constituyendo algo complementario, un aspecto más a añadir a la política de empresa y a la planificación, o 2) la RSC

4. R. Araque (2002), p. 607-608.

se fusiona con la gestión informando la toma de decisiones, convirtiéndose en una cuestión transversal. En el primer caso, la RSC se constituye como un conjunto de actuaciones perfectamente identificables y separables. En el segundo caso, en el proceso de gestión es difícil separar lo económico de lo social ya que todos los aspectos se impregnan de esta orientación hacia lo socialmente responsable, lo económico se orienta hacia lo social. La primera manera responde a lo que tradicionalmente se ha denominado "acción social" y que desde hace unos años se viene adoptando por muchas organizaciones como respuesta a su mayor compromiso con la sociedad; pero el concepto actual de RSC hace referencia a la segunda manera de integración, al intento de gestionar la responsabilidad social de manera estratégica y afectando a todas sus actividades.[5]

Por otra parte, Araque[6] plantea la existencia de un doble nivel en el proceso de control que pensamos que es necesario atender, y que está más en consonancia con la segunda manera de integración antes descrita: el control de los resultados y el control de los propios procesos empresariales. Ambos aspectos han de ser debidamente controlados, aunque prestando especial atención a los procesos. La orientación a resultados trata de evaluar si la empresa es socialmente responsable a tenor de su compromiso con respecto a determinados programas o acciones sociales. La orientación a procesos juzga la forma como la empresa toma sus decisiones. En este caso, el control de gestión no sólo debe evaluar la actuación de la empresa en función de los resultados obtenidos sino cómo se ha llegado a esos resultados. La RSC debe impregnar todas las prácticas de gestión, no es algo que pueda añadirse optativamente a las actividades de la empresa. Para llevar a cabo este tipo de análisis, mucho más profundo, es esencial diseñar un proceso altamente participativo que garantice el *feedback* y que vaya más allá de la simple atención a las obligaciones legales y por tanto, que incluya la consulta a todos los interlocutores.

Además, todo ello favorecerá que sea un proceso proactivo de carácter anticipativo que prevea las necesidades de los diferentes grupos de interés en cuanto a la RSC frente a un sistema reactivo que actúe solamente ante la presencia de los problemas una vez que estos ya se han producido.

14.3.2. La estructura de control de la responsabilidad social

El sistema de gestión también requiere de una **estructura de control** que facilite la ejecución del proceso y que está constituida por una serie de instrumentos de control; el objetivo de dichos instrumentos consiste en la medición del desempeño que favorezca la posterior evaluación de los logros alcanzados.

5. Es de resaltar que la Guía GRI se identifica claramente con esta segunda manera de integración, es decir, la RSC debe formar parte de todo el proceso de control de gestión de la organización.

6. Araque (2002), p. 609-614.

Mediante la medición, de manera consciente o inconsciente, se traslada a todos los miembros de la organización una idea de lo que realmente se considera importante, de lo que se quiere llegar a conseguir: sólo lo que se mide se consigue. La presencia de la RSC en la estructura de control destaca la importancia que la empresa concede a este aspecto.

En el caso concreto que nos atañe, la responsabilidad social, el balance social ha sido uno de los instrumentos de control tradicionalmente utilizados para ofrecer información de carácter social. Sin embargo, la falta de adaptación de esta herramienta a las necesidades de información actuales, su disparidad de contenidos y formatos, la falta de análisis de multitud de aspectos de difícil cuantificación y, en general, su escasa aceptación, han terminado por restarle protagonismo.

Por otra parte, han surgido nuevos instrumentos como los códigos de conducta cuya proliferación ha generado una enorme confusión, agravada por la necesidad de analizar el grado de cumplimiento de unos principios en ellos contenidos, de naturaleza intangible.

Actualmente, la identificación, definición y análisis de indicadores de control relacionados con la RSC son el instrumento más frecuente en los sistemas de control de gestión en esta materia por su capacidad para analizar tanto aspectos cuantitativos como cualitativos, la visibilidad de sus resultados, por la facilidad en su uso e informatización, o la flexibilidad a la hora de adaptarse a los cambios.

Los indicadores cumplen distintas finalidades: **medición**, **evaluación** e **información** a terceros, internamente o de cara al exterior mediante su inclusión en las llamadas *memorias de sostenibilidad*. El seguimiento periódico de estos indicadores pondrá de manifiesto cuál es la situación de la empresa en cada momento con respecto a unos estándares que deben ser previamente marcados, con la finalidad de actuar y mejorar de manera continua, detectando las oportunidades y el origen de los problemas.

La utilización de los indicadores de control se apoya en otros instrumentos que actúan en ocasiones como fuente de información; nos referimos a la contabilidad financiera y de gestión (por ejemplo, en lo que respecta a los gastos y costes medioambientales o a las inversiones socialmente responsables), la presupuestación y el control presupuestario (por ejemplo, normalmente los programas de acción social disponen de su propio presupuesto), los manuales de procedimientos (por ejemplo, en lo referente a la prevención de riesgos laborales o al tratamiento de residuos), las normas internas de gestión (por ejemplo, en cuanto a los criterios de selección de proveedores), la auditoría interna y externa (verificación o certificación[7]), los códigos de conducta, la

7. En general, el GRI recomienda los mecanismos independientes de verificación de las memorias de sostenibilidad porque incrementarán su credibilidad.

evaluación de riesgos (por ejemplo, en lo que respecta al riesgo de contaminación medioambiental o a las normas de seguridad e higiene en el trabajo), etc.

La elección de los indicadores que sustenten el sistema de control de la RSC plantea al menos dos interrogantes: ¿cómo determinar qué indicadores son los más adecuados?, ¿quién debe determinar cuáles son estos indicadores? Con respecto a la primera cuestión, existe una enorme profusión de propuestas, como el GRI, emanadas de entidades, generalmente privadas, que han mostrado un gran interés por el problema. Para algunos autores, estas propuestas concretas pueden suponer una mayor dificultad de adaptación a los cambios en el entorno originados por la globalización, las nuevas formas de organización del trabajo o la innovación tecnológica; introducen una mayor rigidez y restan dinamismo al sistema de control. En contraposición a la corriente de expertos que subrayan los aspectos negativos de la homogeneización, destacamos el hecho de que gracias a ésta se atienden los aspectos esenciales de formalización, confianza, transparencia y aprendizaje que se han comentado anteriormente. En todo caso, los indicadores vendrán determinados por las características particulares de la organización que a su vez también condicionarán las características del resto de los instrumentos de control. En este sentido, el GRI hace una doble propuesta de indicadores: los centrales que se consideran de interés a todas las empresas y grupos de partícipes y los adicionales que son los que podrían adaptarse a las particularidades de la empresa.

Con respecto a la segunda, en la propia estructura organizativa se debe prever la existencia de una unidad, en la que participe un equipo de carácter multidisciplinar que asuma la responsabilidad de gestionar todos los aspectos mencionados y que garantice que todos los procesos empresariales se llevan a cabo de una manera socialmente responsable. La existencia de esta unidad hace replantearnos un nuevo interrogante: ¿debe trabajar de manera complementaria o ha de estar integrada de manera transversal en el resto de la organización? Aún cuando se trate de una unidad organizativa independiente, las conexiones con el resto de responsables son tan grandes que necesariamente deben existir fuertes eslabones o intercambios de información; difícilmente podrá tratarse de una unidad que trabaje al margen de lo que ocurra en el resto de la organización. Incluso debe preverse la posibilidad de que intervengan en esa unidad representantes de los *stakeholders* o bien establecer los mecanismos de comunicación necesarios para su consideración y participación.

En lo referente a la **medición** del desempeño en lo que respecta a la RSC, se trata de un asunto bastante complejo por distintas razones:

- La voluntariedad en la aplicación de los sistemas de control en este ámbito, así como la ausencia de homogeneidad en la conceptualización de la

RSC y de criterios normalizadores impiden la obtención de información que sea comparable entre empresas diferentes, o incluso la comparación entre períodos distintos en una misma empresa ya que en ocasiones la mala o buena evolución de un indicador lleva a su supresión o a la intermitencia en la información suministrada a lo largo del tiempo. Esto dificulta la medición del desempeño relativo de una organización en función de los logros alcanzados por otras entidades (*berchmarking*). Es cierto que la madurez a la que se ha llegado en este tema ha llevado a determinados organismos a hacer propuestas concretas como el ya mencionado GRI, pero sin embargo, no existe un modelo de indicadores de control de la RSC que sea uniforme, sino que se ha producido una enorme dispersión de esfuerzos. Por otra parte, como ya comentábamos, para algunos autores la estandarización no es apropiada ya que frenará el dinamismo, la creatividad y la innovación que hasta ahora se está produciendo en esta materia. En cualquier caso, llegar a una uniformidad absoluta es difícil ya que los modelos dependerán necesariamente de ciertas especificidades como el sector de actividad o el entorno socioeconómico.

- La medición de la eficacia y la eficiencia es compleja, dado el carácter intangible de los aspectos a controlar. En las mediciones se suelen utilizar valores monetarios o físicos cuando muchos de los aspectos sobre los que deben recaer los esfuerzos del control son de carácter no financiero.
- La fijación de metas que permitan detectar posibles desviaciones con respecto a lo previsto inicialmente resulta compleja ya que implica la determinación de unos objetivos u estándares difíciles de establecer debido en ocasiones a la inestabilidad del entorno o a la falta de experiencia. Se tratará de metas que generalmente no podrán fijarse en términos absolutos ni cuantitativos: ¿cómo fijar, por ejemplo, una meta para un objetivo relacionado con el nivel de cumplimiento de los derechos humanos en la organización?
- Las medidas suelen centrarse en procesos individuales sin analizar las interrelaciones existentes dentro de la propia organización, ni las fuertes conexiones entre empresas y sectores. Los efectos inducidos entre las diferentes decisiones dentro de la política de responsabilidad social son difíciles de evaluar. Sin embargo, los indicadores no pueden presentarse de manera aislada, sino que deben ser evaluados en su conjunto. Por otra parte, los efectos de una política empresarial socialmente responsable son difíciles de localizar en una unidad organizativa concreta, por lo que resulta complicado aislar los resultados y realizar los controles.

El GRI no prevé el análisis de las relaciones causa-efecto entre los indicadores, ya que sería una cuestión más apropiada para la gestión interna de la organización que de interés para los *stakeholders*. Pero, sin embargo, es consciente de que la información sobre la acción individual de la organización empobrece el análisis. Esto justifica la definición de los siguientes tipos de indicadores:

- Indicadores relativos o normalizados. En el caso concreto de los indicadores de desempeño ambiental se señala la importancia de definir no sólo indicadores con valores absolutos, sino también indicadores con valores relativos, por ejemplo calculando la relación del consumo de agua por unidad de producto.
- Indicadores sistémicos. Analizan la actuación de una organización en relación con los grandes sistemas económicos, ambientales y sociales de los que forma parte. Con estos indicadores se permite tener una mayor comprensión de la influencia que ejerce la organización sobre un sistema mayor (local, regional, nacional, sectorial, etc.). Por ejemplo, analizando los gastos salariales totales de la organización en relación con los gastos salariales a nivel de región o nación.
- Indicadores transversales. Relacionan de manera directa dos o más dimensiones de la actuación económica, ambiental y social en forma de ratio. Ejemplo de ello son los indicadores de eco-eficiencia o de productividad. Este tipo de indicadores son los que podrían poner de manifiesto alguna relación causa-efecto entre las variables analizadas y se prevén sobre todo para el análisis de la actuación medioambiental.

Finalmente, en cuanto a la **evaluación** del rendimiento que se deriva del sistema de control es necesario establecer no sólo un conjunto de indicadores que permitan las mediciones sino también una categorización de los mismos para mantener un conjunto equilibrado de indicadores tangibles e intangibles, de resultados y de procesos, así como una priorización en función de la preeminencia de los objetivos que hay detrás de cada uno de estos indicadores para evitar así su simple yuxtaposición; así mismo, habrá que identificar quiénes son los responsables de los resultados obtenidos. La asignación de responsabilidades debe estar, también en este caso, estrechamente relacionada con el sistema de incentivos, mediante la concesión de recompensas expresamente vinculadas a los logros alcanzados en materia de RSC, para que de esta forma se motive a los responsables para la consecución de los objetivos.

Lo cual nos lleva de nuevo a la necesidad de establecer el objetivo o meta para cada indicador. Ya comentábamos con anterioridad la dificultad que ello entraña. Con respecto a la RSC se nos plantea el interrogante sobre quién debe fijar dichas metas, dando lugar a tres enfoques:[8]

8. A. Argandoña (2003), p. 3.

a) El enfoque basado en la autoridad, en donde se suelen fijar los objetivos por imperativo legal, dando lugar a una enorme proliferación de reglamentos.
b) El enfoque basado en el mercado, en el que éste fija unos estándares e incentiva a las empresas que los alcanzan con mayores ventajas competitivas.
c) El enfoque basado en la gestión privada concede a la empresa la libertad para que fije sus objetivos deseables.

14.4. ALGUNOS OTROS INTERROGANTES ANTE EL CONTROL DE GESTIÓN DE LA RESPONSABILIDAD SOCIAL

En las páginas precedentes hemos tratado de describir cuáles son los elementos integrantes de un sistema de control de la RSC y se han apuntado algunas de sus características esenciales. Sin embargo, para un desarrollo adecuado de este sistema planteamos que la organización debería dar respuesta a toda una serie de interrogantes relacionados con los elementos esenciales del sistema que se enuncian a continuación.

CUADRO 1

INTERROGANTES EN EL PROCESO DE CONTROL DE LA RSC

Definición de la estrategia	¿La RSC está en consonancia con los valores implícitos en la cultura de la empresa o compartidos con otros partícipes?, ¿se han identificado los grupos de interés y las relaciones con la organización y sus implicaciones desde el punto de vista de la responsabilidad social? ¿Se establece la necesidad de contar con una estrategia bien definida y que incluya las implicaciones de la RSC?
	¿Se han definido objetivos estratégicos diferenciados para cada grupo de interés?, ¿se han fragmentado dichos objetivos por segmentos que manifiesten comportamientos homogéneos?
Definición de objetivos	¿Cuáles son los objetivos propios de la RSC?, ¿se plantea el posible conflicto de intereses entre los objetivos de la RSC y la rentabilidad?
Centros de responsabilidad	¿Existe una estructura organizativa creada expresamente para la delegación de responsabilidades en este ámbito?
	¿Existen mecanismos formales que garanticen la coordinación de esfuerzos entre responsables?, ¿existen equipos de trabajo interdisciplinares para identificar las demandas sociales y buscar respuestas a las mismas?, ¿se forma a los responsables en temas relacionados con la RSC?, ¿y al resto del personal?
Delimitación de los aspectos a controlar	¿Se incorporan al sistema de control todos los *stakeholders* o grupos de interés, así como las a controlar-variables claves de la RSC?
Iniciativas y líneas de actuación para la mejora continua	¿Se propone un procedimiento formal y sistemático para la propuesta de iniciativas de mejora?, ¿existen mecanismos que fomenten la creatividad y la aportación de sugerencias tanto por parte del personal como de los grupos de interés?
Verificación	¿Se plantea la necesidad de algún tipo de verificación o auditoría externa?, ¿y la realización de auditoría social por parte de la empresa respecto a su relación con los grupos de interés?

Fuente: elaboración propia.

CUADRO 2

INTERROGANTES EN LA ESTRUCTURA DE CONTROL DE LA RSC

Instrumentos de control	¿Los instrumentos de control definidos o utilizados por la organización hacen referencia a los aspectos contenidos en la *Triple Bottom Line* (económicos, sociales, medioambientales)?
Indicadores de control	¿Se analizan las interrelaciones o efectos inducidos entre indicadores (relaciones causa-efecto)?
	¿Se incorporan al sistema indicadores de control sobre los resultados de la RSC y sobre los procesos socialmente responsables?
	¿Se definen estándares de actuación o metas para los indicadores que permitan detectar las desviaciones ocurridas con respecto a lo previsto?
Sistemas de información	¿Es el sistema de información bidireccional?, ¿se comunica a toda la organización los objetivos de la RSC así como los resultados obtenidos en la evaluación?
	¿La información suministrada es oportuna, relevante y está fácilmente disponible?
	¿Cómo se responde a las necesidades de información?, ¿se utilizan las cuentas anuales como vehículo para la información?, ¿existen canales adecuados para la difusión de esta información?
Sistema de incentivos	¿Existe un sistema de recompensas vinculado a los logros alcanzados en la política de responsabilidad social?

Fuente: elaboración propia.

La consideración de todos estos interrogantes garantiza que se habrá desarrollado un sistema de control de gestión para la RSC tal y como demanda la sociedad actual.

14.5. CONCLUSIONES

El concepto de RSC está en continua revisión, ya que no existe un consenso sobre sus contenidos, destinatarios o sobre la estructura del sistema de gestión a este respecto. En las páginas precedentes hemos tratado de arrojar alguna luz sobre los objetivos, el proceso y la forma de abordar un sistema de control de la responsabilidad social. Resumimos aquí los retos para afrontar el sistema de control de gestión que incluya la RSC.

- Los valores éticos que están implícitos en el propio concepto de responsabilidad social deben inspirar todos los aspectos relacionados con la gestión empresarial: la participación, comunicación, excelencia, responsabilidad, son esenciales en el proceso de control.
- La definición de objetivos debe orientarse en un triple sentido: social, medioambiental y económico y estructurarse en torno a una gran diversidad de *stakeholders*. Hasta el momento los aspectos relacionados con la gestión medioambiental son los que han despertado un mayor interés. Es necesario que el resto de variables cobren al menos el mismo protagonismo en los sistemas de control.
- Un aspecto hasta ahora olvidado ha sido el estudio de las implicaciones económicas que conlleva este compromiso social. En principio se puede pensar que la responsabilidad social supondrá un mayor coste económi-

co pero habría que analizar su efecto sobre los activos intangibles para poder tener una visión correcta de sus implicaciones económicas.

- El compromiso con lo social ha de ser asumido por todo el personal; el control de gestión no es responsabilidad de la dirección y, por tanto, no se conseguirán los objetivos de sostenibilidad si no cuenta con el respaldo de todos los miembros de la organización.
- El sistema de información constituye un elemento esencial del sistema de control de cara a garantizar el *feedback* y la comunicación interna y externa.
- Es necesario diseñar una estructura organizativa en la que se identifique una unidad que trabaje transversalmente el tema de la responsabilidad social y que mantenga permanentemente intercambios de información con el resto de responsables.
- Con respecto a los indicadores de control, el sistema debe integrar un conjunto equilibrado de indicadores: centrales y adicionales, tangibles e intangibles, de resultados y de procesos, relativos, sistémicos y transversales.
- El sistema de indicadores debe identificar las relaciones causa-efecto o interrelaciones entre los mismos; ningún indicador actúa aisladamente. En palabras del GRI, el progreso hacia un desarrollo sostenible se apoya en movimientos coordinados que engloban a todo un conjunto de medidas de la actuación (indicadores). Asimismo, es necesario establecer una priorización de indicadores a la vista de la estrategia en materia de responsabilidad social.
- El análisis de las desviaciones con respecto a las metas previamente fijadas debe vincularse con el sistema de incentivos. Estos incentivos no han de ser necesariamente de carácter monetario, sino más bien de carácter extrínseco, por ejemplo, relacionados con un mayor reconocimiento, formación, etc.

14.6. Bibliografía

ARAQUE, R. (2002), "Una aportación al debate sobre el Libro Verde de la responsabilidad social de la empresa", *Revista de Fomento Social*, nº 228, octubre-diciembre, pp.595-628.

ARGANDOÑA, A. (2003), *Sobre los Sistemas de Gestión Ética, Social y Medioambiental en las Empresas,* Documento de Investigación nº 508, Barcelona, Ed. IESE Business School.

COMISIÓN DE LAS COMUNIDADES EUROPEAS (2002), *Comunicación relativa a la responsabilidad social de las empresas: Una contribución empresarial al desarrollo sostenible* COM (2002) 347 Bruselas 2.7.2002.

GLOBAL REPORTING INITIATIVE (2002), *Guía para la Elaboración de Memorias de Sostenibilidad sobre el desempeño económico, ambiental y social de la empresa*, Ed. Fundación Entorno, Madrid. www.fundacionentorno.org/pdf/fondo/guia_gri2002.pdf, (consulta 2003)

GUÍA DEL PACTO MUNDIAL www.pactomundial.org/recursos/documentos/que_es_pacto/ (consulta diciembre 2004)

MORRÓS RIBERA, J.(2003), "La responsabilidad social de la empresa y las principales normas de contabilidad y auditoría social: una concreción del cómo", *Papeles de Ética, Economía y Dirección*, nº8, 24 pág.

PROSPER, F. y VILALLONGA, G. (2003), "Propuesta de un modelo de evaluación de las responsabilidades sociales de las empresas. El caso "IDOM", *Comunicación presentada en XI Conferencia Anual de Ética, Economía y Dirección. Responsabilidad social de la empresa (RSE): del por qué al cómo.* Barcelona, junio, 15 pág.

VIDAL, I. (2003), "Estado Actual de la Utilización de los Instrumentos de Control y Métodos para Informar sobre la Responsabilidad Social Corporativa en España", *Ponencia presentada a las II Jornadas sobre Responsabilidad Social Corporativa, Contabilidad y Auditoría Social,* Universidad de Barcelona, 27 de junio.

XV
La determinación y distribución de resultados en la sociedad cooperativa: algunas propuestas de armonización legislativa

Manuel Paniagua Zurera
Marta Montero Simó
Julio Jiménez Escobar[1]

El mosaico legal sustantivo en materia cooperativa, con una Ley estatal y –por ahora– trece Leyes autonómicas, y el desfase entre la normativa sustantiva y la tributaria, ésta última es anterior en el tiempo en el caso del Estado, aconsejan armonizar la normativa vigente mediante el establecimiento de las líneas maestras para la ordenación sustantiva y tributaria de la sociedad cooperativa. El estudio se adentra en esta tarea respecto al régimen de determinación y distribución de resultados del ejercicio económico.

Palabras clave: *armonización de la legislación cooperativa en España, determinación y distribución de resultados del ejercicio económico, reforma del Impuesto sobre Sociedades.*

1. La redacción de los epígrafes 1, 2 y 3 ha correspondido a Manuel Paniagua Zurera, y la redacción de los epígrafes 4, 5 y 6 ha correspondido a Marta Montero Simó y Julio Jiménez Escobar.

15.1. Planteamiento y propósito del estudio

La determinación y la distribución de resultados del ejercicio económico en la cooperativa presenta una complejidad muy acusada si la comparamos con los tipos sociales más utilizados en la práctica: las sociedades mercantiles de capital. A esta complejidad contribuyen razones doctrinales: la dualidad interpretativa entre la actuación de la cooperativa como gestor al servicio de sus socios o como sociedad alternativa a las de capital por su carácter mutualista y por el respeto a los principios cooperativos;[2] motivos de gestión económica: la atribución a los socios de la renta empresarial a través de los precios de los bienes o servicios que la cooperativa presta a sus socios o de los que los socios prestan a la cooperativa, o el reparto de esta renta una vez determinados los resultados económicos en proporción a la participación del socio en la actividad económica cooperativa;[3] y circunstancias de política legislativa: la legislación cooperativa sustantiva está constituida por un mosaico legal formado por la Ley estatal y, por ahora, trece Leyes autonómicas.[4]

A los aludidos motivos hemos de adicionar la importancia, en la práctica decisiva, de la legislación tributaria sobre cooperativas. Máxime cuando la Ley 20/1990, de 19 de diciembre, sobre el régimen fiscal de las cooperativas (LRFC), es anterior a la vigente Ley estatal 27/1999, de 16 de julio, de cooperativas (LCoop). Algunas de las novedades de la LCoop en la determinación y la distribución de resultados del ejercicio económico carecen de un expreso reconocimiento en la LRFC. El legislador sustantivo ha debido regular materias tributarias para aclarar las dudas suscitadas.[5]

El conjunto de elementos comentados hacen necesaria la tarea de ordenar el régimen vigente de determinación y distribución de resultados del ejercicio

2. Defienden que la cooperativa actúa, siempre, como mero gestor al servicio de sus socios, F. Vicent Chuliá, (1994), pp. 305-312; y Mª L. Llobregat Hurtado, (1999), pp. 222-224. Mientras la concepción de la cooperativa como modelo societario alternativo a las sociedades capitalistas es defendida por M. Paniagua Zurera, (1997), pp. 318-331 y 372-400.

3. La obligada participación del socio en la actividad económica cooperativa (p. ej. como consumidor o usuario en las cooperativas de consumo o como prestador de trabajo en las de trabajo asociado) hace posible el empleo de estos dos mecanismos de reparto de los resultados del ejercicio económico. La libre atribución a los socios de toda o parte de la renta empresarial generada por la cooperativa vía precios (p. ej. en el precio o valor de su prestación laboral o en el de los bienes que presta a la cooperativa), altera la normal aplicación de las normas contables, la calidad de la información aportada por las cuentas anuales y los resultados del ejercicio económico.

4. Es más fácil y rápido indicar las Comunidades Autónomas que, al día de hoy, y por poco tiempo por lo que parece, no han promulgado su propia Ley de cooperativas, son: Asturias, Canarias, Cantabria y Murcia. Para un análisis panorámico de nuestra profusa legislación cooperativa en la doctrina más reciente, véanse J. A. García Sánchez, (2001); F. J. Alonso Espinosa, (2001); y Mª J. Morillas Jarillo y M. I. Feliú Rey, (2002).

5. Véanse las disposiciones adicionales 6ª, 7ª, 8ª y 9ª LCoop.

económico en la cooperativa, e intentar fijar unas orientaciones generales para su disciplina sustantiva y tributaria.[6] Reparemos que la normativa contable ha tenido que afrontar esta labor en la Orden del Ministerio de Economía 3614/2003, de 16 de diciembre, que aprueba las normas sobre los aspectos contables de las sociedades cooperativas (PCSC), que son de aplicación obligatoria para las cooperativas.[7]

15.2. El régimen sustantivo de determinación y distribución de resultados del ejercicio económico

15.2.1. Los distintos tipos de resultados del ejercicio económico

La LCoop y las Leyes cooperativas autonómicas no coinciden en los tipos de resultados, ni en la necesidad o en la facultad de la separación o no contable.[8] La LCoop obliga, de entrada,[9] a distinguir –como el PCSC– entre resultados cooperativos, extracooperativos y extraordinarios (art. 57); mientras que cinco Leyes autonómicas sólo diferencian –como la LRFC– entre resultados cooperativos y extracooperativos.[10]

Las Leyes estatal y autonómicas tampoco coinciden en la definición de los diferentes tipos de resultados económicos. La LCoop califica como resultados cooperativos los derivados que la realización de la actividad económica cooperativa con sus socios, que es la solución tradicional. Pero, a continuación, adiciona a los resultados cooperativos los procedentes de inversiones o participaciones financieras en cooperativas[11] y, como novedad, los procedentes de estas mismas inversiones en sociedades no cooperativas que realicen actividades preparatorias, complementarias o subordinadas a las de la propia coo-

6. Por razones de extensión y de claridad nos centramos en el régimen sustantivo y tributario general de las sociedades cooperativas de primer grado. No extendemos nuestro análisis a las cooperativas de segundo o ulterior grado, a cooperativas con una normativa especial como las de crédito o las de seguros, o a nuevos tipos cooperativos como las cooperativas mixtas o las cooperativas sin ánimo de lucro.

7. La Exposición de Motivos del PCSC afirma que, exceptuando a las cooperativas de crédito y de seguros, sus normas son de aplicación obligatoria a todas las sociedades cooperativas, *"con independencia de donde desarrollen su actividad principal y de la normativa autonómica a que estén sometidas"*.

8. Las diferencias se acrecientan si a la legislación sustantiva que nos ocupa le sumamos las exigencias derivadas de las normas contables.

9. Pues permite que las cooperativas no tengan que separar contablemente los resultados cooperativos y los extracooperativos que, en este caso, aparecerán unidos en las cuentas anuales.

10. Son la Ley navarra (art. 49), la gallega (art. 66.3), la extremeña (art. 61.2), la riojana (art. 71.4) y la catalana (art. 64.3).

11. En coherencia con esta norma los resultados procedentes de los acuerdos intercooperativos *ex* art. 79.3 LCoop deben ser considerados como resultados cooperativos. Así lo aclaran algunas Leyes autonómicas [art. 67.1 letra c) Ley valenciana y art. 67.2 letra c) Ley castellano-manchega].

perativa (art. 57.3 letra a). Además, serán resultados cooperativos las plusvalías por enajenación de elementos del inmovilizado material destinados al cumplimiento del fin social siempre que se reinviertan, dentro del plazo legal, en nuevos elementos con igual carácter y destino (art. 57.3 letra b). Estas ampliaciones de los resultados cooperativos han sido acogidas con rapidez por bastantes Leyes autonómicas.[12]

La falta de coincidencia en la noción de los distintos tipos de resultados es especialmente relevante en el concepto de resultado extracooperativo que maneja la LCoop[13] pues, junto al elemento tradicional de los resultados de la realización de la actividad económica cooperativa con terceros no socios, la Ley estatal incluye los procedentes de inversiones en sociedades y, a modo de cláusula residual, los que se obtengan de actividades económicas o fuentes ajenas a los fines específicos de la cooperativa (art. 57.3). Esta novedosa ampliación del perímetro de los resultados extracooperativos tiene, o puede tener, importancia en la determinación y la distribución de los resultados económicos. Tendrá trascendencia, y mucha, si la cooperativa opta, como permite la LCoop (art. 57.4) y algunas Leyes autonómicas,[14] porque los resultados cooperativos y los extracooperativos no se separen contablemente.[15]

15.2.2. La determinación de los resultados del ejercicio. Especial referencia a los bienes y servicios intercambiados entre la cooperativa y sus socios en el desarrollo de la actividad económica cooperativa

La determinación de los distintos tipos de resultados del ejercicio económico queda remitida, en la LCoop, a las normas generales de contabilidad.[16] Pero es tradición en nuestra legislación cooperativa la calificación como gastos del ejercicio de la remuneración a los socios por sus aportaciones al

12. Como la Ley vasca (art. 67), la Ley madrileña (art. 59), la Ley balear (art. 79), la Ley castellano-leonesa (art. 73), la Ley castellano-manchega (art. 66), la Ley andaluza (art. 88) y la Ley catalana (art. 64).

13. Que sigue al art. 21 LRFC, y no coincide con la definición aportada por el PCSC para los resultados extracooperativos (Norma 15ª.1).

14. Acogen esta facultad la Ley aragonesa (art. 57), la madrileña (art. 59) y la castellano-leonesa (art. 73). Mientras la Ley vasca impone *ex lege* la no separación contable (art. 66).

15. La disposición adicional 6ª LCoop establece como causa de pérdida de la condición de cooperativa fiscalmente protegida (*sic*) *"la falta de contabilización separada de las operaciones cooperativizadas realizadas con terceros no socios"*. Repárese que el precepto sólo se refiere a resultados derivados de la actividad económica cooperativa con terceros no socios, y no a otras fuentes de ingresos que también son resultados extracooperativos.

16. Cinco Leyes autonómicas incorporan una enumeración de los ingresos y de los gastos que siguen las directrices presentes en la LRFC y en el PCSC. Las dudas surgen respecto a la calificación como ingreso del ejercicio económico de las cuotas de ingreso pagadas por los socios a la cooperativa. Volveremos sobre esta cuestión.

capital social[17] y, lo que plantea mayores dudas y debates, el valor de los bienes o servicios, o ambos, prestados por los socios para la actividad económica cooperativa. El problema reside en la valoración de estos bienes y servicios. La LCoop establece que no pueden valorarse por encima de los precios reales de liquidación (art. 57.2). En la práctica este criterio, novedoso en la legislación estatal, permite el ajuste contable de los gastos del ejercicio a los ingresos obtenidos por la cooperativa, lo que conduce a las políticas de resultados cero. Una significativa y relevante parte de las Leyes autonómicas exige, como ocurría bajo la Ley estatal de cooperativas de 1987, la aplicación de un criterio objetivo de valoración para estos bienes y servicios.[18]

15.2.3. Las pérdidas de ejercicios anteriores, la dotación de las reservas legales, el Impuesto sobre Sociedades y otras aplicaciones obligatorias de los excedentes netos

Del resultado neto, procedente de la diferencia entre los ingresos y los gastos en los distintos tipos de resultados de la cooperativa, la LCoop y las Leyes autonómicas obligan a detraer las cantidades necesarias para compensar las pérdidas de ejercicios anteriores y, a continuación, y antes de deducir el Impuesto sobre Sociedades, debe detraerse la dotación del Fondo de Reserva Obligatorio (FRO) y del Fondo de Educación y Promoción (FEP).

La cuantía de la dotación de estas reservas legales obligatorias varía en atención a dos factores: el tipo de resultado ante el que estemos y si la cooperativa en cuestión ha optado por la no separación contable de los resultados cooperativos y extracooperativos. Si existe separación contable, los porcentajes de dotación son un 20% para el FRO y un 5% para el FEP de los resultados cooperativos y un 50% para el FRO de los extracooperativos y de los extraordinarios. Si se opta por la no separación contable, los porcentajes de dotación son de un 20% para el FRO y un 5% para el FEP de los resultados cooperativos y extracooperativos, y un 50% para el FRO de los resultados extraordinarios.

17. En las condiciones y con los límites que fija la propia LCoop (art. 48). La LCoop y la mayoría de las Leyes autonómicas caracterizan esta retribución como optativa para la cooperativa, no puede rebasar en seis puntos el interés legal del dinero, y sólo es abonable si existen resultados positivos en el ejercicio económico en cuestión. Algunas Leyes autonómicas no acogen esta última condición (véanse p. ej. art. 45.1 Ley navarra o art. 80 Ley andaluza), por lo que las cooperativas sujetas a ellas pueden abonar intereses por las aportaciones sociales aunque no existan resultados positivos del ejercicio económico ni, incluso, de ejercicios anteriores. Véase *infra*.

18. Así lo hacen la Ley vasca (art. 66.2), la Ley aragonesa (art. 57.2), la Ley navarra (art. 49.1) y, como destacada novedad, pues antes era la única Ley que no acogía un criterio objetivo de valoración, la Ley valenciana (art. 67). Otras Leyes autonómicas (la extremeña, la gallega y la andaluza) demandan este criterio objetivo de valoración para las prestaciones de trabajo de los socios a la cooperativa. Las restantes Leyes autonómicas o acogen la solución de la LCoop o guardan silencio sobre esta materia.

Efectuadas estas dotaciones, los resultados netos deben minorarse con la cantidad destinada al Impuesto sobre Sociedades que, contablemente, es un gasto del ejercicio. Y, en su caso, hay de deducir la remuneración de aquellas formas de financiación voluntaria a la cooperativa de socios o de terceros que dependan, en todo o en parte, de los resultados del ejercicio económico.[19]

15.2.4. La aplicación de los resultados disponibles

En la aplicación de los resultados disponibles existe práctica uniformidad entre la LCoop y las Leyes autonómicas, lo que no excluye la existencia de alguna excepción.[20] La LCoop ordena que conforme a lo establecido en los estatutos sociales y en los acuerdos de la Asamblea general, los excedentes disponibles se aplicarán a retorno cooperativo, a reservas voluntarias irrepartibles, a reservas voluntarias repartibles (que no eran admitidas por la Ley estatal de 1987), a las reservas legales (el FRO o el FEP, o ambos) o a la retribución de los trabajadores asalariados de la cooperativa (art. 58.3 y 5). El orden entre los distintos destinos y la cuantía de la dotación resultan de la coordinación entre los estatutos sociales vigentes y los acuerdos válidos de la Asamblea.

La LCoop ordena que las cantidades distribuidas entre los socios como retornos cooperativos serán proporcionales a la participación del socio en la actividad económica cooperativa, y remite a los estatutos sociales y, en su defecto, a los acuerdos asamblearios, la forma de hacer efectivo el retorno acreditado a cada socio. Algunas Leyes autonómicas enumeran las posibles formas de abono de los retornos cooperativos: el pago inmediato después de aprobadas las cuentas anuales, la capitalización de los retornos o la incorporación a una reserva temporal, repartible y remunerada (el Fondo de retornos).[21]

Bajo la Ley estatal de 1987 la participación de los asalariados en los excedentes disponibles era una aplicación imperativa del resultado del ejercicio. Esta solución desaparece, primero, de las Leyes autonómicas[22] y, después, de la LCoop. Ahora esta participación es uno de los posibles destinos de los excedentes disponibles, y su efectiva aplicación depende de los estatutos sociales y de los acuerdos asamblearios.

19. Por ejemplo la remuneración de los títulos participativos (art. 54.2 LCoop), si la cooperativa los ha emitido.

20. La Ley extremeña, con errado criterio a nuestro entender, dispone que los excedentes disponibles se destinarán a retornos cooperativos (art. 62.2).

21. Respecto al tipo de interés abonable por las cantidades acreditadas en este Fondo de retornos la legislación autonómica acoge soluciones dispares: que no supere el interés legal del dinero (art. 51.2 Ley navarra), que no rebase en tres puntos el interés legal del dinero (art. 91.5 Ley andaluza) o que no exceda de la remuneración máxima establecida para las aportaciones sociales (art. 62.2 Ley valenciana). Mientras otras Leyes, entre ellas la LCoop, no fijan ningún tope máximo al hipotético interés.

22. Con la excepción de la Ley madrileña para las cooperativas de trabajo asociado (art. 60.2 letra e). Véase *infra*.

15.3. Una propuesta de armonización legislativa del régimen sustantivo de determinación y distribución de resultados

15.3.1. Las leyes cooperativas como reto para el jurista

La doctrina mercantil repite, monótonamente por lo reiterado, que en materia cooperativa no se ha cumplido el mandato del art. 129.2 Constitución (CE),[23] que la jurisprudencia constitucional no ha estado muy atinada al establecer el reparto de competencias entre el Estado y las Comunidades Autónomas,[24] y que la proliferación de Leyes autonómicas que regulan todo el régimen sustantivo de la cooperativa hacen necesaria una Ley de armonización *ex* art. 150.3 CE.[25] El jurista comprometido no puede ni ocultar el coste político que conlleva el recurso al art. 150.3 CE, ni silenciar la necesidad de consenso y mesura política y legislativa en materia cooperativa por el bien de las propias cooperativas y de sus asociaciones representativas, y por el bien de principios tan elementales en un Estado de Derecho y en una economía social de mercado como los de seguridad jurídica, unidad de mercado y defensa de la productividad.[26]

15.3.2. Referencia a algunos principios que debieran generalizarse en materia de determinación y distribución de resultados del ejercicio económico

Las orientaciones que siguen son unas propuestas de mínimos que tratan de respetar las singularidades hoy presentes en las Leyes estatal y autonómicas. No podemos ocultar que, con esta guía, la solución final es la generalización de la legislación cooperativa más liberal, flexible o desreguladora, pues todos los adjetivos son adecuados. La Ley que más se acerca a estos calificativos es la LCoop que está sirviendo de modelo a las Leyes autonómicas por la seducción implícita en un modelo de cooperativa que potencia, sobre todo, los intereses económicos de los socios actuales. Ello ocurre en detrimento de otro modelo de cooperativa más cercano a los principios cooperativos que, todavía, pervive en algunas Leyes autonómicas.[27]

---

23. *"Los poderes públicos* [...] *fomentarán, mediante una legislación adecuada, las sociedades cooperativas".*

24. M. Paniagua, (1997), pp. 164-178.

25. *"El Estado podrá dictar leyes que establezcan los principios necesarios para armonizar las disposiciones normativas de las Comunidades Autónomas, aun en el caso de materias atribuidas a la competencia de éstas, cuando así lo exija el interés general. Corresponde a las Cortes Generales, por mayoría absoluta de cada Cámara, la apreciación de esta necesidad".*

26. A. Díaz Moreno, (1996), pp. 242-244 y 267-272; M. Paniagua, (1997), pp. 185-186; M. Paniagua, (1998-a), pp. 55-56; F. Vicent, (1998), pp. 9-11 y 17; y F. J. León Sanz, (1998), pp. 469-475 y 481-484.

27. Es la alternativa entre la cooperación funcional o economicista, que acoge la LCoop siguiendo la guía del legislador vasco; y la cooperación clasista o social que acogía la Ley estatal de 1987 y, por ejemplo, las vigentes Leyes autonómicas andaluza, extremeña y valenciana. Véase M. Paniagua, (1997), pp. 91-134 y 184-187.

1. Respecto a los distintos tipos de resultados del ejercicio económico las Leyes sustantivas deben distinguir, como mínimo, entre los resultados cooperativos y los extracooperativos.[28] Y, en forma opcional, pueden exigir la distinción contable de los resultados extraordinarios. Los resultados cooperativos son los derivados de la actividad económica cooperativa con los socios, a los que se adicionarían los resultados añadidos, como cooperativos, por la LCoop y por la mayoría de las Leyes autonómicas.[29] Los resultados extracooperativos son los resultantes de la actividad económica con terceros no socios y, si no se acogen los resultados extraordinarios, incorporarán las demás fuentes de resultados. Si se opta por distinguir los resultados extraordinarios deben englobar –como hoy hace el PCSC– los procedentes de plusvalías y los que deriven de inversiones o de fuentes de ingresos ajenos a los fines de la cooperativa.
   El legislador debe establecer un destino coherente para los resultados de los acuerdos intercooperativos:[30] en la LCoop lo más adecuado es su calificación como resultado cooperativo, por coherencia con la nueva delimitación de estos resultados; pero también puede defenderse, como mínimo, su calificación como resultado extracooperativo pues esta categoría pasa a incorporar la cláusula residual.
2. Si la legislación cooperativa opta por permitir la no separación contable entre resultados cooperativos y extracooperativos, el mantenimiento del carácter cooperativo del tipo social exige que se aumente la dotación de los fondos legales irrepartibles. De lo contrario la cooperativa podría repartir entre sus socios la práctica totalidad de los resultados derivados de la actividad económica cooperativa con terceros no socios, en detrimento de la dotación del FRO y del FEP.
3. Con relación a los elementos que integran los ingresos cooperativos lo más adecuado es remitirse a la legislación contable. Este criterio debe servir para corregir aquellas Leyes cooperativas que incluyen como

28. El entrecruzamiento de normas contables y tributarias obligará a aportar la información requerida sobre los distintos tipos de resultados por esta normativa no sustantiva. Por ejemplo, calcular los resultados procedentes de la actividad económica cooperativa con no socios.

29. La tendencia es que las nuevas Leyes, y las que hoy no acogen esta singularidad, acabarán incorporándola, pues favorece los intereses económicos de los socios actuales. Con todo, causa extrañeza la calificación –sustantiva, no lo olvidemos– como resultado cooperativo de ciertas plusvalías. Esta solución tiene su fuente de inspiración en la normativa reguladora del Impuesto sobre Sociedades; pero en la legislación tributaria se establece a los efectos de diseñar una deducción fiscal, sin que resulte afectada la calificación sustantiva de los elementos patrimoniales en presencia.

30. La LCoop dispone que, en virtud de estos acuerdos, las cooperativas afectadas y sus socios pueden participar en la actividad económica cooperativa de las otras partes del acuerdo como si se tratase de actividades con sus propios socios. A continuación ordena, en contradicción con su art. 57, que todos los resultados de estos acuerdos se imputarán al FRO [arts. 55.1 letra d) y 79.3]. Hemos advertido que dos Leyes autonómicas califican estos resultados como cooperativos (véase *supra*).

ingreso cooperativo a las cuotas de ingreso abonadas por los socios. Como indica el PCSC dicha calificación sólo es correcta si la cuota retribuye un bien o servicio prestado por la cooperativa al socio.

4. Los gastos cooperativos plantean como cuestión y problema estelar la valoración de los bienes y servicios que la cooperativa presta a los socios y a la inversa. Resulta necesario evitar o, al menos identificar y controlar, el abono encubierto –esto es, vía precios– a los socios de los resultados positivos del ejercicio, imposibilitar la generación –al menos como hipótesis– artificial de pérdidas sociales que drenen el patrimonio social, incluso el irrepartible, e impedir la inaplicación de las normas imperativas sobre la determinación y la aplicación de los resultados del ejercicio. La normativa contable y la exégesis sistemática de las Leyes cooperativas permiten defender estas dos conclusiones: Primera, en el supuesto de bienes y servicios prestados por la cooperativa a sus socios el valor asignado o fijado debe ser, como mínimo, igual al valor de coste o al valor de adquisición para la cooperativa, incluidos los gastos generales de la sociedad en la actividad económica en cuestión. Segunda, respecto a los bienes y servicios prestados por los socios a la cooperativa para participar en la actividad económica cooperativa el valor asignado o fijado será, como máximo, el valor de mercado de los bienes o servicios de que se trate.[31]
   En materia de gastos la legislación cooperativa debe permitir que el abono de la remuneración por las aportaciones sociales proceda, no sólo de los resultados positivos del ejercicio, sino también con cargo a reservas voluntarias disponibles dotadas con resultados de ejercicios anteriores.[32] Por el contrario, debe impedir el abono de esta retribución cuando no existan ni resultados positivos del ejercicio, ni las citadas reservas voluntarias disponibles.[33]
5. Si tomamos como piedra de contraste la LCoop, cuyas soluciones se están generalizando en estos aspectos, los resultados positivos, o en su caso los negativos, derivados de los resultados cooperativos proceden, no sólo como era tradición, de las relaciones cooperativas con los socios, sino también de resultados con terceros (con la hipótesis extrema, pero posible, de que las inversiones en otras sociedades se utilicen para prestar a no socios los bienes y servicios cooperativos) e, incluso, incorporan plusvalías. Los resultados extracooperativos pasan a englobar cualquier tipo de resultado ajeno a los fines específicos de la cooperativa. Estas mutaciones deben ser

31. Véase M. Paniagua, (1997), pp. 457-490; e *idem*, (1998-b), pp. 14-16.

32. Así lo admiten algunas Leyes autonómicas, como la vasca (art. 60.3) y la valenciana (art. 68.2).

33. Para evitar el reparto entre los socios del patrimonio social, incluso el irrepartible, y para potenciar la solidez patrimonial y financiera de la cooperativa en el mercado.

asimiladas por la normativa tributaria y de fomento, pues la cooperativa obtiene, y puede repartir parcialmente entre sus socios, unos resultados idénticos a los obtenidos por las sociedades de capital. El efecto comentado se agudiza, sobre manera, si la cooperativa opta por la no separación contable entre resultados cooperativos y extracooperativos, pues se reduce la dotación de las reservas legales irrepartibles.

6. La legislación cooperativa debe preservar que una parte de las reservas de la cooperativa tendrán el carácter de irrepartibles entre los socios, incluidos los supuestos de liquidación. El legislador estatal debiera fijar un tope mínimo de dotación del FRO y del FEP.
7. La legislación cooperativa debe reconocer que, exceptuando la remuneración por las aportaciones sociales, el reparto de resultados positivos del ejercicio entre los socios debe ser proporcional a la participación en la actividad económica cooperativa (los retornos cooperativos).[34] El socio no tiene un derecho subjetivo al retorno, sino una expectativa de derecho condicionada por la existencia de resultados disponibles y por lo dispuesto en los estatutos y, en su caso, por los acuerdos de la Asamblea cuando aprueba las cuentas anuales. Esta expectativa legitima al socio para impugnar los acuerdos sociales y para exigir responsabilidad por daños al órgano de administración si incurren en abuso de derecho mediante negativas sistemáticas e injustificadas a repartir retornos o mediante la capitalización[35] obligada –de nuevo en forma continuada y sin justa causa– de los retornos reconocidos a los socios.[36]
8. Por último, dos sugerencias que suponen innovar las soluciones mayoritarias vigentes y reflexionar sobre medidas más acordes con los principios cooperativos. Primera, el legislador debe meditar la dotación sobre excedentes netos del FEP, que es claramente marginado en comparación con el FRO.[37] Y segunda, el legislador debe sopesar el reconocimiento legal de una participación en los excedentes disponibles del personal asalariado de la cooperativa.[38]

34. Extraña, y erradamente, la Ley madrileña admite la distribución de los retornos en forma igualitaria, mixta o en proporción a la participación en la actividad económica cooperativa (art. 60.2 letra e).

35. Es decir, la imposición de incorporar los retornos a las aportaciones obligatorias del socio al capital social, que experimentarán el oportuno aumento; pero que sólo son reintegrables cuando el socio se da de baja o la cooperativa se liquida, y siempre que quede activo después de pagar las deudas sociales.

36. Véase M. Paniagua, (1997), pp. 449-450 y 454-457.

37. En la Ley andaluza el 20% de los resultados derivados de la actividad económica cooperativa con terceros no socios se deben destinar al FEP (art. 92).

38. En la Ley madrileña los asalariados de las cooperativas de trabajo asociado –siempre que no hayan rechazado su acceso a la condición de socio– tienen derecho a una participación igual al 25% del retorno cooperativo acreditado al socio trabajador que preste igual o similar actividad en la cooperativa (art. 60.2 letra e).

15.4. La necesidad de reforma del régimen fiscal: el progresivo desajuste de la normativa tributaria

La Ley 20/1990, de 19 de diciembre de 1990, reguladora del régimen fiscal de las sociedades cooperativas, ha demostrado a lo largo de quince años de vida, una gran capacidad de adaptación a los cambios que había venido experimentando la regulación sustantiva. Estos cambios han venido motivados por la irrupción de nuevas leyes autonómicas y por la modificación de las ya existentes en 1990. La mencionada capacidad adaptativa se debe a que la normativa tributaria adoptó un determinado "modelo" de sociedad cooperativa, en consonancia con los tradicionales principios cooperativos y que se cimentaba en la regulación jurídico-privada.

A pesar de la demostrada capacidad de supervivencia de la Ley 20/1990, los cambios operados en los últimos años en la legislación sustantiva cuestionan el régimen fiscal vigente de estas sociedades. Las últimas leyes sustantivas se apartan del modelo más tradicional de sociedad cooperativa, abriéndose paso a nuevas orientaciones en la regulación del fenómeno cooperativo.[39]

Quizás el caso más paradigmático de este "ir contra corriente" lo constituye la Disposición Adicional Sexta de la vigente LCoop. El artículo 57.4 de la Ley permite a la cooperativa no contabilizar separadamente los resultados extracooperativos, entre los que se incluyen, entre otros, los de operaciones con no socios. Sin embargo, la normativa tributaria no sólo no adecua su regulación a esta posibilidad que se abre, al seguir partiendo de una clara distinción entre resultados cooperativos y extracooperativos[40] (la base imponible se fragmenta a partir de la identificación de un tipo de resultados y otros, tributando unos al 20% y otros al 35%), sino que incluso "apuntala" fiscalmente el modelo de sociedad cooperativa del que partía. La Disposición Adicional citada establece, como novedad, que se pierde la condición de cooperativa fiscalmente protegida en el caso de que no se contabilicen de forma separada las operaciones realizadas con no socios.

La falta de uniformidad en la regulación de la sociedad cooperativa por parte de las distintas normas sustantivas, el hecho de que exista una única Ley

39. Sobre la incidencia de las nuevas leyes cooperativas en la Ley 20/1990, véanse M. Montero Simó (2005), P. Alguacil Mari (2001), I. Fernández Fernández y M. Sieilo Constenla (2002) y P. Carrión García de Parada (2001).

40. Entre los que se incluyen, además de las operaciones con no socios, los resultados obtenidos de fuentes ajenas a los fines específicos de la cooperativa, los derivados de participaciones financieras en sociedades y los extraordinarios procedentes de plusvalías obtenidas por la enajenación de bienes del inmovilizado.

de régimen fiscal aplicable a todo el territorio nacional (excepto territorios forales) y la importancia de las últimas reformas experimentadas por el modelo de cooperativa tradicional, nos ha llevado a plantearnos la conveniencia de una posible armonización del régimen sustantivo de estas sociedades y de reforma de la ley tributaria.

En este sentido, aportamos una serie de posibilidades que lejos de constituir una propuesta cerrada, trata de abrir el debate sobre una posible futura reforma del régimen fiscal actual de las sociedades cooperativas.

15.5. Los principios inspiradores de la propuesta de reforma tributaria

Cualquier propuesta de modificación del régimen fiscal actual de las sociedades cooperativas se presenta complicada ya que es difícil modificar aspectos importantes de un régimen que se presenta como un todo coherente, sin romper con la armonía del conjunto. En todo caso, entendemos que cualquier intento de reforma debe estar inspirado en los siguientes principios:

1. Debe ser congruente y apoyarse en la regulación que se realice en el ámbito sustantivo. En este sentido, debe "respetar" las distintas opciones que hemos entendido que podría adoptar el legislador en la regulación jurídica de la sociedad cooperativa. No le corresponde al legislador tributario imponer, siquiera por vía indirecta, un determinado modelo de sociedad cooperativa. El punto de partida tiene que ser la realidad jurídica que le viene dada. A partir de ahí tendrá dos tareas: por un lado, adaptar el Impuesto sobre Sociedades a las particularidades que presenta el tipo societario cooperativo, en lo que se denominan normas de ajuste: deducibilidad de los fondos obligatorios, etc.; por otro lado, incentivar fiscalmente aquello que sea objeto de protección constitucional.
2. El legislador tributario sólo debe beneficiar fiscalmente a la sociedad cooperativa en aquellos aspectos que deben ser dignos de "protección" al constituir la "esencia" de este tipo societario, que por otra parte la Constitución (art. 129.2 CE) considera objeto de fomento.
3. El legislador debe contemplar mayor número de beneficios fiscales para aquellas cooperativas que realizan determinadas actividades o que tienen una clara función social, acreedoras desde un punto de vista constitucional de incentivación fiscal y que pueden gozar, también desde una perspectiva constitucional, de un nivel superior de incentivación fiscal.
4. Simplificar, en la medida de lo posible, el complejísimo procedimiento de liquidación en el Impuesto sobre Sociedades, sobre todo en lo con-

cerniente a la fragmentación de la base imponible, lo que ocasiona una importante presión fiscal indirecta a este tipo de sociedades. Consideramos que la norma fiscal no debe exigir, en la medida lo posible, más allá de lo que exige la normativa contable.

15.6. La propuesta de reforma en el Impuesto de Sociedades

Ante todo deseamos advertir que la propuesta que seguidamente se apunta pretende abrir nuevos "horizontes" más que perfilar totalmente las soluciones. Se trata en todo caso de una propuesta parcial que eliminaría la fragmentación de la base imponible en el Impuesto sobre Sociedades, pero que no entra a cuestionar ni la clasificación fiscal actual de las sociedades cooperativas, ni los beneficios fiscales reconocidos en otros impuestos, ni tan siquiera otras normas de ajuste y beneficios fiscales regulados en la Ley 20/1990 aplicables en el Impuesto sobre Sociedades. La propuesta se concreta en lo siguiente:

- Primero. La actual fragmentación en la base imponible desaparece, estableciéndose una base imponible única a la que se aplicaría el tipo general para cooperativas protegidas y no protegidas, estableciéndose un tipo reducido del 18% aplicable exclusivamente a las cooperativas especialmente protegidas. Este tipo reducido sustituiría a la actual bonificación en la cuota del 50%. Con este tipo se pretende incentivar fiscalmente a determinado tipo de sociedades cooperativas en aplicación del tercer principio que hemos expuesto en el epígrafe anterior.
- Segundo. Tanto para las cooperativas protegidas como para las especialmente protegidas, se establece una bonificación del 50% de la parte de la cuota íntegra que provenga de los resultados obtenidos en las operaciones que la cooperativa realiza con sus socios.

Actualmente este tipo de resultados tributan al 20%, aunque para cooperativas especialmente protegidas existe una bonificación sobre la totalidad de la cuota del 50%, que convierte a éste en un tipo efectivo del 10%.

Con la bonificación que se propone, y teniendo en cuenta que el tipo de gravamen aplicable sería el 35% para cooperativas protegidas y el 18% para cooperativas especialmente protegidas, el tipo de tributación efectiva pasaría al 17,5% para cooperativas protegidas, y al 9% para cooperativas especialmente protegidas.

No obstante, debe tenerse presente que el tipo del 20% se aplica también al resto de resultados cooperativos: subvenciones corrientes, imputaciones al ejercicio de las subvenciones de capital, intereses y retornos procedentes de la participación de la cooperativa en otras cooperativas y los ingresos financieros procedentes de la gestión de tesorería ordinaria necesaria para la realización de la actividad cooperativizada. Por ello, y para no incrementar la identificación de rentas más allá de lo que exige la normativa contable,[41] hemos optado porque, tras aplicarse la bonificación propuesta del 50% a la parte de la cuota íntegra que provenga de los resultados de operaciones con socios, el tipo efectivo sea del 17,5% o del 9% frente a los tipos efectivos actuales del 20% y del 10% aplicables a cooperativas protegidas y especialmente protegidas, respectivamente.

La aplicación de esta bonificación presenta las siguientes ventajas:

1. Fomenta fiscalmente las operaciones que constituyen la "esencia" de la sociedad cooperativa, en aras del cumplimiento del segundo principio inspirador que esbozamos con anterioridad.
2. No "inhabilita" de facto las posibilidades que otorga la normativa sustantiva, pues permite la contabilización conjunta de todas las operaciones. Únicamente se debe extraer de la cuenta de pérdidas y ganancias los ingresos y gastos directamente relacionados con la realización de la actividad cooperativizada con socios, en los casos en los que la ley no lo exigiera y la cooperativa no lo considere necesario para la obtención de la imagen fiel.
3. Simplifica considerablemente la liquidación del Impuesto sobre Sociedades al eliminar la fragmentación de la base imponible. Con esto se facilita enormemente la cuantificación del impuesto: no hay que proceder a imputar a cada una de las bases imponibles la parte correspondiente de los gastos generales; los ajustes extracontables no deben realizarse ya en dos bases imponibles; al realizarse la deducción del gasto por las dotaciones al Fondo de Reserva obligatorio, no se precisa distinguir qué parte corresponde a resultados cooperativos y qué parte a extracooperativos. Asimismo, la compensación de bases imponibles negativas se realiza a nivel de base y no de cuotas, lo que está más en consonancia con el régimen general del impuesto. Todo esto, consideramos, disminuye la "presión fiscal indirecta" que genera el actual régimen fiscal, lo que supone dar cumplimiento al cuarto de los principios enunciados.

41. El PCSC establece, en la Norma decimoquinta, apartado 15.1.a., que en el modelo normal de cuentas anuales se debe aportar como información adicional, cuando la ley sustantiva así lo exija o sea necesario para la obtención de la imagen fiel, el importe de las distintas partidas integrantes de la cuenta de pérdidas y ganancias correspondiente a: resultados cooperativos (constituidos por los ingresos y gastos derivados de las operaciones realizadas en la actividad cooperativizada con socios), resultados extracooperativos y resultados de actividades económicas distintas de la cooperativizada.

15.7. Bibliografía

ALGUACIL MARI, P. (2001), "Beneficios tributarios de las cooperativas tras la Ley estatal 27/1999", *Revista de Derecho Financiero y Hacienda Pública,* nº 262, pp. 915-986.

ALONSO ESPINOSA, F.J. (coord.) (2001), *La sociedad cooperativa en la Ley 27/1999, de 16 de julio, de Cooperativas*, Granada, Comares.

CARRIÓN GARCÍA DE PARADA, P. (2001), "Régimen fiscal de las cooperativas", VVAA, coord. García Sánchez, J.A.; *Comentarios a la Ley 27/1999, de 16 de julio*, tomo I, Madrid, pp. 1003-1070.

DÍAZ MORENO, A. (1996), "El Derecho mercantil en el marco del sistema de distribución de competencias entre el Estado y las Comunidades Autónomas", *Estudios jurídicos en homenaje al Profesor Aurelio Menéndez*, tomo I, Madrid, Civitas, pp. 227-272.

FERNÁNDEZ FERNÁNDEZ, I. y SIEIRO CONSTENTA, M. (2002), "La fiscalidad de las entidades cooperativas tras la Ley 27/1999, de 16 de julio de cooperativas", *Carta Tributaria (monografías)*, nº 3.

GARCÍA SÁNCHEZ, J.A. (coord.) (2001), *Comentarios a la Ley 27/1999, de 16 de julio*, tomo I, Madrid, Consejo General del Notariado.

LEÓN SANZ, F.J. (1998), "Modificaciones estructurales de sociedades cooperativas. Distribución de competencias entre el Estado y las Comunidades Autónomas", *Estudios de Derecho Mercantil. Homenaje al Profesor Justino Duque Domínguez*, tomo I, Valladolid, Universidad de Valladolid, pp. 465-488.

LLOBREGAT HURTADO, Mª. L. (1999), "Régimen económico de las sociedades cooperativas en el marco de la Ley general de cooperativas de 16 de julio de 1999", *Revista Derecho de Sociedades*, nº 13, pp. 190-228.

MONTERO SIMÓ, M. (2005), *Análisis jurídico tributario de la sociedad cooperativa*, Bilbao, Desclée–ETEA.

MORILLAS JARILLO, Mª. J. y FELIÚ REY, M.I. (2002), *Curso de Cooperativas*, 2ª ed., Madrid, Tecnos.

PANIAGUA ZURERA, M. (1997), *Mutualidad y lucro en la sociedad cooperativa*, Madrid, McGraw-Hill.

PANIAGUA ZURERA, M. (1998a), "La reforma de la legislación cooperativa andaluza", *Revista Ciriec-España*, nº 29, pp. 49-77.

PANIAGUA ZURERA, M. (1998b), "La determinación y distribución de resultados del ejercicio económico en el Anteproyecto de ley de sociedades cooperativas andaluzas. Análisis crítico", *Revista Ciriec-Legislación y Jurisprudencia*, nº 9, pp. 9-30.

PAZ CANALEJO, N. y VICENT CHULIÁ, F. (1994), *Comentarios a la Ley General de Cooperativas*, volumen 3º, Madrid, Edersa.

VICENT CHULIÁ, F. (1998), "Mercado, principios cooperativos y reforma de la legislación cooperativa (estudio introductorio y de síntesis)", *Revista Ciriec-España*, nº 29, pp. 7-33.

XVI
La empresa familiar en Córdoba

José Javier Rodríguez Alcaide
Maribel Rodríguez Zapatero

La empresa familiar es una realidad muy presente en el universo de grandes empresas de Andalucía y, sin embargo, poca atención se les suele prestar en cuanto tales. En el caso de Córdoba, constituyen la mayoría de las grandes empresas de la provincia. En el marco de la Cátedra PRASA, los autores han ido acumulando a lo largo de los últimos cinco años una importante base de datos acerca de dichas empresas, basada en encuestas directas, encaminadas a esclarecer las relaciones bidireccionales que se producen entre empresa y familia que marcan de forma decisiva las perspectivas de los negocios familiares. El estudio aporta interesante información acerca de cuestiones tan estratégicas como la pervivencia de las empresas, el relevo generacional o la transmisión del patrimonio familiar.

Palabras clave: *empresa familiar, Córdoba, transmisión patrimonial, relevo generacional, pervivencia empresarial.*

16.1. PREÁMBULO

De las mil doscientas empresas andaluzas que más facturaron en 2002, *ciento doce* son cordobesas. ¿Cuántas de estas empresas son familiares?[1] Ochenta y una empresas del segmento cordobés son empresas familiares, de acuerdo con nuestra investigación; es decir, el 73,2%. Como era de esperar, el peso de la empresa familiar es cada vez mayor a medida que disminuye la facturación individual de cada una de ellas, de acuerdo con el estado de posición siguiente (cuadro 1):

CUADRO 1
EMPRESAS FAMILIARES Y FACTURACIÓN

SEGMENTO POR FACTURACIÓN (10^6€)	NÚMERO DE EMPRESAS TOTAL	NÚMERO DE EMPRESAS FAMILIARES	PESO SOBRE EL TOTAL (%)
>100	6	3	50
>50 A 100	13	9	69
>20 A 50	20	12	60
>10 A 20	35	26	74.3
>5 A 10	38	31	81.5
TOTAL	**112**	**81**	**73.2**

Fuente: elaboración propia

Estas empresas familiares representan más del 70% de la facturación declarada y algo más del 70% del empleo generado por el segmento de ciento doce empresas. De estas 81 empresas, sólo 5 se encuentran en tercera generación; 39 se encuentran en segunda generación con la gestión diaria en manos de los hijos; y el resto, 36, se encuentran en primera generación con el fundador en activo, aunque los hijos ya se hayan en la mayoría de los casos incorporados al trabajo. Son empresas longevas, pues el 55 por ciento han sido transferidas en su gestión a las generaciones siguientes a las del fundador, encontrándose el 45% restante aún en primera generación. Muchas de estas empresas tienen que preparar el relevo generacional, pues van a recibir la transmisión de la propiedad en un período inferior a diez años. De estas ciento doce empresas, sólo cuatro están en suspensión de pagos y dos están pasando dificultades familiares que les pueden llevar a la extinción. Una tasa de falencia, suponiendo que, tras la suspensión de pagos, las empresas familiares desaparecieran, del 3,5% en un período de cinco años, lleno de bonanza económica, es una tasa normal de mortalidad en la empresa familiar.

1. *Andalucía Económica* en su número 155, mayo 2004, publicó el directorio de las 1.200 empresas por volumen de facturación en 2002, cuyas cuentas estaban depositadas en los Registros Mercantiles de Andalucía.

16.2. Justificación y objetivo

Han pasado cinco años desde que en enero del año 2000, la cátedra PRASA de Empresa Familiar[2] iniciara su andadura. Muchas empresas y empresarios han pasado por sus seminarios, preocupados por el futuro de su empresa familiar. Como fruto de estos contactos, la cátedra PRASA ha elaborado una base de datos con información de gran importancia para el análisis de este tipo de empresas. Con el desarrollo de este trabajo pretendemos analizar la situación de la empresa familiar respecto del proceso sucesorio así como las cuestiones que ésta considera críticas para su supervivencia. Aunque nuestra meta no es definir la empresa familiar, pues definiciones existen muchas, podemos decir que la *empresa familiar es aquella en la que propiedad y gestión están en manos de la familia y existe vocación de transferencia de empresa a la siguiente generación*.

El proceso educativo de la cátedra se compone de cuatro módulos de enseñanza, denominados A, B, C y D, que se imparten por ese orden, en los que los miembros de la familia empresaria reciben las enseñanzas sobre empresa familiar, enseñanzas que nada tienen que ver con objetivos de beneficios o umbrales de rentabilidad de la empresa. Son enseñanzas destinadas a iluminar al empresario en las relaciones bidireccionales que entre empresa y familia se producen, que están ahí, que no pueden ser obviadas ni olvidadas y que hay que tratar, en su justa medida, para garantizar el éxito empresarial y la felicidad familiar. Sus contenidos y créditos son los siguientes:

- *Módulo A: Prioridades y Fronteras en la Empresa Familiar*

Análisis de la Empresa Familiar. Singularidades y especificidades. Las etapas generacionales. Conflictos entre capital humano, financiero y empresarial. Sucesión en la propiedad y en la gestión. (Duración: 15 horas)

- *Módulo B: Consejo de Familia y Protocolo*

Modos de Gobierno en la Empresa Familiar. La Constitución familiar. La sucesión en la propiedad: hereditaria, mortis causa, contractual. Protección del capital financiero: Planificación tributaria y formas de transmisión del negocio y la propiedad. (Duración: 12 horas)

---

2. La Cátedra PRASA de Empresa Familiar comienza su actividad en enero de 2000 al suscribirse el primer Acuerdo de Colaboración entre la Universidad de Córdoba, la Confederación de Empresarios de Córdoba (CECO) y la Fundación PRASA como mecenas de la misma. Por acuerdo de 25 de febrero de 2000 se nombra director de la Cátedra PRASA de Empresa Familiar al Prof. Dr. D. José Javier Rodríguez Alcaide.

Su creación se debe a la necesidad de supervivencia del gran número de empresas familiares con que cuenta nuestra provincia. De todos es sabido la singularidad que presentan y una de ellas es el difícil cambio generacional que debiera permitir la continuidad de la empresa familiar en el tiempo haciendo coexistir lazos familiares y empresariales y diferenciando claramente la propiedad y la gestión.

- *Módulo C: Consejo de Administración*

Arquetipos del Consejo de Administración. El binomio Consejo de Administración-Empresa Familiar y Consejeros externos. (Duración: 9 horas)

- *Módulo D: Consejo de Familia y Testamento*

Consejo de Familia, Protocolo, Testamento, Capitulaciones y Cláusulas estatutarias. (Duración: 9 horas)

Los alumnos reciben los cursos de modo no oneroso, pero en contraprestación se comprometen a que los componentes claves de la familia empresaria acudan a los mismos. Los componentes clave son los fundadores, sus hijos, trabajen o no en la empresa, mayores de 21 años. También, en ocasiones, los consortes.

Los alumnos son componentes de empresas familiares que, habiendo oído de la existencia de la cátedra PRASA de Empresa Familiar, voluntariamente han decidido asistir a la misma. Constituyen una muestra orientada y predispuesta a escuchar asuntos relacionados con el sistema de empresa familiar. Como consecuencia de este sesgo, las consideraciones que aquí se diseñan y extraen no responden a un muestreo aleatorio, sino a un panel autoorientado, por lo que no se pueden inferir de la población cordobesa de empresas familiares.

16.3. Análisis descriptivo de la población

261 personas y 75 empresas familiares de Córdoba y provincia componen la muestra objeto de análisis.[3] Los datos (recogidos a lo largo de los cursos académicos 2001 al 2004 inclusive) se han clasificado atendiendo a las siguientes categorías:

- Etapa generacional.
- Sexo.
- Edad.
- Estado civil.
- Régimen matrimonial.
- Puesto de trabajo que ocupa en la empresa.

A continuación, en los cuadros 2 a 7, se recoge la información correspondiente a estas categorías y se comenta brevemente la misma.

3. Todos los datos proceden de cuestionarios realizados por alumnos de la Cátedra PRASA de Empresa Familiar.

CUADRO 2

DISTRIBUCIÓN DE LA MUESTRA SEGÚN ETAPA GENERACIONAL

ETAPA GENERACIONAL	Nº EMPRESAS	%
FUNDADOR	38	50.67
SOCIEDAD DE HERMANOS	34	45.33
SOCIEDAD DE PRIMOS	3	4.00
TOTAL	**75**	**100**

Fuente: elaboración propia.

La mayoría de empresas que componen la muestra analizada se encuentran en primera fase, etapa del fundador (50,67%); tan sólo un 4%, en etapa de consorcio de primos. Podríamos destacar que el porcentaje de empresas en segunda generación, sociedad de hermanos, 45.33%, es un porcentaje elevado y muy similar al del segmento de 81 empresas analizadas en la introducción.

CUADRO 3

DISTRIBUCIÓN DE LA MUESTRA SEGÚN SEXO

SEXO	Nº PERSONAS	%
HOMBRE	168	64.37
MUJER	93	35.63
TOTAL	**261**	**100**

Fuente: elaboración propia.

El 64% de la muestra son hombres, frente a un 35% que son mujeres. El porcentaje de mujeres es bastante elevado, lo que viene a corroborar el cada vez mayor interés del sexo femenino hacia los temas empresariales.

CUADRO 4

DISTRIBUCIÓN DE LA MUESTRA SEGÚN EDAD

ESTRATO DE EDAD	%
20-29	24.60
30-39	32.94
40-49	17.06
50-59	18.25
60-69	6.35
70-79	0.79
TOTAL	**100**

Fuente: elaboración propia.

La distribución de la muestra se encuentra más concentrada en los estratos de menor edad. Pero tenemos que destacar que, de los asistentes, el 25% tiene más de 50 años y, por tanto, tienen que iniciar el proceso de renovación generacional, transmitiendo la empresa al segmento de la siguiente generación que, en un 50%, se concentra entre los 30 y 50 años de edad.

CUADRO 5

DISTRIBUCIÓN DE LA MUESTRA SEGÚN ESTADO CIVIL

ESTADO CIVIL	%
20-29	24.60
CASADOS	67.82
SEPARADOS	3.45
SOLTEROS	27.59
VIUDOS	1.15
TOTAL	**100**

Fuente: elaboración propia.

CUADRO 6

RÉGIMEN ECONÓMICO DEL MATRIMONIO

REGIMEN ECONOMICO	%
20-29	24.60
GANANCIALES	71.74
SEPARACIÓN DE BIENES	28.26
TOTAL	**100**

Fuente: elaboración propia.

Entre los casados el régimen matrimonial de mayor presencia es el régimen de gananciales, algo que no es de extrañar en la comunidad autónoma andaluza, por motivaciones culturales. Este hecho es preocupante porque el régimen de gananciales no es conveniente a la hora del relevo generacional y transmisión de la propiedad del capital, porque dificulta el consenso posterior del necesario protocolo familiar.

CUADRO 7
DISTRIBUCIÓN DE LA POBLACIÓN SEGÚN PUESTO DE TRABAJO EN LA EMPRESA

PUESTO EN LA EMPRESA	%
20-29	24.60
NO TRABAJA	20.69
SUBORDINADO	24.90
DIRECTOR DE ÁREA	27.20
GERENTE	27.20
TOTAL	**100**

Fuente: elaboración propia.

Existe representatividad de todos los puestos, desde accionistas activos en diferentes puestos de responsabilidad hasta accionistas pasivos que no trabajan en la empresa, pero no por ello se les puede olvidar. Puede observarse que un elevado porcentaje, el 54.40%, ocupan puestos de alta responsabilidad en la dirección de la empresa y solamente un 21% no trabaja en ella, pudiendo ser propietario o no, miembro consanguíneo o por afinidad.

16.4. ANÁLISIS DEL PROCESO SUCESORIO

16.4.1. DISPOSICIÓN A PLANIFICAR LA SUCESIÓN

El problema principal al que se enfrenta la empresa familiar, junto con los propios de cualquier otra empresa, es la falta de planificación del proceso de sucesión. En el primero de los módulos a los que estos empresarios asisten, como parte de su proceso de formación, se les entrega un cuestionario, entre otros, que busca determinar cuál es la predisposición a planificar la sucesión. Este cuestionario se compone de diez preguntas que puntúan del uno al cuatro, siendo uno el peor de los valores posibles y cuatro el mejor. Según la puntuación obtenida, se clasifica al individuo en cuatro situaciones respecto a la planificación de la sucesión. Si el individuo obtiene una puntuación inferior a 23, debe prestar mayor atención al curso. Una puntuación entre 24 y 30 indica confusión entre familia y empresa. Entre 30 y 40 se está orientado a planificar la sucesión y 40 puntos indican que la disposición a la planificación es absoluta; estaríamos en la situación ideal o deseada. El cuadro 8 muestra los resultados obtenidos.

CUADRO 8
DISPOSICIÓN A PLANIFICAR LA SUCESIÓN

SITUACIÓN	Nº PERSONAS	%
FUNDADOR	38	50.67
DEBE PRESTAR ATENCIÓN	15	7.01
REVISAR IDEAS	73	34.11
ORIENTADO A PLANIFICAR	121	56.54
DISPOSICIÓN A PLANIFICAR	5	2.34
TOTAL	**214**	**100**

Fuente: elaboración propia.

Pese a que existe un 56.54% orientado a planificar la sucesión y un 2.34% dispuesto a planificar, esta información debe ser completada con el cuestionario *Evaluación de su negocio familiar* (ver punto 4.2), cuyo objetivo es determinar si la empresa familiar tiene las bases suficientes y necesarias para ejecutar un proceso sucesorio exitoso, pues no basta con estar dispuesto a planificar, sino que es necesario sentar las bases para ello. Además, no hay que olvidar las características de esta muestra, pues son personas pertenecientes a la empresa familiar, que voluntariamente decidieron asistir a la cátedra PRASA de Empresa Familiar, lo que concuerda con el alto porcentaje obtenido en la disposición a planificar la sucesión.

Para analizar si en la predisposición a planificar la sucesión influyen variables como el sexo o la edad del individuo, se realizaron los cruces pertinentes, de los que se obtuvo la información contenida en el cuadro 9.

CUADRO 9
DISPOSICIÓN A PLANIFICAR LA SUCESIÓN SEGÚN SEXO

SITUACIÓN	HOMBRE (%)	MUJER (%)	TOTAL
DEBE PRESTAR ATENCIÓN	7.48	5.97	7.01
REVISAR IDEAS	35.37	31.34	34.11
ORIENTADO A PLANIFICAR	53.74	62.69	56.54
DISPOSICIÓN A PLANIFICAR	3.40	0.00	2.34
TOTAL	**100**	**100**	**100**

Fuente: elaboración propia.

La mujer presenta una mayor orientación en la planificación a la sucesión. Un 63% de las mujeres se encuentran en esta situación y los porcentajes en la situación "debe prestar atención" y "revisar ideas sobre familia y empresa" son inferiores a los que arroja el hombre. Respecto de la edad, la situación es la reflejada en el cuadro 10.

CUADRO 10

DISPOSICIÓN A PLANIFICAR LA SUCESIÓN SEGÚN EDAD

SITUACIÓN	18-30	30-40	40-50	50-60	>60	TOTAL
DEBE PRESTAR ATENCIÓN	3.13	3.03	5.71	15.79	27.27	7.01
REVISAR IDEAS	32.81	37.88	25.71	39.47	27.27	34.11
ORIENTADO A PLANIFICAR	59.38	57.58	65.71	44.74	45.45	56.54
DISPOSICIÓN A PLANIFICAR	4.69	1.52	2.86			2.34
TOTAL	**100**	**100**	**100**	**100**	**100**	**100**

Fuente: elaboración propia.

Llama la atención que los estratos menor de edad presentan mayor disposición a planificar sucesión que los estratos 18-30 y 30-40. Esto es un problema a la hora de un proceso sucesorio exitoso, ya que los mayores son pieza clave en este proceso. En el estrato de 50 años en adelante, nadie está dispuesto a planificar la sucesión, sabiendo que en ese estrato se concentra la cuarta parte de la población y alrededor del 45% de ese estrato de edad está orientado a empezar la planificación del relevo generacional.

Tal y como se apuntara en líneas anteriores, es necesario completar la información proporcionada por este test con el cuestionario “Evaluación de su negocio familiar” (punto 4.2). Este último nos proporciona información de las bases con las que la empresa cuenta para planificar su proceso de transmisión generacional. Los resultados se muestran a continuación.

16.4.2. EVALUACIÓN DEL NEGOCIO FAMILIAR

Este cuestionario fue contestado por un total de 215 personas. Es un cuestionario que, mediante 10 preguntas del tipo sí/no, tiene como objetivo explorar a la empresa familiar en la preparación a la sucesión. Este cuestionario se entrega en el primer módulo de la formación impartida por la cátedra, lo que permite conocer en qué estado se hallan las empresas familiares para planificar la sucesión, tomando como referencia las siguientes preguntas:

1. ¿Habla su familia de manera abierta acerca del negocio familiar y los planes para el futuro?

CUADRO 11
RESPUESTA A LA PREGUNTA 1 DEL CUESTIONARIO DE EVALUACIÓN DEL NEGOCIO FAMILIAR

PREGUNTA 1	HOMBRE (%)	MUJER (%)	TOTAL
NO	35.76	45.31	38.60
SÍ	64.24	54.69	61.40
TOTAL	**100**	**100**	**100**

Fuente: elaboración propia.

Un 39% de los encuestados (84 personas) manifiestan no dialogar de manera fluida sobre la situación y los planes de la empresa familiar. Se puede decir que es una cifra muy elevada cuando se trata de analizar la comunicación entre miembros de una familia empresaria, ya que la presencia de diálogo y la percepción de su existencia por los miembros de la familia es pieza clave en el éxito de la empresa familiar. Hay una diferencia cuando se examina la información según el sexo. Parece, *a priori*, que las mujeres perciben una menor comunicación que el hombre en la empresa familiar. Para determinar si esta diferencia es significativa, desde un punto de vista estadístico, se ha realizado un análisis de la varianza (ANOVA I) del que se desprende (véase el cuadro 1 del anexo) que el sexo no es determinante en la respuesta a la pregunta formulada (el valor de probabilidad, 19%, supera ampliamente al 5% necesario).

2. ¿Confía usted en sus asesores y les involucra en la toma de decisiones críticas?

CUADRO 12
RESPUESTA A LA PREGUNTA 2 DEL CUESTIONARIO DE EVALUACIÓN DEL NEGOCIO FAMILIAR

PREGUNTA 2	HOMBRE (%)	MUJER (%)	TOTAL
NO	42.38	43.75	42.79
SÍ	57.62	56.25	57.21
TOTAL	**100**	**100**	**100**

Fuente: elaboración propia.

Un 42.79% no confía en sus asesores ni los involucra. Esta situación viene a confirmar el hermetismo del que es tachada la empresa familiar. Ese oscurantismo o recelo por la información ha llevado a muchas empresas al fracaso en la transmisión o cesión del poder a la siguiente generación. El sexo no es un factor que produzca diferencias ante esta pregunta.

3. ¿Han tenido o tienen sus hijos adultos la oportunidad de reunirse con sus asesores y con usted a los efectos de comprender cuáles son sus oportunidades y obligaciones en el negocio?

CUADRO 13

RESPUESTA A LA PREGUNTA 3 DEL CUESTIONARIO DE EVALUACIÓN DEL NEGOCIO FAMILIAR

PREGUNTA 3	HOMBRE (%)	MUJER (%)	TOTAL
NO	70.86	76.56	72.56
SÍ	29.14	23.44	27.44
TOTAL	**100**	**100**	**100**

Fuente: elaboración propia.

Llama la atención el alto porcentaje, 72.56%, con respuesta negativa a la pregunta. De nuevo constatamos la falta de planificación de la sucesión, principal motivo de desaparición de la empresa familiar. La sucesión en una empresa familiar es un proceso que ha de planificarse con 10 o 15 años de antelación.

4. ¿Tiene su empresa y su familia un documento escrito sobre la misión de las mismas?

CUADRO 14

RESPUESTA A LA PREGUNTA 4 DEL CUESTIONARIO DE EVALUACIÓN DEL NEGOCIO FAMILIAR

PREGUNTA 4	HOMBRE (%)	MUJER (%)	TOTAL
NO	90.07	85.94	88.84
SÍ	9.93	14.06	11.16
TOTAL	**100**	**100**	**100**

Fuente: elaboración propia.

Como ocurriera en la pregunta anterior, pero aún con un mayor porcentaje, el 88.84% responde negativamente a la pregunta. Los empresarios, absorbidos por el día a día de la empresa, no toman el tiempo necesario para pensar cuál es la misión, el conjunto de estrategias y objetivos. En definitiva, no piensan en el largo plazo ni en cómo transmitir esa misión para que sea compartida por el resto de miembros de la empresa familiar, que en un futuro tendrán que tomar las riendas de la misma.

5. ¿Está usted de acuerdo con su esposa sobre el papel que jugarán cada uno de sus hijos en la empresa familiar en el futuro?, y sus hijos ¿están de acuerdo?

CUADRO 15

RESPUESTA A LA PREGUNTA 5 DEL CUESTIONARIO DE EVALUACIÓN DEL NEGOCIO FAMILIAR

PREGUNTA 5	HOMBRE (%)	MUJER (%)	TOTAL
NO	66.89	73.44	68.84
SÍ	33.11	26.56	31.16
TOTAL	**100**	**100**	**100**

Fuente: elaboración propia.

Un 68.84% no ha discutido sobre el papel que los hijos jugarán en el futuro en la empresa familiar. Si observamos esta información por sexo, la mujer percibe menor diálogo sobre este tema. Para ver si la diferencia es significativa desde el punto de vista estadístico, también se ha realizado un análisis dela varianza (véase tabla 2 del anexo), del que se concluye que la diferencia entre sexos no es significativa desde el punto de vista estadístico.

6. ¿Tiene usted previsto su retiro financieramente?

Esta pregunta es de gran valor para determinar si el actual líder esta dispuesto a “ceder la batuta”. El traspaso generacional se ve frustrado muchas veces por los miedos del fundador. Uno de estos miedos es mantener el estatus de vida que tenía en activo. Para lograr mantener este estatus es necesario realizar una planificación financiera acorde.

CUADRO 16
RESPUESTA A LA PREGUNTA 6 DEL CUESTIONARIO DE EVALUACIÓN DEL NEGOCIO FAMILIAR

PREGUNTA 6	HOMBRE (%)	MUJER (%)	TOTAL
NO	57.78	64.81	59.79
SÍ	42.22	35.19	40.21
TOTAL	**100**	**100**	**100**

Fuente: elaboración propia.

Cerca de un 60% de la muestra no tiene planificado su retiro financiero. Este punto es de vital importancia, puesto que una de las principales barreras que encuentra el fundador para ceder la batuta de la empresa es la seguridad financiera en la vejez. Junto a esta pregunta creemos conveniente adjuntar datos procedentes de otra encuesta entregada en el módulo C de enseñanza de la cátedra PRASA en el cuestionario "confidencial". En este cuestionario, además de otra serie de cuestiones, se les pregunta a los miembros por la existencia o no de testamento. Los resultados obtenidos se muestran en el cuadro 17.

CUADRO 17
SITUACIÓN RESPECTO AL TESTAMENTO

TESTAMENTO	Nº PERSONAS	(%)
FUNDADOR	38	50.67
NO	110	62.50
SÍ	66	37.50
TOTAL	**176**	**100**

Fuente: elaboración propia.

Es dramático observar que el 62.5% no tiene testamento, cuando los solteros sólo representan el 27% de la población analizada. Si analizamos estos datos por estratos de edad, se obtiene la situación reflejada en el cuadro 18.

CUADRO 18

EXISTENCIA DE TESTAMENTO SEGÚN EDADES

EDAD	TESTAMENTO	(%)
20-29	SÍ	21.02
	NO	1.70
	TOTAL	**22.73**
30-39	SÍ	28.41
	NO	5.11
	TOTAL	**33.52**
40-49	SÍ	7.39
	NO	10.23
	TOTAL	**17.61**
>50	SÍ	5.68
	NO	20.45
	TOTAL	**26.14**
TOTAL GENERAL		**100**

Fuente: elaboración propia.

De la población con más de 50 años, 25%, el 80% no tiene dispuesto el testamento y del estrato inmediatamente inferior (17,61% de la población), el 65% tampoco ha dispuesto su voluntad final. Todo lo contrario que sucede paradójicamente en los estratos más jóvenes. Si analizamos los datos cruzando con el nivel de formación, la situación es la que se recoge en el cuadro 19.

CUADRO 19

EXISTENCIA DE TESTAMENTO SEGÚN NIVEL DE ESTUDIOS

TESTAMENTO	ESTUDIOS MEDIOS (%)	ESTUDIOS SUPERIORES (%)	TOTAL (%)
NO	54.46	76.56	62.50
SÍ	45.54	23.44	37.50
TOTAL	**100**	**100**	**100**

Fuente: elaboración propia.

7. ¿Tiene usted claro cómo y cuándo seleccionar a su sucesor?

CUADRO 20
RESPUESTA A LA PREGUNTA 7 DEL CUESTIONARIO DE EVALUACIÓN DEL NEGOCIO FAMILIAR

PREGUNTA 7	HOMBRE (%)	MUJER (%)	TOTAL
NO	73.61	85.25	77.07
SÍ	26.39	14.75	22.93
TOTAL	**100**	**100**	**100**

Fuente: elaboración propia.

De nuevo la situación es contraria a una sucesión sin tensiones. Habría que preguntarse el por qué de esta situación. Si el empresario está inmerso en el día a día, si no existen hijos con capacidad para asumir el mando, si tiene miedos a su retiro. Pero fuese cual fuese el motivo, lo que es obvio es que existe una falta de planificación del proceso sucesorio.

8. ¿Tiene su familia rituales o costumbres que contribuyan positivamente con el mantenimiento de la empresa familiar?

CUADRO 21
RESPUESTA A LA PREGUNTA 8 DEL CUESTIONARIO DE EVALUACIÓN DEL NEGOCIO FAMILIAR

PREGUNTA 8	HOMBRE (%)	MUJER (%)	TOTAL
NO	39.74	43.75	40.93
SÍ	60.26	56.25	59.07
TOTAL	**100**	**100**	**100**

Fuente: elaboración propia.

Un 59% manifiesta que en su empresa familiar existen rituales, actos que contribuyen positivamente al mantenimiento de la misma. Este porcentaje debería haber sido muy superior. La empresa familiar necesita, como todas las empresas, pero en mayor grado, una fuerte comunicación entre sus miembros; necesita que estos se sientan como parte de un todo común, pues una de sus singularidades es la difusa línea que separa a la familia de la empresa.

9. ¿Mantiene reuniones periódicas con la familia donde se discuten temas familiares y empresariales?

Esta pregunta viene a completar la anterior. Los resultados obtenidos se muestran en el cuadro 22.

CUADRO 22
RESPUESTA A LA PREGUNTA 9 DEL CUESTIONARIO DE EVALUACIÓN DEL NEGOCIO FAMILIAR

PREGUNTA 9	HOMBRE (%)	MUJER (%)	TOTAL
NO	61.59	53.13	59.07
SÍ	38.41	46.88	40.93
TOTAL	**100**	**100**	**100**

Fuente: elaboración propia.

Esta pregunta viene a corroborar lo comentado en la anterior. Puede que la empresa familiar se reúna en actos o celebraciones, pero cuando se les pregunta si en estos actos se discuten temas familiares y empresariales, el porcentaje de respuestas negativas aumenta de un 40 a un 59 por ciento, casi 20 puntos. Un 60% de los encuestados saben que les va a ser difícil planear el relevo generacional sin un mediador externo.

10. ¿Existe un Consejo Familiar que se reúna en intervalos regulares de tiempo?

CUADRO 23
RESPUESTA A LA PREGUNTA 10 DEL CUESTIONARIO DE EVALUACIÓN DEL NEGOCIO FAMILIAR

PREGUNTA 10	HOMBRE (%)	MUJER (%)	TOTAL
NO	80.79	75.00	79.07
SÍ	19.21	25.00	20.93
TOTAL	**100**	**100**	**100**

Fuente: elaboración propia.

Esta tercera pregunta completa las dos anteriores. El Consejo de Familia es el órgano encargado de regular o regir la difusa línea que existe entre familia y empresa en la familia empresaria. La existencia de un Consejo de Familia en una empresa familiar supone la reglamentación formal de los aspectos familiares que influyen en la empresa, y un correcto funcionamiento del mismo ayuda considerablemente a una transición suave y exitosa. Pero, por desgracia, tan sólo un 22% contestó afirmativamente a la pregunta.

Vistos los resultados, podemos decir que a la empresa familiar le queda un largo camino que recorrer para planificar eficaz y eficientemente el proceso sucesorio. El lado positivo es que un alto porcentaje de los miembros de la muestra respondió estar dispuesto a planificar la sucesión. Están concienciados de que es un proceso que no puede quedar paralizado en el tiempo y del que depende la supervivencia de su propia empresa.

16.4.3. Posicionamiento ante cuestiones que inciden en la supervivencia de la empresa familiar

Nos interesaba conocer cuáles de las cuestiones se consideraban clave para la supervivencia de la empresa familiar. Este cuestionario consta de 39 preguntas, al que han contestado 192 personas. Se miden diferentes aspectos relacionados con la empresa familiar. Se les pide que puntúen las cuestiones con valor cero, uno y dos, en función de si consideran crítica o no la cuestión planteada. Un valor dos supone que la pregunta es esencial para la supervivencia de la empresa familiar. Los resultados se han clasificado por sexo y nivel de formación. Se presenta la media y la desviación estándar.

La primera categoría analizada es el grado de compromiso que tiene la persona respecto de su empresa familiar. Esta categoría la forman dos preguntas, cada una de las cuales puede tener un valor máximo de dos; por lo tanto, la puntuación máxima que se puede producir es de cuatro. Las dos preguntas son:

1. ¿Estoy comprometido con el futuro de la empresa familiar?
2. ¿Estoy obligado a trabajar siempre en la empresa o tengo otras posibilidades profesionales?

Cuadro 24

Respuestas en la categoría "grado de compromiso"

NIVEL DE FORMACIÓN	SEXO	MEDIA	DESVIACIÓN ESTÁNDAR
ESTUDIOS MEDIOS	HOMBRE	3.04	0.94
	MUJER	2.37	1.00
ESTUDIOS SUPERIORES	HOMBRE	2.86	1.05
	MUJER	2.48	1.08
TOTAL GENERAL		**2.81**	**1.02**

Fuente: elaboración propia.

La media total de grupo de encuestados es de 2,81; son personas comprometidas con su empresa familiar, pero algunas de ellas no desechan la posibilidad de trabajar fuera de la misma. La mujer con estudios superiores es la que presenta la menor media aunque, hay que anotar la gran variabilidad de la misma vista la desviación que presenta.

La siguiente categoría estudiada se denomina "vender o mantener". La puntuación máxima para esta categoría es de cuatro puntos y las preguntas que la conforman se detallan a continuación:

1. ¿Quiero mantener la propiedad de la empresa o debiera venderla?
2. ¿Qué hacemos si uno de los accionistas quiere vender su parte?

Los resultados se muestran en el cuadro 25.

CUADRO 25
RESPUESTAS EN LA CATEGORÍA "VENDER O MANTENER"

NIVEL DE FORMACIÓN	SEXO	MEDIA	DESVIACIÓN ESTÁNDAR
ESTUDIOS MEDIOS	HOMBRE	3.10	0.99
	MUJER	3.00	1.10
ESTUDIOS SUPERIORES	HOMBRE	3.13	0.96
	MUJER	3.04	1.01
TOTAL GENERAL		**3.08**	**1.00**

Fuente: elaboración propia.

A la vista de los resultados podríamos concluir que la muestra presenta una respuesta más homogénea para esta categoría. La media general es de 3.08, y las medias según nivel de formación y sexo puntúan con valores muy cercanos. Son personas que desean el mantenimiento de la propiedad en manos de la familia.

La siguiente categoría se ha denominado "círculo familia empresa". Esta categoría tiene una puntuación máxima de diez. La forman las cinco preguntas siguientes:

1. ¿Cómo elegimos a los familiares que vayan a trabajar en la empresa?
2. ¿Tenemos que dar trabajo a todos los miembros de la familia?
3. ¿Deberíamos animar a los familiares políticos o a otros familiares a trabajar en la empresa?
4. ¿Qué preparación profesional debemos exigir a los familiares que trabajan en la empresa?
5. ¿Cómo asignar cargos o responsabilidades?

Los resultados obtenidos se muestran en el cuadro 26.

CUADRO 26
RESPUESTAS EN LA CATEGORÍA "CÍRCULO FAMILIA EMPRESA"

NIVEL DE FORMACIÓN	SEXO	MEDIA	DESVIACIÓN ESTÁNDAR
ESTUDIOS MEDIOS	HOMBRE	6.32	1.77
	MUJER	6.40	1.29
ESTUDIOS SUPERIORES	HOMBRE	7.11	1.55
	MUJER	6.52	1.47
TOTAL GENERAL		**6.54**	**1.63**

Fuente: elaboración propia.

Para que los asuntos familiares, que inciden en el funcionamiento de la empresa familiar, no obstaculicen su buena marcha, la puntuación deseable debería ser sustancialmente mayor a la obtenida. La mejor puntuación la ostenta la categoría hombres con estudios superiores con una media de 7.11, pero su variabilidad es grande. Esta situación viene a confirmar que queda mucho camino por andar en relación a la gestión de los aspectos familiares que claramente inciden en la gestión empresarial.

La siguiente categoría, denominada "resultados", la componen dos preguntas, por lo que la puntuación máxima posible es de cuatro. Las preguntas son las siguientes:

1. ¿Cómo evaluar y remunerar a los familiares que trabajan en la empresa?
2. ¿Qué debemos hacer cuando un familiar no rinde satisfactoriamente o abandona la empresa?

CUADRO 27
RESPUESTAS EN LA CATEGORÍA "RESULTADOS"

NIVEL DE FORMACIÓN	SEXO	MEDIA	DESVIACIÓN ESTÁNDAR
ESTUDIOS MEDIOS	HOMBRE	3.02	1.01
	MUJER	3.06	1.10
ESTUDIOS SUPERIORES	HOMBRE	3.22	0.99
	MUJER	3.24	0.77
TOTAL GENERAL		**3.10**	**0.99**

Fuente: elaboración propia.

El grupo presenta una posición homogénea respecto a estas preguntas. La puntuación media es de 3.1.

La siguiente categoría denominada "sucesión", la forman cinco preguntas, por lo que la puntuación máxima posible es de diez. Las preguntas se detallan a continuación:

1. ¿Cómo elegir al sucesor del líder de la empresa?
2. ¿Cuándo debemos decidir quién será el siguiente líder de la empresa?
3. ¿Cuándo y cómo debe realizarse la transmisión de poderes?
4. ¿Cómo evaluar el rendimiento del nuevo líder?
5. ¿Cómo proporcionar una carrera profesional digna a los miembros de la familia que ocupan posiciones secundarias?

Esta categoría debe relacionarse con la encuesta sobre disposición a planificar sucesión y evaluación de su negocio familiar. La situación ideal sería la de una puntuación máxima, ya que, tal y como se ha comentado anteriormente, la falta de planificación del proceso de sucesión es una de las principales causas de mortandad en la empresa familiar. Los resultados obtenidos aparecen en el cuadro 28.

CUADRO 28
RESPUESTAS EN LA CATEGORÍA "SUCESIÓN"

NIVEL DE FORMACIÓN	SEXO	MEDIA	DESVIACIÓN ESTÁNDAR
ESTUDIOS MEDIOS	HOMBRE	7.79	1.91
	MUJER	7.53	2.07
ESTUDIOS SUPERIORES	HOMBRE	7.82	1.86
	MUJER	8.12	1.58
TOTAL GENERAL		**7.80**	**1.88**

Fuente: elaboración propia.

Las puntuaciones obtenidas serían susceptibles de mejora; aun así, podríamos decir que los miembros de la empresa familiar están preocupados por estas cuestiones. En este caso, el estrato de estudios superiores es el que presenta una mejor puntuación. Aunque la preocupación existe, tal y como hemos podido deducir del cuestionario "evaluación de su negocio familiar", a la empresa familiar le queda mucho trabajo por hacer para abordar el problema sucesorio.

La siguiente categoría, denominada "Consejo de Administración", tiene una puntuación máxima de seis y la forman tres preguntas que se relacionan a continuación:

1. ¿Quién debe pertenecer al Consejo de Administración?
2. ¿Cuál debe de ser el funcionamiento del Consejo de Administración?
3. ¿Qué debemos exigir a nuestros consejeros?

Estos resultados deben de ser acompañados[4] de otros que se han obtenido de un cuestionario entregado en el módulo de enseñanza C, en el que se les pregunta por la existencia y utilidad del Consejo de Administración y por la presencia de consejeros externos en sus consejos.

CUADRO 29
RESPUESTAS EN LA CATEGORÍA "CONSEJO DE ADMINISTRACIÓN"

NIVEL DE FORMACIÓN	SEXO	MEDIA	DESVIACIÓN ESTÁNDAR
ESTUDIOS MEDIOS	HOMBRE	4.87	1.25
	MUJER	5.00	1.43
ESTUDIOS SUPERIORES	HOMBRE	4.48	1.35
	MUJER	4.92	1.25
TOTAL GENERAL		**4.81**	**1.31**

Fuente: elaboración propia.

Aunque teniendo en cuenta la media general (4.8) se podría decir que los encuestados están preocupados o dan importancia a la función del Consejo de Administración, en la realidad esta preocupación no se plasma, porque cuando se les pregunta por la utilidad de sus actuales Consejos de Administración (cuadro 30), la respuesta que se obtiene es que un 48% lo considera poco útil y que un 31.33% ni siquiera tiene un Consejo de Administración. Que sólo un 20% considere útil el Consejo de Administración es un indicador de los deficientes procesos de planificación, supervisión y apoyo en la dirección que acaecen en este tipo de empresas.

CUADRO 30
UTILIDAD DEL CONSEJO DE ADMINISTRACIÓN

UTILIDAD	Nº PERSONAS	%
ÚTIL	31	20.67
POCO ÚTIL	72	48.00
SIN CONSEJO	47	31.33
TOTAL GENERAL	**150**	**100.00**

Fuente: elaboración propia.

4. Para una mayor claridad se incluyen en esta categoría los resultados de la encuesta "Consejo de Administración", que es entregada a los miembros de la empresa familiar en el módulo C de enseñanzas de la cátedra PRASA de Empresa Familiar.

Uno de los requisitos, aunque no imprescindible, sí deseable, para un buen funcionamiento del Consejo de Administración y, por ende, de la empresa es la presencia de consejeros externos a la empresa familiar en el Consejo de Administración de la misma. Tal y como era de esperar, y en parte por el recelo a compartir información con terceros ajenos a la familia, tan sólo un 25% tienen a consejeros independientes sentados en sus consejos, de acuerdo con los que afirman la utilidad del Consejo de Administración.

CUADRO 31
PRESENCIA DE CONSEJEROS EXTERNOS EN EL CONSEJO DE ADMINISTRACIÓN

PRESENCIA DE ASESORES EXTERNOS	**Nº PERSONAS**	**%**
NO	131	74.86
SÍ	44	25.14
TOTAL GENERAL	**175**	**100.00**

Fuente: elaboración propia.

La siguiente categoría fue denominada "accionistas", con una puntuación máxima de ocho, las preguntas que la componen se detallan a continuación:

1. ¿Quién debe tener acciones de la compañía?
2. ¿Deben tener todos los hijos la misma participación accionarial, trabajen o no en la empresa?
3. ¿Qué dividendos o gratificaciones deben recibir los accionistas?
4. ¿Cómo conciliar intereses de los accionistas que trabajan en la empresa con los de los accionistas que no trabajan?

Las dos primeras preguntas van encaminadas a explorar la posición respecto a la planificación patrimonial de la empresa familiar. Para que la sucesión sea un éxito, no basta planificar quién, cuándo y cómo tomará la gestión de la compañía. Junto con la gestión hay que transferir todo un patrimonio, y de la manera o forma en que se haga dependerá el éxito o fracaso del proceso. Las dos últimas preguntas buscan explorar el posicionamiento o preocupación que los miembros de la empresa familiar tienen sobre la posición de los accionistas tanto internos, trabajan en la empresa, como externos, que no trabajan pero son propietarios, y el papel que juegan estos últimos, que es de especial importancia. Los resultados que se obtuvieron se recogen en el cuadro 32.

CUADRO 32
RESPUESTAS EN LA CATEGORÍA "ACCIONISTAS"

NIVEL DE FORMACIÓN	SEXO	MEDIA	DESVIACIÓN ESTÁNDAR
ESTUDIOS MEDIOS	HOMBRE	5.46	1.86
	MUJER	5.53	2.03
ESTUDIOS SUPERIORES	HOMBRE	5.60	1.94
	MUJER	5.16	1.88
TOTAL GENERAL		**5.46**	**1.90**

Fuente: elaboración propia.

La puntuación media es de 5.4 con una desviación elevada. No hay grandes diferencias cuando las puntuaciones se examinan según estudios y sexo de la muestra. La preocupación sobre estos aspectos debería de ser superior para garantizar la continuidad de la empresa familiar.

La siguiente categoría, "Consejo de Familia", la forman ocho preguntas, por lo que la puntuación máxima y deseable sería de dieciséis puntos. Recordemos que el Consejo de Familia es un órgano que debe regular los asuntos familiares que interfieren en la empresa y viceversa; es decir, es el órgano encargado de gestionar la delgada línea que separa la familia de la empresa cuando de empresa familiar se trata.

Las preguntas que forman esta categoría son:

1. ¿Cómo resolver los desacuerdos familiares: entre personas, entre miembros de la misma generación o de generaciones diferentes?
2. ¿Cómo transmitir a los familiares más jóvenes y a los consortes los valores y tradiciones de la empresa y de la familia?
3. ¿Quién dirigirá las actividades de la familia en la generación siguiente?
4. ¿Cómo ayudar a los familiares en apuros económicos?
5. ¿Qué otras obligaciones tenemos respecto de otros miembros de la familia?
6. ¿Qué hacer cuando hay un divorcio en la familia?
7. ¿Qué ocurre si un miembro de la familia viola la ley o es un irresponsable?
8. ¿Cómo podemos ayudar a los miembros de la familia que quieran emprender sus propios negocios?

Los resultados que se obtuvieron se muestran en el cuadro 33.

CUADRO 33
RESPUESTAS EN LA CATEGORÍA "CONSEJO DE FAMILIA"

NIVEL DE FORMACIÓN	SEXO	MEDIA	DESVIACIÓN ESTÁNDAR
ESTUDIOS MEDIOS	HOMBRE	11.03	2.39
	MUJER	10.46	3.30
ESTUDIOS SUPERIORES	HOMBRE	10.17	3.06
	MUJER	9.76	3.33
TOTAL GENERAL		**10.57**	**2.86**

Fuente: elaboración propia.

Aunque la puntuación no es tan baja como pudiera pensarse, dado que anotamos que, ante la pregunta de la existencia de Consejo de Familia (pregunta 10 del cuestionario "Evaluación de su negocio familiar"), tan sólo el 21% afirmó tener un Consejo de Familia efectivo.

La siguiente categoría, denominada "empleados decisivos", la componen seis preguntas, por lo que la puntuación máxima sería de doce. Las preguntas son las siguientes:

1. ¿Cómo gratificar el esfuerzo de los empleados decisivos que no pertenecen a la familia?
2. ¿En qué medida implicamos a los empleados decisivos en los conflictos familiares?
3. ¿Qué obligaciones tenemos con los empleados más valorados?
4. ¿Deberíamos dar acciones de la empresa familiar a los empleados más decisivos?
5. ¿Podría ser uno de estos empleados decisivos el nuevo líder de la empresa?
6. ¿Cómo tratamos a los empleados de probada lealtad que son menos productivos y valiosos por razones de edad?

El tratamiento de empleados decisivos no familiares es una pieza clave para lograr la integración de estos en la empresa familiar y poder evitar su fuga. La preocupación o situación respecto a este tema mostrada por los encuestados se recoge en el cuadro 34.

CUADRO 34

RESPUESTAS EN LA CATEGORÍA "EMPLEADOS DECISIVOS"

NIVEL DE FORMACIÓN	SEXO	MEDIA	DESVIACIÓN ESTÁNDAR
ESTUDIOS MEDIOS	HOMBRE	5.76	2.54
	MUJER	5.34	2.74
ESTUDIOS SUPERIORES	HOMBRE	6.31	2.36
	MUJER	5.28	2.59
TOTAL GENERAL		**5.76**	**2.55**

Fuente: elaboración propia.

Los resultados son muy bajos. Los empresarios familiares no son conscientes de la importancia que juegan sus empleados claves que no son familiares. Esta posición no extraña *a priori*. Una de las quejas de ejecutivos de empresa familiar es precisamente ésta.

La siguiente categoría denominada "comunidad social", tiene una puntuación máxima de cuatro. La forman las siguientes dos preguntas:

1. ¿Qué obligaciones tenemos con la comunidad?
2. ¿Cómo gestionamos nuestra imagen pública y las expectativas de la gente respecto de la empresa?

Con estas preguntas buscamos explorar si la empresa familiar es consciente de que vive en una comunidad a la que hay que devolver tanto como ésta le ha dado. Hay que mencionar que la filantropía de la empresa familiar se suele producir en tercera o cuarta generación, cuando la empresa es solvente financiera y económicamente, y a través de fundaciones juega un papel en la comunidad en que reside. Recordemos que en nuestro panel de empresas tan sólo el 4% de las mismas está en tercera generación. En primera y segunda generación se está más preocupado por el pago de impuestos y se considera que de esa manera ya se contribuye con la sociedad.

Los resultados obtenidos se presentan en el cuadro 35.

CUADRO 35

RESPUESTAS EN LA CATEGORÍA "COMUNIDAD SOCIAL"

NIVEL DE FORMACIÓN	SEXO	MEDIA	DESVIACIÓN ESTÁNDAR
ESTUDIOS MEDIOS	HOMBRE	2.57	0.97
	MUJER	2.71	0.99
ESTUDIOS SUPERIORES	HOMBRE	2.22	0.97
	MUJER	2.28	1.06
TOTAL GENERAL		**2.47**	**0.99**

Fuente: elaboración propia.

Al objeto de comparar los posicionamientos de los miembros de las empresas familiares respecto de las cuestiones claves, fue necesario normalizar los valores. Dado que las escalas en cada una de las categorías analizadas eran diferentes, se estableció como valor máximo 16. Realizados los pertinentes cálculos, la imagen obtenida es la mostrada en el gráfico 1.

GRÁFICO 1

POSICIONAMIENTO ANTE CUESTIONES CRÍTICAS EN LA EMPRESA FAMILIAR

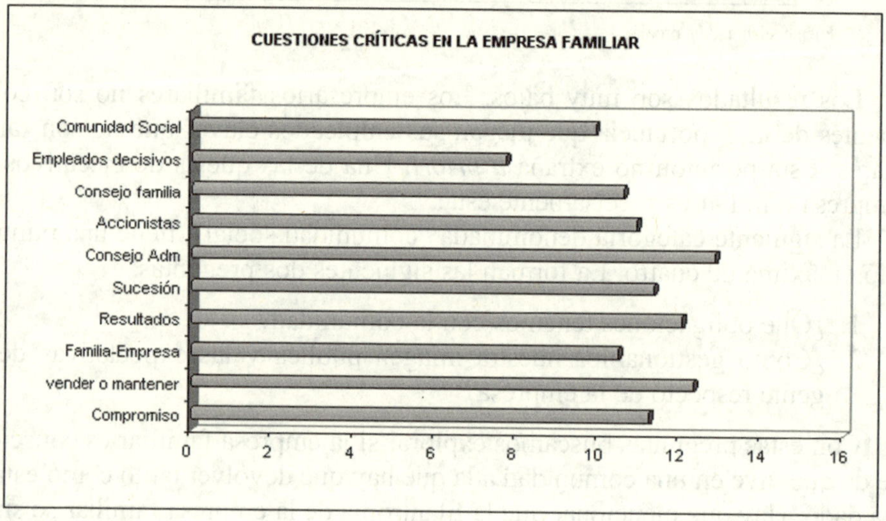

Fuente: elaboración propia.

Los componentes de las empresas familiares que han tenido la amabilidad de contestar este cuestionario ponen de manifiesto lo siguiente para la supervivencia de la empresa familiar:

1. Son cuestiones claves y críticas para el devenir de la empresa familiar la existencia de un Consejo de Administración que funcione eficazmente, así como mantener la empresa y obtener buenos resultados.
2. Son cuestiones significativas pero no críticas las relativas a la sucesión, el necesario compromiso con los objetivos de la empresa, las relaciones familia-empresa y la existencia de un Consejo de Familia.
3. No son cuestiones críticas ni significativas las siguientes: la importancia de empleados no familiares, lo que indica la escasa prioridad que dan a una política de recursos humanos.

16.5. Conclusiones generales

1. Casi el 60% de la población investigada muestra una preocupación por el relevo generacional y el necesario proceso de planificar la sucesión. Sin embargo, y paradójicamente, más del 75% de ellos no disponen de mecanismos ni de procesos que ayuden al relevo generacional, pues el 77% no sabe cómo seleccionar al sucesor.
2. Tan elevada despreocupación por el relevo generacional y la transmisión del patrimonio empresarial se pone de manifiesto cuando el 62,5% contesta no haber dado instrucciones sucesorias en un testamento, lo que se agrava en los participantes de mayor edad.
3. Sin embargo, a pesar de no tener preparado el proceso del relevo generacional, a estos familiares les preocupa como elementos críticos la necesidad de un Consejo de Administración efectivo, que los familiares estén comprometidos con al empresa y que ésta obtenga buenos resultados, necesarios para la supervivencia, para que se pueda mantener el control sobre ella en manos de la familia.
4. Todos los familiares están bastante preocupados por la supervivencia de la empresa familiar, pero no están diseñando procesos para llegar a un pacto familiar, pues sólo seis familias han alcanzado un acuerdo familiar y otras siete lo tienen en marcha.

16.6. Bibliografía

BORK D. JAFFE; LANE, S.; DASHEW, L. y HEISLER, Q. (1997), *Cómo trabajar con la empresa familiar,* Barcelona, Ed. Juan Granica.

CARLOCK, R.S. y WARD, J.L. (2003), *La planificación estratégica de la familia empresaria*, Bilbao, Ed. Deusto.

FLEMING, Q.I. (2000), *Keep the family baggage out of the family business,* New York, Fireside.

GERSICK, K.E.; DAVIS, J.A.; HAMPTON, M.M. y LANSBERG, E.I. (1997), *Empresas familiares: creación y generación*, McGraw hill.

GUINJOAN, M. y LLAURADÓN, J.M. (2000), *El empresario familiar y su plan de sucesión*, Madrid, Ed. Díaz Santos.

HILBURT-DAVIS, J. y W.G. DYER J.R. (2003), *Consulting to family business*, San Francisco (California), Ed. Jossey-Bass, Pfeiffer.

LANSBERG, I. (1999), *Los sucesores en la empresa familiar,* Barcelona, Ed. Juan Granica.

LEVAN, G. (1999), *Guía para la supervivencia de la empresa familiar,* Bilbao, Ed. Deusto.

LEA, J.W. (1993), *La sucesión del management en la empresa familiar*. Barcelona. Ed. Juan Granica.

LEACH, P. (1999), *La empresa familiar,* Barcelona, Ed. Juan Granica.
PÉREZ, M.; BROSETA B.; MONFERRER R. y CLIMENT, J. (2002), *La empresa familiar. Aspectos psicosociales de la dinámica familiar,* OPVI, Generalitat Valenciana.
WARD, J.L. (2004), *Perpetuating the family business,* New York, Ed. Palgrave Mc Millan.
WARD, J.L. (2004), *Cómo crear un Consejo de Administración en empresas familiares,* Bilbao, Ed. Deusto.

ANEXO

TABLA 1

ANÁLISIS DE LA VARIANZA DE LA VARIABLE SEXO EN LA PREGUNTA 1 DEL CUESTIONARIO DE EVALUACIÓN DEL NEGOCIO FAMILIAR

RESUMEN DE DATOS

Grupos	*Cuenta*	*Suma*	*Promedio*	*Varianza*
Hombre	151	97	0,64	0,23
Mujer	64	35	0,55	0,25

ANÁLISIS DE VARIANZA

Origen de las variaciones	*Suma de cuadrados*	*Grados de libertad*	*Promedio de los cuadrados*	*F*	*Probabilidad*	*Valor crítico para F*
Entre grupos	0,41	1	0,41	1,73	0,19	3,89
Dentro de los grupos	50,55	213	0,24			
Total	50,96	214				

Fuente: elaboración propia.

TABLA 2

ANÁLISIS DE LA VARIANZA DE LA VARIABLE SEXO EN LA PREGUNTA 5 DEL CUESTIONARIO DE EVALUACIÓN DEL NEGOCIO FAMILIAR

RESUMEN DE DATOS

Grupos	*Cuenta*	*Suma*	*Promedio*	*Varianza*
Hombre	151	50	0,33	0,22
Mujer	64	17	0,27	0,20

ANÁLISIS DE VARIANZA

Origen de las variaciones	*Suma de cuadrados*	*Grados de libertad*	*Promedio de los cuadrados*	*F*	*Probabilidad*	*Valor crítico para F*
Entre grupos	0,19	1	0,19	0,89	0,35	3,89
Dentro de los grupos	45,93	213	0,22			
Total	46,12	214				

Fuente: elaboración propia.

Curricula Vitae de los colaboradores (por orden alfabético)

José Antonio Arcenegui Rodrigo
Doctor en Ciencias Económicas y Empresariales por la Universidad de Córdoba. Profesor asociado del área de Contabilidad de ETEA. Master en gestión de entidades de crédito por la UNED. Ha desarrollado su carrera profesional en la división de auditoría de entidades de crédito en Arthur Andersen. En Cajasur ha realizado las funciones de jefe de auditoría interna y en la actualidad es Interventor General. Ha colaborado en la realización de dos manuales sobre contabilidad y auditoría financiera. En 2005 ha publicado un libro sobre el buen gobierno y la auditoría interna en las cajas de ahorros.

Carmen Barroso Campos
Cursa sus estudios en la Universidad de Málaga, en la cual se doctoró en el año 1984, en Ciencias Económicas y Empresariales (Sección de Económicas). Ha trabajado en la empresa privada y en la Administración Pública. En el año 1985 se incorpora a ETEA y actualmente es profesora titular de área de Macroeconomía en la Licenciatura en Administración y Dirección de Empresas-ETEA y de Economía Política en la Diplomatura en Ciencias Empresariales-ETEA. En este centro también ha impartido clases de Microeconomía y de Hacienda Pública y desempeñado cargos académicos. Ha publicado diversos libros y artículos en revistas especializadas.

Juan R. Cuadrado Roura
Catedrático de Economía Aplicada de la Universidad de Alcalá y Director del Instituto Universitario de Análisis Económico y Social (SERVILAB). Es tam-

bién titular de la cátedra Jean Monnet: "Política Económica y Unión Europea". Doctor en Economía por la Universidad Complutense de Madrid, amplió estudios en Francia y Reino Unido. Ha sido Profesor Visitante de la Universidad de California, en Berkeley. Forma parte de los consejos de redacción de varias revistas científicas nacionales e internacionales. Sus publicaciones se han centrado, especialmente, en temas de política económica, economía regional y la naturaleza y problemas del sector servicios; campos en los que cuenta con numerosos libros y artículos (en Regional Studies, Papers in Regional Science, International Regional Science R., The Service Industries Journal, entre otras). Ha participado y dirigido como experto numerosos proyectos e informes para la OCDE, el Banco Mundial, el BID, la DATAR y varias Direcciones Generales de la Comisión Europea. Actualmente desempeña también el cargo de Presidente del Consejo Consultivo de Privatizaciones.

Manuel Delgado Álvarez
Licenciado en Ciencias Económicas y Empresariales por la Universidad Complutense de Madrid. Doctor en Ciencias Económicas y Empresariales por la Universidad de Sevilla. Profesor desde 1973 del Área de Análisis Económico –Microeconomía– y de Economía Aplicada –Sistema Financiero y Mercados e Instrumentos Financieros– en la Facultad de Ciencias Empresariales –ETEA–. Ha participado en diferentes equipos que han investigado sobre los siguientes temas: economía regional y sectorial desarrollo local, sistemas y mercados financieros. Ha publicado diversos libros y artículos sobre los temas de investigación antes mencionados. Desde 1994 viene realizando estancias en diferentes países centroamericanos (Guatemala, El Salvador y Nicaragua) y del Caribe (Cuba), impartiendo cursos de postgrado, conferencias y promoviendo proyectos para el desarrollo de la zona.

Mª del Mar Delgado Serrano
Ingeniera Agrónoma y Doctora en Economía Agraria por la Universidad de Córdoba (UCO). En la actualidad es Profesora Asociada del Departamento de Economía Agraria y Gestión de Empresas de la UCO y coordina la *Titulación Superior en Desarrollo Rural* de esta Universidad, desde sus inicios en 1995. Además, es la coordinadora local del *Master Científico Internacional en Desarrollo Rural* reconocido como master de excelencia por la Comisión Europea dentro del Programa Erasmus Mundus. Su trayectoria profesional, tanto en España como en Europa o América Latina siempre ha estado relacionada con el desarrollo de áreas rurales, tanto en su vertiente formativa, como de investigación o trabajo en terreno.

Octavio Fernández Amador
Licenciado en Economía por la Universidad de Sevilla e investigador del Departamento de Economía Aplicada III de la citada Universidad. Es investigador en el Grupo de Investigación "Andalucía y España en la Europa de las Regiones" (SEJ-258) del Plan Andaluz de Investigación y Desarrollo Tecnológico de la Junta de Andalucía.

Isabel Gómez Rodríguez
Doctora en Ciencias Económicas y Empresariales por ETEA. Profesora asociada del área de Contabilidad y Auditoría de ETEA. Master en mercados bursátiles y derivados financieros por la UNED. Ha desarrollado su carrera profesional en la división de auditoría de entidades de crédito en Arthur Andersen. En Cajasur ha trabajado en las áreas de auditoría interna e Intervención. Ha colaborado en la realización de dos manuales sobre contabilidad y auditoría financiera. Ha presentado trabajos en Congresos sobre Contabilidad y Auditoría.

Julio Jiménez Escobar
Doctor en Derecho. Profesor titular de la Facultad de Ciencias Económicas y Empresariales de Córdoba (ETEA), donde imparte las asignaturas de Derecho Fiscal y de Régimen Fiscal de la Empresa. Es codirector del Master en Asesoría y Consultoría Fiscal que organizan ETEA y el Instituto de Estudios Fiscales del Ministerio de Hacienda. Ha publicado diversos trabajos relacionados con el Derecho Tributario: fiscalidad de entidades eclesiásticas, fiscalidad de entidades de Economía social, régimen sancionador tributario, ética fiscal, etc. Desarrolla su labor docente impartiendo clases en numerosos masters y cursos de especialización. Actualmente imparte clases en el módulo de fiscalidad de los siguientes masters: Master in Bussines Administration (organizado por ETEA y la Universidad Pontificia Comillas), Master en Cooperación al Desarrollo y Gestión de ONGD (organizado por ETEA e INTERMON), Master en Dirección y Gestión de Empresas Agrarias (organizado por ETEA y ASAJA).

Juan Antonio Lacomba
Licenciado (1961) y Doctor (1967) en Historia (Universidad de Valencia). Amplió estudios de Economía, Ciencia Política y Sociología en Francia y Austria. Profesor de Historia Contemporánea de la Universidad de Valencia. Catedrático de Geografía e Historia de INEM (1964). En 1970, Profesor Adjunto de Historia Económica de España. En la actualidad Catedrático de Historia Económica (E.U. de Ciencias Empresariales. Universidad de Málaga). Dirigió la Revista *Gibralfaro* (1972-81); desde 1999 Director de la *Revista de Estudios Regionales*. Ha investigado y publicado sobre España y Andalucía contemporánea y sobre Blas Infante y el andalucismo histórico. Entre sus libros: *Introducción a la historia económica de la España contemporánea* (Madrid.

Guadiana. 1969); *La crisis española de 1917* (Madrid. Ciencia Nueva. 1970); *Regionalismo y autonomía en la Andalucía contemporánea (1835-1936)* (Granada. Caja General de Ahorros. 1988); *Una historia del Banco Hipotecario de España (1872-1986)* (en col. con G Ruiz. Madrid. Alianza. 1990).

Mª del Carmen López Martín
Doctora en Ciencias Empresariales. Profesora titular de la Facultad de Ciencias Económicas y Empresariales de Córdoba (ETEA), donde imparte las asignaturas de *Macroeconomía* y *Mercados e instrumentos financieros*. Miembro de la Asociación española de Economía Aplicada (ASEPELT) y de la Asociación Española de Ciencia Regional; igualmente, desde septiembre de 1991 pertenece al Consejo de Redacción de *Publicaciones ETEA*. Sus principales áreas de especialización son la de Economía financiera y la Economía regional, dentro de las que ha publicado diversos trabajos relacionados principalmente con la Unión Monetaria, la política monetaria y los mercados financieros. Desarrolla su labor docente impartiendo también clases en *masters* y cursos de especialización, en los que desarrolla temas relacionados con las áreas indicadas.

Raquel Llorente Heras
Doctora en Ciencia Económicas por la Universidad de Alcalá (2004), es en la actualidad investigadora dentro del área de Empleo y Servicios en el Instituto Universitario de Análisis Económico y Social (SERVILAB). Ha realizado numerosos estudios relacionados con el mercado de trabajo, la situación laboral de la mujer y la economía madrileña. Sobre estos temas ha publicado tanto capítulos de libros como artículos (en revistas nacionales e internacionales) y ha participado en proyectos de investigación financiados por diversas entidades y organismos tanto públicos como privados. Dentro de su labor docente destaca su estancia en Nicaragua a través del Programa de Hermanamiento de la Universidad de León (Nicaragua) y la Universidad de Alcalá de Henares (España).

José Mª Margenat Peralta
José M. Margenat Peralta nació en Barcelona en 1955, ha hecho estudios de Filosofía y Letras en Madrid (Universidad Complutense), de Teología en Madrid (Universidad Comillas) y en París (Centre Sèvres) y de Sociología (ÉHÉSS, París). Es licenciado en Filosofía y Letras y en Teología y doctor en Historia. Desde 1978 a 2000 fue profesor de bachillerato y, en 1987-1989, asesor de la Dirección General de Renovación Pedagógica (Ministerio de Educación). Desde 2000 es profesor en ETEA, Facultad de Ciencias Económicas y Empresariales, Universidad de Córdoba. Es codirector de la colección *Palimpsesto*, publicada por Desclée De Brouwer. Autor de *La construcción del consenso del nuevo Estado franquista,* 1936-1937 (Madrid 1991), ha editado *Escritos del Papa Juan XXIII* (Bilbao 2000) y *De la Dictadura a la*

Democracia. La acción de los cristianos en España (Bilbao 2005) y ha colaborado en el tomo 4º de *Historia del Cristianismo* (Trotta-Universidad de Granada, en prensa). Es jesuita desde 1990.

Marta Montero Simó
Doctora en Derecho, Master en Asesoría Jurídica de Empresas por el Instituto de Empresa y profesora titular de la Facultad de Ciencias Económicas y Empresariales de Córdoba (ETEA) donde imparte las asignaturas de Derecho Fiscal y Tributación de Empresas. Su tesis doctoral sobre tributación de sociedades cooperativas fue premio del Instituto de Estudios Fiscales en el año 2000. Es codirectora del Master en Asesoría y Consultoría Fiscal que organizan el Instituto de Estudios Fiscales y ETEA en Córdoba. Es profesora de un curso de doctorado que se imparte en ETEA sobre régimen jurídico y tributario de las sociedades cooperativas. Ha publicado diversos artículos sobre esta materia. Imparte clases en módulos relativos a fiscalidad de entre otros los siguientes masters: Master in Business Administration organizado por ETEA y la Universidad Pontificia de Comillas, Master en Dirección de Empresas Agrarias organizado por ETEA y ASAJA.

Alfonso Carlos Morales Gutiérrez
Doctor en Ciencias Económicas y Empresariales. Director del Departamento de Economía, Ciencias Jurídicas y Sociología la Facultad de Ciencias Económicas y Empresariales-ETEA adscrita a la Universidad de Córdoba. Profesor titular de Organización y Administración de Empresas. Ha publicado diversos libros entre otros: Ineficiencias de mercado y eficacia cooperativa (1996), Etica y Negocios (1998), Competencias y Valores en las empresas de trabajo asociado (1998), Empresas y emprendedores en Córdoba (1999), Análisis y Diseño de Sistemas Organizativos (2004). Premio Arco Iris del Cooperativismo a la mejor investigación (1990). Premio del Centro de Estudios Financieros 1999 en la modalidad de Recursos Humanos. Desde 1991 hasta el 2000 fue Director de la Revista de Fomento Social (1991-2000), fundada en 1946, publicada trimestralmente. Miembro del Consejo de Redacción de CIRIEC-España, Revista de Estudios Cooperativos y del Comité Asesor de la Revista Internacional de Sociología.

Manuel Paniagua Zurera
Profesor Titular del Área de Derecho Mercantil del Departamento de Economía General, Ciencias Jurídicas y Sociología de la Facultad de Empresariales (ETEA), Institución Universitaria de la Compañía de Jesús adscrita a la Universidad de Córdoba. Doctor en Derecho por dicha Universidad. Como investigador se ha dedicado a estudiar materias de economía social, propiedad industrial, protección de los consumidores y usuarios y, especialmente, sociedades cooperativas.

Gabriel Mª Perez Alcalá
Licenciado en Ciencias Económicas y Empresariales por la Universidad Pontificia de Comillas (ICADE), Madrid. Doctor en Economía por la Universidad de Córdoba. Profesor Titular de Política Económica en ETEA. Profesor visitante en las Universidades de Lüneburg, Passau y Munich (Alemania) y Linz y Viena (Austria). Becario de investigación del DAAD (Consejo Alemán de Intercambios Académicos). Editor de Economía de Cambridge University Press. Miembro de la European Economic Association, de la Sociedad de Economía Mundial y del DAAD alemán. Ha publicado diversos trabajos, tanto en castellano como en alemán, sobre economía mundial y española.

Pedro Pablo Pérez Hernández
Doctor en Ciencias Económicas y Empresariales por la Universidad de Sevilla (1992), Master en Unión Europea por la UNED (1996). Profesor del Área de Teoría Económica del Departamento de Economía General, Ciencias Jurídicas y Sociología de la Facultad de Ciencias Económicas y Empresariales de Córdoba-ETEA, desde 1987, en las que ha impartido docencia de las materias de Macroeconomía, Economía Política y Análisis de Coyuntura. Miembro de la Asociación Española de Economía Agraria, de la Asociación Internacional de Horticultura, de la Asociación Española de Economía Aplicada (ASEPELT) y de la Asociación Española de Ciencia Regional. Ha especializado su investigación en economía agraria, política agraria y economía de la Unión Europea, materias sobre las que ha realizado numerosas publicaciones en libros y artículos, así como participado en numerosos congresos y reuniones científicas.

Eduardo Ramos Real
Doctor Ingeniero Agrónomo y profesor Titular del Departamento de Economía Agraria y Gestión de empresas de la Universidad de Córdoba. Desde la década de los años noventa ha venido desarrollando sus investigaciones y concentrando su docencia en los nuevos enfoques de desarrollo rural, con especial atención a la situación en la Unión Europea y en los países de América Latina. Actualmente es director de la sede española del Master Científico Internacional en Desarrollo Rural (IMScRD), aprobado por la Unión Europea dentro del programa de excelencia Erasmus Mundus.

Araceli de los Ríos Berjillos
Doctora por la Universidad de Córdoba en Ciencias Económicas y Empresariales (2001) y Licenciada por la Facultad de Ciencias Económicas y Empresariales (ETEA) de la Universidad de Córdoba. Desde 1994 es profesora en ETEA, donde ha impartido docencia en las áreas de Economía Aplicada

y Organización de Empresas. Su investigación se ha centrado en el estudio de la financiación de las Comunidades Autónomas. Sobre este tema tiene publicado un libro y varios artículos en revistas de ámbito regional y nacional, también ha presentado diversos trabajos en congresos y reuniones de carácter científico, así como ha impartido conferencias.

Javier Rodero Cosano
Licenciado en Empresariales en 1994 por ETEA. Tras realizar el doctorado en la Universidad Carlos III y la Universidad de Córdoba, defiende su tesis doctoral en 2001 en la Universidad de Jaén. La misma versa sobre las relaciones que se establecen entre instituciones económicas y la desigualdad en la renta de los individuos. Ha publicado varios artículos tanto teóricos como empíricos sobre distintos temas: economía urbana, desigualdad económica, economía regional, economía de la religión o economía experimental. Ha realizado estancias de investigación en universidades del Reino Unido y Estados Unidos. Durante su período laboral en CentrA coordinó la creación del primer laboratorio económico de Andalucía.

José Javier Rodríguez Alcaide
Investigador del C.S.I.C. (1973-1987). Catedrático de Economía de la Universidad de Córdoba (1987). Miembro del Consejo Andaluz de Estadística (1990). Presidente del Consejo Económico y Social de la Ciudad de Córdoba (1996-2000). Director del Master of Business Administration de la Fundación IDEOR de la Cámara de Comercio e Industria de Córdoba (1998).Director de la Cátedra PRASA de Empresa Familiar de la Universidad de Córdoba (2000).

Maribel Rodríguez Zapatero
Doctora en Ciencias Económicas y Empresariales por la universidad de Córdoba (1998). Colaboradora de la Cátedra PRASA de Empresa Familiar (2000-...). Técnico especialista de la Universidad de Córdoba (1996-...).

José J. Romero Rodríguez
Doctor Ingeniero Agrónomo, especialidad Economía Agraria. Profesor desde 1972 del área de Economía Aplicada de ETEA. Especializado en política agraria europea y desarrollo rural, economía del desarrollo y cooperación, economía agraria andaluza, economía regional y de la CEE en particular. Coautor, entre otras, de las "Bases para un Plan de Desarrollo Rural de Andalucía" (1993) y "Bases para un plan de desarrollo rural de Nicaragua" (2002). Ha dirigido la publicación: "Los efectos de la Política Agraria Europea. Un análisis crítico" (Desclée, 2003). Director de tesis doctorales sobre ONGD, integración centroamericana, impacto de la Política Agraria Comunitaria en Andalucía, proyectos de cooperación, problemas rurales de Nicaragua etc. Desde 1989 coopera regu-

larmente con las Universidades Centroamericanas de Managua y San Salvador. Miembro del equipo consultor de ETEA que desarrolla en Honduras el Programa EXPIDER (Experiencias Piloto en Desarrollo Rural) del BID. Director de la "Revista de Fomento Social".

Mercedes Ruiz Lozano
Doctora en Ciencias Económicas y Empresariales, profesora titular del Área de Economía Financiera y Contabilidad en ETEA. Fue gerente de ETEA desde 1990 a 1999. Ha realizado diversas investigaciones y publicaciones en el área de la Contabilidad de Gestión y del Control de Gestión, específicamente en el sector de las entidades no lucrativas.

Pilar Tirado Valencia
Doctora en Ciencias Económicas y Empresariales, es profesora titular del área de Economía Financiera y Contabilidad en ETEA. Su labor investigadora se ha centrado en el estudio de las técnicas surgidas en el ámbito de la Contabilidad de Costes y del Control de Gestión, y más concretamente en su aplicación en las entidades no lucrativas, acerca de las cuales ha publicado algunos artículos en revistas especializadas. Ha intervenido en diversos Másters, cursos de formación y proyectos de asesoramiento a empresas en relación con estos temas. En la actualidad es codirectora de la Colección ETEA en coedición con la editorial Desclée De Brouwer. Forma parte del Consejo de Redacción de la Revista de Fomento Social.

José Vallés Ferrer
Catedrático de Política Económica y director del Departamento de Economía Aplicada III de la Universidad de Sevilla. A su vez es director del Grupo de Investigación "Andalucía y España en la Europa de las Regiones" (SEJ-258), del Plan Andaluz de Investigación y Desarrollo Tecnológico de la Junta de Andalucía, y Presidente de la Asociación Andaluza de Ciencia Regional.

Eduardo J. Villaseca Molina,
Doctor en Ciencias Económicas-Empresariales por la Universidad de Córdoba. Diplomado en Alta Dirección por el Instituto San Telmo (IESE). Ldo. Ciencias Económicas-Empresariales por la Universidad de Córdoba. Director General de Corporación Empresarial de la Universidad de Córdoba, S.A. Consejero del Consejo Social de la Universidad de Córdoba. (Presidente de la Comisión de Plan de Actuación y Comunicación). Consejero del Consejo de Gobierno de la Universidad de Córdoba. Consejero en varias empresas mercantiles de España. Profesor de la Universidad de Córdoba (Facultad de Ciencias Económicas y Empresariales-ETEA y Escuela Técnica Superior de Ingenieros Agrónomos y de Montes). Profesor de la Escuela de Organización Industrial (EOI) del

Ministerio de Ciencia y Tecnología. Ha intervenido en diversos trabajos de investigación relacionados con las finanzas tanto públicos como en el sector privado (pymes). Ha publicado artículos relacionados con los instrumentos de apoyo financiero a las pequeñas y medianas empresas. Ha presentado ponencias sobre los sistemas de garantía recíproca europeos y español en diversos Congresos de la A.E.C.M. (Madrid, Hamburgo, Bruselas y Viena). Autor del libro *El Sistema de Garantías Recíprocas en Andalucía: Un análisis del modelo y propuesta de futuro.*

COLECCIÓN ETEA

Serie Gestión empresarial

Directora: Pilar Tirado

---

1. EL RETO DEL EQUILIBRIO. Una guía práctica para decidir cómo emplear su tiempo, *por J. Antonio Ariza*
2. MANUAL DE CONTABILIDAD FINANCIERA, *por Magdalena Cordobés, Horacio Molina y Juan Mª Muñoz* (2ª ed.)
5. GESTIÓN DE COSTES Y MEJORA CONTINUA. Los sistemas de costes y de gestión basados en las actividades (ABC-ABM), *por Pilar Tirado Valencia*
6. MANUAL DE AUDITORÍA FINANCIERA, *por José Antonio Arcenegui Rodrigo, Isabel Gómez Rodríguez y Horacio Molina Sánchez*
7. TRABAJAR EN EQUIPO: TALENTO Y TALANTE. Técnicas de dinámica de grupos, *por José Trechera Herreros* (2ª ed.)
8. CASOS DE CONTABILIDAD FINANCIERA. Referencia a la normativa internacional, *por Magdalena Cordobés Madueño y Juan María Muñoz (Coords.)*
10. EL MARKETING EN LAS ONGD. La gestión del cambio social, *por Mª José Montero Simó*
11. PREPARACIÓN Y ANÁLISIS DE ESTADOS FINANCIEROS, *por Luis Godoy López (Coord.), Lorenzo Molina Ortiz y Horacio Molina Sánchez*
16. RIESGO, RENTABILIDAD Y EFICACIA DE CARTERAS DE VALORES, *por Fuensanta Galán Herrero*
18. EXTRACCIÓN DE CONOCIMIENTO DE BASES DE DATOS. Una aplicación para la calidad en centros universitarios, *por Jesús Duarte Merelo*
19. INTRODUCCIÓN A LAS MATEMÁTICAS PARA LA ECONOMÍA, *por Francisco José Martínez Estudillo*

Serie Economía y Sociedad

Director: Ildefonso Camacho

---

3. LOS EFECTOS DE LA POLÍTICA AGRARIA EUROPEA. Un análisis crítico, *por José J. Romero Rodríguez (Coord.)*
4. LOS BENEFICIOS FISCALES DE LA IGLESIA CATÓLICA. Negociación, fundamento y alcance, *por Julio Jiménez Escobar*
9. EJERCICIOS DE MICROECONOMÍA, *por Manuel Delgado Álvarez, Ana Hernández Román y Luis Amador Hidalgo*
12. DESARROLLO RURAL EN NICARAGUA. Del consenso en los principios a una propuesta para la acción, *por Juan José Romero y Gabriel Ferrero (Eds.)*
13. FINANCIACIÓN AUTONÓMICA. Cuestión de principios, *por Araceli de los Ríos Berjillos*
14. COMO GOTA DE AGUA. La psicología aplicada a las organizaciones, *por José L. Trechera Herreros*
15. EL SISTEMA DE GARANTÍAS RECÍPROCAS EN ANDALUCÍA. Un análisis del modelo y propuesta de futuro, *por Eduardo J. Villaseca Molina*
17. ANÁLISIS JURÍDICO TRIBUTARIO DE LA SOCIEDAD COOPERATIVA, *por Marta Montero Simó*
20. ECONOMÍA Y TERRITORIO. LA COMUNIDAD AUTÓNOMA ANDALUZA, *por Manuel Delgado Álvarez, Mª Carmen López Martín y José Juan Romero Rodríguez*

Este libro se terminó
de imprimir
en los talleres de
RGM, S.A., en Bilbao,
el 28 de septiembre de 2005.